정재서 교수의

새로 읽는

이야기
동양신화

정재서 교수의 새로 읽는 이야기 동양 신화

1판 1쇄 발행   2010. 6. 21.
1판 13쇄 발행   2021. 4. 10.
개정판 1쇄 인쇄   2023. 12. 1.
개정판 1쇄 발행   2023. 12. 8.

지은이   정재서

발행인   고세규
편집 박민수 디자인 유상현 마케팅 고은미 홍보 강원모
발행처   김영사
등록   1979년 5월 17일(제406-2003-036호)
주소   경기도 파주시 문발로 197(문발동) 우편번호 10881
전화   마케팅부 031)955-3100, 편집부 031)955-3200 | 팩스 031)955-3111

값은 뒤표지에 있습니다.
ISBN 978-89-349-7134-4 03150

홈페이지 www.gimmyoung.com   블로그 blog.naver.com/gybook
인스타그램 instagram.com/gimmyoung   이메일 bestbook@gimmyoung.com

좋은 독자가 좋은 책을 만듭니다.
김영사는 독자 여러분의 의견에 항상 귀 기울이고 있습니다.

정재서 교수의

새로 읽는
이야기
동양 신화

정재서 지음

반고·여와의 천지창조에서 기상천외한 요괴들의 활약까지,
우리가 그동안 망각했던 동양 신화의 당당한 귀환.

김영사

《이야기 동양 신화》가 첫선을 보인 지 어느덧 19년의 세월이 흘렀다. 이 책으로 동양 신화를 처음 접한 사람들은 인어공주가 아닌 인어 아저씨의 등장에 황당해하기도 하고, 사람의 얼굴을 한 새의 출현에 섬뜩해하기도 했다. 조선 시대까지만 해도 우리와 함께했던 동양 신화가 근대화와 더불어 돌연 자취를 감추었기 때문이다. 하지만 이제는 싸이의 〈강남스타일〉 로고로 인어 아저씨가 그려지고, 평창올림픽 전야제에 인면조가 나타날 뿐만 아니라 영화, 웹툰 등에서도 동양 신화의 이미지가 자주 활용되는 것을 볼 수 있게 되었다. 이러한 현상들은 우리의 상상력이 점차 그리스 로마 신화와 안데르센 동화 중심에서 벗어나고 있는 징후로서 아주 반가운 일이다. 동양 신화가 귀환하면 상상력이 획일성을 벗어나 다양해지고 그럴수록 우리 생각의 창의성은 더욱 증대될 것이다.

우리는 AI, 가상현실, 사물인터넷 등을 기반으로 한 이른바 메타버스, 4차 산업혁명의 시대에 접어들었다. 전문가들이 진단하고 있듯이 미래에는 상

상력, 이미지, 스토리의 능력을 더욱 필요로 하게 될 것이다. 이들 세 가지 능력은 모두 신화에 원천을 두고 있다. 인류의 가장 오래된 생각과 맨 처음 떠올린 이미지가 담겨 있고 가장 오래 살아남은 스토리를 전하고 있는 것이 바로 신화이기 때문이다. 다시 말해 신화는 상상력, 이미지, 스토리의 마르지 않은 샘으로 여전히 우리에게 미래를 끌어갈 힘을 주고 있다.

그뿐인가? 신화는 인간이 최초로 생각하고, 욕망했던 것을 이야기하고 있어서 우리의 본래 모습을 간직한 원형이라 할 수 있다. 그리하여 앞으로 로봇, 유전자 복제 인간, 사이보그 등이 출현하여 인간과의 경계가 모호해질 때 신화를 통해 우리의 고유성과 정체성을 확인할 수 있다. 그리고 신화는 인간이 동물과 식물은 물론 우주와도 대화를 했던 시절의 이야기이므로, 그 속에는 사물과의 따뜻한 감성이 남아 있다. 이러한 물활론적 감수성은 자연과의 친화력, 기계와의 교감 능력이 그 어느 때보다도 필요한 우리에게 큰 자산이라 할 수 있다.

　우리는 앞으로 자연과 하나가 된 마음으로, 낯선 존재들과 공존하며, 융복합과 혼종이 일상화된 문명 속에서 살아가게 될 것이다. 영화 〈아바타〉는 이러한 세계의 모습을 잘 표현하고 있다. 동양 신화를 보면 그리스 로마 신화에 비해 인간과 자연의 합일을 추구하는 경향이 강하며 이방인을 적대적으로 보지 않고 더불어 살아가야 할 존재로 포용하는 자세를 느끼게 된다. 독자들은 동양 신화를 통해 기존의 독선적인 인간 중심주의를 벗어나 자연 및 수많은 타자와 소통하고 상생하는 새로운 인문학적 마인드와 지혜를 얻게 될 것이다.

　아울러 그리스 로마 신화가 서양 문화의 뿌리이듯이 동양 신화는 동양 문화의 뿌리이기에, 이를 통해 우리 문화를 깊이 이해하고 소중히 여기는 계기가 되기를 희망한다. 끝으로 이 오래된 미래의 세계에 동참하신 독자 여러분의 행운을 빈다.

신화를 이루세요!

2023년 11월

추색秋色이 깊어가는 북한산

우물골 서향실書香室에서

저자 삼가 올림

개정판 서문

　졸저《이야기 동양 신화》가 세상에 모습을 드러낸 지 어언 6년의 세월이 흘렀다. 서양 신화와 마법 이야기가 횡행하던 이 땅에 첫선을 뵌《이야기 동양 신화》는 독자들로 하여금 동양 신화의 아름다움과 흥미로움을 만끽하게 하고 잃어버린 우리의 상상력을 재발견하게 하였다는 평가를 받았다. 출간 이후 판을 거듭해 오다가 이제 다시 내용과 형식을 새롭게 할 기회를 갖게 되니 기쁘기 그지없다. 모두가 독자 여러분의 열렬한 관심과 성원 덕분이 아닌가 한다.

　이번의 개정판을 통해 새롭게 변화된 모습은 다음과 같다.

　첫째, 종래 두 권으로 분리되어 있던 책의 체재를 한 권으로 통합하였다. 책의 구성과 내용을 고스란히 한 권으로 합쳐 읽기 편하도록 바꾼 것이다. 번잡했던 기존 책의 형식을 정리한 것이지 내용이 압축되거나 생략된 것은 아니다.

　둘째, 내용 면에서는 기존 책에서 오자나 탈자, 문장이 잘못된 것 등을 바로잡았고 일부는 수정, 보충까지 하여 기존 책보다 더욱 완벽을 기하였다.

　셋째, 두 권을 한 권으로 합치면서 일부 목차상의 변동이 있었다. 본래 두 권으로 만들 당시 독자들의 관심을 고려하여 내용의 선후가 바뀐 것들이 있었는데 이번에 자연스러운 순서로 조정한 것이다.

　동양 신화의 의의와 이 책의 가치에 대해서는 다음에 이어지는 〈이야기를 시작하며〉를 꼭 읽어보시기 바라며 이 책이 만들어진 과정과 저자의 생각에 대해서는 책 뒤의 〈이야기를 마치며〉를 참조하시기 바란다.《이야기 동양 신화》가 전보다 더 좋아진 모습으로 독자들을 만날 수 있도록 지원과 노고를 아끼지 않은 김영사에 깊은 사의謝意를 표한다. 아울러 이 책이 명실 공히 동양 신화를 대표하는 책으로 자리 잡기까지 변함없는 애정을 보여주신 독자 여러분께도 감사의 마음을 전하고 싶다.

2010년 5월 10일

저물어가는 봄의 이화 교정에서

저자 정재서 올림

우리는 어디서 와서
어디로 가는가

당신은 기억하는가?

아침에 눈을 뜨면 뜨락의 나팔꽃이 정겹게 인사하고 들녘의 새들이 말을 걸어오던 유년의 그 꿈같았던 시절을. 신화 속에서 우리는 언제나 어린 시절의 세계처럼 모든 것이 하나가 됨을 느끼곤 한다. 꽃과 새, 돌과 대화할 수 있었던 그 좋았던 시절, 별을 보고 우리 미래의 길을 상상하던 그 시절은 참으로 행복했었다.

바야흐로 신화가 돌아오고 있다. 역사의 수레바퀴에 깔려 사라졌던 신들이, 망각의 지층 아래 봉인되었던 거인들이 속속 귀환하고 있는 것이다. 지금 이 순간, 마치 개선장군처럼 갈채를 받으며 등장하고 있는 신들의 면면을 보자.

위엄 있지만 바람기를 어쩌지 못하는 제우스, 정절을 내세우면서도 마음속에 뜨거운 질투를 감추고 있는 헤라, 여전히 요염한 자태로 뭇 남성들의 시선을 한 몸에 받고 있는 아프로디테.

아, 그런데 아무리 살펴보아도 그들의 반대편 한쪽에서 오랫동안 군림했던 신들의 모습이 보이지 않는다. 제우스의 권능에 필적할 만한 황제黃帝, 헤라처럼 여신들을 지배했던 여와女媧, 아프로디테와는 또 다른 우아한 매력의 소유자 서왕모西王母, 그들은 도대체 어디에 있기에 아직도 돌아오지 않는 것일까?

이제라도 그들을 찾아보아야 하겠다. 비록 지금은 기억마저 희미해졌지만 우리 존재의 근원이자 의식의 뿌리인 동양의 신들을.

《산해경山海經》이라는 중국의 오래된 책을 펼쳐보면 사람 같기도 하고 물고기 같기도 한 괴물이 나타난다.

동양의 인어 아저씨 저인

물고기 모습을 한 이 괴물에게는 저인氐人이라는 이름이 붙어 있다. 저인은 분명히 '인어'이지만 우리에게 익숙한 '인어 아가씨'가 아니라 '인어 아저씨(?)'이다. 서양의 동화나 그림책에 익숙한 우리에게 인어 아저씨란 그야말로 낯설기 짝이 없다. 하지만 인어 아가씨가 아닌 인어 아저씨가 등장한다는 점이 바로 동양 신화의 매력이다.

인어 아가씨도 예쁘지만 인어 아저씨야말로 정말 재미있는 상상력이 아닌가.

지금까지의 통념과는 달리 인어가 남자일 수도 있다는 상상은 우리에게 많은 것을 가르쳐준다.

사람마다 상상하는 것이 다르다는 것, 그래서 세상에는 굉장히 다양한 이야기가 무궁무진하게 존재할 수 있다는 것, 그것이 우리가 동양 신화의 세계로 들어가는 입구에서 배우게 될 소중한 교훈이다. 서양의 그리스 로마 신화나 안데르센 동화는 수많은 이야기들 중의 하나일 뿐 전부가 아니다.

그리고 또 한 가지 중요한 사실은 인어 아저씨 저인 이야말로 우리 조상들이 상상했던 인어라는 점이다. 하지만 인어 아저씨가 우리에게 주는 첫인상은 어떤 느낌일까? '웃기네. 뭐, 이런 인어가 다 있어.' 이렇게 생각하지는 않을까? 사실은 누구보다도 우리와 친하게 지냈을 인어 아저씨가 언제부터 이렇게 남처럼 서먹서먹해진 것일까?

서양의 인어 아가씨 🐚

이유는 간단하다. 먼 데서 온 예쁜 인어 아가씨하고 친하게 지내다보니 정작 우리 곁의 인어 아저씨와 멀어진 것이다. 불쌍한 인어 아저씨, 그만 예쁜 인어 아가씨 때문에 버림을 받고 만 것이다. 그럼, 인어 아저씨 저인이 예전처럼 우리의 사랑을 받게 될 날은 언제일까? 그건 어쩌면 전적으로 이 책을 읽는 독자들의 마음에 달려 있는 일인지도 모른다.

동양의 소 머리 신 염제

이번에는 천 년도 더 된 무덤에 그려진 벽화를 본다. 벽화 속에는 소 머리를 한 사람이 있다. 아니 괴물인지도 모르겠다. 그런데 손에 벼 이삭을 쥐고 어디론가 달려가고 있다. "어, 이게 누굴까?" "미노타우로스!" "그래, 맞았다." 하지만 이것은 100퍼센트 정답이 아니다. 왜일까? 이건 크레타섬의 미노타우로스가 아니고 동양의 미노타우로스이기 때문이다.

서양의 소 머리 괴물 미노타우로스

어쩌면 독자들은 이렇게 물을지도 모르겠다. "동양에도 미노타우로스가 있었다고요?" 물론이다. 신화라는 것이 원래 그런 것이 아닌가? 동양 사람이든 서양 사람이든 어차피 똑같은 사람이기 때문에 신화 속에는 얼마든지 비슷한 상상이 많이 나타나게 마련이다. 그러나 이런 비슷함 뒤편에는 인어 아가씨와 인어 아저씨의 차이처럼 언제나 다른 점이 있다.

무엇이 다를까? 먼저 서양의 미노타우로스를 한번 보자. 크레타섬 미노스 대왕의 왕비 파시파에가 멋진 황소를 좋아해서 소 머리를 한 괴물 미노타우로스를 낳았다는 이야기는 잘 알려져 있다. 그런데 이 미노타우로스는 괴물이어서 사람을 잡아먹고 살다가 나중에는 다이달로스의 미궁에서 영웅 테세우스에게 처치되고 만다. 그러니까 소 머리를 한 미노타우로스는 괴물이지 훌륭한 신은 아닌 셈이다.

이처럼 그리스 로마 신화에서는 대개 사람의 몸과 동물의 몸이 섞여 있는 존재를 부정적으로 보았다. 왜 그랬을까? 아마 그리스 사람들은 만물 중에서도 인간이 가장 으뜸이라고 생각했기 때문일 것이다. 그래서 동물의 몸이 섞여 있는 것은 무언가 불완전한 것으로 생각했다. 올림포스의 위대한 신들을 한번 생각해보자. 그들은 얼마나 멋있는 미남 미녀의 몸을 하고 있는가?

그럼, 이번에는 동양의 미노타우로스를 보자. 소 머리를 한 이는 염제炎帝 신농神農이라고 불렸는데, 괴물이 아니라 불의 신이자 농업을 발명한 신이었다. 자애로운 이 신은 인류에게 좋은 일을 많이 했다. 하루에 백 번씩이나 이름 모를 풀을 직접 씹어서 맛보고 몸에 유익한 약초와 해로운 독초를 분별하여 인간들에게 알려 준 것도 이 신이었다.

그런데 어째서 동양에서는 이토록 훌륭한 신을 멋있는 미남으로 그리지 않고 흉측한 괴물로 그렸을까? 고대 동양에서는 모든 것을 인간 중심으로만 생각하지 않았다. 그리고 자연에 대한 경외심이 높아 자연에 가까운 동물을 인간보다도 더 신성하게 여겼다. 이 때문에 동양 신화에서는 성스러운 신이 동물의 몸을 한 경우가 많다. 물론 동양 신화에도 동물의 몸을 한 괴물이 없는 것은 아니지만 그리스 로마 신화와 비교해보면 상대적으로 동물의 몸을 그렇게 부정적으로 여기지만은 않았다.

참, 지금까지의 이야기와는 성격이 좀 다르지만 한 가지 유의해야 할 점이 있다. 그것은 염제가 그려져 있는 무덤의 주인이 고구려 사람이라는 점이다. 염제는 중국 신화의 신인데 그 신이 고구려의 무덤에서 출현했다는 사실은 무엇을 의미할까?

신화가 생겨나던 시절의 중국 대륙은 통일된 한 나라가 아니었다. 수많은 민족이 함께 어울려 살았고, 고구려 사람의 조상도 지금 중국 사람의 조상도 같이 살면서 신화를 만들었던 것이다. 따라서 염제는 중국 사람뿐만 아니라 고구려 사람도 함께 숭배했던 신일 수 있다. 아울러 지금의 중국 신화 속에는 중국 사람의 신화는 물론 동양 여러 민족의 신화도 함께 담겨 있다. 중국 신화는 사실 동양 신화라고 불러도 좋은 것이다.

그렇다면 인도도 동양에 있는데 인도 신화도 동양 신화라고 불러야 하지 않을까? 인도 신화를 동양 신화라고 부르기도 하지만 신화의 내용을 좀 더 자세히 살펴보면 인도 신화는 사실 그리스 로마 신화에 무척 가깝다는 것을 알 수 있다. 인도의 언어와 민족은 지금의 서양 사람과 같은 기원을 가지고 있기 때문에 인도 신화는 속 내용에서 오히려 서양 신화와 한 계통인 것이다.

지금까지 잊힌 신들에 대한 탐색을 통해 우리는 결정적인 사실을 깨닫게 된다. 그것은 동양의 신들이 사라진 것이 아니라 여전히 우리 곁에 있는데도 우리의 눈이 그들을 알아보지 못한다는 점이다. 인어 아가씨와 미노타우로스에 익숙해진 우리의 눈은 저인과 염제를 그리스 로마 신화의 우스꽝스러운 변종으로 인식할 뿐 우리 스스로와 동일시하려 하지 않는다. 그러나 동양 신화는 특정한 신화의 변종도, 특정한 상상력의 아류도 아니다. 동양 신화는 자신만이 갖는 아름다운 광채, 곧 아우라aura가 있고 그 아우라는 오늘의 동양 문화에 짙은 그림자를 드리우고 있다.

몸을 변화시켜 세상을 만든 거인 반고

자, 이제 동양 신화의 커다란 몫을 차지하는 중국 신화를 잠깐 살펴보기로 하자.

세상을 창조한 이야기에서, 엄청난 거인 반고盤古는 어느 날 갑자기 쓰러져서 몸 하나하나가 세상 만물로 변화한다. 살은 흙이 되고, 뼈는 돌이 되고, 피는 강이 되고, 머리카락은 숲이 된다. 그러니까 거꾸로 말하면 오늘의 지구는 거인의 몸 그 자체인 셈이다.

지구가 거인의 몸이라면 인체는 무엇일까? 인체가 소우주라는 생각은 여기에서 비롯되었다.

중국의 여신들은 대개 온유하고 우아하다. 그중에서 연애 전문가는 누구일까? 아침에는 구름이 되었다가 저녁이면 비가 되어 돌아다니는 무산신녀巫山神女는 좋아하는 남자에게 적극적으로 다가가는 열혈 여성의 원조이다.

그녀는 초회왕楚懷王이라는 임금에게 연애를 걸어 불같이 사랑을 하고 홀연히 사라졌다. 구름이 되었다가 비가 되어 내리는 그녀의 모습은 짧지만 안타까운 사랑의 상징이다.

또 싸움 잘하기로는 중국의 숱한 영웅 중에서 동이계東夷系 종족의 치우蚩尤만 한 이가 없다. 구리 머리에 쇠 이마를 한 치우는 사이보그 인간 로보캅처럼 천하무적이다. 비록 황제에게 사로잡혀 죽었지만 그의 투혼은 한국에서 '붉은 악마'로 되살아났다.

중국 신화에서 먼 변방 사람들에 대한 묘사를 읽다 보면《걸리버 여행기》의 저자가 혹시 중국 신화를 읽었던 것은 아닐까 하는 생각이 들 정도이다.

거인국, 소인국은 물론 귀가 너무 커서 양손으로 두 귀를 받쳐 들고 다니는 섭이국聶耳國, 무슨 슬픈 사연이 많은지 가슴 한가운데가 뻥 뚫린 관흉국貫胸國 사람들 등의 모습은 참으로 신기한 상상력의 극치가 아닐 수 없다.

짧은 사랑의 여신 무산신녀 🐟

그러나 중국 신화, 곧 동양 신화를 읽는 재미는 단순히 이러한 기발한 이야기를 즐기는 데에만 있지 않다.

신화는 문화의 원형이다. 그래서 동양 신화를 읽으면 우리는 동양 문화의 원형을 알게 된다. 문화의 원형을 알게 되면 오늘의 문화 현상을 더 쉽게 잘 이해할 수 있다. 물론 어떤 사람은 이렇게 말하기도 한다.

"그리스 로마 신화에는 세계 인류의 모든 지혜가 녹아 있다. 그래서 굳이 동양 신화를 고집하지 않아도 된다."

그러나 신화에는 인류 공통의 생각이 담겨 있기도

불굴의 영웅 치우 🐟

하지만 각 민족의 고유한 사유 방식이 담겨 있기도 하다.

모든 인류가 식욕이라는 본능을 공통으로 지니고 있지만 그것을 해결하는 방식은 민족마다 달라서 한식·중식·일식·양식 등의 요리가 있듯이 신화도 각 민족마다 고유한 특색이 있는 것이다. 따라서 특정한 신화가 훌륭하다고 고집하는 것은 한국 사람에게 양식이 좋으니 양식만 먹어야 한다고 우기는 것과 마찬가지이다.

이런 생각을 하다 보면 맥도널드 햄버거가 전 세계인의 입맛을 하나로 통일하고 있듯이 오늘 우리의 상상력도 그리스 로마 신화와 서양 마법 이야기에 의해 획일화되는 것은 아닌지 걱정이 앞선다. 물론 서양의 상상력 자체가 나쁘다는 말은 아니다.

다만 일찌감치 우리 어린 세대의 머릿속이 특정한 상상력으로 채워질 때 머지않은 장래에 그들이 특정한 문화를 아무 저항 없이 받아들일 것이 걱정되기 때문이다.

그것은 마치 영화 〈매트릭스〉의 프로그램화된 세상처럼 두려운 현실이 아닐 수 없다. 이 점에서 그리스 로마 신화와 더불어 세계 신화의 중요한 한 축을 이루는 중국 신화, 곧 동양 신화를 읽는 일은 상상력의 제국주의를 막기 위해서도 꼭 필요한 일이다.

우리는 과연 어디서 왔다가 어디로 가는 것일까? 범람하는 외래 상상력의 홍수 속에서

큰 귀를 늘어뜨린 섭이국 사람

가슴에 구멍이 뚫린 관흉국 사람들

동양인, 아니 한국인으로서 우리의 정체는 무엇인가? 우리의 상상력은 과연 자유로운가? 이 심각한 물음에 대해 이 책이 무언가를 말해줄 수 있다면 그것은 필자에게 더할 나위 없는 기쁨이 될 것이다.

1부

하늘과 땅이 열리고 사람이 생겨났다

중국에서 신화는 어떻게 시작될까. 우주의 탄생 이후 등장한
인간과 영웅의 이야기는 어떻게 만들어졌을까.

1

눈도 입도 없는 기이한 새가 춤추고
노래하며 날아올랐다

혼돈으로부터 세상이 시작되다

태초, 그 참을 수 없는 궁금증

"어디서부터 이야기를 시작할까Where do I begin to tell the story?"

사랑 이야기의 대명사가 되어버린 옛날 영화 〈러브 스토리〉의
주제곡은 이렇게 첫 소절을 시작한다. 팝 싱어 앤디 윌리엄스의
어딘지 신비하면서도 감미롭고 우울한 목소리로.

이렇듯 모든 이야기에는 알 수 없는 신비한 분위기가 깃든, 그
래서 뭔가 기대감을 불러일으키는 '시작'이 있다. 이야기 중에서
도 가장 오래된 이야기, 이 세상의 시작을 말하는 일, 태초에 관한
이야기는 더욱 그럴 수밖에 없다.

어디서부터 신화를 시작할까Where do I begin to tell the myth? 아무래
도 아득한 그 옛날부터 인간이 가장 궁금해하는 이야기, 신화가
시작된 태초의 이야기, 혼돈과 천지개벽, 그리고 세상의 탄생에
관한 이야기부터 시작해야 할 것 같다.

태초의 일, 누가 들려주었던가?

형체 없던 하늘과 땅, 어떻게 해서 생겨났나?

해와 달이 뜨는 이치, 그 누가 알 수 있나?

혼돈의 그 모습, 무슨 수로 볼 수 있나?

어부와 대화를 나누는 굴원 굴원이 간신들에 의해 억울하게 쫓겨났다고 하소연하자 노를 손에 쥐고 있는 어부가 세상의 모든 일에 초연하라고 충고한다. 《이소도離騷圖》에서.

기원전 3, 4세기경, 지금으로부터 약 2000여 년 전 중국 초楚나라 시인 굴원[1]의 작품 〈천문〉[2]의 한 단락이다. 제목이 '하늘에 묻는다'라는 뜻인 이 시에서 굴원은 어린아이처럼 태초의 비밀과 신비에 대해 계속해서 질문을 던진다.

아마도 태초의 시작에 대한 이러한 궁금증은 현대의 사람들뿐만 아니라 굴원과 같은 수천 년 전의 사람에게도 마찬가지였던 모양이다. 이처럼 인류가 처음 대지를 딛고 살아가기 시작했을 때부터 지금에 이르기까지 이 세상과 우주의 탄생에 관한 질문은 끊임없이 되풀이되어 왔다.

인간은 누구이며, 세상은 무엇인가. 인류는 오래전부터 자신과 자신을 둘러싼 세계에 대해 많은 의문을 가져왔지만, 최초로 품었던 의문, 가장 원초적인 궁금증은 바로 이것이었다.

하늘과 땅은 언제 어떻게 생겨났으며 해와 달과 별이 뜨고 지는 일, 그리고 낮과 밤의 반복은 어떻게 시작된 것일까. 또 이 모

---

1 **굴원**屈原(기원전343?~기원전290?) 전국戰國시대 초나라의 애국 시인. 간신에게 참소를 받고 추방당하여 장강 일대를 방랑하며 비분에 찬 시를 많이 남겼다. 최후에는 멱라수泊羅水에 투신자살했다. 〈이소離騷〉·〈천문〉 등의 초사楚辭 작품이 전한다. 초사는 초나라의 가요를 말한다.

2 〈**천문**天問〉 굴원의 작품으로 전해지는 초사. 수많은 신화·전설·역사에 대해 질문을 던지는 형식으로 이루어져 있다.

든 우주 만물, 세계는 왜 존재하게 되었고 어떻게 해서 지금의 모습을 갖추게 되었을까.

　인간이란 족속은 까마득한 그 옛날부터 세계와 우주에 대한 이런 의문을 풀지 않은 채 아무런 생각 없이 살 수 없는 존재였다. 세상의 모든 것에 대해 호기심을 갖고 질문을 던져 마침내 그 '해답'을 찾아내야만 스스로의 존재 이유에 대한 불안감을 느끼지 않는 것이 인간의 본성이기 때문이다.

　그것이 신화나 과학이 존재하게 된 이유이다. 우선 자신을 둘러싼 이 세계의 비밀과 내력을 알아내야만 인간은 굳건하게 대지에 발을 딛고 살아갈 수가 있는 것이다.

　그렇다면 중국에서 신화는 어떻게 시작될까. 그리고 우주의 탄생 이후 등장한 인간과 영웅의 이야기는 어떻게 만들어졌을까.

　기원전 2세기 《회남자》[3]라는 책에서는 이 세계가 탄생하기 전, 태초의 상황을 다음과 같이 설명한다.

　　옛날 하늘과 땅이 생겨나지 않았을 때, 다만 어슴푸레한 모습만 있었지 형체는 없었고 어둑어둑할 뿐이었다.

　이 책을 보면, 태초의 모습은 캄캄한 암흑인 혼돈, 즉 카오스였다. 세계 각 민족에게는 저마다 나름의 창조 신화[4]가 있는데, 대부분의 경우 이 세계가 혼돈으로부터 비롯되었다고 말한다. 우리나라 제주도 무가巫歌에서도 태초에는 하늘과 땅이 뒤섞여 사방이

---

3 《회남자淮南子》 전한前漢 시대의 사상가 유안劉安이 지은 철학책. 자연의 도리를 존중하는 도가道家 사상이 주요 내용이며 신화 자료를 많이 담고 있다.

4 창조 신화 하늘과 땅의 형성과 인류의 출현 등 오늘날 우리의 세계를 이루는 가장 기본적인 조건들이 처음 어떻게 갖추어졌는지에 대해 말해주는 신화. 창세신화創世神話라고도 일컬어진다.

캄캄했다고 하고, 그리스 로마 신화와 히브리인들의 《구약》 〈창세기〉에서도 혼돈과 어둠이 태초의 세계를 지배한 것으로 말하고 있다.

그런데 암흑과 혼돈은 신화에서 종종 스스로의 의지와 성격을 지닌 '인격신'의 모습으로 표현되고는 한다. 이처럼 신화 시대 사람들은 자연현상을 사람에 빗대어 '의인화'하여 설명하기를 좋아했다. 그 당시 사람들은 적어도 지금처럼 자연현상에 대하여 오만하지 않았다. 인간이 자연과 동떨어진 존재라고 생각하지 않았기 때문에 자연도 인간처럼 의지와 감정을 지니고 있으며 슬픔과 기쁨을 느끼고 활동하는 것으로 여겼다.

예를 들면 태양도 사람처럼 아침에 일어나서 하루 종일 하늘길을 달리다가 저녁이 되면 서쪽 끝 호숫가에서 쉬고 다음 날 아침 다시 일어난다고 생각했다. 계절의 변화나 달, 별의 운행 역시 사람 같은 자연의 규칙적인 행동으로 이해했다.

따라서 신화는 자연현상이 인간의 행동과 성격을 지닌 주인공이 되어 만들어진 '아주 오래된 이야기'라고 할 수 있다.

'제강'이라 불리는 기이한 새

신화 시대 사람들에게는 태초의 혼돈조차 인간이나 짐승, 다른 자연물처럼 살아 숨 쉬는 생물이었다. 중국의 오래된 신화집 《산해경》[5]에서는 앞서의 《회남자》에서와는 달리 혼돈을 한 마리 새로 묘사한다.

---

5 《산해경山海經》 기원전 3, 4세기 전국시대 무렵에 성립된 중국의 대표적인 신화집. 우禹임금 혹은 그의 신하 백익伯益이 지었다고 하나 믿을 수 없고 무당 계층의 인물에 의해 지어진 것으로 추정된다. 신과 영웅뿐 아니라 먼 곳의 기이한 인간, 괴상한 사물들에 대한 수많은 이야기와 그림을 싣고 있다. 동아시아 상상력의 원천이라 할 만한 책으로 고대 한국과 관련된 내용도 적잖이 담겨 있다. 국내의 번역본으로는 정재서 역주, 《산해경》(민음사, 1985)이 있다

천산天山이라는 곳에서는 금과 옥이 많이 난다. (…) 영수英水가 여기에서 나와 서남쪽으로 양곡暘谷에 흘러든다. 이곳의 신은 그 형상이 누런 자루 같은데 붉기가 빨간 불꽃 같고 여섯 개의 다리와 네 개의 날개를 갖고 있으며 얼굴이 전혀 없다. 춤과 노래를 잘할 줄 아는 이 신이 바로 제강이다.

《산해경전소山海經箋疏》 속표지 청淸 학의행郝懿行의 저작. 이 책은 《산해경》에 대한 과거의 모든 주석을 가장 잘 정리한 책으로 정평이 나 있다. 오른쪽은 국내 번역본 겉표지에 그려진 가을의 신 욕수. ✎

혼돈을 살아 있는 생명체에 빗대려고 하다 보니 이 세상에 존재하지 않는 신비한 새를 상상하게 된 것이다. 사실 혼돈이라 함은 컴컴한 어둠인데 새로 표현해내기란 참으로 난감한 일이었을 것이다.

이러다보니 이 새는 말만 새일 뿐 도무지 새의 형상을 지니고 있지 않다. 우리가 늘상 보는 가볍고 날렵하게 날아다니는 새의 모습이 아닌 것은 물론이고, 그 모양은 상상하기도 쉽지 않을 만큼 괴상하고 신비하기 짝이 없었다.

그럼 지금부터 이 새의 모습을 한번 조목조목 뜯어보기로 하자.

이 새는 한눈에 보면 무슨 포대처럼 생겼는데 불덩어리같이 붉은빛을 띠고 있고 여섯 개의 다리와 네 개의 날개가 달려 있다고 했다. 아마도 이 날개 때문에 그 이상한 생김새에도 불구하고 새라고

《산해경전소》 본문 오른쪽은 국내 번역본 겉표지에 그려진 불사의 여신 서왕모와 시녀들. 한 시녀가 먹으면 죽지 않는다는 선도 복숭아를 쟁반에 담아 들고 있다. ✎

여겨졌던 모양이다.

그런데 무엇보다 기이한 특징은 눈·코·귀·입 등 얼굴이 하나도 없다는 점이다. 그러니까 이 새는 정말 혼돈 속에 갇힌 어두운 상황처럼 볼 수도, 들을 수도 없는 답답한 모습을 하고 있었던 것이다.

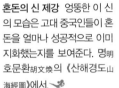

그렇지만 이 새가 정말 천성이 답답하고 꽉 막힌 성격을 지녔다고 생각한다면 큰 오산이다. 이 새는 특별한 재주를 가지고 있었는데, 그것은 바로 춤과 노래를 잘할 뿐만 아니라 아주 즐긴다는 점이다.

혼돈의 신 제강 엉뚱한 이 신의 모습은 고대 중국인들이 혼돈을 얼마나 성공적으로 이미지화했는지를 보여준다. 명明 호문환胡文煥의 《산해경도山海經圖》에서.

이 기괴하기 짝이 없는 새가 혼돈의 신 '제강'이다. 이 제강의 엉뚱한 생김새는 보면 볼수록 웃음을 자아내는데, 눈·코·귀·입이 하나도 없는 달걀귀신 같은 얼굴에다 코끼리 사촌 같은 몸매를 하고 웬 춤? 게다가 노래까지. 정말 우습지 않은가?

그러나 비웃지만 말고 차분히 생각해보자. 신화 시대 사람들이 머리가 좀 모자라고 어리석어서 그런 엉뚱한 발상을 했다고 생각한다면, 아마도 그건 현대인의 자만이 가득 찬 편견에 불과할 것이다.

저명한 인류학자 레비스트로스[6]는 말하지 않았던가. 인류는 어느 시대 어느 곳에서든 항상 최선을 다해서 살아왔다고.

신화 시대 사람들은 그들 나름대로 사물과 자연, 우주의 현상을 이해하고 표현하는 방식이 있었던 것이다. 신화는 우주와 세상의 탄생 등에 대한 고대 인류 나름의 최선을 다한 '이해와 상상'의 산물이다.

6 **레비스트로스**Claude Lévi-Strauss(1908~2009) 프랑스의 인류학자. 신화에는 보편적인 인간 본성의 구조가 내재해 있다고 주장했다. 구조주의 인류학의 대표적 학자이며 저서로는 《구조인류학》·《야생의 사고》·《슬픈 열대》 등이 있다.

일본의 제강 그림 색깔을 입히고 날개의 선을 동적으로 처리해 중국의 전통적인 그림보다 더 생동적이긴 하지만 오히려 혼돈이 본래 가지고 있는 흐리멍덩한 이미지로부터는 멀어진 듯하다. 일본의 《괴기조수도권怪奇鳥獸圖卷》에서.

따라서 신화에는 신화 나름의 논리가 있다. 그것이 현대인의 과학적인 사고와 다르다고 해서 황당무계한 이야기로 취급될 수는 없다. 신화가 매력적인 이유는 오히려 그러한 기괴한 상상 속에서 과거 인류의 문화를 창조했던 힘과 세상에 대한 진지한 고투의 흔적을 피부로 느낄 수 있다는 점이다.

그렇다면 그 당시 사람들은 왜 이 볼 수도 들을 수도 없는 혼돈의 신 제강이 가무를 좋아하며 즐길 줄 안다고 표현했을까.

노래와 춤은 단순한 음악이나 무용이기 이전에 우주의 소리와 움직임을 나타내는 상징적인 행위이다. 소리와 움직임이야말로 우주의 '살아 있음'을 나타내는 증거가 아니고 무엇이겠는가.

실제로 춤과 노래는 문자로 쓴 기록문학이 생기기 이전 원시종합예술[7]의 가장 중요한 부분이었다. 신화 시대 사람들에게 춤과 노래는 우주에 충만한 에너지의 흐름을 흉내 낸 것으로 받아들여졌다.

그렇다면 혹 이런 까닭으로 고대 사람들은 혼돈의 신 제강에게 춤과 노래를 즐길 줄 아는 속성과 능력을 부여했던 것은 아니었을까.

앞에서도 말했지만 혼돈은 이 세상의 모든 것을 창조하는 힘의 근원이다. 따라서 혼돈의 신 제강은 그 창조의 힘을 노래와 무용으로 표현하고 있는 것이다.

---

7 **원시종합예술** 고대인들이 집단적으로 행했던 춤과 노래가 한데 어우러진 축제. 여기에서 시·음악·연극·무용 등의 예술 양식이 갈라져 나왔다.

혼돈의 신이 죽다

자, 그러면 이제 우리는 이 혼돈의 신이 그 후 어떤 삶을 살았는지 궁금하지 않을 수 없다. 《산해경》보다 조금 뒤늦게 지어진 것으로 추정되는 《장자》[8]를 보면 이 커다란 새의 모습을 한 신 제강은 인간의 모습에 훨씬 가깝게 표현된다. 그리고 《장자》에서 이 신은 제강이라는 이름이 아니라 그냥 '혼돈'이라고 불린다.

혼돈은 이제 세계의 중앙을 다스리는 임금이 되었고 그에게는 두 명의 친구도 생겼다. 한 친구는 남쪽 바다를 다스리는 숙儵이고, 또 한 친구는 북쪽 바다를 다스리는 홀忽이다. 혼돈과 이 두 친구는 무척이나 사이가 좋았다.

숙과 홀은 가끔 혼돈이 사는 곳에 놀러 갔는데 그때마다 혼돈은 이 두 친구를 아주 극진히 대접하였다. 이에 감동한 숙과 홀은 '혼돈의 성의에 어떻게 보답할까' 하는 문제를 서로의 머리를 맞대고 궁리하기 시작했다.

"혼돈은 정말 멋진 녀석이야. 춤이나 노래 같은 풍류도 한 수하고, 친구에게도 이렇게 극진하니 말이야."

"그러게……. 하지만 참 안되었어. 우리는 모두 몸에 눈·코·귀·입 등 일곱 개나 되는 구멍을 가지고 있어서 그것으로 보고 듣고 먹고 숨 쉬잖아. 그런데 이 친구만 그게 없거든. 얼마나 답답하겠어? 그러니 우리가 구멍을 좀 뚫어주면 어떨까?"

"맞다! 그게 좋겠어! 그 친구도 아주 좋아할 거야."

혼돈의 두 친구인 숙과 홀은 마침내 이와 같은 결정을 보았다. 그러고는 자신들의 우정을 보여주기 위해서 곧바로 혼돈의 몸에

---

8 《장자莊子》 전국시대 무렵 도가 학파의 장주莊周(기원전 369?~기원전 289?)가 지은 철학책. 노자老子의 철학을 계승하여 자연의 도리를 따르면서 개성을 잘 지킬 것을 주장하였다.

구멍을 뚫어주는 일에 착수하였다. 하루에 한 개씩 7일 동안 일곱 개의 구멍을 차례차례 뚫어나가기 시작한 것이다.

드디어 숙과 홀이 혼돈의 몸에 일곱 개의 구멍을 다 뚫어준 이레째 되는 날.

혼돈은 과연 어떤 모습이 되었을까.

그런데 웬걸? 혼돈은 그만 죽고 말았다. 과연 일곱 개의 구멍과 혼돈의 죽음은 무슨 관련이 있는 것일까. 그리고 이것과 혼돈이 사라지고 세상의 창조가 완성된 《구약》〈창세기〉의 이레와도 무슨 관련이 있는 것은 아닐까?

구멍을 하나하나 뚫어 일곱 개에 도달했을 때, 또한 하나님이 하루하루 만물을 창조해나가 이레째 이르러 쉬었을 때 혼돈은 죽거나 사라졌다. 이처럼 7이라는 숫자가 동서양 모두에서 혼돈으로부터 새로운 세계가 창조되는 과정을 상징하고 있음은 흥미롭다.

《장자》에서는 무언가 교훈적인 내용을 전하기 위해 '혼돈과 두 신을 의인화'하는 것과 같은 형태의 짤막한 동화가 자주 등장한다. 중국 문학에서는 이러한 양식의 글을 우언[9]이라고 부른다.

그렇다면 다른 한편으로 《장자》에서는 혼돈의 신에 관한 우언을 통해 어떤 교훈적인 내용을 전하려고 했던 것일까.

만약 혼돈이 아무런 인공을 가하지 않은 원시 그대로의 우주나 자연을 상징한다면, 이에 반해 그것에 구멍을 뚫는 행위는 인공적인 조작을 가하는 것을 의미한다. 결국 이 우언은 자연을 있는 그대로 두어야지 인간이 멋대로 꾸미고 다듬으면 파괴되고 만다는

---

9 **우언**寓言 서구의 이솝이나 라퐁텐 등의 우화寓話와 비슷한 양식의 글. 우화에서는 대개 여우나 토끼 등 동물이 사람처럼 행동하면서 우리에게 교훈을 던진다. 중국의 우언에서는 꼭 동물이 주인공 노릇을 하지는 않는다. 넓게 보면 동화 같은데 교훈적인 의미를 담고 있는 글이다.

'무위자연'[10]의 사상을 은연중에 암시하는 것으로 읽히기도 한다.

그러나 한 걸음 더 나아가 생각해본다면, 역시 《장자》의 우언은 단순한 교훈보다는 좀 더 근원적인 신화 의미를 함축하고 있음을 알 수 있다. 앞에서 7이라는 숫자를 통해 상상해본 것처럼 그것은 다름 아니라 혼돈에서 이 세계가 비롯되었다는 커다란 의미이다.

혼돈의 두 친구인 숙과 홀이 지닌 한자의 본뜻을 살펴보면 '잠깐'이나 '순간'을 뜻하는데, 이것은 시간을 상징한다. 아울러 그들은 눈·코·귀·입 등 일곱 개의 구멍을 지녔다는데 이것은 인간이 지닌 감각기관이므로 그들은 곧 인간을 상징하기도 한다.

혼돈이 숙과 홀에게 죽임을 당한다는 내용은 혼돈의 시대가 이제 시간이 지배하는 시대로 접어들었음을 뜻한다. 시간이 지배하는 시대란 곧 질서의 시대이자 인간이 지배하는 역사의 시대이다. 결국 혼돈의 죽음은 태초의 신화 시대로부터 비로소 인간 세상의 질서가 새롭게 창조되었음을 의미하는 것이다.

혼돈, 잃어버린 태초의 본성

그렇다면 인간이 지배하는 시대가 성립된 이후 혼돈은 사람들 사이에 어떤 이미지로 남아 있을까?

《장자》보다 훨씬 뒤에 지어진 《신이경》[11]이라는 고대소설에서는 죽었던 혼돈이 다음과 같이 모습을 바꾸어 다시 출현한다.

---

10 **무위자연無爲自然** 도가 학파의 시조 노자가 주장한 사상으로 자연의 도리를 거스르는 인위적인 일을 하지 않고 타고난 천성을 지키며 살아야 한다는 것.

11 《신이경神異經》 3, 4세기경에 지어진 작자 미상의 고대소설. 한무제漢武帝 때의 재담꾼 동방삭東方朔이 지었다는 설도 있으나 믿기 어렵다. 《산해경》을 모방하여 중국 변방의 기이한 신들과 괴상한 사물들을 환상적인 필치로 그려냈다. 혼돈에 관한 이야기는 이 책의 〈서황경西荒經〉에 보인다.

곤륜산崑崙山의 서쪽에 어떤 짐승이 있는데, 그 모습은 개와 같고 긴 털에 다리가 넷이다. 곰 같기도 한데 발톱은 없다. 눈이 있어도 보지 못하고 걸어도 나아가질 못하며 두 귀가 있으나 듣지 못한다. 그러나 사람을 보면 그가 어디로 갈지를 알았다. 배가 있으나 오장이 없고 창자가 있으나 구불구불하지 않아 음식이 곧바로 내려갔다.

누군가 덕행이 있다고 하면 가서 들이받았고 못됐다고 하면 졸졸 따라다녔다. 하늘이 그렇게 만든 것으로 이름을 혼돈이라고 한다. 홀로 살며 특별히 하는 일은 없는데 항상 자신의 꼬리를 물고 빙빙 돌다가 하늘을 보고 웃곤 한다.

이 소설에 와서 혼돈은 괴상하고도 흉측한 모습의 짐승으로 묘사된다. 혼돈의 기이함은 생김새뿐만이 아니다. 그는 성질도 고약하고 괴팍한 괴물로 변해버렸다.

혼돈은 어쩌다 이렇게 한심하고 추악한 짐승으로 변해버린 것일까?

인간이 세계의 중심이라고 자부하는 시대에 접어들면서 사람들은 점차 똑똑하고 분명하고 논리적이고 인위적인 것을 자연의 제멋대로인 모습이나 태초의 뒤죽박죽인 상태보다 가치 있는 것으로 숭상하고 추구하게 되었다. 그러니 무질서와 혼란, 어둠의 상징인 혼돈이 좋게 비칠 리가 없는 것이다.

결국 혼돈은 과거에 숭배받던 신의 위치에서 보지도 듣지도 못할 뿐 아니라 판단 능력도 없는 멍청하고 흉측한 동물로 전락하고 만 것이다.

《신이경》 이후에도 인간은 혼돈을 불신하고 합리성과 정확성을 신봉하는 인간 중심의 역사를 만들어왔다. 멍청하고 답답한 혼돈을 불신한다는 것은 말 없는 '자연의 침묵'을 멀리하고 인간 중심의 질서 속에서 지금까지 안주하며 살아왔다는 말이나 마찬가지이다.

그러나 인간이 만들어온 이러한 역사가 과연 보기에 좋고 행복하기만 했던 것일까?

인간은 스스로의 이성적 능력을 과신하고 더 이상 자연의 소리에 귀를 기울이지 않음으로써 전쟁, 인종 차별, 환경 오염 등 숱한 재앙들을 불러왔다. 그것은 인간의 이성이 꿈과 상상의 자리를 박탈하여 창조의 능력을 둔화시킨 결과가 아닐까.

그렇다면 신화 속의 혼돈은 과연 무질서하고 어둡기만 한 존재인가?

혼돈은 겉보기엔 뒤죽박죽인 것 같지만 사실 나름의 질서가 있으며 아무것도 아닌 것처럼 보이지만 창조적 힘의 원천이다. 원시 인류는 그들이 지닌 신화적 감수성으로 무질서 속에서 더 큰 질서를 찾으려 하고, 어둠 속에서 창조의 빛을 발견하고자 하였다.

이 점에서 최근의 '카오스 이론'[12]을 비롯해 혼돈에 대한 새로운 관심은 우리가 길을 잃었을 때 처음 출발했던 곳으로 되돌아가야 하듯이 현대의 위기 속에서 신화의 가치를 다시 생각하게 되는 좋은 실례이다.

신화란 무릇 인간이 잃어버린 태초의 본성으로 우리를 이끌어주는 길잡이가 아닌가!

---

12 **카오스Chaos 이론** 카오스에 대한 연구는 최근 물리학의 새로운 분야로 비선형非線型 동역학이라고도 한다. 자연계에 보이는 무질서한 운동을 비선형 운동이라고 부르는데 이 운동은 혼란스러운 것 같지만 나름대로 보편성, 즉 질서를 지니고 있다. 카오스 이론이란 이 혼돈 속의 질서를 설명하는 가설들을 편의상 이론인 것이다.

혼돈, 그대는 아직 건재한가?

이제 우리와 함께 태초의 그 시절에 대해 이야기를 나누어보는 것이 어떠한가?

2

1만 8000년의 잠에서
깨어난 거인 이야기

천지개벽, 반고의 죽음과
화려한 재탄생

거인 반고는 어떻게 세상을 지어냈을까

태초의 우주는 아주 커다란 알과 같았다. 그 거대한 알의 내부는 지극한 혼돈 상태로 마치 노른자와 흰자가 한데 들어 있는 달걀의 속과 같았다.

하늘과 땅은 서로 구분이 없이 뒤섞여 있었고, 무거운 것과 가벼운 것, 뜨거운 것과 차가운 것이 뒤엉켜 어둠과 밝음조차 나누어지지 않았다.

그런데 그 격렬한 혼돈의 소용돌이 속에 아주 작은 덩어리가 생겨났고 그것은 점점 커져서 거대한 사람의 모습으로 변해갔다. 마치 달걀 속의 병아리처럼 알 속의 혼돈이 최초의 우주적 생명인 한 거인을 낳은 것이다.

거인은 혼돈의 알 속에서 그 커다란 몸을 웅크린 채 마냥 잠만 잤다. 주변이 온통 혼돈의 소용돌이인 알 속에 갇힌 채 거인은 몸

시도 깊고 깊은 잠에 빠져 깨어날 줄을 몰랐다.

그렇게 1만 년 동안이나 거인은 잠들어 있었고 그 긴 시간 동안 세상은 여전히 혼돈의 알 속에서 거인과 함께 갇혀 있었다. 거인이 잠들어 있는 달걀 같은 알이 세상의 전부였고, 혼돈 상태의 우주였다. 그 속은 어둡고 컴컴했으며 시간과 공간이 함께 녹아 있었다.

다시 세월이 흘러 8000년이 지났다. 그러던 어느 날, 그렇게도 깊은 잠에 빠져 있던 거인이 드디어 잠에서 깨어났다.

거인이 잠에서 깨어나자 알 속의 혼돈은 갑자기 크게 출렁거리며 흔들렸다. 알을 깨뜨리려는 거인의 몸부림으로 혼돈 속에 뒤엉켜 있던 온갖 기운은 점차 두 개의 소용돌이로 뭉쳐 거인의 주위를 감싸기 시작했다. 이 두 개의 소용돌이는 마치 커다란 뱀과 같은 모양이어서 거인의 몸을 감싸고 맹렬하게 꿈틀거렸다.

이런 거대한 소용돌이를 몸에 휘감은 채 거인이 마침내 우렁찬 소리와 함께 알을 깨뜨리자 이 두 마리 뱀 모양의 기운은 한꺼번에 밖으로 빠져나와 뒤엉켜 있던 서로의 몸을 풀고 각각 위와 아래로 순식간에 갈라지기 시작했다. 비로소 하늘과 땅이 나뉘기 시작한 것이다.

1만 8000년 동안의 잠에서 깨어나 혼돈의 알을 깨고 천지를 개벽시킨 태초의 거인, 그 거인의 이름은 반고¹였다.

반고가 태어나자, 알 속에서 뒤엉켜 있던 하늘과 땅이 이렇게

---

1 **반고盤古** 거인 반고에 관한 신화는 중국의 대표적 창조 신화로 유비·조조·손권 등이 패권을 겨루었던 삼국 시대(220~280) 무렵 오吳나라의 학자 서정徐整이 지은 《삼오역기三五歷記》와 《오운역년기五運歷年記》라는 책에 실려 있었다. 그런데 불행하게도 이 두 책은 이미 없어졌고 송宋나라 때 편찬된 백과전서인 《태평어람太平御覽》과 청淸나라의 학자 마숙馬驌이 지은 《역사繹史》라는 책에 두 책의 일부 내용이 인용됨으로써 오늘날까지 전해지게 되었다.

갈라져 나왔다. 드디어 태초의 하늘과 땅이 열린 것이다.

천지개벽! 밝고 맑은 기운은 위로 올라가 가벼운 하늘이 되었고, 어둡고 탁한 기운은 아래로 아래로 가라앉아 마침내 무거운 땅이 되었다.

반고는 새로 생겨난 하늘과 땅 가운데서 매일매일 빠르게 변해갔다. 하늘은 날마다 1장丈(3미터)씩 높아갔고, 땅은 날마다 1장씩 아래로 두꺼워졌다. 반고 역시 날마다 1장씩 키가 커졌다.

반고의 초상 인자하고 순한 모습이지만 너무 현실화된 인간적인 모습이어서 신화 속의 반고와는 거리가 있다. 명明 왕기王琦의 《삼재도회三才圖會》에서.

이렇게 다시 1만 8000년이 흘렀다. 그러자 하늘은 까마득히 높아졌고, 땅은 지극히 낮아졌으며, 반고는 어마어마하게 키가 커졌다. 마침내 하늘과 땅은 9만 리나 멀리 떨어지게 되었다.

여기서 잠시 엉뚱한 상상의 날개를 펼친다면 혹시 이런 생각을 할 수도 있지 않을까? 까마득하게 멀고 먼 거리를 나타내는 이 '구만리'란 표현이 어쩌면 이 반고 신화에서 시작된 것은 아닐까 하는. 하늘과 땅의 거리만큼 먼 거리이니 오죽이나 멀고 험난한 길인가. '앞길이 구만리'라는 표현이 앞으로 살아갈 인생의 여정을 가리키는 표현이듯이, 땅에서 태어나 하늘로 돌아가는 '인간의 삶'이 '구만리 같은 인생'으로 불리는 것 또한 어쩌면 우연이 아닌 듯싶은 것이다.

자, 이제 바야흐로, 높아진 하늘과 낮아진 땅 사이에 드디어 태초의 거인 반고가 우뚝 서게 되었다. 머리로는 하늘을 떠받치고 발로는 대지를 힘차게 딛고서.

하지만 다시 세월이 무수히 흘러 조금도 흔들림이 없을 것 같던 반고도 나이를 먹자 점차 쇠약해지기 시작했다. 그러던 어느 날, 반고의 그 거대한 몸은 마침내 우렁찬 소리를 내며 땅 위로 쓰러지고 말았다.

그런데 웬일일까? 죽은 반고의 몸이 조금씩 변하기 시작했다.

그의 숨결은 바람과 구름이 되었다. 목소리는 우레가 되고, 왼쪽 눈은 해가 되고 오른쪽 눈은 달이 되었다. 그뿐인가. 손과 발은 사방의 이름난 산이 되고, 피는 강물이 되고, 힘줄은 길이 되었다. 그리고 살은 논밭이 되었다.

거인 반고의 온몸 구석구석이 남김없이 다 변하기 시작한 것이다. 머리털과 수염은 별이 되고, 몸에 난 털은 초목이 되고, 이와 뼈는 쇠붙이와 돌로, 골수는 보석으로 변했다. 그가 흘린 땀조차도 비와 호수가 되어 땅 위를 적셨다.

태극을 들고 있는 반고 태극은 우주 만물의 근원이므로 이 그림은 반고 자신이 우주 만물을 창조한 주체임을 보여주고 있다. 철학적 의도가 짙게 풍기는 그림이다. 《천지인귀신도감天地人鬼神圖鑑》에서. ❧

저절로 저절로 이루어진 자연과 세상

이렇게 해서 드디어 오늘날 우리가 보고 살아가는 세상이 생겨났다. 혼돈 속에서 태어난 거인이 죽고, 거인의 죽은 몸이 다시 이 세상의 만물을 이루게 되었다. 이처럼 태초의 혼돈은 이 세상이 생겨나기 위한 조건이었다. 아무것도 없는 무無는 언제나 유有를 낳고 예비하는 요람이다.

세계 곳곳의 신화를 보아도 대개 이 세상은

처음에 혼돈으로부터 출발한다. 단지 혼돈에서 세상이 만들어지는 과정과 방법에 대한 표현이나 비유가 각각 다를 뿐이다.

히브리 신화에서는 야훼라는 절대자에 의해 혼돈으로부터 천지가 처음으로 창조된다. 《구약》〈창세기〉에 의하면 야훼 하나님이 맨 처음 하늘과 땅의 영역을 갈라놓았고, 다음에 빛을 생기게 해서 낮과 밤을 만들고, 결국 모두 엿새에 걸쳐 물과 바다, 초목, 해와 달, 동물, 인간을 만든 뒤 마침내 이레째 되는 날 휴식을 취했다고 한다.

또 〈창세기〉와는 달리 반고 신화에서 보듯이 혼돈 속에서 거인이 생기고 이 거인이 죽음으로써 세상이 만들어지는 방식이 있는데, 이러한 종류의 이야기를 신체화생설身體化生說 혹은 거인화생설巨人化生說이라고 부른다. 거인의 주검이 변해서 천지 자연을 이룬다는 이야기는 동양에만 있는 것이 아니다. 다른 지역의 세계 창조 신화에도 이런 계통의 이야기는 많이 있다.

하나님의 천지 창조 미켈란젤로의 〈천지 창조〉에서.

예를 들면, 바빌로니아 신화에서 모든 신의 어머니인 거인 티아마트는 마르두크를 비롯한 젊은 신들에 의해 살해당한다. 살해자들은 거인 티아마트의 몸통을 반으로 갈라 하늘과 대지를 만들고 머리로 산과 강을 만든다.

인도 신화에서는 거인 푸루샤가, 게르만 신화에서는 거인 이미르가 각각 다른 신들에게 살해당한 후에 역시 그 몸이 절단되어 하늘과 대지·바다·호수 등의 자연으로 새롭게 창조된다.

이렇듯 동서양 신화에서 천지 창조 이야기는 어느 정도 비슷한 유형을 지닌 경우가 대부분이다. 하지만 동양 신화만의 특별한 점도 있는데 그것은 절대적 창조주가 없다는 점이다.

물론 다소 예외적이지만 《회남자》에는 히브리 신화와 비슷한 다음과 같은 천지 창조 이야기가 기록되어 있기도 하다.

캄캄한 어둠으로 가득 찬 혼돈이 지속되다가 그 속에서 홀연히 두 명의 신이 나타났다. 그리고 이 두 신이 제각기 하늘과 땅을 만들었다. 하늘과 땅으로 갈라진 세상에는 자연히 어두운 것과 밝은 것의 구분이 생겨나기 시작했고, 마침내 어디가 어딘지 짐작이 가지

바빌로니아의 태초 거인 티아마트 거대한 용의 모습을 한 티아마트가 마르두크를 비롯한 젊은 신들에게 살해되는 장면. 바빌로니아의 원통형 인장에서.

않던 혼돈 상태가 걷히며 처음으로 동서남북 등 여덟 곳의 방위가 분명해졌다.

《회남자》의 이야기는 신에 의해 창조가 이루어진다는 점에서 히브리 신화와 비슷하긴 하지만 자세히 살펴보면 큰 차이가 있다. 즉, 〈창세기〉의 하나님은 혼돈 위에 군림하는 절대적인 존재이지만 《회남자》의 두 신은 그렇지 않다. 그들 자신도 혼돈 속에서 생겨났기 때문에 어디까지나 자연의 산물이다. 다시 말해서, 중국 신화에 절대적인 창조주란 없다. 혼돈으로부터의 천지 창조는 어떤 절대적 신의 의지에 의한 것이 아니라 '저절로 그렇게自然' 된 것이다.

잎은 시들고 동물은 죽어 다시 대지의 일부분이 된다. 우리의 몸 역시 죽은 뒤에는 다시 땅으로 돌아가 썩을 것이다. 땅은 모든 사물의 어머니로서 풀과 나무와 세상 만물이 태어나고 자라며 마침내 죽어 그 품에 안기는 곳이다. 그것이 '저절로 그렇게' 되는 자연의 이치이다.

내 몸속에 깃든 반고

동양 신화에서 가장 많은 사람들이 즐겨 말하는 창조 신화는 앞에서 말한 반고의 신화이다. 그러나 학자들 중에는 반고 신화가 외국의 신체화생 신화와 닮은 점이 많은 데다 《산해경》과 같은 중국의 오래된 신화집에는 보이지 않고 훨씬 후세의 문헌에 나타난다는 점에서, 이 신화가 중국의 것이 아니라 서방으로부터 전래된 것이 아닌가 하는 의혹을 제기하는 사람도 있다.

하지만 반고 신화가 설사 전래된 것이라 해도 어차피 신화는 그것이 뿌리를 내린 지역의 풍토와 문화에 맞게 다시 재창조되게 마련 아닌가. 실제로 반고 신화는 바빌로니아 등의 신체화생 신화와 표면상 비슷해 보이지만 내용 면에서 두 가지 중요한 차이를 지니고 있다.

첫째, 반고의 신체 변화가 저절로 노쇠해 죽은 뒤 몸이 썩어 대지에 흡수되는 것과 같은 자연사에 의해 이루어진다면, 티아마트 등은 다른 신에게 살해된 후 변화를 맞는다는 점이다.

동양 신화는 혼돈에서 거인이 태어나고, 다시 그 거인이 죽은 뒤 몸이 썩어 하늘의 바람과 구름, 별로 변하고 대지에 흡수되어 온갖 자연과 생명을 만드는 등 생태적인 순환의 과정을 비유적으로 표현하고 있는 반면, 서양의 다른 신체화생 신화는 '최초의 희생' 혹은 '최초의 살해' 등 의도적 작용에 의해 세상이 생겨났다고 전한다.

창조 신화는 원시인류의 우주와 세계에 대한 기본적인 인식을 표현한 것이기 때문에 후세 사람들의 사고방식과 관념에 큰 영향을 미치게 된다. 태초에 있었던 거인의 죽음을 둘러싼 이러한 대조적인 이야기는 자연과 인간의 존재 원리를 '상생과 조화'에서 찾느냐, '대립과 극복'에서 찾느냐 하는 중요한 사고의 차이를 반영하는 것이다.

우리는 여기에서 살해라는 의도적인 대립 행위를 통해 세상을 변화시킨다는 이야기에 담긴 서구의 변증법[2]적 세계관과 작위가 개입되지 않은 노화·죽음·재탄생 등의 자연적 순환 모델을 신화

---

2 **변증법**辨證法 세계가 본래의 상태에 대한 대립과 투쟁의 과정을 통해 더 높은 단계로 발전해나간다는 생각. 철학자 헤겔 G. W. F. Hegel 은 이것을 정正 – 반反 – 합合의 공식으로 설명했다.

로 말한 동양의 생태적 세계관의 기원을 발견할 수 있다.

두 번째 차이는, 자연으로 변하기 직전에 거인의 신체 상태가 어떠했느냐에 있다.

반고 신화에서는 노화와 죽음 뒤에 온몸이 그대로 있는 통째로의 상태에서 신체 각 부위가 하나하나 자연으로 변모한다. 그러나 서양 신체화생 신화의 경우는 가해자인 신들이 살해된 거인의 신체를 절단하고 분리하여 자연을 만든다. 우리는 여기에서 동양의 통합적, 전일적인 사고방식과 서양의 분석적, 논리적인 사고방식의 싹을 엿볼 수 있을지도 모른다.

그런데 반고 신화든 서양의 신체화생 신화든 이들 이야기를 통해 짐작할 수 있는 것은 원시인류가 인간의 몸과 자연을 동일시하는 관념을 갖고 있었다는 사실이다.

대우주인 자연과 소우주인 인체가 서로 감응하는 상동相同 관계에 있다는 생각은 고대 동서양의 인류가 다 함께 지녔던 관념이다. 그런데 이 오래된 관념이 동양에서는 서양보다 훨씬 보편적으로 근대에 가까운 시기까지 깔려 있었던 것 같다.

조선의 명의 허준은 《동의보감》[3]에서 다음과 같이 말했다.

하늘과 땅 사이에 사람이 가장 귀하니 머리가 둥근 것은 하늘을 본뜬 것이며, 발이 네모진 것은 땅을 본뜬 것이다. 하늘에 사시가 있듯이 사람에게는 사지가 있다. 하늘에 오행이 있듯이 사람에게는 오장이 있다. (…) 땅에 지하수가 있듯이 사람에게는 혈맥이 있다. 땅에 초목이 있듯이 사람에게는 모발이 있다. 땅에 돌과 쇠가

---

3 《동의보감東醫寶鑑》 조선 선조宣祖 때의 의관醫官 허준許浚(1539~1615)이 지은 의서. 중국의 한의학에 조선 고유의 의학 체계와 처방을 종합하여 이루어진 책으로 당시 백성들의 건강을 위해 큰 기여를 했다.

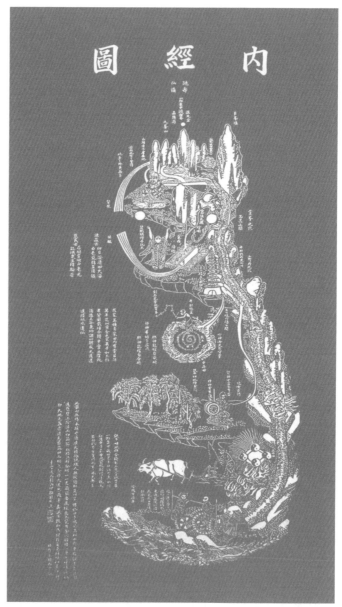

인체의 각 기관을 자연에 비유한 그림 인체는 작은 인간들이 사는 또 하나의 세계이다. 복부인 단전丹田의 밭에서 농사를 짓고 머리인 곤륜산에 올라 천상의 신선들을 만나는 일, 이것은 곧 열심히 수련을 해서 신선이라는 초인적 경지에 이르는 일을 그림으로 표현한 것이다. 청나라 때에 이루어진 〈내경도內經圖〉.

있듯이 사람에게는 치아가 있다. 이 모든 것은 천지와 오행의 기운을 받아 합쳐져 형체를 이룬 것이다.

우리는 반고 신화에서 인체와 자연을 동일시했던 관념이 조선 시대까지 그대로 살아 있음을 보고 놀라게 된다. 이뿐만이 아니다. 청나라 때에 그려진 인체 그림인 〈내경도〉에서는 인체의 각 부분을 산과 들, 숲 등의 자연으로 묘사하고 있다.

이렇게 보면 우리의 신체는 단순하지 않다. 그것은 자연의 정신이 투영된 또 하나의 세계라고 할 수 있다. 최근 과학 분야에서 관심을 끌고 있는 제임스 러브록의 '가이아 가설'⁴은 이러한 관념을 생태학에 활용한 것이다.

그는 인체와 자연을 동일시하는 신화적 상상력에 근거하여 지구를 살아 있는 유기체라고 주장함으로써 환경에 대한 인식을 근본적으로 바꿔놓고자 했다.

우리의 몸은 그동안 많이들 얘기해왔듯이 무슨 '생각하는 주체'니 '욕망의 주체'니 하는 것만은 아니다. 그것은 우리를 둘러싼 우주, 자연과 섬세하고 복잡하게 얽혀 있는 신비한 존재이기도 하다.

거인 반고, 지금 그대는 어디에 있는가?

그는 결코 죽지 않았다. 어쩌면 지금 이 순간에도 눈앞에 보이는 저 산과 들에, 내 몸의 핏줄 속에, 심장 속에 아직도 살아서 꿈틀거리고 있는 건 아닐까.

---

4 **가이아Gaia 가설** 생태학자 제임스 러브록James Lovelock이 제창한 가설. 가이아는 그리스 로마 신화에서의 대지의 여신. 지구를 하나의 살아 있는 개체이자 모든 생물을 위해 스스로 환경을 조절할 수 있는 능력을 지닌 유기체적 존재로 보는 입장.

3

홍수 속에 살아남은 남매,
인류의 조상이 되다

인류 창조, 인류 시조 이야기

황토를 뭉쳐 사람을 만들다

나는 누구이며 어디에서 온 것일까. 우리 어머니의 어머니, 그 어머니의 어머니, 또 그 어머니의 어머니…… 그러니까 우리 인간이라는 종족의 첫 번째 어머니는 누구였을까. 최초의 인류는 누구였으며, 최초의 사람은 어떻게 태어나게 되었을까. 저 까마득한 태고의 어머니가 궁금하고, 우리의 태생이 궁금하다.

3세기경 한나라 때의 《풍속통의》[1]라는 책에는 다음과 같은 인류 창조 이야기가 전해진다.

하늘과 땅이 처음으로 생겨나고 이어 세상 만물이 처음 그 모습을 지상에 드러냈다. 세상 모든 것이 처음 생겼을 때, 아직까지 땅 위에 사람은 없었다.

---

1 《**풍속통의**風俗通義》《풍속통風俗通》이라고도 한다. 후한後漢 시대의 학자 응소應邵가 지은 책. 당시의 민속·풍습·명절·행사 등의 유래·내용에 대해 정확히 조사하여 기록하였다. 당唐나라 이전의 목록에는 30권으로 되어 있으나 송나라 이후 10권으로 정해진다. 고대 중국의 풍속·종교·관습 등을 탐구하는 데에 필요한 자료를 많이 담고 있다.

이때 여신 여와가 황토를 뭉쳐 사람을 만들었다. 여와는 손으로 직접 황토를 뭉쳐 사람을 하나하나 만들었는데, 그러다 보니 너무 힘이 들어서 많이 만들어낼 수가 없었다. 그래서 그녀는 슬슬 꾀가 났다. "아아, 고단해. 이건 너무 지루하기 짝이 없군. 어느 세월에 사람들을 많이 만들지? 아무래도 좀 더 쉬운 방법을 찾아야겠어" 하고는 주위를 두리번거리기 시작했다. 이리저리 궁리를 하며 사방을 살피던 그녀의 눈에 띈 것은 조금 떨어진 곳에 놓여 있는 노끈 한 가닥이었다. 그 순간 여와의 머리에는 한 가지 묘안이 떠올랐다. 잠시 후 여와는 황토를 물에 푼 뒤 긴 노끈을 그 진흙탕 속에 푹 담갔다가 꺼내, 사방으로 휙휙 흩뿌리기 시작했다.

그랬더니 이게 웬일인가. 여기저기 흩어진 진흙들이 모두 제각기 꿈틀꿈틀 움직이며 스스로 사람의 형상으로 변하는 것이 아닌가. 여와는 더욱 신이 났다. "이거, 정말 재미있는걸. 이제야 일할 맛이 나는군" 하고 뛰어다니며 진흙을 사방으로 뿌려댔다.

이런 식으로 세상 곳곳에 흩어진 진흙들은 모두 사람의 모습으로 다시 태어났다. 그러나 이렇듯 만드는 방법이 달라지니 사람도 모두 똑같을 수는 없었다.

처음에 정성껏 손으로 빚었던 것들은 귀하고 똑똑한 사람이 되었지만 나중에 노끈에 묻은 진흙을 사방에 제멋대로 뿌려 생겨난 것들은 천하고 어리석은 사람이 되고 말았다.

동양 신화에서 인류의 창조는 이처럼 여신 여와에 의해 이루어진다. 남신이 아니라 여신의 손으로 진흙을 뭉쳐 사람을 만들었다는 점에서 여와는 인간을 낳은 태초의 '위대한 어머니', 즉 대모

신大母神이다.

인류의 출현에 대한 궁금증은 고대인이나 현대인이나 자신의 뿌리를 돌아보기 위한 가장 근원적인 질문이다. 인간이 흙에서 비롯되었다거나 여신이 인간을 만들었다는 이야기에는 죽어 흙으로 돌아가는 인간의 운명과 아이를 낳을 수 있는 여성의 생식력에 대한 고대인의 상상적 사유가 담겨 있다.

한국의 창조 신화 중 함경남도 함흥 지방에서 채록된 무가巫歌〈강춘옥본〉에도 이런 흔적이 남아 있다.

> 사람이라 옛날에 어디서 생겼습니까
> 천지天地 압록산에 가 황토黃土라는 흙을 모다서
> 남자를 만들어 노니
> 여자 어찌 생산될까
> 여자를 만들었습니다

하체에 꼬리가 있는 원시적인 모습의 여와 왼손에 들고 있는 둥근 것은 달을, 오른손에 들고 있는 반원형의 것은 그림쇠, 곧 컴퍼스로서 이들은 우주의 음의 원리를 상징한다. 섬서성陝西省 수덕綏德의 화상석畵像石에서. 🌱

〈강춘옥본〉에서 인간이 황토로 만들어졌다는 내용은 여와 신화처럼 진흙에 생명을 불어넣으면 사람이 된다는 상상과 같은 종류의 것이다. 인간의 육체는 진흙으로 빚어졌고 그 진흙에 생명력을 불어넣음으로써 사람이 생겨난 것이다.

이런 이야기는 동양 신화에서만 볼 수 있는 것은 아니다. 〈창세기〉에서는 하나님이 진흙을 빚어 사람을 만들고 코에 입김을 불어넣으니 산 사람이 되었다 하고, 그리스 로마 신화에서도 프로메테우스가 대지의 흙을 강물로 반죽하여 사람을 빚어냈다고 한다. 이 밖에도 북아메리카와 아프리카 여러 부족의 신화에도 흙으로 사람을 만든다는 이야기가 있다.

흙에서 나서 흙으로 돌아가다

그렇다면 여와는 왜 인간을 '흙'으로 빚은 것일까?

아마도 이런 이야기는 신석기 시대의 토기 제작에서 비롯되었을 가능성이 높다. 흙으로 그릇을 만들거나 사물을 빚어낼 수 있게 된 인간은 스스로의 경험에 비추어, 마찬가지로 자신들을 흙으로 만들어낸 '신'을 상상할 수 있었을 것이다.

아름다운 여성으로 인간화된 모습의 여와
《중국고대민간복우도설中國古代民間福佑圖說》에서.

또 사람이 죽으면 육신이 썩어서 흙이 되는 것, 이것은 원시인류가 흔히 목격할 수 있는 사후의 과정이다. 따라서 육신과 흙이 궁극적으로는 동일하다고 믿는 그들에게 사람의 육체를 다시 흙으로 빚어낼 수 있다는 상상이 가능했을 것이다.

한편 여와 신화의 끝 대목은 신분이 높은 사람과 낮은 사람의 신화적 유래를 설명하고 있어 흥미롭다. 태초에 무슨 고귀한 사람이 있고 비천한 사람이 있었겠는가. 하늘 아래 인간이란 모두 평등했을 것이다. 그런데도 이와 같은 설명적인 내용이 여와의 신화에 첨가된 것은 후대에 이르러 인간 사이에 차별과 우열에 대한 인식이 생긴 결과라고 할 수 있다.

여와 신화를 비롯한 세계 각지의 인류 창조 신화들이 대체로 공유하고 있는 특징은 이처럼 인간이 신적 존재에 의해 만들어졌다는 사실이다. 그러나 중국에는 이런 창조 신화 이외에 인간이 자연의 조화로 인해 천지 사이에서 저절로 생겨났다는 신화도 존재한다.

예컨대 《회남자》에 의하면 혼돈 속에서 두 명의 신이 나타나 하늘과 땅을 만들었고 그 이후 밝음과 어둠, 강한 것과 부드러운 것의 분별이 생겨나 이들의 상호작용으로 만물이 빚어졌다고 한다. 이때 조잡한 기운은 스스로 뭉쳐서 짐승이 되었고 그중 아주 순수한 기운들이 합쳐져서 사람이 되었다.

비록 처음으로 하늘과 땅을 만든 두 명의 신이 있기는 하지만 인류의 탄생은 이 두 신에 의해 직접 이루어지지 않고 우주의 기운이 저절로 뭉쳐서 나타난 현상으로 기록되어 있다. 인류는 신이 아닌 기운에 의해 세상에 생겨난 셈이다.

그리스 신의 인간 창조 신이 흙으로 인간을 빚고 있는 모습. 그림 내용으로 보아 프로메테우스일 가능성이 높다. 기원전 2, 3세기의 작품. 🌿

이 밖에 거인 반고가 죽은 뒤 그 몸이 변해 천지 자연이 생겨날 때 인간도 함께 만들어졌다는 신화도 있는데, 여기에서 인간이 생겨나는 방식은 그리 아름답지는 않다.

앞에서 본 것처럼 반고의 주검이 산과 강, 해와 달 등 중요한 자연현상과 사물로 다 변하고 난 뒤, 맨 마지막에 그의 몸에 있던 벌레들이 이리저리 꿈틀거리다가 마침내 반고의 숨결이 변해 만들어진 바람을 맞자 사람으로 변했다는 것이다.

게르만 신화에서도 거인 이미르의 몸에 돋아난 식물들이 인간이 되는 이야기가 있지만, 이 경우에도 스스로의 힘에 의해 저절로 그렇게 된 것은 아니다. 이미 이미르를 죽인 신 오딘이 물푸레나무로 남자를, 느릅나무로 여자를 만들어낸 것이기 때문이다.

어쨌든 우리는 여기서 중국의 인류 창조 신화에는 여와의 진흙 인간처럼 신에 의해 의도적으로 창조된 경우와 반고의 벌레 인간처럼 자연 발생적으로 생겨난 경우의 두 가지 계통이 있음을 알 수 있다.[2]

복희와 여와 남매, 금기 깨고 인류의 시조가 되다

신화의 세계에서 인류의 창조는 한 번으로 완결되지 않는다. 커다란 재난으로 세상이 파괴되고 인류도 멸망의 지경에 빠지게 되면 세상은 복구되고 인류 역시 다시 탄생될 필요가 있다. 이러한 세상과 인류의 재창조를 다룬 이야기도 넓은 의미에서 창조 신화에 속한다.

세상과 인류를 파멸시킬 재난으로는 가뭄과 홍수·불길·대살육·질병 등 여러 가지가 있으나 이 중 가장 철저한 파멸을 수반하는 것은 홍수이다.

세계 각처에는 비슷한 내용의 홍수 신화가 전해지고 있다. 학자들 중에는 이를 간빙기[3] 무렵 빙하가 녹으면서 전 지구적으로 일시 물이 범람했던 현상에 대한 초기 인류의 기억으로 추측하는 사람도 있다. 그러나 신화를 이렇게 현실로만 환원하면 그것이 지닌 풍부하고 아름다운, 다른 의미들을 놓치기 쉽다. 홍수 신화의 기본 내용은 대개 홍수로 세상이 휩쓸려 간 후 극소수의 인간만이 살아남고 이들이 다시 인류를 번성시킨다는 것이다.

---

2 **창조론과 자연발생론** 우리는 이들 두 종류 신화의 바탕에 깔린 관념을 편의상 창조론과 자연발생론으로 구분해볼 수 있다. 동양 신화도 처음에는 창조론적인 관념이 없었던 것은 아니었으나 후대로 가면 갈수록 도가의 무위자연(인위적이지 않고 자연의 도리에 따르는 것) 사상에서 영향을 받아 자연발생론의 방향으로 조정된다. 왜냐하면 신화는 나중에 주로 도가 계통의 서적에 의해 전승되기 때문이다.

3 **간빙기**間氷期 빙하 시대의 빙기와 빙기 사이에 기후가 온화했던 시기로 지구를 뒤덮고 있던 빙하가 녹아 해수면이 현재보다 20~30미터나 상승했다 한다. 빙하 시대에는 대개 3, 4회 이상의 간빙기가 있게 마련인데 지금은 제4간빙기에 해당하며 앞으로 제5빙기가 도래할 것으로 예측되고 있다.

아주 까마득하게 오랜 옛날, 뇌공雷公과 고비高比라는 이름을 지닌 두 형제가 하늘과 땅을 다스리고 있었다. 동생인 뇌공은 하늘을 맡아 다스렸고, 형인 고비는 땅을 맡아 다스렸다. 이 둘은 친형제 사이인데도 성격은 정반대여서 동생 뇌공은 성마르고 괄괄했고 형인 고비는 어질고 인정이 많았다.

그러던 어느 날 이 성질 못된 뇌공의 심기를 몹시 상하게 하는 일이 발생했다. 사람들이 실수로 뇌공에게 제물을 잘못 바친 것이다. 뇌공이 가만있을쏜가.

뇌공은 자신의 이름에 손색이 없게 벼락[雷]같이 화를 냈다.

"지상의 인간 주제에 어디서 감히?"

뇌공은 끓어오르는 분을 참지 못하고 그 보복으로 인간 세상에 가뭄이 들게 했다. 뇌공의 심술로 몇 년 동안이나 비가 내리지 않아 가뭄이 계속되자 급기야는 지상의 모든 것이 말라 죽을 지경에 이르렀다. 땅을 다스리던 심성이 고운 형 고비는 자신이 다스리는 지상세계의 고통을 차마 지켜볼 수가 없었다.

"이러다가는 저 불쌍한 사람들과 땅 위의 모든 만물이 모두 죽어버리겠어."

마침내 결단을 내린 고비는 동생이 다스리는 하늘의 비를 몰래 훔쳐다가 사람들과 지상의 생물들을 구하였다. 그러나 이 또한 가만히 보아 넘길 뇌공이 아니었다.

우레의 신 뇌공 우락부락한 모습에 괄괄한 성격이 잘 드러나 있다. 들고 있는 북들은 벼락을 칠 때 두드리기 위한 것으로 뇌공을 상징하는 아이콘이다. 산서성山西省 예성芮城의 원元나라 벽화 모본摹本.

화가 머리끝까지 치밀어 오른 뇌공은 발을 동동 구르며 몹시 흥분해서, "고비, 네가 형이기는 하다만 하늘과 땅 위에서 맡은 일이 서로 다르거늘 어찌 내 일에 이리 참견이 심한 것이냐?" 하고는 형 고비에게 싸움을 걸었다.

이리하여 마침내 뇌공과 고비 형제간에는 큰 싸움이 벌어지게 되었다. 두 형제간의 싸움은 결국 형 고비가 뇌공을 이김으로써 끝이 났다. 그리고 싸움에 이긴 고비는 동생 뇌공을 사로잡아 큰 쇠조롱 속에 가두었다.

한편, 고비에게는 복희와 여와라는 아들딸 두 남매가 있었는데, 하루는 무슨 일인가로 고비가 집을 비우게 되었다. 고비는 자신이 없을 동안의 일이 걱정되어 두 아이를 불러 다음과 같이 말했다.

"얘들아, 오늘부터 내가 잠시 집을 비울 것이다. 그동안에 만일 너희 숙부 뇌공이 물을 달라고 간절히 애원하더라도 절대로 물을 주어서는 안 될 것이다. 알겠느냐?"

이렇게 두 남매에게 몇 차례 신신당부를 한 뒤에야 고비는 마침내 집을 나섰다. 처음에 두 남매는 숙부인 뇌공이 조금 불쌍하게 생각되었지만 아버지의 당부가 워낙 엄하고 진지한 터라 마음을 굳게 먹고 꼭 그렇게 하겠노라 다짐을 했다. 그런데 복희와 여와 남매만 집에 남게 되자, 아니나 다를까 뇌공이 두 남매를 간절히 부르기 시작했다.

"조카들아, 이 숙부가 목이 타서 죽겠구나. 나한테 물을 좀 주렴. 혀가 마르고 숨도 쉴 수가 없구나. 이 쇠조롱 속에서 내가 무얼 하겠느냐. 이런 내가 가엾지도 않으냐. 제발 나에게 물을 좀 다오."

뇌공이 몇 번이고 간절하게 애원하자, 마음이 약해진 복희와 여와는 아버지와 약속한 것도 잊고 점점 마음이 흔들렸다. 본디 두 남매 또한 아비인 고비의 성품을 닮아 그렇게 모질지는 못하였다.

'저렇게 괴로워하시는데……. 그래, 물 조금 준다고 무슨 일이야 나겠어?'

착한 두 남매는 뇌공의 안타까운 애원에 못 이겨 결국 물을 주었다. 그러자 뇌공은 물을 벌컥벌컥 들이켜고는 갑자기 힘을 얻어 자신이 갇혀 있던 쇠조롱을 단번에 부수고 밖으로 뛰어나왔다.

놀란 두 남매를 달래며 뇌공은 답례로 자신의 이를 한 개 뽑아주고 다음과 같이 말했다.

"만약 내가 달아난 뒤에 하늘에서 큰비가 내리거든 이것을 땅에 심거라."

그러고 나서 뇌공은 급히 하늘로 올라가버렸다. 이렇게 해서 간신히 하늘로 도망간 뇌공이 그저 팔짱만 끼고 앉아 가만있을 턱이 없었다. 뇌공은 앙갚음을 하기 위해 비를 담당하는 우신雨神을 불러 밤낮없이 땅 위에 비를 내리게 했다.

그러자 세상은 순식간에 물로 뒤덮였고 곳곳에서 큰 홍수가 일어났다. 지상 전체가 물에 잠기자 사람들은 모두 물에 빠져 죽고, 마침내 가장 높은 산꼭대기마저 물에 잠기고 말았다.

한편, 뇌공이 달아난 뒤 큰비가 내리기 시작하자 남매는 답례로 받은 이를 급히 땅에 심었다. 그랬더니 그 이가 순식간에 등나무로 자라서 아주 커다란 박을 열매로 맺었다. 비가 점점 많이 내려서 홍수가 밀려오자, 남매는 재빨리 박의 속을 파내고 그 안으로 들어가 물을 피했다.

이렇게 해서 홍수를 피한 남매는 비가 그치고 물이 빠질 때까지 박을 타고 홍수로 생긴 큰 바다 위를 이리저리 둥둥 떠다녔다.

마침내 홍수가 물러간 후 두 남매는 박 속에서 나왔다. 하지만 살아남은 사람들은 하나도 없었고, 착하고 어진 아버지 고비도 이미 죽은 후였다. 살아남은 사람이라곤 오직 복희와 여와 두 남매밖에 없었다. 인간이 다시 세상에서 사라질 수밖에 없는 처지에 놓이게 된 것이다. 남매지간인 복희와 여와는 결혼해서 아이를 낳을 수 없으므로 인간의 대는 이것으로 끊어지게 되었다. 그러나 이것을 안타깝게 여긴 천상의 별 태백금성太白金星이 복희와 여와가 결혼하여 인류의 대를 잇기를 권하였다. 남매는 펄쩍 뛰면서 몇 번이고 완강히 거부하였다. 차마 남매간에 결혼을 할 수는 없었기 때문이다.

'오뉘 사이인 우리가 결혼을 하다니, 말도 안 되는 일이야. 하지만 이렇게 인간의 대가 끊겨서야……'

속으로 망설이던 남매는 우선 하늘의 뜻을 알아본 후 그 뜻에 따르기로 결심했다. 복희와 여와는 하늘의 뜻을 알아보기 위해 산에 올라가 각기 다른 봉우리에서 연기를 피워 올렸다. 만약 두 연기가 합쳐지면 남매의 결혼을 허락한 것으로 여기고 그렇지 않으면 둘의 결혼은 도저히 불가능한 일로 여기기로 마음먹은 것이다. 마침내 두 봉우리에서 각각 연기가 피어올랐고 잠시 후 두 연기는 서서히 하나로 합쳐지기 시작했다. 연기가 서로 합쳐 뒤엉키자 남매는 이것이 하늘의 뜻임을 즉시 깨달았고 마침내 결혼하여 다시 인류를 번성시켰다.

이 복희와 여와의 이야기는 중국 사천四川 지역에서 전해 내려오는 신화이다. 신화학에서는 이런 종류의 신화를 홍수남매혼형洪水男妹婚型 신화라고 부른다. 그런데 이 복희 여와 남매의 결혼 이야기에는 더 로맨틱한 일설도 전해 내려온다. 그 내용은 다음과 같다. 오빠인 복희가 결혼하자고 하자 여와가 수줍어하며 이렇게 대답했다.

나그네의 별 태백금성 태백성이라고도 하며 금성의 신으로 길 잃은 자의 수호신이다. 《서유기西遊記》 십화.

"내가 지금부터 힘껏 달아날 테니, 나를 잡으면 그렇게 하지요."

그리고 여와는 큰 나무 둥치를 돌면서 도망쳤다. 복희가 여와의 뒤를 쫓았으나 아무리 해도 잡을 수가 없었다. 잠시 생각하던 복희는 큰 나무를 빙글빙글 도는 척하다가 갑자기 달리던 방향을 바꾸었다. 복희가 반대편으로 돌자 여와는 그대로 뛰어와 복희의 품에 안기게 되었다. 그리고 둘은 결혼하게 되었다.

우리는 요즘도 가끔 드라마나 영화에서 이와 비슷한 장면을 본다. 흔히 해변가나 들판에서 멀쩡하게(?) 서 있던 여자가 달려가기 시작한다. 남자는 그 뒤를 쫓고 그러다가 여자는 돌부리도 없는데 공연히(?) 넘어진다. 남자는 여자 위로 넘어지고 함께 뒹굴면서 무엇이 그렇게 우스운지 서로 시시덕거리고……. 신화 시대나 현대에 와서나 남녀가 하는 일은 모두 비슷하다.

여와의 변신과 두 줄기 연기

이들 홍수 신화에서 흥미로운 것은 태초에 혼자서 진흙을 뭉쳐 인간을 만들었던 여신 여와가 여기서는 복희를 오빠로 둔 남매로 출현하여 홍수가 물러간 뒤 다시 인류의 대를 잇는 어머니가 된다는 점이다. 어째서 인류 창조의 여신이었던 여와가 한 남성의 아내가 되어 새로운 신화 속에 출현하는 것일까.

아마도 이것은 이 남매혼 신화가 앞의 여와 신화보다 뒤에 만들어졌다는 사실을 말해주는 것이리라. 여신 여와가 황토를 뭉쳐 인간을 만드는 이야기가 여성이 중심이 되었던 모계사회적인 전통을 보여준다면 복희와 여와의 이야기는 남성과 여성이 일부일처를 이룬 가부장적 사회의 인식을 담고 있다.

모계사회에서 차츰 남성 중심의 가부장적 사회가 성립되면서 태고 시절의 독립적인 여신이었던 여와가 한 남성의 동생 혹은 배우자로 위치가 격하된 것이다.

이 신화에서 인류의 재창조는 홍수에서 살아남은 남매가 근친상간[4]이라는 도덕적 금기를 깨뜨림으로써 이루어진다. 근친상간의 금기는 인류를 보존해야 한다는 대의명분을 인정한 하늘의 뜻에 의해 깨지는데, 이때 두 남매의 결혼을 암시하는 하늘의 뜻은 두 줄의 연기가 합쳐지는 현상으로 표현된다.

여기서 연기가 합쳐지는 것은 남녀 간의 결합이나 성행위를 암시한다. 연기가 합쳐지는 것뿐만 아니라 불을 지펴 연기를 피워 올리는 일 자체가 이미 성행위를 상징하는 것이라고 할 수 있다.

프랑스의 상상력 연구가 바슐라르[5]는 인간이 나무를 마찰하여 불을 붙이는 방법은 아마 성행위에서 힌트를 얻었을 것이라고 추측한 바 있다.

복희와 여와가 각각 다른 산에서 불을 지펴 연기를 피워 올리는 것은 두 남매의 성적 욕망이나 성행위가 서로에게로 행해져도 좋은 것인지를 묻는 상징적인 의미를 보여준다. 다시 말해서 각자 올라가던 두 줄기의 연기가 합쳐진다는 것은 그들의 성적 욕망이 '근친상간'이라는 금기를 넘어서 해소된다는 뜻이다.

상반신은 인간, 하반신은 뱀의 모습을 한 남매

복희 여와 남매 이야기 같은 이른바 홍수남매혼형 신화는 중국

---

4 **근친상간近親相姦** 부모와 자식, 아들과 딸 혹은 삼촌과 조카 등 가까운 친척 사이의 성적 관계를 말한다. 고대에서는 흔한 현상이었지만 현대에는 도덕적, 생물학적 이유 때문에 일정한 촌수 내의 결혼을 법으로 금지하는 경우가 많다.

5 **바슐라르Gaston Bachelard(1884~1962)** 프랑스의 과학철학자. 불·공기·물·흙 등의 4원소에 근거한 '물질적 상상력'의 이론을 제창하여 철학·문학·예술 각 방면에 큰 영향을 미쳤다. 저서로 《불의 정신분석》 《물과 꿈》 《공간의 시학》 등이 있다.

노아의 방주 노아와 그의 가족들이 동물들과 함께 사각형의 배를 타고 있다. 독일의 뉘른베르크 성경에 그려진 삽화(1483년).

의 도처에서 이야기되고 있다. 또 홍수 이후 인류의 재창조를 주제로 한 신화는 중국 이외에도 전 세계에 분포되어 있다.

가령 그리스 로마 신화에서는 홍수가 나서 모든 사람이 다 죽자 데우칼리온 부부만이 살아남는다. 히브리 신화에서도 똑같은 상황에서 방주를 탄 노아 가족만이 살아남는다. 다만 중국과 서양의 홍수 신화 사이에는 몇 가지 차이점이 있다.

우선 홍수가 일어난 동기가 다르다. 서양 신화의 경우 신의 인간에 대한 분노, 그로 인한 징벌의 성격이 강하지만, 중국 신화에서는 순수한 자연재해라든가 신들끼리의 전쟁 탓 등 신의 인간에 대한 징벌과는 직접 관련이 없는 경우가 많다. 앞서의 복희 여와 신화에서도 신의 인간에 대한 징벌은 간접적일 뿐 직접적인 원인은 신들 간의 다툼에 있었다.

다음으로 홍수 이후 살아남은 인간이 서양 신화의 경우 대개 부부라든가 가족 단위임에 비해 동양 신화에서는 미혼 남녀나 남매인 경우가 많다.

그럼 이러한 차이는 어디에서 오는 것일까? 아마 그것은 신과 인간 사이의 관계를 어떻게 인식하느냐 하는 관념의 차이일 것이다. 신과 인간의 지위가 엄격히 구별되는 서양 신화에서 징벌과 구원은 신의 의지에 의해 도덕적, 목적론적으로 이미 예정된 것이다. 반면에 신과 인간의 구별이 비교적 느슨하고 신마저도 자연의 변화를 따라야 한다는 생각이 우세한 동양 신화에서 홍수는 근본적으로 자연재해로 인식되며 생물학적 본능이 근친상간이라는 인위적이고 도덕적인 금기를 초월하는 것으로 나타난다.

중국에서는 고대부터 복희 여와 남매를 민족의 시조로 숭배해 왔다. 한나라 때 돌에 새긴 그림인 화상석이라든가 당나라 때 채색한 비단 그림인 백화帛畫 등에는 복희 여와 남매가 결합하고 있는 모습이 자주 나타나는데, 이들 그림에는 이 두 남매가 상반신은 인간이며 하반신은 뱀의 모습을 한 것으로 묘사되어 있다. 그런데 인류의 시조 복희 여와 남매가 결합하고 있는 그림은 단순한 볼거리를 넘어서 심오한 우주 원리를 표현하기도 한다. 복희는 직선을 그릴 수 있는 곱자를 들고 있고 여와는 원을 그릴 수 있는 컴퍼스, 곧 그림쇠를 들고 있는데 곱자나 그림쇠는 사물을 재거나 그리는 척도로서 이것들은 복희와 여와 남매가 인류 문명의 출발이자 근본임을 상징한다. 이들의 하반신이 뱀의 형상이고 서로 감고 있는 모습도 흥미롭다. 뱀은 생식력

복희와 여와 기역 자 모양의 곱자를 들고 있는 것이 복희이다. 둘 사이에 이들이 낳은 아이가 있다. 아이는 이들이 인류의 선조임을 나타낸다. 산동성山東省 가상嘉祥의 무량사武梁祠 화상석에서. 🐍

우주의 원리를 드러내는 복희와 여와 복희는 직각자인 곱자를 들고 있고 여와는 원을 그리는 컴퍼스인 그림쇠를 들고 있다. 두 사람의 머리 위에는 태양이, 발치에는 달이 있으며 주위에 별자리들이 흩어져 있다. 이는 두 사람이 인류의 시조이자 우주의 원리를 구현하는 존재임을 상징한다. 신강 자치구 투르판 지역에서 발견된 당나라 시대의 〈복희여와도〉. 🐾

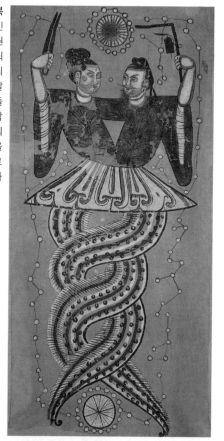

해를 머리에 인 복희와 달을 머리에 인 여와 복희는 양의 기운, 여와는 음의 기운의 화신으로 둘의 결합은 음양의 조화를 상징한다. 얼굴과 의복이 신강 자치구의 〈복희여와도〉와는 사뭇 다르게 고구려 민족의 특성을 반영하고 있다. 시기적으로는 3세기 정도 앞서 있다. 집안集安의 오회분五盔墳 4호묘에서. 🐾

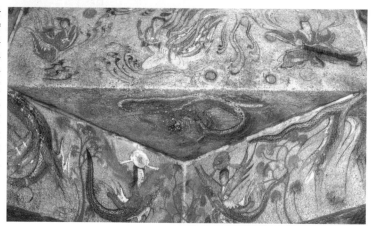

이 강한 데다 허물을 벗고 영원히 사는 동물로 간주되어 고대에는 신성한 동물로 숭배되었다. 복희 여와 남매의 하반신이 뱀이며 교미하는 모습으로 그려진 것은 이들 부부가 신성한 뱀의 생식능력을 지녀 인류의 시조가 되었음을 상징한다. 또는 하반신을 서로 감고 있는 모습이 탯줄과도 흡사한데, 이는 신성한 출산능력을 표현한 것으로도 볼 수 있다. 이처럼 신화적 도상은 여러 가지 의미로 읽힌다.

홍수남매혼형 신화는 중국에서뿐만 아니라 일찍이 한국의 함흥 지역에서도 수집되었고, 고구려 고분 벽화에서도 해와 달을 각각 머리에 인 남녀 한 쌍이 출현하여 복희 여와 남매로 추정되고 있다. 따라서 이 신화는 동아시아 지역에 널리 퍼진 이야기 유형임을 알 수 있다. 험난한 장애를 딛고 결합하여 인류의 시조가 된 복희 여와 남매, 우리는 이 신화에서 사랑을 실현하고자 오늘도 분투하는 수많은 젊은 남녀의 초상을 보게 된다.

황순원의 단편 〈소나기〉를 보면 천진무구한 소년 소녀가 개울가에서 만나 소나기 속에서 애틋한 사랑을 키워나간다. 소나기라는 과잉된 물의 이미지, 마치 남매 같기도 한 두 소년 소녀, 그들은 혹시 홍수 속의 연인 복희 여와 남매의 진정한 후예가 아닐까?

창조와 치유, 죽음과 사랑을 주관하는 여신들

동양의 여신 가운데 가장 오래되고 위대한 존재로 손꼽히는 여와 여신,
도대체 그녀는 왜 기억 속에서 희미해져버린 것일까.

4

흙을 빚어 인간과 만물을 만들고,
오색 돌멩이로 하늘 구멍을 메우다

창조와 치유의 여신, 여와 이야기

흐린 기억 속의 위대한 여신, 슬픈 어머니 신

바야흐로 '여성의 시대'라는 말이 유행이다. 그 말의 이면에는 과거 인류 사회가 남성 중심의 가부장제 사회였고 여성의 자리는 오직 남성 뒤에 가려져 있었을 뿐이라는 의미가 존재한다.

이 점은 신화에서도 예외가 아니다. 동서양을 막론하고 신화의 세계에서 주인공은 거의 남신들이 차지하고 여신들은 보조적인 역할을 맡는 조연 격으로 등장하는 경우가 대부분이다. 신화에서 남신들은 패권 다툼과 그로 인한 전쟁, 힘겨루기 등을 즐겼고 영웅적인 업적과 관련하여 괴물 퇴치, 모험, 살육 등의 행위를 수행하는 경우가 많았다.

그렇다면 여신들은 어떠할까. 여신들의 세계를 탐색하고 그들의 특성과 활동을 살펴본다면 혹시 아득한 태초에서부터 억만 세월을 거쳐온 여성 역사의 희미한 흔적들을 조금이나마 엿볼 수 있을지도 모른다.

그 처음의 자리에 지금은 기억도 아스라한 슬픈 어머니가 있다. 온 세상 우주를 바로 세우고 인류를 창조한 최초의 어머니 여신, 여와가 그 당사자이다. 동양의 여신 가운데 가장 오래되고 위대한 존재로 손꼽히는 여와 여신, 도대체 그녀는 왜 기억 속에서 희미해져버린 것일까.

선사 시대에는 남성보다 여성이 더 우월한 위치를 차지했으며 모계 중심의 사회였으나 역사가 흘러감에 따라 가부장적 부계 사회로 점차 바뀌었다는 학설이 있다. 실제로 고대 그리스 로마 지역에서는 여신 숭배의 전통이 강했다. 그리스 신화에서 최초의 신을 대지의 여신인 가이아로 보

위대한 여신 여와 하반신이 뱀의 몸인 여와가 잘 다듬은 돌로 뚫어진 하늘을 깁고 있다. 《천지인귀신도감》에서. 🐍

듯이 여신은 남신보다 더 오래된 신이었다. 이러한 여신들이 가부장제의 도래와 함께 점차 자신의 자리를 남신에게 내주고 지위도 추락하고 만다.

그리스 로마 신화의 대표적 여신인 아프로디테, 헤라 등은 본래 다른 지역에서 독립적으로 존재하던 여신들이었다. 그러나 제우스가 등장하자 여신들은 주체성을 잃고 '연인'이나 '배우자' 혹은 '딸'의 자리로 밀려난다. 가부장제 사회는 각 지역의 여신들을 남신들의 보조적인 존재로 종속시키는 것이다.

아프로디테 신화를 보면 그녀는 크로노스가 아버지 우라노스의 남근을 잘랐을 때 떨어진 정액의 거품에서 태어났다는 이야기가 있다. 이 신화를 보면 아프로디테는 제우스의 어머니뻘이다.

미의 여신의 탄생 아버지 우라노스의 정액이 떨어진 바다에서 태어나는 아프로디테. 그러나 기독교적인 성화의 분위기를 풍긴다. 보티첼리의 〈비너스의 탄생〉.

그러나 다른 신화들에서는 제우스의 딸로 등장하는 경우가 많다. 아프로디테는 본래 대지를 다스리는 여신이자 풍요를 상징하는 여신으로 지중해 일대에서 널리 숭배되었다. 그러나 후대로 가면서 그녀가 갖고 있는 속성은 변질되고 축소 각색된다. 단지 아름다움과 사랑의 여신으로 축소되고 심지어는 음탕한 요녀의 이미지로까지 추락하기에 이른다.

헤라 역시 처음에는 당당한 대지의 여신이었다가 나중에는 제우스의 질투심 많은 부인이자 가정과 결혼의 수호신으로 역할이 후퇴하고 만다. 이 모두가 슬프게 자리바꿈한 어머니 여신들이다.

그래서 지금까지 나온 모든 신화 책에서는 위대한 남신이 먼저 등장하고 뒤따라 여신이 나온다. 그러나 이미 살펴본 바와 같이 본래 신화에서의 순서는 그것과 정반대이다. 여신이 먼저이고 남신이 나중인 것이 맞다. 따라서 이 책에서는 위대한 여신 이야기를 남신 이야기보다 먼저 하고자 한다. 지위가 바뀐 그녀들에게 원래의 자리를 되찾아주기 위해서이다.

땅의 어머니 신, 대지모신 – 남녀간의 결합, 생식을 주관하다

대지모신大地母神 혹은 지모신이란 여성의 생리적인 특성에서 착안되어 나온 말이다. 여성의 몸은 아기를 임신하고 출산한다는 점에서 대지와 같은 속성을 가진다. 곡물이 자라나는 대지가 아기를 출산하는 여성의 몸에 비유된 것이다. 즉, 대지는 농작물을 비롯한 만물이 생겨나고 자라는 터전이기 때문에 신화에서 그것은 흔히 어머니와 같은 여신, 곧 모신母神으로 여겨진다. 그리스 로마 신화에서도 여신 데메테르는 대지의 신이면서 동시에 곡물과 농업을 주관하는 신이다. 우리나라의 무가 〈제석본풀이〉[1]에 등장하는 당금아기는 스님이 준 세 알의 쌀알을 먹고 아들 세쌍둥이를 임신하게 된다. 쌀알은 여기서 인간 생명의 씨앗을 상징하고 당금아기는 대지를 관장하는 지모신의 성격을 지닌다.

마찬가지로 동양 최초의 어머니 신인 여와는 대지를 지배하는 여신이다. 한나라 때에 지어진 《설문해자》[2]라는 책에서는 여와를 두고 "태고의 신성한 여인으로서 만물을 만들어낸 존재"라고 한다. 아울러 동진 시대의 도교[3] 관련 책인 《포박자》[4]에서는 여와가 "땅에서 출현하였다"고 말한다. 이러한 견해들을 종합해보면 여와는 창조신의 성격을 지닌 대지모신임을 알 수 있다.

여와의 창조 행위 중에서 가장 저명한 것은 이미 말한 바 있는 '인류 창조', 즉 흙을 반죽하여 사람을 빚어낸 일이다. 하지만 창

---

1 〈제석본풀이〉우리나라 중부 지방에서 안택安宅 굿을 할 때 부르는 무가의 하나. 안택 굿이란 집안의 평안, 무병장수, 자손의 번창을 기원하는 굿이다. 주인공의 이름을 따서 당금아기라고도 부른다.
2 《설문해자說文解字》후한 시대의 경전학자 허신許愼이 지은 자전字典, 한자의 형체·발음 등에 대한 탐색을 통해 개별 글자의 근원적 의미를 밝혀놓은 책이다. 모든 중국학 분야의 기초 연구뿐만 아니라 신화 해석에도 매우 유용하다.
3 도교道敎 중국의 대표적 종교 중 하나. 자연의 도리를 존중하는 도가 사상과 불로불사를 추구하는 신선神仙 사상이 결합하여 성립되었다. 옥황상제玉皇上帝를 최고신으로 숭배한다.
4 《포박자抱朴子》동진東晉 시대의 도인 갈홍葛洪(283~343)이 지은 책이다. 내편과 외편으로 이루어져 있는데 내편에서 불사약인 단약丹藥을 합성하는 이론과 방법을 상세히 소개하고 있다. 중국의 상상력 분야에서 중요한 책이다.

조신인 여와가 인간만 만들었을 리는 없다. 여와는 정월 초하루에 닭을 만들었다. 이틀째 되는 날에 개를, 사흘째 되는 날에 양을, 나흘째 되는 날에 돼지를 만들었다. 닷새째 되는 날에 소를, 엿새째 되는 날에 말을 만들고, 이레째 되는 날에 사람을 만들었다. 그리고 여드레째 되는 날에는 일반 곡식을, 아흐레째 되는 날에는 조를, 열흘째 되는 날에는 보리를 만들었다고 한다.

이러한 창조의 과정은 《구약》〈창세기〉에서 하나님이 곡식과 날짐승, 길짐승을 닷새에 걸쳐 미리 만들어놓고 엿새째 되는 날에 사람을 만든 후 이레째 되는 날 쉰 것과 비슷하여 흥미롭다. 그러나 〈창세기〉에서는 만물이 다 이루어진 후 최후로 인간의 창조가 이루어지고 그와 동시에 인간으로 하여금 생육하고 번성하여 만물을 지배하라는 하나님의 축복을 내림으로써 강력한 인간 중심의 관념을 표명하고 있다. 다시 말해서 인간은 처음부터 만물의 영장으로서 맨 마지막에 창조되기로 계획되어 있었던 것이리라.

그러나 여와 창조 신화의 경우는 이것과 다르다. 비록 인간이 가축 다음에 창조되기는 하나 인간 이후에도 곡식이 창조됨으로써 인간이 창조의 궁극적인 목적으로 비치지는 않는다. 인간과 자연 사이에는 더 우월한 것도 없고 종속적인 개념도 없다. 그렇다면 인간 다음에 곡식이 창조되는 것은 무엇을 의미할까? 아마 그것은 수렵이나 목축보다 뒤늦게 찾아온 농업 행위의 현실을 반영하는 것이 아닐까 여겨진다.

대지의 신 여와는 인간을 창조한 후 인간이 계속해서 번성할 수 있도록 결혼 제도를 만들어 시행하였다. 그리고 여와는 남녀를 짝지어 결혼하도록 도와주는 중매의 신이 되었다. 이렇게 해

뽕나무 숲 속에서 정사를 벌이는 남녀 한나라 때의 기와에 새겨진 그림. ✍

서 인간은 대가 끊어지지 않고 불어날 수 있었던 것이다. 사람들은 여와를 결혼의 신으로 숭배하였는데 그러한 의미에서 고매高媒라는 신의 이름으로 부르기도 하였다. 고매는 신성한 중매인, 곧 결혼의 신이라는 뜻이다.

고매신의 사당은 성밖에 건립되어 있었고 해마다 봄이 되면 태뢰太牢라는 융숭한 의식으로 신께 제사를 드렸다. 태뢰란 소·양·돼지의 세 가지 제물을 바치는 큰 제사이다. 이때 사당에서 제사만 드리는 것이 아니었다. 선남선녀들이 사당 주위에 모두 모여들어 축제를 벌였고 서로 눈이 맞으면 숲속 적당한 곳에서 무슨 짓을 해도 괜찮았다.

아마 격렬한 춤과 음악이 넘쳐났을 젊은이들의 이 흥겨운 축제는 사실상 오르기[5]와 같은 상태에 이르렀을 것이고 이러한 오르기의 잔치는 원시시대에 남녀가 무리를 지어 짝짓기를 하던 군혼群婚 혹은 잡혼雜婚의 습속을 재현한 것으로 보인다. 묘족苗族·동족

5 **오르기**orgy 고대인들에 의해 행해졌던 광란의 축제 상태. 흔히 격렬한 춤과 음악 그리고 무차별적인 섹스가 행해졌다. 태초의 혼돈 상태를 재현한 종교 의식으로도 여겨진다. 이 의식에 참여한 사람들은 일상의 습관과 금기에서 벗어나 신과 자연과의 일체감을 느끼는 등 인간의 내부에 존재하는 원시적 생명력을 체험하게 된다고 믿어졌다.

侗族 등 중국 남방에 사는 소수민족은 지금도 봄철에 이와 비슷한
축제를 벌인다.

중국 최초의 노벨 문학상 수상 작가인 가오싱젠의 《영혼의 산》[6]
에는 주인공이 현실에 절망하여 중국의 변경 지대를 여행하다가
소수민족의 이러한 짝짓기 축제에 참여하는 장면이 나온다. 주인
공은 이 행사를 겪은 후 삶의 활력을 되찾는다. 이처럼 축제를 통
하여 인간은 신화의 시간으로 되돌아가고 태초의 창조와 갱신의
힘을 다시 획득할 수 있는 것이다.

고매신, 곧 여와는 이와 같이 남녀 간의 결합만 주선한 것이 아
니다. 자식 없는 사람들도 고매신의 사당에 와서 빌면 자식을 구
할 수 있다고 여겨졌다. 이렇게 보면 여와는 생식과 성을 주관하
는 신이기도 했다.

여와의 몸체는 본래 뱀이었으나 남녀 간의 성적 결합을 주관하
는 신의 기능 때문인지 후세에 인간화되어 에로틱한 매력을 발산
하는 여신의 모습으로 바뀌었다. 명나라 때의 소설 《봉신연의》[7]
를 보면 은나라의 폭군 주왕이 사냥 갔다 오는 길에 여와의 사당
에 들렀다가 요염한 여와의 화상畵像을 보고 음탕한 마음을 품은
결과 여신의 노여움을 산다는 대목이 있다.

구멍 난 하늘을 깁고 꺼진 땅을 세우는 천지 보수공사

인간의 창조와 남녀 간의 결합, 생식을 주관한 일 이외에도 여

---

6 **《영혼의 산》** 원제는 《영산靈山》. 현대 중국의 극작가이자 소설가인 가오싱젠高行健의 장편소설. 현실에 절망한 한 지식인이 중국의 변
경지대를 여행하는 과정을 통해 내면의 정체성을 찾아가는 모습을 그렸다. 가오싱젠은 이 작품으로 2000년에 중국 작가로서는 최초
로 노벨 문학상을 수상하였다.
7 **《봉신연의封神演義》** 명明나라 때에 허중림許仲琳이 지었다고 전해지는 장편소설. 주무왕周武王이 은殷의 주왕紂王을 정벌하는 전쟁을
주제로 하고 있으나 사실상의 내용은 강태공姜太公과 은의 장수들 사이에 벌어지는 도술 싸움이다. 《서유기》와 더불어 명나라를 대표
하는 유명한 신마소설神魔小說이다. 일명 《봉신방封神榜》이라고도 한다.

입으로 구름의 기운을 토해내는 신령스러운 거북 고대 중국인들은 거대한 거북이나 자라가 하늘이나 땅을 짊어지고 있다고 상상하였다. 금金 장규張珪의 〈신구도神龜圖〉.

와에게는 중요한 능력이 또 한 가지 있다. 그것은 치유와 보완의 기능이다. 아득한 태고 시절 갑자기 자연의 균형이 깨지는 큰 천재지변이 일어난 적이 있었다.

어느 날 그야말로 하늘이 무너지고 땅이 갈라졌다. 그리고 불길이 맹렬히 치솟고 거센 물살이 덮쳐오는 등 하늘과 땅 전체가 변동을 일으킨 것이다. 험악한 상황에서 사람들은 안정되게 살아갈 수가 없었다. 설상가상으로 맹수들이 사람을 잡아먹고 사나운 날짐승들이 노약자를 습격하기도 하였다. 그러나 자비로운 여신 여와는 자신이 창조한 인간이 이러한 불행을 겪는 것을 내버려두지 않았다. 여와는 우선 불행의 원인인 파괴된 하늘과 땅을 원상으로 회복시키지 않으면 안 되었다.

여와는 오색 빛깔이 나는 넓은 돌을 잘 다듬었다. 그리고 그것으로 하늘의 뚫린 구멍을 기웠다. 다음으로는 꺼져버린 땅의 네 귀퉁이가 문제였다. 여와는 거대한 자라 한 마리를 잡아 네 발을

검은 용이 번개 치는 구름 속에서 두 눈을 부릅뜨고 있는 모습 일설에는 여와가 잡아 죽인 것이 검은 이무기가 아니라 검은 용이었다고 한다. 신사임당이 이율곡을 임신했을 때의 태몽도 검은 용이었다. 남송南宋 진용陳容의 〈흑룡도黑龍圖〉.

잘랐다. 그리고 그것들을 사방 땅 끝에 세워 하늘을 떠받치도록 했다. 이렇게 하니 무너졌던 하늘과 꺼져버렸던 땅이 본래의 안정된 모습을 되찾았다.

여와의 천지 보수공사가 끝나자, 사람들은 겨우 한숨을 돌렸다. 하지만 사방에서는 아직도 맹수들이 날뛰고 있었다. 여와는 맹수 중에서 가장 흉악한 검은 이무기를 잡아 죽였다. 그랬더니 맹수들이 점차 진정되기 시작하였다.

또 여와는 갈대 잎을 태운 재로 넘쳐나는 물을 막았다. 이제야 온 천지의 재앙이 사라졌고 사람들은 다시 평화로운 삶을 영위할 수 있었다. 《회남자》에 의하면 따뜻한 봄, 더운 여름, 서늘한 가을, 추운 겨울의 사계절이 전처럼 순환하게 되었고 사람들은 안락하고 흥겨운 분위기에 젖어 짐승들과 즐겁게 어울려 사는 경지에 이르렀다고 한다. 여신 여와의 노력으로 마침내 인간은 유토피아의 시절을 회복하게 된 것이다.

여와 신화의 흔적은 한국 무속 신화에서도 곧잘 찾아볼 수 있다. 무가 〈성조成造풀이〉에서는 다음과 같이 노래한다.

> 여와씨 후後에 나서 오색五色 돌
>
> 고이 갈아 이보천以補天 하신 후에
>
> 여공제기女工諸技 가르치며
>
> 남녀의복男女衣服 마련하고

이 밖에도 〈강춘옥본〉에는 황토로 인간을 만들었다는 내용이
나온다.

그렇다면 지상에서 이 모든 과업을 이룩한 뒤 여와는 어떻게
되었을까. 여와는 비로소 잠잠해진 인간 세상을 찬찬히 둘러보
았다. 그러고는 더 이상 자신이 손볼 것이 없다는 듯 안도의 숨을
내쉬었다. 이윽고 여와는 응룡應龍이라는 날개 돋친 용이 끄는 수
레를 타고 구름 속을 지나 높디높은 하늘나라로
초연히 떠나갔다.

그렇다면 인간을 창조하는 힘, 부서진 하늘과
땅을 고치는 힘 등 여와의 이러한 능력은 도대
체 어디에서 나온 것일까. 전하는 말에 따르면
여와는 하루에 일흔 번이나 변하는 능력을 지녔
다고 한다. 언젠가는 여와의 창자가 열 명의 신
으로 둔갑한 적도 있었다.

변화의 천재인 여와, 그러니 이 세상에서 그
녀가 못 할 일이란 아무것도 없을 것이다. 여와
의 몸체가 뱀이라는 이야기도 여와의 뛰어난

뚫어진 하늘을 깁기 위해 돌을 다듬고 있는 여와
《천지인귀신도감》에서.

변화의 능력을 상징한다. 뱀은 허물을 벗을 때마다 항상 새로운 몸으로 변신하기 때문이다.

위대한 여신 여와는 마치 제우스의 아내였던 헤라처럼 여신 중의 여신이라 할 만하다. 헤라 역시 결혼과 가정의 수호신이라는 점에서 둘은 일치한다. 그러나 여와 신화의 경우 놓치지 말고 주목해야 할 점이 두 가지 있다.

한 가지는 여와가 행했던 모든 일이 그녀 단독으로 수행한 것이라는 점이다. 여신 여와의 이러한 모습은 인류 초기의 여성이 독립적이고 자율적인 존재였다는 사실을 우리에게 알려준다. 하지만 후대에 이르러 가부장적 관념이 침투하자 여와는 오빠이자 남편인 복희의 반쪽인 종속적인 존재로 격하되어 그려진다. 또 한 가지는 여와의 업적으로부터 추리할 수 있는 여성의 생산적이고 치유적인 기능이다. 남신들의 파괴적인 성향과 대비되는 여신 여와의 이러한 특성은 여성이 소유한 원초적인 능력으로서 긍정적으로 재인식될 필요가 있을 것이다.

여와 신화는 최근 대두된 바 있는 여성학의 한 유파인 에코페미니즘⁸의 입장에 대해서 풍부한 근거를 제공해준다. 여와 신화에는 가부장제에 오염되지 않은 여성의 원형이 있기 때문이다.

가부장제에 오염되지 않은 최초의 여성이자 어머니상

우레의 수레를 타고 천상으로 사라진 여와의 모습을 이제 어디에서 찾을 수 있을까? 중국의 민간에서 여와는 여와낭랑女媧娘娘이라는 이름으로 아직까지 숭배되고 있다. 한국의 경우 지금도 무

---

8 **에코페미니즘**ecofeminism 여성학의 한 유파. 생태주의와 여성학을 결합하여 인간의 자연에 대한 파괴, 남성의 여성에 대한 억압을 가부장 문화의 동일한 산물로 보는 입장. 환경 문제를 여성에 대한 착취와 똑같은 차원에서 비판, 고발하며 태고의 여성과 신화 속의 여신에게서 가부장제에 오염되지 않은 여성의 원형을 발견하고자 한다.

가에서 여와가 인류를 창조한 일을 노래하고 있
으며 흔한 유물에서도 그녀의 자취를 확인할 수
있다. 시골 어디든지 가면 볼 수 있는 옛 비석
중에서 신도비神道碑라고 하는 큰 비석이 있다.
이 비석에는 비신碑身을 등에 업고 엎드린 거북
이 있다. 이것은 거북이 세계를 지탱하고 있는
모습을 상징한 것인데 이러한 이미지는 바로 여
와가 자라의 네 발을 잘라 꺼져버린 땅을 받쳤
던 신화와 상관이 있다.[9]

　우리의 처음 어머니는 강하고 독립적이었다.
우리에게는 인간의 태고 시절로부터 비롯된, 자
신도 모르게 타고난 내재된 본능이 있다. '구원
의 어머니'에 대한 향수가 그것이다. 우리는 '어
머니'를 꿈꾸고 그의 품에 안겨 위안을 얻고 치
유받기를 바란다. 세상을 낳고 길러준 당당하고
자비로운 어머니 신 여와, 우리 여성들은 바로 이 여신의 딸들이
다. 최초의 어머니, 구원의 여신이여!

신도비 비석 아래의 거북 받침을 귀부龜趺라 하고
비석 위의 이무기 머리 모양을 이수螭首라고 부른
다. 이들은 음(이수)과 양(귀부)의 기운이 끝없이 돌고
도는 것을 상징하는데 비석 주인공의 명예가 영원
하리라는 믿음과 기원을 담고 있다.

---

9 **거북 받침** 곧 귀부龜趺의 기원에 대해서는 우禹 임금이 홍수를 다스릴 때 포획한 수중 괴물 '패하霸下'라는 등 여러 설이 있으나 근원적
　으로는 여와 신화에서 유래한 것으로 보아야 할 것이다.

5

마음속의 아름다운 여신을 찾아 떠나다

죽음과 생명의 여신, 서왕모 이야기

사라진 거룩한 신과 새롭게 등장한 친근한 신

'여신' 하면 떠오르는 이미지는 무엇일까. 여성성으로 대표되는 온갖 장점들이 극대화된 모습을 상상할는지도 모른다. 완벽한 여성상으로서 아름다움의 극치, 이상적인 어머니상을 온전히 구현한 모습을 상상할는지도 모른다.

서양 신화의 여신들은 마치 아름다움이 여신들이 갖추어야 할 기본 덕목이라도 되는 듯이, 근대 화가들에 의해 대부분 아름다운 육체를 지닌 여성의 모습으로 그려졌다. 실제로 현대에 이르기까지 아프로디테(비너스) 같은 여신의 이름은 여전히 미의 화신이나 아름다움을 상징하는 대명사로 쓰이고 있다.

그렇다면 동양에서 여신들은 어떻게 묘사되고 있을까.

먼저 여신 중의 대표 격인 여와를 보자. 인류를 창조하기도 하고 지상의 재난을 다스리기도 했던 위대한 과업을 이룬 엄숙한 신이기 때문일까? 이 여신에 관해서는 미모나 여성적 매력에 대한 언급이 좀처럼 없다.

그야말로 위대하고 엄숙한 신이다. 그렇기 때문에 그녀는 우리가 감히 친근하게 다가갈 수 있는 그런 신이 아니었다. 비록 후대에 좀 매력적인 모습으로 변모했다고는 하나 어림없었다.

여와는 도저히 범접할 수 없는 거룩한 여신이었다. 그녀는 인류 창조와 구원이라는 지상에서의 과업을 마치자 용이 끄는 수레를 타고 인간으로서는 감히 도달할 수 없는 높고 아득한 하늘 저편의 거룩한 곳으로 사라져버렸다.

그래서인지 이러한 창조의 신들은 일반 사람들 사이에서는 그다지 인기가 없었다. 사람들은 신화 시대나 오늘날에나 권위적인 신보다는 현실적인 일상의 자질구레함에 시시콜콜 관여하는 친근한 신을 더 좋아했던 모양이다. 사람들에게 인기가 있는 신들은 '창조' 같은 거창한 일보다 삶과 죽음에 관여하거나 재물과 행운을 가져다주는 등 일상생활에 밀착된 기능을 하는 신들이었다. 심지어 인간들은 친근한 신을 원했기에 기존의 엄숙한 신을 울고 웃으며 살아가는 인간의 삶에 영향을 주는 신으로 재탄생시켜야만 성에 찼던 것 같다. 창조의 신 여와조차도 후세에는 '고매'라는 결혼의 신으로 이름과 기능을 바꾸어 민간에서 숭배하게 되었으니 말이다.

이들 창조의 신은 사람들과 친근하지 않은 대가로 심지어는 잊히기까지 한다. 그래서 종교학자인 엘리아데'는 이러한 신들을 '사라진 신'이라고 부르기도 했다.

아름다움의 화신 아프로디테 파리스가 세상에서 가장 아름다운 여인으로 아프로디테를 지목하고 있다. 장 르노의 〈파리스의 심판〉(1820년).

마귀할멈 같은 생김새의 서왕모 가장 원시적인 모습이다. 죽음과 형벌의 여신으로서의 이미지를 지니고 있다. 청淸 왕불의 《산해경존山海經存》에서.

그렇다면 거룩하고 엄숙한 창조의 여신 여와가 인간의 뇌리에서 차츰 잊혀갈 때, 사람들에게 좀 더 친숙하고 다정한 모습으로 새롭게 다가온 여신은 누구였을까? 이때 사람들 앞에 등장한 여신이 바로 서왕모이다.

절반은 짐승으로 절반은 사람의 모습으로, 죽음을 주관하다

인간의 삶 한복판에 새롭게 등장한 여신, 서왕모. 우리는 이 서왕모에 대한 모든 것이 궁금하지 않을 수 없다. 서왕모는 과연 어떻게 생겼으며 어떤 일들을 했을까? 서왕모는 과연 얼마나 아름다운 여신이었을까?

하지만 서왕모의 원래 모습은 이러한 우리의 상상을 완전히 배반한다. 서왕모의 원시적인 모습은 우리가 일반적으로 생각하는 서양 여신처럼 그렇게 아름답지 않고 오히려 해괴하기까지 하다. 《산해경》에는 서왕모에 대한 여러 기록이 있는데 그것들에 의하면 서왕모는 인간이라기보다 반은 짐승이고 반은 사람의 모습을 한 반인반수半人半獸의 여신이다.

그렇다면 과연 이 기괴한 여신이 사는 곳은 어디일까. 서왕모는 중국의 서쪽 끝에 있는 신령스러운 산인 곤륜산에 산다고 했다. 곤륜산은 신들의 거처로 유명한 산인데, 서왕모는 이 산의 정상에 있는 요지瑤池라는 아름다운 호숫가에 살고 있다고 하기도 하고 옥이 많이 쌓여 있는 옥산玉山이라는 곤륜산의 한 봉우리에 살고 있다고도 했다.

---

1 **미르체아 엘리아데**(Mircea Eliade(1907~1986) 루마니아 태생의 종교학자. 신화를 원시인류의 '성스러운 역사'로 새롭게 해석했으며 현대에도 신화적 의미가 여전히 살아 있고 반복되고 있음을 주장했다. 저서로는 《성과 속》·《샤머니즘》·《영원회귀의 신화》 등이 있다.

신비스러운 곤륜산에 사는 서왕모의 행색을 좀 더 구체적으로 묘사하자면 가히 엽기적인 수준이다. 얼핏 보면 크게는 사람 같기는 한데 표범의 꼬리와 호랑이 이빨을 했고 쑥대처럼 헝클어진 머리에 비녀를 꽂았다 하니 우리가 상상하는 품위 있고 아름다운 여신의 모습과는 상당히 거리가 멀다.

게다가 서왕모의 취미는 휘파람 불기였다. 이렇게 기이한 모습에 휘파람까지 '휘리릭 휘리릭' 불고 다니기를 즐겼다고 하니 정말 가관이 아닌가. 이 또한 오늘날 우리의 관점에서 보면 아리따운 여신이 지닐 고상한 취미는 아닌 듯싶고, 매우 경망스러워 보이지 않을 수 없다.

하지만 고대 중국에서 휘파람 불기란 어엿한 음악의 한 갈래였으므로 서왕모가 음악을 즐기는 여신이었다고 생각하고 일단 그냥 덮어두기로 하자. 중국에는 휘파람의 악보, 곧 소보嘯譜까지 전해 내려오고 있으니 말이다.

어쨌든 이런 기괴한 모습의 서왕모는 그래도 엄연한 여신이었으므로 그녀를 위한 시중꾼들이 있었다. 시중꾼들은 곤륜산 서쪽의 삼위산[2]이라는 봉우리에 살았는데 그들은 인간이 아니라 세 마리의 파랑새, 곧 삼청조三靑鳥였다. 이 새들은 몸빛은 푸

한나라 때의 서왕모 시중꾼인 세 마리의 파랑새가 주위에 있다. 산동성의 화상석에서.

귀부인의 모습으로 변한 서왕모 세 마리의 파랑새는 두 명의 시녀로 변했다. 명 왕기의 《삼재도회》에서.

---

2 **삼위산**三危山 곤륜산에 속하는 세 개의 높은 산봉우리를 말한다. 단군 신화에서 환웅 천왕이 강림한 곳도 삼위 태백太白이어서 흥미롭다. 지금의 중국 서북방 돈황敦煌 근처의 산이라는 설도 있으나 신화 시대 중국의 영역은 그리 넓지 않았다. 이 산을 언급하고 있는 《산해경》이 동이계東夷系 종족의 옛 책이었던 점을 고려하면 곤륜이나 삼위는 이 종족의 활동 무대였던 산동 및 발해만 일대의 서쪽 지역이었을 가능성도 있다. 중국 학계에서는 서왕모가 동이계 종족의 형신刑神이었다는 설도 제기된 바 있다. 원래는 동이계 종족의 서쪽 지역신이었던 서왕모가 중국 영토가 확대되면서 지금의 중국 서쪽 변방의 여신으로 변모된 것은 아닌가 생각해볼 수도 있다.

르지만 붉은 머리에 검은 눈을 하고 있었고 주로 서왕모의 음식을 조달하는 일을 맡았다. 시중꾼은 이 파랑새들뿐만이 아니었다. 세 발 달린 이상한 새가 한 마리 더 있었다. 이 새는 그 밖의 잔심부름을 도맡아 했다.

독자들이 혹시 이 시중꾼들을 귀여운 파랑새로 생각할지도 모르니 좀 더 자세한 이야기를 해야 할 듯싶다. 이 파랑새들에 대해 잠시 생각해본다면 그것들이 자신의 주인처럼, 귀여운 이미지와는 완전히 담을 쌓은 존재들임을 아마 어렵지 않게 짐작할 수 있을 것이다. 아니 어찌 보면 차라리 위협적이라고 하는 편이 나을 것이다. 생각해보라. 호랑이 이빨을 한 서왕모가 풀이나 죽 같은 것을 먹을 리는 없겠고 결국 육류가 주식일 것인데, 그렇다면 그것을 조달하는 파랑새들이란 실상 독수리나 솔개 같은 맹금류猛禽類에 속하는 새이

가을날 높은 곳에서 휘파람을 부는 고상한 선비 고대 중국에서 휘파람을 부는 일은 내면의 기운과 정신을 다스리는 수련 방식의 하나였다. 청清 안역顏嶧의 〈추림서소도秋林舒嘯圖〉.

기 십상일 것이다. 자, 이렇게 보면 우리의 여신 서왕모야말로 얼마나 살풍경한 이미지의 화신인가.

실제로 서왕모는 과연 그 모습답게 하는 일도 살벌하기 그지없었다. 그녀는 하늘에서 내리는 재앙이나 돌림병 같은 무시무시한 일들과 더불어 코를 베거나 손발을 자르는 등의 다섯 가지 잔인한 형벌에 관한 기운을 관장하는 여신이었던 것이다.

그렇다면 왜 서왕모는 이렇게 살벌한 일을 담당하는 여신이 되어야만 했을까? 그것은 고대 중국에서 서쪽이 지니는 상징적인 의미 때문이다. 서쪽은 해가 지는 곳으로서 어둠과 죽음의 땅이다. 그래서 재앙과 형벌 등 죽음과 상관된 일들을 서쪽의 여신 서

왕모가 맡게 된 것이다.

해가 지는 서쪽의 의미가 이러하다면 해가 뜨는 동쪽의 의미를 어렵지 않게 추측할 수 있다. 고대 중국에서 동쪽은 서쪽과는 반대로 생명과 탄생의 땅이었다.

방위에 대한 이러한 상징적인 의미는 후세에 더욱 정교해져서 동아시아 전역에 확대된다. 우리나라에서도 조선 시대에 한양漢陽의 서쪽에는 형벌 및 죽음과 관련된 기관을 배치하였다. 가령 형조와 의금부 등 사법기관을 비롯하여 서소문 밖과 새남터, 고태골 등의 처형장이 모두 성 안팎의 서쪽에 있었다. 이 중 고태골이 유명하여 "고태골로 간다"라는 말은 죽음을 의미하였고, 줄여서 "골로 간다", "골로 보낸다"라는 등의 속어가 이 지역으로부터 유래했다. 지금은 모두 다른 곳으로 옮겨졌지만 1970년대까지 서울 시내의 서쪽에 자리 잡았던 형무소(감옥), 소년원, 화장터 등은

서왕모의 시중꾼인 삼청조 귀여운 파랑새의 이미지와는 달리 사납게 생겼다. 명明 장응호蔣應鎬의 〈산해경회도山海經繪圖〉.

서대문 형무소의 옛 모습 일제 때 세워져 수많은 애국지사들이 이곳에서 고초를 겪었다. 지금은 역사박물관이 되었다.

근대까지 지속되었던 이러한 발상이 현실 속에 반영된 것이다. 그 유래가 신화에서 비롯된 것이었으니 우리는 동아시아적 방위 관념의 끈질긴 연속성을 이렇게 확인할 수 있다.

먹으면 죽지 않는 복숭아나무를 소유한 생명의 여신

그러나 서왕모는 음산한 죽음의 여신만은 아니었다. 그녀는 죽음을 관장했기에 죽음을 극복할 수 있는 힘, 곧 영생과 불사의 능력을 지닌 생명의 여신으로 여겨지기도 했다.

《산해경》에 의하면 서왕모가 살고 있는 곤륜산에는 먹으면 늙

지도, 죽지도 않는 열매가 열리는 나무가 자라고 있었다고 한다. 이 불사수不死樹의 주인은 물론 서왕모일 것이다. 그래서 그녀는 후일 영웅 예羿가 불사약을 청하러 왔을 때 인심 좋게 그것을 하사하기도 한다.

프로이트는 일찍이 우리 인간의 마음속에는 삶의 본능인 에로스적 충동과 죽음과 파괴의 본능인 타나토스[3]적 충동이 공존한다고 말한 바 있다. 죽음과 생명의 여신인 서왕모는 이러한 인간의 두 가지 모순적인 본능의 공존을 탁월하게 표현하고 있는 것이다.

그러나 죽음과 생명의 여신인 서왕모가 지닌 두 가지 이미지 중에서 살풍경한 죽음의 이미지는 후세로 갈수록 점차 엷어지고 온화한 생명의 이미지가 오히려 차츰 부각된다. 그리하여 서왕모는 마침내 호랑이 이빨을 한 짐승 같은 모습을 벗어던지고 아름답고 매력적인 자태의 여신으로 거듭난다. 독자들도 이미 짐작했겠지만 서왕모가 이제 아름답고 매력적인 여신으로 변화한 이 대목에서, 이 여신의 팬들이 생겨남은 물론이고 아름다운 여신과 영웅의 낭만적인 러브 스토리가 빠질 수 없을 것이다.

주周나라 때에 목왕穆王이라는 임금이 여덟 필의 준마가 이끄는 수레를 타고 서쪽으로 여행을 떠나 곤륜산에 이른 적이 있었다. 이때 주목왕은 여신 서왕모를 만나 사랑에 빠져서 그만 고국에 돌아갈 일을 잊을 지경이었다고 한다. 그만큼 서왕모는 이제 빼어나게 아름다운 미모로 변한 것이다. 주목왕과 서왕모의 이 유명한 연애담은 뒤에서 좀 더 자세히 이야기하기로 하자.

---

3 에로스Eros와 타나토스Thanatos 프로이트S. Freud의 용어. 프로이트는 인간에게는 자기를 보존하려는 삶의 본능인 에로스적 충동과 이와 반대로 자기를 해체하려는 죽음과 휴식의 본능인 타나토스적 충동이 공존한다고 주장하였다. 이들 용어는 모두 그리스 로마 신화에 나오는 사랑의 신인 에로스와 죽음의 신인 타나토스로부터 유래하였다.

한나라 때에 이르면 서왕모는 거의 영생과 불사의 여신으로만 숭배된다. 사람들은 그녀에게 기원하면 불멸의 생명을 얻을 수 있을 것으로 확신하였다. 사당과 무덤의 벽화에 그녀가 본격적으로 등장하기 시작한 것은 이때부터이다.

한나라 사람들은 또한 서왕모가 독신인 것에 만족하지 않았다. 그래서 동왕공東王公이라는 남편 신을 만들어

서왕모와 동왕공 오른쪽의 동왕공은 후세 사람들이 의도적으로 지어준 짝이다. 산동성의 화상석에서.

내기도 하였다. 이것은 처녀 신이었던 여와가 후일 복희와 부부 관계에 놓이게 되었던 것과 마찬가지 경우이다. 이러한 현상은 여성에게는 보호자인 남성이 있어야 한다는 가부장적 관념의 침투가 가져온 결과이기도 하고 음과 양이 평형을 이루어야 한다는 음양오행설[4]에 의해 짝을 지어주려는 의도의 산물이기도 하다. 하지만 우리는 간과하지 말자. 동양 여신의 본래 모습을. 동양의 대표적인 여신들의 원형은 본래 독립적이고 자율적인 능력을 지닌 처녀 신이었다는 점을 잊지 말자.

한나라 때에 특히 서왕모의 열렬한 팬은 다름 아닌 황제 한무제[5]였다. 이와 관련된 이야기는 4, 5세기경에

전한의 무제 한무제는 한 제국의 전성기를 이룩한 영주로 고조선을 침략하기도 했다. 만년에 그는 불사약을 구하기 위해 신선술에도 깊은 관심을 보였다. 《역대제왕도歷代帝王圖》에서.

---

4 **음양오행설**陰陽五行說 우주나 인간의 모든 현상을 음과 양이라는 상대적인 두 기운의 관계로 설명하는 음양설과 이 영향을 받아 만물의 변화를 목·화·토·금·수의 다섯 가지 기운 및 그 작용원리로 설명하는 오행설을 함께 묶어 이르는 말이다. 이 학설은 전국시대부터 유행하기 시작하여 한나라 때 절정에 이르렀고 이후 동양의 사상과 문화에 큰 영향을 미쳤다.

5 **한무제**漢武帝 (재위 기원전 141~기원전 87) 전한의 전성기를 이룩했던 황제. 북으로 흉노를 정벌했고 서로 실크로드를 개척했으며 동으로 고조선을 점령했다. 만년에는 불사약을 얻고자 신선술에 탐닉하였다. 신선술은 고대 중국에서 유행했던 불사약을 찾거나 만드는 방법이다.

곤륜산의 호수 요지에 서왕모가 강림하는 광경 서왕모는 화려한 빛깔의 봉황새를 타고 있고 여러 선녀들이 지상에서 악기를 연주하며 맞이하고 있다. 청淸 임훈任薰의 〈요지예상도瑤池霓裳圖〉.

이루어진 작자 미상의 소설 《한무제내전》[6]에 실려 있는데 그 에 피소드가 재미있고 더불어 유명한 고사성어도 남아 있다. 그 내 용을 소개하면 다음과 같다.

한무제는 장수하기를 오래도록 염원하였다. 그래서 좋은 땅에 사당을 짓고 치성을 드리는 등 갖은 노력을 다하며 서왕모의 강 림을 기원하였다.

지성이면 감천이었을까. 마침내 칠월 칠석날 서왕모가 아홉 가 지 빛깔의 용이 끄는 수레를 타고 천상에서 내려왔다.

한무제는 감히 서왕모를 똑바로 바라보지도 못한 채 머리를 조 아리며 불사약을 간청했다. 서왕모는 한무제의 정성을 기특히 여 겨 불사의 복숭아, 곧 선도仙桃를 내려주었다.

이 선도는 서왕모가 관리하는 반도원蟠桃園이라는 복숭아나무 밭에서 딴 것으로 이곳의 복숭아나무는 3000년 만에 꽃이 피 고 다시 3000년 만에 열매를 맺으며 그것을 한 개라도 먹으면 1만 8000살까지 살 수 있다고 했다.

그런데 서왕모는 이 귀중한 선도를 하사할 때 문득 한무제 곁 에 있던 신하를 알아보고 깜짝 놀라 말했다.

"아니, 이게 누구냐. 너는 감히 내 귀한 열매를 훔쳐 먹은 동방 삭東方朔이 아니냐."

서왕모는 동방삭을 가리키며 그가 몇 차례나 자신의 반도원에 와서 복숭아를 훔쳐 갔노라고 책망했다.

동방삭은 익살맞은 이야기를 잘해서 황제를 즐겁게 해주었던 재 담꾼, 요즘으로 말하면 일종의 개그맨이었다. 원래 그는 세성歲星이

6 《한무제내전漢武帝內傳》 위진魏晉남북조南北朝 시대에 성립된 소설. 후한의 역사가 반고班固가 지었다고 전해지나 믿을 수 없다. 한무 제의 일생에 대한 전기체 소설로 그가 신선을 추구하는 일화를 싣고 있으며, 특히 서왕모와 만나는 부분의 묘사가 뛰어나다. 신선은 늙지 않고 죽지 않는 인간이다.

서왕모의 반도원에서 훔친 복숭아를 들고 도망가는 동방삭 명明 오위吳偉의 〈동방삭투도도東方朔偸桃圖〉.

반도원에서 함부로 복숭아를 따는 손오공 오른손에 여의봉을 들고 복숭아나무를 털 태세이다. 《서유기》 삽화.

라는 시간의 흐름을 맡은 별의 정령이었는데 잠시 인간 세상에 와서 신분을 속이고 한무제의 신하 노릇을 하고 있었다.

말하자면 그도 신이었던 셈인데 한무제는 서왕모의 말을 듣고서야 재담꾼인 동방삭이 보통 인간이 아니라는 것을 깨달았다고 한다. 어쨌든 동방삭은 서왕모의 반도원에 가서 불사의 복숭아를 몇 차례나 훔쳐 먹었으니 그가 얼마나 오래 살았을지 짐작하기 어렵지 않다.

그래서 오래오래 살았다는 그를 두고 후일 '삼천갑자三千甲子 동방삭'이라는 말이 유행하였고, 오래 산 사람의 대명사로 불리게 되었다.

서왕모의 반도원은 동방삭 이후에도 또 한 번 크게 도둑을 맞는다. 명나라 때에 지어진 유명한 환상소설 《서유기》를 보면 서왕모의 잔치에 초대받지 못한 손오공이 홧김에 반도원의 선도를 거의 다 따 먹어버리기 때문이다.

만인의 연인으로 다시 태어난 사랑과 미의 여신

서왕모가 생명의 여신에서 미의 여신으로 바뀌는 것은 앞서 말한 서왕모의 열성 팬 한무제 이야기에서부터 흔적이 남아 있다. 서왕모가 한무제에게 내려올 때의 광경은 천상 절세 미녀들의 화려한 행차로 휘황찬란하기 그지없었다. 이때의 광경을 《한무제내전》에서는 다음과 같이 묘사하고 있다.

> 서왕모는 두 시녀의 부축을 받아 궁전에 올랐다. 시녀들은 나이가 열예닐곱쯤 되었는데 푸른 비단 웃옷을 입었다. 그녀들의 반짝이는 눈동자, 맑은 자태는 보는 이로 하여금 정말 미인임을 실감케 했다. 서왕모는 궁전에 올라 동쪽을 향해 앉았다. 그녀는 황금빛 치마를 입었는데 환하고 품위 있어 보였으며 아름답게 수놓은 허리띠에 보검을 찼다. 그리고 머리에는 화려한 비녀를 꽂고 구슬 관을 썼으며 봉황새 무늬가 있는 신발을 신었다. 나이는 한 서른 살쯤 되어 보였는데 균형 잡힌 몸매, 은은히 풍겨나는 기품, 빼어난 미모는 진실로 이 세상 사람이 아니었다.

이처럼 서왕모는 과거의 동물적인 기괴한 모습에서 완전히 벗어나 절세의 미모를 지닌 여신으로 변모해 있다. 두 명의 예쁜 시녀 역시 앞에서 말한 무서운 파랑새들이 변신한 것이리라.

서왕모에 대한 숭배는 이후 당나라 때에 이르러 다시 한번 크게 일어났다. 이때에 서왕모는 주목왕이나 한무제와 같은 고귀한 신분의 사람들이나 만날 수 있는 숭고한 존재가 아니라 평범한 사람들도 그녀를 통해 소원을 이룰 수 있는, 좀 더 광범위한 대중적 지지를 받는 여신으로 변모해 있었다.

시인들은 더욱 친밀하게 그녀에게 접근할 수 있었는데 그들은 공공연하게 그녀에 대한 연애 감정을 노래하기도 했고 그녀를 사랑하는 여인과 동일시하기도 했다. 서왕모의 사자인 세 마리 파랑새는 이때에 이르러서는 사랑의 메신저로 변모하여 애정시에 자주 등장하였다.

따라서 서왕모 신화는 시의 황금시대라고 하는 당나라 때 시인들이 즐겨 인용하는 소재였고 이후 당시唐詩의 영향을 많이 받았던 조선 시대 시인들의 시에서도 자주 언급된다. 그녀의 인기가 중국에만 그치지 않았음을 알 수 있다. 결국 서왕모와 파랑새는 동양 문학의 상투적인 메타포가 된 것이다. 예컨대 선조宣祖 때의 시인 정지승[7]에게는 다음과 같은 연애시가 있다.

배꽃 비바람이 겹겹이 닫힌 문을 때리는데,
파랑새 날아올 때 그녀의 눈물 자국 보았네.
죽는다고 이 이별을 잊을쏜가?
황천에서 떠도는 슬픈 넋이 되리라.

지금 사랑에 빠진 한 젊은이가 집 안에 갇혀 있다. 아마 엄격한 부모가 금족령을 내린 상황이리라. 그때 연인에게서 몰래 심부름꾼이 왔다. 서왕모의 사자인 파랑새가 바로 그 심부름꾼으로 표현되고 있다. 이 시에서는 보이지 않지만 파랑새의 주인인 서왕모는 물론 사랑하는 그녀이다. 심부름꾼이 전한 편지지에는 그녀의 눈물이 배어 있다. 그는 사랑의 메신저에게 다짐한다. 결코 죽음이 우리 사이를 갈라놓을 수는 없다고, 죽어서 황천에 가도 그녀를 그리워하는 슬픈 영혼이 되겠노라고.

오늘날 중국의 민간에서 숭배되고 있는 서왕모의 신상

---

7 정지승鄭之升(1550~1589) 조선 중기의 문인. 호는 총계당叢桂堂. 조선의 대표적 도인 북창北窓 정렴鄭磏의 조카. 시를 잘했고 도교 수련에 심취하여 한때 진안鎭安 용담龍潭에 은거하기도 했다. 평소 큰 거북을 타고 다녔다는 일화가 전한다.

비명횡사한 신부 에우리디케를 찾아 저승을 헤매고 다녔던 오르페우스를 멀리서 찾을 것도 없다. 우리는 조선의 한 시인에게서도 그러한 절절한 심정을 엿볼 수 있다. 대체로 관음보살이 두각을 나타내게 되기까지 서왕모는 이처럼 동아시아의 가장 인기 있는 여신이었다.

인간에게는 근원으로 돌아가고자 하는 본능이 있다. 고향을 그리워하고 천진했던 어린 시절로 돌아가고 싶어 하는 마음이 그것이다. 이러한 모태회귀母胎回歸의 본능은 종교나 문학에서 여성성을 통해 구원받고자 하는 소망으로 표현된다. 단테에게는 베아트리체가 있었고, 기독교에는 성모 마리아가, 불교에는 관음보살이 있었다면 동양 신화에는 서왕모가 있었다고나 할까?

서왕모를 통하여 죽음을 극복한 경지에 이르는 일, 인생으로서 이 이상 구원받을 일이 또 있을까? 동진

술에 취해 시동의 부축을 받아 귀가하는 도연명 도연명이 좋아해서 꺾었음직한 국화꽃을 시동이 대신 들고 있다. 명明 장붕張鵬의 〈연명취귀도淵明醉歸圖〉.

시대의 전원시인 도연명,[8] 국화를 사랑하고 술을 즐기며 험난한 세상을 등졌던 그 역시 서왕모에게 이렇게 자신의 소박한 바람을 부쳤다.

훨훨 나는 세 마리 파랑새,

털빛도 기이하고 고와라.

---

8 **도연명陶淵明(365~427)** 본명은 잠潛. 자字는 연명淵明. 벼슬을 버리고 전원에 은거하여 술을 즐기고 국화를 사랑한 시인으로 유명하다. 소박하고 자연미가 넘치는 전원시의 대가로서 이름이 높다. 작품으로는 〈귀거래사歸去來辭〉·〈귀원전거歸園田居〉·〈음주飮酒〉 등의 시가 있고 유토피아를 꿈꾼 산문 〈도화원기桃花源記〉가 있다. 특히 신화집인 《산해경》을 두고 읊은 연작시 〈독산해경讀山海經〉 12수를 남기기도 했다.

아침에는 왕모님 시중들고,

저녁이면 삼위산엘 돌아오지.

나는 이 새들을 통해,

왕모님께 드릴 말씀이 있다.

사는 동안 달리 바랄 것은 없고,

그저 술 있고 오래 살았으면.

6

구름이 되고 비가 되어
사랑을 그리워하네

사랑의 여신들, 무산신녀와 직녀 이야기

운우지정의 주인공, 구슬 아가씨

태초의 신들의 세계에서 가장 위대한 남신 둘을 꼽으라면 황제와 염제를 들 수 있다. 여러모로 대조적인 이들 두 신에 대해서는 3부에서 자세히 알아보게 될 것이지만 여기서는 기왕 여신들을 이야기하고 있으니 내친김에 큰 신 염제의 딸들에 대해 말해보기로 하자. 친절한 신 염제, 농업과 의약의 혜택을 인류에게 베풀었던 그는, 그러나 너무 인자한 탓에 야심 많은 후배인 황제에게 최고신의 자리를 빼앗겨야만 했던 비운의 신이었다. 이 비운의 신에게는 딸들이 많았다.

그 가운데서 요희瑤姬라고 불리는 셋째 딸이 있었다. 아마 우리말로 하면 '구슬 아가씨'라고나 할까? 보석처럼 곱고 아리따운 소녀였던 모양이지만, 불행히 시집도 가기 전에 요절하고 말았다. 그녀는 산기슭 양지바른 곳에 고이 묻혔다. 그러나 신들의 세계

무협의 절경 무산의 협곡으로 흐르는 장강은 물살이 급하기로 유명하다. 청清 원요袁耀의 〈무협추도도巫峽秋濤圖〉. 🐟

에서 영원한 죽음이란 없다.

그녀는 요초瑤草라는 풀로 거듭났는데 이 풀은 잎이 겹으로 났고 노랑 꽃을 매달았으며, 열매는 마치 토사'라고 하는 약초의 씨앗과 비슷하였다. 그런데 신기하게도 이 열매를 먹은 사람은 누구에게나 사랑을 받았다고 한다. 일종의 사랑의 묘약이었던 셈이다. 어쩌면 사랑도 해보기 전에 죽은 요희의 간절한 소망이 그 풀에 깃들었기 때문은 아닐까?

사랑에 한이 맺힌 요희는 훗날 무산巫山이라는 곳에서 다시 한번 변신한 모습으로 나타난다. 무산은 장강長江 중류에 위치한 아름답고 신비로운 기운이 감도는 산이었다.

전국시대의 어느 날 초나라 회왕懷王이라는 임금이 무산에 놀러 왔다. 회왕은 무산의 수려한 경치를 구경하다가 고당관高唐觀이라는 누대에 이르러 걸음을 멈추었다. 회왕은 마침 피곤이 몰려와 누대에서 잠시 눈을 붙이기로 하

---

1 **토사**菟絲 나무에 기생하는 덩굴식물의 일종. 산과 들의 볕이 잘 드는 곳에서 자란다. 그 씨는 한방에서 강정, 강장 효과가 있는 약재로 쓰인다.

고 낮잠에 들었다. 그런데 꿈속에서 홀연히 아름다운 여인 하나가 나타나지 않는가?

"저는 염제의 딸로서 이곳 무산의 신녀神女입니다."

아름다운 여인은 자신의 신분을 밝히고 요염한 자태로 회왕을 유혹하였다. 초나라의 시인 송옥[2]은 이때의 광경을 〈신녀부〉에서 다음과 같이 노래했다.

그녀의 아름다운 자태를 볼까나.

온몸을 감싼 화려한 비단 눈부시고, 수놓은 저고리, 맵시 좋은 치마에 아름다운 몸매 돋보여라.

살랑살랑 그녀 걸어올 제 온 방 안이 환해지고,

문득 몸을 돌이킬 땐 구름 속에 노니는 용과 같아.

얇은 겉옷 위로 예쁜 몸 드러나고,

머리에선 난초 향, 몸에선 두약杜若 내음 풍기네.

구름을 타고 나타난 무산신녀의 모습 아름다운 향초로 허리를 둘렀다. 《백미도百美圖》에서.

그 어느 누가 이 같은 그녀의 유혹을 견뎌낼 수 있을까?

무산신녀의 모습에 반해버린 회왕은 그 자리에서 그녀와 사랑을 맺었다. 마침내 사랑의 행위가 끝나자 그녀는 수줍은 듯이 떠나려고 했다.

"언제 또 볼 수 있겠소?"

헤어지기가 몹시 아쉬웠던 회왕이 무산신녀에게 물었다. 그러자 그녀는 이렇게 대답하였다.

"아침에는 산봉우리에 구름이 되어 걸려 있다가 저녁이면 산

---

2 **송옥宋玉**(기원전 290?~기원전 223?) 전국시대 말기, 초나라의 궁정시인. 굴원의 뒤를 이은 초사楚辭 작가로서 글이 아름답기로 유명하다. 작품으로는 〈구변九辯〉·〈초혼招魂〉·〈고당부高唐賦〉·〈신녀부神女賦〉 등이 있다.

사랑의 행위를 끝내고 헤어지기 아쉬워하는 연인들 초회왕과 무산신녀가 이랬을까? 명나라 때의 〈운우방파雲雨方罷〉. 🐌

기슭에 비가 되어 내리는데 그게 바로 저랍니다."

그러고는 홀연히 회왕의 눈앞에서 사라져 버렸다. 그녀가 사라지고 회왕이 문득 정신을 차리고 보니 그것은 모두 한바탕 꿈이었다.

회왕은 한동안 무엇인가를 잃은 듯 멍한 상태로 있었다. 그런데 저녁때가 되자 과연 산기슭으로 비가 내리기 시작하였다. 회왕은 그녀에 대한 사랑의 마음이 마구 불타올랐으나 더 이상 만날 기약은 없었다. 안타까운 마음에 회왕은 그녀와의 짧은 추억을 기념하여 무산의 남쪽에 조운관朝雲觀이라는 누대를 지었다. 조운, 곧 아침의 구름은 무산신녀를 가리키는 말이다.

그리고 세월이 흘러갔다. 회왕이 죽고 아들 양왕襄王이 어느 날 무산에 놀러 와서 선왕의 놀던 자취가 아직도 뚜렷한 고당관과 조운관을 돌아보고 있을 때 궁정시인 송옥이 과거에 선왕이 겪었던 무산신녀와의 로맨스를 양왕에게 자세히 아뢰었다. 양왕은 선왕의 기이한 사랑 이야기에 감탄하면서 시인으로 하여금 그 일을 두고 시를 읊을 것을 명하였다.

이렇게 해서 탄생한 작품들이 지금도 전해지고 있는 송옥의 〈고당부〉와 〈신녀부〉이다.

염제의 요절한 딸 요희, 그녀는 요초라는 사랑의 묘약으로 거듭났으나 남의 사랑을 도와주는 것만으로는 부족했던지 결국은 스스로 사랑의 화신 무산신녀로 다시 태어났다.

아침에는 구름이 되었다가 저녁에는 비가 되는 무산신녀와의 사랑, 이로부터 사랑의 행위를 두고 "운우지정雲雨之情을 맺는다"라는 전설적인 표현이 생겨난 것이다.

송옥 이후 시인들은 이 신비롭지만 찰나적인, 그렇기에 안타깝기 그지없는 사랑에 대해 너도나도 찬미의 노래를 바쳤다. 송나라의 저명한 시인 소동파[3]도 그들 가운데 하나였는데, 심지어 그는 자신의 어린 애첩을 '조운朝雲'이라는 이름으로 부르기도 했다.

우리는 여기서 꿈같이 신비로운 로맨스가 지니는 종교적 함의를 생각하게 된다. 무산은 문자 그대로 무당의 산으로 샤머니즘과 관련이 깊다. 무산신녀는 이 산의 여신 혹은 여신을 대리하는 신전의 무당이었을 것이다.

고대에는 신전에서 여사제女司祭와 참배자가 종교적 차원에서 성관계를 맺는 경우가 있었다. 대개 여사제는 신을 대리하기 때문에 그녀와의 관계 맺음은 곧 신과의 깊은 교감을 의미했다.

즉, 우리는 무산신녀와 초회왕의 로맨스가 고대 신전에서 행해졌던 이러한 습속을 문학적으로 표현한 것은 아닐까 하는 추측을 하게 된다. 따라서 우리는 신과 인간 사이의 사랑 이야기를 평범한 인간이 신과의 합일을 통해 종교적으로 승화된 경지에 도달하고자 하는 의지의 관점에서 이해해볼 수 있다.

이른바 인신연애人神戀愛 유형의 이러한 이야기들은 동양의 경

---

3 **소동파**蘇東坡(1036~1101) 본명은 식軾. 동파는 그의 호. 북송北宋의 대표적 문인으로 시·글씨·그림 모두에 뛰어났다. 아울러 산문의 대가이기도 해서 이른바 당송팔대가唐宋八大家의 한 사람이기도 하다. 작품으로는 〈적벽부赤壁賦〉가 유명하다.

우 대개 여신과 인간 남성 사이에서 빚어졌다. 초기에는 특히 인간 남성은 서왕모를 만났던 주목왕이나 무산신녀를 만났던 초회왕처럼 고귀한 신분인 경우가 많았다.

중국 신화의 세계를 살펴보면서 우리는 불현듯 한 가지 의문에 사로잡히게 된다. 왜 중국 신화에는 사랑 이야기가 드물까? 또 있다고 해도 이야기 자체가 단순하고 싱겁기 일쑤이다.

사실 그리스 로마 신화에는 다채로운 사랑 이야기가 부지기수다. 근대 서양 화가들은 수많은 신화 속의 사랑 이야기들을 작품으로 남겼다. 신 중의 신인 제우스는 얼마나 바람둥이인가. 온갖 동물과 인간으로 몸을 바꿔 변신하며 수많은 애정 행각과 갖가지 연애담을 신화에 남겨놓지 않았는가. 최고로 아름다운 여신 아프로디테는 또 얼마나 자유분방한 연애쟁이인가? 그의 아들 에로스가 쏜 화살에 맞아 벌어지는 숱한 사랑의 희비극들. 신과 신, 신과 인간 사이의 사랑 이야기는 정녕 그리스 로마 신화의 불가결한 요소이다.

그렇다면 중국의 신들은 모두 엄숙한 도덕군자, 요조숙녀이기만 한가? 물론 꼭 그런 것만은 아니다. 그것은 동서양의 사랑하는 방식이 달라서일 수도 있고 이야기를 표현하는 방식이 달라서일 수도 있다. 이제 중국 신화에 등장하는 사랑의 여신들에 의해 빚어진 애틋한 연애 이야기에 좀 더 귀 기울여보기로 하자.

백조로 변신한 제우스 미녀 레다에게 접근하고 있다. 레오나르도 다빈치의 〈레다와 백조〉.

은하수 건너 사랑을 만나는 연인들

여신과 고귀한 신분의 남성 사이의 사랑 이야기는

후세에 이르러 좀 더 신분 관계가 너그럽게 확대된다. 여신과 평범한 인간 남성의 연애 이야기가 출현하는데 그 대표적인 것이 우리가 익히 알고 있는 '견우 직녀' 신화이다.

그러나 기원전 5세기경에 쓰인, 중국의 가장 오래된 시집인 《시경》[4]에서 이미 베 짜는 직녀와 수레 끄는 견우, 그리고 은하수를 노래하고 있는 것으로 보아 이 '견우 직녀 신화'의 연원도 그리 얕지 않음을 알 수 있다. 견우 직녀 신화가 문헌상 비교적 짜임새 있는 이야기의 형태로 정착된 것은 한나라 무렵에 와서이다. 그 내용은 다음과 같다.

견우와 직녀 은하수를 사이에 두고 안타까워하고 있다. 《천지인귀신도감》에서.

은하수가 흐르는 하늘 동쪽에 한 여인이 살고 있었다. 그녀는 바로 천제[5]의 딸인 직녀였다. 직녀는 슬픈 사랑 이야기의 여주인공답게 외모가 무척 아름다웠다. 또 재능을 겸비한 미인이라고나 할까. 직녀는 베를 짜는 솜씨 또한 뛰어나서 훌륭한 옷감을 잘 짰다.

하지만 너무 일에만 열중하여 평상시에는 얼굴 가꾸는 것도 잊을 정도였다. 요즘 표현으로 말하자면 워커홀릭, 즉 일 중독이었다. 천제는 아리따운 딸 직녀가 이렇게 일만 하며 외롭게 지내는 것을 안쓰럽게 여겨 그녀를 은하수 서쪽의 견우라는 청년에게 시집보내기로 마음먹었다. 그래서 그날도 자기 방에서 열심히 베를 짜고 있는 직녀를 찾아가 천제는 이렇게 말했다.

---

4 **《시경詩經》** 중국 최초의 시집. 고대 중국에서 유행하던 가요를 공자가 정리했다고도 한다. 민간 가요인 풍風, 귀족들의 노래인 아雅, 조정의 제사 음악인 송頌 등 세 가지 종류의 시 305수가 실려 있다. 후세에 유교에서 중시하여 경전 중의 하나가 되었다.

5 **천제天帝** 하느님. 그러나 기독교의 하나님과 같이 유일무이하고 절대적인 신은 아니다. 고대 중국에서는 한 지역, 한 종족의 최고신도 천제라고 불렀다. 나중에 도교에서 옥황상제라는 최고신이 출현하지만 이 신도 다른 여러 주신들과 공존하는 다신교적 체계에서 명분상의 최고신이지 절대적인 권력을 행사하는 신은 아니었다.

七夕相看笑溫存
天地老銀河個中連
有文徵否是與鰲頭
作研磨
弘治甲子新秋張靈畵
崇禎甲申中夕鄭之驎別

직녀 지금 우리가 생각하는 미녀와는 거리가 먼 복스럽고 수더분한 얼굴이다. 명明 장령張靈의 〈직녀도織女圖〉.

"직녀야, 네가 이미 시집갈 나이가 되었고 자색이 이토록 빼어난데, 이렇게 일만 하니 이 아비의 가슴이 참으로 아프구나. 그래서 내 너를 은하수 서쪽의 견우라는 청년에게 시집보내려고 하니 아비의 뜻을 따르거라."

직녀는 속으로는 선뜻 내키지 않았지만 아버지인 천제의 명을 거역할 수 없어 마침내 시집을 가게 되었다.

그런데 이게 웬일인가. 일에만 빠져 살던 직녀가 시집을 가더니 남편인 견우에게 완전히 푹 빠져버리고 만 것이다.

견우 직녀 부부의 금슬이 아마도 너무 좋았던 모양이다. 그렇게 일만 알던 직녀가 이제는 더 이상 베 짜는 일도 하지 않고, 친정에도 한 번 오지를 않았다.

아마 천제는 평소 누구보다도 사랑했던 딸의 행위에 배신감을 느꼈던 것일까? 크게 노하여 직녀의 게으름과 불효를 몹시 꾸짖고는 은하수 동쪽으로 그녀를 다시 돌아오게 했다. 그러고는 금슬이 좋은 이 부부에게 참으로 가혹한 형벌을 내렸다. 둘에게 1년 중 칠월 칠석날 한 번만 만나도록 한 것이다.

그러나 둘 사이에는 은하수가 가로놓여 있었으므로 직녀는 까마귀와 까치에게 부탁하여 다리를 놓게 했다. 이것이 그 유명한 오작교烏鵲橋이다. 칠석 무렵 까치 머리가 밋밋한 것은 다리 노릇을 하느라 털이 다 빠졌기 때문이라고 한다. 또 칠석날 자정이 지난 후에는 흔히 비가 내렸는데 이것은 견우 직녀가 이별을 슬퍼하여 흘린 눈물이라고 한다.

남원의 오작교 이 도령과 성춘향이 사랑을 속삭였다는 그 유명한 곳이다. 🦆

한나라의 시인들은 견우와 직녀의 이 같은 처지를 안타깝게 여겨 다음과 같은 시를 지어 불렀다. 작자를 알 수 없는 《고시십구수》[6]라는 시 모음집에서는 견우 직녀에 대해 이렇게 노래하고 있다.

밤하늘 아득한 저편의 견우성, 맑은 은하수 이편의 직녀성.

희디흰 섬섬옥수 놀려, 찰칵찰칵 베를 짜네.

온종일 짜도 옷감이 되질 않고, 눈물만 비 오듯 흘러.

은하수는 맑고 얕건만, 두 사람의 거리 그 얼마인가?

무심한 은하수 사이에 두고, 그저 말없이 바라만 볼 뿐.

이 신화에서는 견우 직녀가 비록 신분의 차이는 있으나 모두 천상에 사는 존재로 설정되어 있다. 그러나 한나라 때에는 견우 직녀 신화의 변형된 이야기도 유행하고 있었다. 이때 지어진 《효자전》[7]에 실린 동영董永 이야기가 그것이다.

---

6 《고시십구수古詩十九首》 후한 시대에 유행했던, 작자를 알 수 없는 시 19편의 모음. 사랑·이별·쾌락·비애 등 어지러웠던 당시를 살았던 사람들의 솔직한 감정을 잘 표현하고 있는 것으로 유명하다.

효자 농촌 총각 동영 이야기

동영은 어려서 어머니를 잃고 홀아버지를 따라 농사를 짓고 살았다. 그러던 중 그 아버지마저 돌아가셨으나 어찌나 가난했던지 장례를 치를 돈조차 없었다. 그래서 동영은 부잣집에 몸을 팔아 그 돈으로 우선 3년상을 치르고 3년 후에는 약속대로 부잣집에 종살이를 하러 갔다.

길을 가는 도중 동영은 한 여인을 만났다. 그런데 어찌 된 영문인지 처음 만난 그녀가 다짜고짜 동영의 아내 되기를 자청하는 것이었다. 결국 여차여차해서 둘은 부부가 되었고 함께 나란히 부잣집에 이르렀다. 그런데 동영이 돈을 빌린 부자는 동영의 몸값 대신에 옷감 100필을 짜줄 것을 요구하였다. 그러자 길에서 만나 아내가 된 동영의 처가 말했다.

"저한테 맡기세요."

동영의 아내는 방 안으로 들어가 열흘 만에 그 일을 다 끝냈다. 일을 마치고 나온 동영의 아내가 놀라서 어리둥절해 하는 동영 앞에 섰다. 동영의 아내는 잠시 침묵하더니 결심한 듯 입을 열었다.

"사실 저는 천상의 직녀랍니다" 하고 자신의 정체를 밝히는 것이었다.

"천제께서 당신의 지극한 효성에 감동하셔서 저를 땅에 내려보내신 것입니다. 천제께서는 저에게 당신을 도와 빚을 갚게 하라고 말씀하셨습니다."

이렇게 덧붙여 말한 후, 직녀는 곧 공중으로 올라가 사라졌다.

어떻게 해서 견우 직녀 신화의 남주인공인 견우가 졸지에 효자로 바뀌어버린 것일까. 사랑 이야기의 주인공인 견우가 '효'를 실

---

7 《효자전孝子傳》 전한의 유향劉向(기원전 77~기원전 6)이 지은 책. 역사적으로 이름난 효자들의 행실에 대해 기록하였다.

천하는 모델로 뒤바뀐 원인에 대해서는 아무래도 동영 이야기가 만들어진 시대를 살펴볼 수밖에 없다.

결국 동영 이야기는 한나라 때의 국가 이데올로기인 유교적 효 사상에 의해 적지 않게 변형된 견우 직녀 신화라고 할 수 있다. 효를 실천하는 상징적인 인물인 동영은 당시 한나라에 가장 필요했던 모범적인 인물형이었기 때문이다.

그러나 동영 이야기와는 달리 민간에서 견우 직녀 신화는 원래의 취지를 살리면서도 훨씬 더 극적인 구성을 갖춘 이야기로 재탄생되어 널리 유행하게 된다. 대중들에게 다가가도록 재구성된 이야기로는 우리에게도 익숙한 '선녀와 나무꾼'형 이야기가 있다. 근내 무렵 중국에서 수집된 선녀와 나무꾼형 견우 직녀 신화는 다음과 같다.

동영에게 비단을 짜주고 천상으로 떠나는 직녀 《백효도百孝圖》에서.

목동 청년 우랑 이야기

우랑牛郞이라는 청년이 있었다. 그는 엄한 계모 밑에서 소를 치며 고생스럽게 살고 있었다. 외로운 그에게는 소가 유일한 벗이었다.

그러던 어느 날 천상의 선녀 아홉 명이 세상에 내려와 호수에서 물장난을 치고 있었다. 우랑의 벗인 소는 그 광경을 보고 우랑에게 선녀들이 호숫가에 벗어둔 옷을 한 벌 훔쳐 오라고 일렀다. 아마 소조차 여자 친구 하나 없는 우랑을 딱하게 여겼던 모양이다.

목욕을 마친 뒤 감춰진 옷을 찾지 못한 한 선녀는 하늘에 올라갈 수가 없었다. 옷을 잃고 슬피 울던 선녀는 우랑의 도움으로 그

고구려 고분 벽화 속의 견우와 직녀 소를 끌고 가는 견우와 서 있는 직녀 사이에 은하수가 그려져 있다. 견우·직녀·소의 모습이 만화처럼 우스꽝스럽기도 하다. 덕흥리 고분 벽화에서.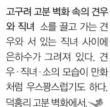

집에서 하룻밤을 지내게 되었고 결국 그녀는 그의 아내가 되었다. 그녀가 바로 직녀였다. 두 사람은 아들 하나와 딸 하나를 낳고 행복하게 살았는데, 그러던 어느 날 천제가 마침내 이 사실을 알게 되었다. 천제는 선녀가 인간과 부부가 되어 살고 있는 것을 못마땅하게 생각하여 곧 직녀를 하늘로 불러 올렸다.

아내를 잃어버린 우랑이 아이들을 데리고 직녀를 뒤쫓아 하늘까지 올라갔을 때였다. 갑자기 서왕모가 나타나 비녀를 공중에 한 번 그었다. 그러자 은하수가 생겨나서 우랑과 직녀는 은하수를 사이에 두고 서로 멀리 떨어지게 되었다.

그리고 서왕모는 그들에게 이후 1년에 한 차례, 7일 동안만 만나라고 못을 박았다. 그런데 아뿔싸, 이런 오해가 또 있을까. 견우와 직녀는 매년 7월 7일 단 하루만 그들이 만나도 좋다는 뜻으로 서왕모의 말을 잘못 알아들은 것이다. 그래서 지금도 그들은 그렇게 하고 있다고 한다.

이런 선녀와 나무꾼형 견우 직녀 신화는 중국에 여러 이본異本이 있고, 한국과 일본에도 기본 줄거리는 같지만 세부적인 부분에서만 내용이 달라지는 이야기들이 있다. 그만큼 이 신화는 동아시아 지역에 널리 퍼져 있다. 덕흥리德興里 고구려 고분 벽화에 이미 견우 직녀가 출현하는 것으로 보아 우리는 이 신화가 상당히 이른 시기부터 고대 한국에서 유행했음을 알 수 있다.

견우 직녀 신화는 인류가 농경 사회에 진입하면서 남자가 밭을 갈고 여자가 길쌈을 하던 당시의 역할 분담 현실을 반영한다. 아울러 이 애틋한 내용의 신화는 고대인들이 실제로 농사나 길쌈의 형편을 점치던 견우성牽牛星과 직녀성織女星 두 개의 별자리와 상관이 있다.

무산신녀와 직녀, 이들은 인간과의 사랑을 추구한 여신들이었다. 그러나 중국 신화에 이러한 로맨스는 흔치 않은 편이다. 이에 비해 그리스 로마 신화에는 사랑 이야기가 많다고 볼 수 있다. 이것은 그리스 로마 신화가 후세에 문학적으로 각색되고 인간적인 관점이 훨씬 많이 침투된 결과이다.

우리는 그리스 로마 신화를 모든 신화의 표준으로 생각하는 경향이 있다. 여기에서 신화에 대한 근거 없는 선입견이 생긴다. 즉, 사랑 이야기와 예쁜 여신이 등장해야만 신화다운 신화로 생각하는 것이 그것이다. 그러나 이런 생각은 큰 잘못이다. 오히려 세계 신화의 일반적인 모습에서 보면 연애 이야기가 많은 그리스 로마 신화가 예외적인 경우라고 할 수 있다. 다른 지역의 신화에는 연애 이야기가 그리 많지 않다.

걸교의 광경 중국에는 칠석날 밤에 부녀자들이 베를 잘 짜게 해달라고 기원하는 걸교의 풍속이 있다. 청淸 정관붕丁觀鵬의 〈걸교도乞巧圖〉.

—

천상과 지상을 지배한 큰 신들

이들은 세상의 이면에 숨어서 삶의 모든 조건을 지배하고 조절한다. 모두의 삶과 관련된
기후·질병·전쟁 등의 상황으로부터 개인의 행불행의 운명에 이르기까지.

7

황제, 지상의 낙원 곤륜산에 살며 천상천하를 호령하다

신들의 임금, 황제 이야기

세계의 다섯 방향과 다섯 신

언제쯤이었을까. 아마 세상의 혼돈 상태가 끝나고 거인 반고의 몸으로부터 천지 만물이 생겨난 후일 것이다. 앞에서 살펴보았듯이 자애로운 여신들이 인간과 만물을 한동안 보듬어주고 떠나자 남신들이 천하를 나누어 지배하기 시작했다.

그리스 로마 신화에서는 신들 중 최고신인 제우스가 하늘을, 포세이돈이 바다를, 하데스가 지하 세계를 각기 맡아 다스렸다.

하지만 동양에서는 세계를 나누는 기준이 달랐다. 중국의 경우는 다섯 명의 신이 천하를 동·서·남·북·중 이렇게 다섯 방향으로 나누어 지배하였다. 동양에서는 이 다섯 방향, 즉 오방五方이 단순히 공간적인 구분만을 뜻하지는 않는다.

이 5라는 숫자에는 동양의 철학이 담겨 있다. 거기에는 만물의 다섯 가지 구성 요소이자 작용 원리인 흙土·쇠金·물水·나무木·

불火, 즉 오행五行의 의미가 담겨 있다.

그것은 사실상 이 세상 모든 현상을 다섯 종류로 나눈 것이나 마찬가지라고 할 수 있다.

《회남자》에서는 다섯 명의 큰 신이 어떻게 세상을 나누어 지배했는지에 대해 이렇게 이야기하고 있다.

동방은 나무의 기운이 왕성한 곳이다. 그곳을 지배하는 큰 신은 태호太昊인데 보좌하는 신인 구망句芒이 그림쇠를 들고 봄을 다스렸다.

남방은 불의 기운이 왕성한 곳이다. 그곳을 지배하는 큰 신은 염제인데 보좌하는 신인 축융祝融이 저울을 들고 여름을 다스렸다.

중앙은 흙의 기운이 왕성한 곳이다. 그곳을 지배하는 큰 신은 황제인데 보좌하는 신인 후토后土가 노끈을 쥐고 사방을 다스렸다.

서방은 쇠의 기운이 왕성한 곳이다. 그곳을 지배하는 큰 신은 소호少昊인데 보좌하는 신인 욕수蓐收가 곱자를 들고 가을을 다스렸다.

북방은 물의 기운이 왕성한 곳이다. 그곳을 지배하는 큰 신은 전욱顓頊인데 보좌하는 신인 현명玄冥이 저울추를 들고 겨울을 다스렸다.

우리는 이러한 신화를 통해 고대 중국에서 우주를 형성하는 다섯 개의 큰 기운을 신격화하여 숭배했음을 알 수 있다.

그들을 보좌하는 신들이 지닌 그림쇠(컴퍼스)라든가 저울, 곱자(직

도교의 오방신 신화의 오방신 중 중앙의 황제를 제외한 나머지 네 신은 후세에 도교의 신들로 바뀌었다. 《도교신선화집道敎神仙畵集》에서.

각자) 등은 모두 사물을 그리고 측정하는 도구로서 이것들은 앞서 복희 여와 신화에서는 인류 문명의 근본을 상징하였지만 여기서는 세상을 조절하고 다스리는 일을 암시하고 있다. 그런데 다섯 방향 신들의 직분과 기능은 너무나도 정교하게 짜 맞추어져 있어 우리는 위와 같은 신화적 구상이 어떠한 철학적 의도에 의해 이루어진 것은 아닌가 하는 의심을 품게 된다.

아닌 게 아니라 이러한 오방신五方神의 개념은 음양오행설이 크게 유행했던 한나라 때에 성립된 것으로 추정되고 있다. 어쨌든 이 모든 신의 자세한 성격과 활동, 그 의미에 대해서는 이후에 차례로 이야기하게 될 것이다. 우리는 우선 오방 중에서도 중앙을 다스리는 가장 강력한 신, 곧 신들의 임금인 황제에 대해 알아보기로 하자.

신화가 신들에 대한 이야기이고 보면 신화의 주인공은 단연 신이다. 신화 속의 신들은 어떤 특징들이 있을까. 신들은 비범한 영웅이나 평범한 인간들 위에 군림하며, 그들과는 달리 모든 것을 초월할 수 있는 능력과 지위를 지닌다. 그래서 신들의 성격은 자연의 힘과 동일시되기도 하고 그것을 지배하는 힘으로 여겨진다.

신들이 사는 곳은 사람들이 살아가는 세상과는 격리된 장소이다. 사람들이 범접하기 어려운 산중이나 바다의 섬 혹은 천상에 거주한다. 그곳은 대개의 경우 별천지이거나 낙원이다. 시간의 파괴력조차 그들에게 영향을 미치지 못하여 그들은 인간처럼 늙지도 죽지도 않고 영원한 젊음 속에 산다.

그들과 인간의 관계는 어떠한가? 인간이 가질 수 없는 것을 가졌기에 신들은 인간들의 숭배와 경외의 대상이다. 그들은 세상의 이면에 숨어서 사실상 삶의 모든 조건을 지배하고 조절한다. 모두의 삶과 관련된 기후·질병·전쟁 등의 상황으로부터 개인의 행불행의 운명에 이르기까지.

신들은 이처럼 완전하지만 그들의 삶과 활동은 인간적인 면모를 보여준다. 그들은 기쁨과 슬픔의 감정을 지녔기에 서로 다투기도 하고 사랑에 빠지기도 한다. 아울러 그들은 인간의 삶에 적

황제 칭호를 처음 사용한 임금, 진시황 권력의 화신으로서 그는 오랫동안 분열 상태에 있던 중국을 강력한 중앙 집권 국가로 만들었다. 명 왕기의 《삼재도회》에서.

극적으로 개입하여 잘잘못을 심판하고 그것에 합당한 상과 벌을 내리기도 한다.

이렇게 완벽한 신이란 존재, 그 가운데에서도 최고의 권력자, 신들을 통치하는 '황제'는 과연 어떤 존재일까.

신들의 통치자 '황제', 그 이름이 붙여지기까지

황제黃帝란 무슨 의미일까. 혹시 발음이 같은 '황제皇帝'와 무슨 관계라도 있을까? 고대에는 황제黃帝를 황제皇帝로 부르기도 했다.

황제皇帝는 '황천상제皇天上帝'의 준말로 '천상의 위대한 신'이라는 뜻이다. 신 중의 신 황제黃帝에게 그야말로 합당한 호칭이 아닐 수 없다.

하지만 언제쯤부터인가 '황제皇帝'는 인간의 제왕을 의미하는 말로도 사용되기 시작했다. 신을 부르는 호칭을 감히 인간을 부르는 데 배짱 좋게 사용한 사람은 누구일까. 바로 진시황[1]이다.

진시황은 자신이 왕중왕王中王이기 때문에 신 가운데에서도 최고신의 호칭인 '황제'로 불릴 만하다고 생각했다. 여기에는 다른 견해도 있다. 진시황이 고대의 전설적인 여덟 명의 임금, 곧 삼황오제[2]의 덕을 지녔다고 자부한 나머지 이들을 줄여서 황제라고 칭했다고 하기도 한다.

---

1 **진시황秦始皇**(재위 기원전 246~기원전 210) 중국 최초의 중앙집권적 통일 제국인 진秦나라를 건설한 군주. 문자와 도량형을 통일하고 만리장성을 쌓는 등 큰 업적을 많이 남겼다. 그러나 서적을 태우고 선비들을 생매장한 이른바 분서갱유焚書坑儒의 참극을 일으켜 언론과 사상을 탄압하였다. 만년에는 불사약을 얻기 위해 서불徐市을 해외에 파견하여 삼신산三神山을 찾도록 하기도 했다.

2 **삼황오제三皇五帝** 태고 시대의 중국을 통치했다는 임금들로 삼황은 천황씨天皇氏 · 지황씨地皇氏 · 인황씨人皇氏이고 오제는 황제黃帝 · 전욱顓頊 · 제곡帝嚳 · 요堯 · 순舜 등이라고 하나 다른 설도 있다.

어쨌든 진시황이 용감하게 물꼬를 트자, 그 이후 모든 임금도 자신을 황제로 칭하기 시작했다. 이때 그들의 뇌리에는 힘과 권력의 화신인 황제黃帝의 이미지가 함께 자리했음이 틀림없다.

이렇듯 오랜 세월 모든 임금이 자신의 호칭으로 사용하고 싶어했던 '황제'는 어떻게 태어났을까. 황제의 출생을 알아보자. 일설에 따르면 황제는 유웅씨有熊氏라는 종족 출신의 뛰어난 인물이었다고 한다. 한나라의 역사가 사마천[3]의 《사기》[4] 중 〈오제본기五帝本紀〉의 기록이다.

신 중의 신, 황제 제왕으로 인간화된 모습이다. 《천지인귀신도감》에서.

또 다른 설도 있다. 황제의 어머니가 들판에서 기도를 올리다가 큰 번개가 북두칠성을 감싸는 것을 보고 황제를 잉태했다는 것이다. 《제왕세기》[5]라는 책이 전하는 설이다.

하지만 위의 이야기들은 황제의 신적인 성격과는 큰 거리가 있다. 뛰어난 인간의 출생과 별로 다를 바가 없기 때문이다. 황제를 비롯한 신들의 이러한 출생 경위에 대해서는 두 가지 대립된 해석 방식이 있을 수 있다.

한 가지는 신화 속의 상상적 존재인 신들을 사마천과 같은 후세의 역사가들이 모두 실제 있었던 인물들처럼 역사화했다는 주장이다. 이 주장은 대부분의 신화학자들로부터 지지를 얻고 있다.

또 한 가지는 이와 정반대의 입장이다. 즉, 황제 등의 신들은

---

3 **사마천**司馬遷(기원전 145~기원전 86) 전한 무제 때의 역사가. 억울하게 형벌을 당하는 등 고난 속에서도 중국의 대표적 역사서인 《사기》를 완성하여 '중국의 헤로도토스'로 불린다.
4 《**사기**史記》 사마천이 지은 역사서. 황제로부터 전한 무제까지의 중국 및 주변 여러 민족의 역사를 기록한 통사通史이다. 크게 임금에 대한 기록인 본기本紀·세가世家와 주요 인물들에 대한 기록인 열전列傳 등으로 구성되어 있다. 역사서로서의 가치뿐만 아니라 문학성도 뛰어나 산문의 모범으로 받들어진다.
5 《**제왕세기**帝王世紀》 서진西晉의 문인 황보밀皇甫謐이 지은 책. 고대 중국의 신화, 전설적인 인물들의 계보를 싣고 있다.

현대의 황제 캐릭터 제왕의 모습 뒤쪽으로 네 개의 얼굴에 용의 몸을 한 신화적 본체가 어른거린다. 동아시테크의 《한국 신화의 원형》에서. 🌿

본래 고대의 세력 있는 족장들이었는데 오히려 후세에 신격화된 것이라는 주장이다. 이 주장은 신화학에서 유헤메리즘[6]이라고 부른다. 유헤메리즘은 잘못된 신화 해석 방식의 사례로 자주 거론되지만 고고학자들과 역사학자들은 가끔 신화에서 역사의 실마리를 찾아내는 데에 성공하기도 한다. 호메로스의 서사시에서 힌트를 얻어 트로이 유적을 발굴한 슐리만의 경우가 그 좋은 예이다.

위의 두 가지 해석 방식은 신화 해석상의 영원한 딜레마이다. 모순된 것 같지만 우리는 황제 신화에서도 이 두 가지 측면으로부터의 의미를 피할 수 없다.

황제는 어떤 신일까

황제가 주로 거처하는 지상의 장소는 신들의 산인 곤륜산이다. 곤륜산은 그리스의 올림포스산처럼 신들만이 머물 수 있는 성스럽고 거룩한 산이다. 그러나 이 산은 후세로 내려오면 황제보다 서방의 여신 서왕모가 거주하는 산으로 더 유명해진다. 황제는 천상과 이 곤륜산을 오가면서 천하를 다스렸다.

그러나 천상과 지상을 호령하는 황제의 권위는 그냥 얻어진 것이 아니었다. 그것은 끊임없는 투쟁의 결과였다. 황제는 처음에는 자기의 형님뻘 되는 큰 신 염제와 싸워 신들의 세계에서 패권을 쟁취했고, 나중에는 부하뻘 되는 치우의 도전을 힘겹게 물

---

6 **유헤메리즘**Euhemerism 로마 시대의 학자 유헤메로스Euhemeros의 신화기원설. 신화 속의 신들은 고대에 실제로 존재했던 유명한 인물들이 세월이 지나면서 신격화된 것이라는 주장. 신화사실설神話史實說이라고도 함.

리친 끝에 최고신의 지위를 차지할 수 있었던 것이다.

황제는 과연 어떻게 생겼을까. 황제의 형상에 대해서는 여러 가지 묘사가 전해온다. 얼굴이 넷이었다고도 하는데 중앙에 위치하여 사방을 관찰하는 지배자의 형상이다. 인도의 창조신인 브라마와 닮은 얼굴 모습이다.

그는 누런 용의 몸체를 하고 있다고도 하였는데 누런 것은 그가 흙의 기운을 주재하기 때문이고, 용인 것은 그가 구름·비·바람·이슬·서리·무지개 등 모든 기상 현상을 주관하기 때문이다.

특히 그는 벼락의 신이다. 이 점은 그리스 로마 신화의 최고신인 제우스의 무기가 벼락인 것과 일치한

인도의 창조신 브라마 사방을 향한 네 개의 얼굴을 지니고 있다. 인도 델리 국립박물관 소장.

다. 벼락은 황제·제우스 등 최고신들의 권력과 위엄을 과시하는 무기이다. 그가 진정한 지배자인 것은 인간뿐만 아니라 신들의 세계에서 일어나는 분쟁도 조정, 해결하는 심판자였고 모든 신을 소집, 감독하고 통치할 수 있는 막강한 권력을 지녔기 때문이다.

황제의 구슬 찾기

황제에게는 무척이나 아끼는 보물이 하나 있었다. 그것은 지니고 있기만 하면 세상만사를 꿰뚫어볼 수 있는 현주玄珠라고 하는 검은 구슬이었다. 마치 영화 〈반지의 제왕〉에서 사악한 마법사 사루만이 지녔던 검고 큰 구슬과도 같은. 이렇게 신통한 구슬인지라 과연 황제가 지닐 만한 물건이어서 어디를 가든 이것을 품고 다녔다.

언젠가 황제는 부하 신들을 이끌고 적수赤水라는 강으로 나들

사악한 마법사 사루만의 구슬 이 구슬 속에 알고자 하는 세상
의 일이 비친다. 요즘도 서양의 점쟁이들이 수정 구슬을 사용
하여 점을 친다. 영화 〈반지의 제왕〉에서.

이를 갔다. 강가에 놀러 갔다가 내친김
에 곤륜산에 올라 경치를 구경하며 둘러
본 다음 궁궐로 돌아오는 길이었다.

아뿔싸, 그런데 그만 구슬을 잃어버리
고 말았다.

'그동안 수없이 많은 산과 들을 지나왔
는데 도대체 어디에서 구슬을 찾는다?'

대책이 서지 않던 황제는 우선 가장
지혜롭고 아는 것이 많은 신인 지知로 하
여금 그것을 찾게 하였다.

어디쯤에서 잃어버렸는지 그러면 기억할 수 있을 것 같았기
때문이다. 지는 온갖 머리를 짜내어 구슬을 찾아보았지만 찾을
수가 없었다.

황제는 이번에는 세상에서 눈이 가장 밝은 신인 이주離朱로 하
여금 찾아보게 하였다. 이주의 시력은 100보 앞의 바늘구멍도 볼
수 있을 정도로 천리안이었다고 한다. 그러나 이주의 밝은 눈으
로도 구슬을 찾을 수는 없었다.

황제는 다시 끽구喫詬라는 말솜씨가 좋은 신을 시켜 찾아보게
했다. 끽구는 그의 장기대로 뛰어난 언변을 발휘하여 수많은 사람
들을 설득하였으나 역시 찾아내지 못하였다. 재능 있는 모든 신이
현주를 찾는 데에 실패하자 황제는 거의 포기 상태에 빠졌다.

이때였다. 상망象罔이라는 신이 자기가 찾아보겠노라며 나섰
다. 이 신은 홀황忽恍이라고도 불리는데 문자 그대로 황홀하게 항
상 술에 취한 듯이 흐리멍덩한 표정을 하고 있는 신이었다. 황제

는 상망을 믿고 싶진 않았지만 달리 대안이 없었으므로 알아서 찾아보라고 마지못해 허락해주었다.

그런데 웬걸? 상망은 슬렁슬렁 돌아다니는가 싶더니 너무나도 쉽게 현주를 찾아 가지고 왔다.

"신기한 일이로다! 저 멍청한 상망이 구슬을 찾아낼 줄이야."

황제는 놀랍기도 하고 기쁘기도 해서 이렇게 부르짖었다.

이 에피소드는 《장자》 〈천하天下〉 편에 실려 있는데, 사실 도교의 진리를 함축한다. 즉, 여기서 찾고자 하는 검은 구슬 현주는 인간이 도달하고자 하는 최고의 경지, 다시 말해서 도를 터득한 경지이다. 장자는 이러한 경지가 지·이주·끽구 등의 능력과 같이 인간의 의도적인 행위에 의해 도달될 수 있는 것이 아니라 상망처럼 욕망을 버린 무심한 상태에서 이루어질 수 있다는 점을 말하려 했던 것이리라.

결국 황제가 찾은 것은 구슬이 아니라 혜안인 것이다. 이 이야기에는 우리가 참다운 깨달음을 얻으려면 어떻게 해야 하는가하는 지혜가 담겨 있다. 그것은 욕심을 비우고 겸허한 마음을 갖는 일이다.

1만 1520가지 귀신과 요괴를 공부하고, 온 상상계의 지배자가 되다

황제는 모든 신 위에 군림할 뿐만 아니라 세상의 온갖 귀신과 요괴들도 지배했다.

여기에 대해서는 그럴 만한 사연이 있다. 황제가 언젠가 천하를 순시하다가 동해 바닷가에 이르렀을 때이다. 백택白澤이라는

白澤
東望山有澤獸
者一名曰白澤
能言語王者有
德明照幽遠則
至昔黃帝巡狩
至東海此獸有
言爲時除害

천하 만물을 다 알고 있는 영물 백택 훌륭한 임금의 덕이 사방 구석에까지 미칠 때 저절로 나타난다는 상서로운 짐승. 명 왕기의 《삼재도회》에서. 🌿

짐승이 홀연 황제의 앞에 나타나 엎드렸다.

이 짐승은 말을 할 줄 알 뿐만 아니라 세상의 만물에 대해 다 알고 있는 신령스러운 영물이었다.

"네가 비록 짐승이나 신령스럽기가 그지없구나. 그래서 내 너의 능력을 시험하고자 하니 그것을 한번 보여줄 수 있겠느냐?"

"비록 작은 재주지만 제가 천하의 귀신과 요괴에 대해서는 그 모습과 특징, 성격 등을 상세히 알고 있사옵니다."

"그래? 그렇다면 내 너의 지식을 익혀 귀신을 쫓는 주문과 방법을 만들고자 하노라. 그러니 어서 너의 아는 바를 말해보아라."

황제가 귀신과 요괴에 대해 물어보자 백택은 이상한 기운이 뭉쳐서 만들어진 것과 떠다니는 혼이 붙어서 된 것 등 모두 1만 1520종의 귀신과 요괴의 모습과 특징을 총정리해서 하나하나 상세히 설명해주었다.

귀신과 요괴에 관해 공부를 마친 황제는 그것들을 모두 그림으로 그리게 하여 천하 사람들에게 알려주었다. 이렇게 만천하에 정체가 드러나자 귀신들과 요괴들은 전처럼 마음대로 날뛸 수 없게 되었다.

황제는 귀신과 요괴의 특성을 다 파악하고 있었기 때문에 그것들을 쫓는 주문도 지어낼 수 있었다. 이리하여 황제는 신들뿐만 아니라 온갖 귀신들과 요괴들도 지배할 수 있게 된 것이다.

황제라고 해서 거저먹기로 세상의 지배력을 갖게 되는 것은

천지 사방의 귀신들과 요괴들 고대인들은 이들 하나하나에도 모두 개성과 특징을 부여했다. 산동성 기남沂南 화상석의 그림들을 조합한 것.

아닌 법! 또 무력만으로 천상천하 제패가 가능한 것은 아닌 법! 이처럼 학습과 노력 끝에 얻게 되는 지식의 힘 또한 겸비해야 하는 것이다.

위풍당당, 황제의 행차

황제는 언젠가 동쪽의 태산泰山에서 세상의 모든 귀신을 소집한 적이 있었다. 이때 황제의 행차는 온 천상천하를 호령하는 최고신의 행차답게 그야말로 위풍당당, 화려했다.

《한비자》[7]에서는 이때 황제의 행차가 어떠했는지에 대해 다음과 같이 묘사한다.

우선, 황제의 수레 맨 앞에서 인도하는 신은 구리 머리에 쇠 이마를 한 무서운 싸움 신 치우였다. 이 신은 훗날 황제의 통치에 반기를 들고 치열한 전쟁을 하게 되지만, 이때까지는 아직 황제의 휘하에 있었던 모양이다.

치우 다음에는 바람의 신인 풍백風伯이 나아갈 길을 바람으로

---

7 《한비자韓非子》 전국시대 한나라의 사상가 한비韓非(기원전 280~기원전 233)가 지은 책. 강력한 법치주의에 의한 통치로 나라를 부강하게 만들 것을 주장했다. 전국시대에 유행했던 법가法家 학파의 대표적 저서이다.

요괴들의 행진 밤은 요괴들의 시간이다. 텅 빈 거리를 갖가지 모습의 요괴들이 행진하고 있다. 일본에는 이와 같은 전통적인 이미지 자료들이 풍부하다. 이것들은 현대의 만화·애니메이션 등 문화산업에서 훌륭한 소재가 되고 있다. 〈센과 치히로의 행방불명〉에서도 이와 같은 요괴 이미지들이 많이 활용되었다. 일본의 《백귀야행회권百鬼夜行繪卷》에서. 🐟

쓸고 비의 신인 우사雨師가 그 길에 비를 뿌려 깨끗이 했다. 이렇게 쓸고 닦은 길을 황제의 수레가 지나갔다.

그럼, 황제의 수레는 어떠했을까? 황제의 수레는 코끼리와 여섯 마리의 교룡蛟龍이 끌었고 필방조畢方鳥가 마부석에 앉아 이들을 몰았다. 외다리에 사람의 얼굴을 한 필방조는 불이 날 것을 미리 알려주는 신통한 새이다.

그리고 수레의 바로 앞과 뒤, 공중과 땅 위로는 온갖 신령스러운 동물들과 귀신들이 따르며 호위했다. 앞에서는 호랑이가, 뒤에서는 귀신들이, 공중에서는 봉황새가, 땅에서는 날개 달린 뱀인 등사螣蛇가 따라갔다.

아마 태산에 모였던 모든 귀신은 이 어마어마한 행차에 기가 죽지 않을 수 없었을 것이다. 황제 행차의 이러한 다양한 구성 요소들은 황제가 신과 귀신, 괴물 등이 활약하는 온 상상 세계의 지배자라는 것을 상징적으로 보여주고 있는 것이다. 흥미로운 것은

귀신의 우두머리 종규의 행차 맨 앞의 교자를 탄 종규를 여러 잡귀들이 모시고 있다. 종규는 당나라 이후에 생긴 귀신의 우두머리이다. 남송南宋 공개龔開의 〈중산출유도中山出遊圖〉. ✎

백택을 그린 깃발 백택기 위 열과 아래 열의 두 번째 군인이 든 깃발. 아마 잡귀를 쫓기 위한 목적으로 쓰였을 것이다. 〈반차도〉의 일부. ✎

조선 정조正祖의 화성華城(지금의 수원) 행차를 그린 〈반차도班次圖〉에 깃발의 모습으로 백택과 등사가 출현했다는 사실이다. 이를 통해 우리는 신 중의 신 황제의 행차가 후세의 권력자인 제왕의 행차에 대해 모델이 되었던 것은 아닌가 추측해볼 수 있다.

황제의 부인은 뇌조雷祖라는 이름을 지니고 있었는데 누에 치는 일을 처음 시작해서 사람들에게 가르쳐주었다고 한다. 황제는 그녀와의 사이에 많은 자손을 두었다.

북방의 큰 신이자 훗날 황제의 뒤를 이어 신들을 지배하게 된 전욱, 동해의 신 우호禺號와 북해의 신 우경禺京 부자, 홍수를 다스린 곤鯀·우禹 부자 등의 이름난 신들 및 영웅들을 비롯하여 중원中原의 한족漢族과 변방의 일부 종족들이 황제의 후예였다.

곤륜산의 황제는 올림포스산의 제우스와

여러 가지로 닮은 점이 많다. 앞서 살핀 바와 같이 벼락을 무기로 사용한다든가, 신들의 심판관이 된다든가, 많은 자손을 두었다든가 하는 점 등이 공통점이다.

그러나 두 신의 성향은 완전히 다르다. 제우스가 미녀와 스캔들을 일으키기도 하는 등 인간적인 허점을 노출하는 반면, 황제는 엄숙하고 거룩한 신적인 면모만을 보여준다. 제우스가 그리스 시대의 비교적 활달한 인간형을 반영한다면 황제는 고대 중국에서 추구하던 유교적 성인의 모습을 제시해준다고 할까?

중국인은 오늘날까지도 황제를 민족의 시조로 숭배한다. 그들은 스스로를 '용의 자손龍的傳人'이라고 부르며 황제의 자손임을 자랑스럽게 말한다.

여러 신들과 투쟁해 중앙의 최고신이 된 황제는 다름 아니라 주변의 숱한 민족들의 도전을 물리치고 세계의 중심에 살고 있다고 자부해온 중국인의 자존심이자 정체성 그 자체이기 때문이다.

그러나 중국의 주변부에 위치한 한국·베트남 등의 신화나 민

황제릉의 사당 요즘에도 해마다 청명절이 되면 공산당의 고위 간부와 수많은 군중이 모여 장엄한 제사를 거행한다. 섬서성 황릉현黃陵縣에 있다. 🍃

마오쩌둥이 쓴 황제를 위한 제문(1937년) 황제는 중국 인민의 단결을 위해 현대에도 매우 중요한 역할을 하고 있음을 알 수 있다. 🐛

속에서 황제는 별로 인기가 없다. 적지 않은 중국 신화의 모티프가 출현하는 고구려 고분 벽화나 한국의 민속자료에서 황제에 대한 표현이 손가락으로 꼽을 수 있을 정도로 적은 현상은 황제 신화가 단순한 이야기가 아니라 특정한 민족의 이데올로기로서 기능했음을 알려준다.

8

소 머리, 사람 몸을 한 신이
인류에게 농업을 가르치다

남방의 큰 신, 염제 신농 이야기

황제에게 패배하고 쫓겨 가 남방의 큰 신이 되다

중앙의 신 황제 다음으로 큰 신으로는 남방의 신 염제가 있다. 염제는 신농이라고도 부른다. 염제는 어떠한 신이고 어떤 일들을 했을까.

신화에서 신의 이름은 그 신이 가지고 있는 능력이나 특징을 말해주는 경우가 많다. 황제가 누런 흙의 신이라면, 염제는 '불꽃[炎]'이라는 글자에서도 알 수 있듯이 불의 신이다.

한나라 때의 책인 《백호통》[1]에서 염제는 태양신으로 규정되기도 하고 《회남자》에서는 남방의 불의 작용을 지배하는 신으로 여겨진다.

염제는 아울러 신농이라는 이름으로도 불리는데, 이것은 그가 '불의 신'인 동시에 '농업의 신'이라는 사실을 우리에게 말해준

---

1 《백호통白虎通》《백호통의白虎通義》라고도 하며 1세기경 후한의 역사가인 반고에 의해 편찬된 책이다. 본래 이 책은 한나라 때에 경전 해석을 둘러싸고 학자들 사이에서 벌어졌던 논쟁을 초록한 것이다. 그 내용은 조정의 의례와 법도에 대한 것에서부터 민간의 풍속과 전설에 대한 것에 이르기까지 매우 방대하다. 고대 중국의 사상뿐만 아니라 민속 방면의 자료로서도 가치가 있다.

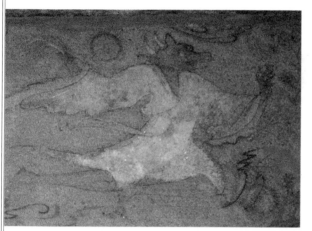

소 머리에 사람 몸을 한 염제 오른손에는 벼 이삭을, 왼손에는 약초를 쥐고 있다. 선襈을 댄 너울거리는 옷은 벽화에서 자주 보이는 고구려 신 고유의 복식이다. 집안의 오회분 5호묘 벽화에서.

다. 염제는 농업의 신인 만큼 그 생김새 또한 소의 머리에 사람의 몸을 하고 있었다고 전해진다.

염제는 인류에게는 참으로 고맙고도 어진 신이었다. 중앙의 큰 신인 황제가 신들의 대표 격으로 중요시되고 있지만, 염제가 인류에게 베풀었던 은혜를 생각한다면 이 신이야말로 황제보다 더 중요한 신이다. 사실 이 신은 황제가 부상하기 전에 신들의 세계를 잠시나마 지배했었다. 그러나 이 신은 만년에 후배나 다름없는 황제에게 도전을 받아 최고신의 지위를 물려주게 된다.

적어도 황제와의 싸움에서 진 후 남방으로 쫓겨 가지 않았더라면 인간을 위해 훨씬 더 좋은 일을 많이 했을 고마운 신. 황제보다 더 먼저 등장했지만 야심가 황제에게 패배하고 쫓겨 가 남방의 큰 신이 된 염제, 이제 그의 이야기를 해보기로 하자.

태양의 신, 염제 신농의 탄생

하늘은 높고 햇빛도 밝은 수천 년 전의 어느 맑은 날이었다.

지금처럼 대기가 오염되어 있지 않아 태초의 투명하고 맑은 기운이 감도는 그런 날씨 좋은 하루.

소전少典이라는 임금의 왕비 여등女登은 볕바라기를 하려고 나들이에 나섰다. 볕 좋은 명당으로 이름나 지명조차 '화려한 햇볕'인 화양華陽이란 곳으로 간 것이다.

눈부신 햇볕 아래 마음껏 바람을 쐬고 있을 때, 왕비 여등은 문득 그곳에서 신비스럽게 생긴 용을 보았다. 순간 여등은 마치 온몸이 감전된 것 같은 이상한 기운을 느꼈다. 그런데 궁궐로 돌아오고 난 뒤로도 얼굴이 달아오르고 그 이상한 기운이 가시질 않았다. 임신이 된 것이었다. 여등은 열 달 후 아기를 낳았고 그 아이가 염제 신농이다.

염제의 출생에 대해서는 두 가지 설이 전해진다. 하나는 그가 하늘에서 내려와 곧바로 땅의 지배자가 되었다는 설이고, 다른 하나는 인간의 몸에서 태어났다는 설이다. 앞의 이야기가 두 번째 설이다.

현대의 염제 캐릭터 소의 머리를 하고 손에 이삭과 채찍을 쥐고 있다. 이삭은 그가 농업의 신임을, 채찍은 약초를 감별하는 도구로서 그가 의약의 신임을 나타낸다. 동아시테크의 《한국 신화의 원형》에서.

인간 여인이 신령스러운 동물이나 거인 등을 만나 그 기운에 의해 임신을 하고 훌륭한 존재를 낳는다는 이야기는 동양 신화에서 신이나 영웅의 탄생을 말할 때 자주 등장하는 모티프이다.

신화학에서는 이를 감생신화感生神話라고 부른다. 감생신화는 아버지는 모르고 어머니만 알 수 있었던 모계사회의 현실을 반영한다. 염제의 탄생 신화는 또한 그가 태양신임을 암시하는데, 그것은 그의 어머니가 놀러 갔던 곳이 '화려한 햇볕'이라는 지역이기 때문이다. 태양의 신 염제는 이렇게 태어났다.

수렵 사회에서 농경 사회로

염제 이전의 옛날 사람들은 살아가기 위하여 들로 산으로 뛰어다니며 먹을 것을 구해야 하는 원시 수렵 생활을 했다. 대개 사냥을 해서 짐승의 고기만을 먹고 살았던 것이다.

그런데 염제 시대 무렵에는 인구가 늘어나면서 수렵만으로는 먹고살기가 어렵게 되었다. 날이 갈수록 인구 증가에 따른 식량 문제가 점차 심각해진 것이라고나 할까. 염제는 백성들이 굶주리는 것을 보고 대책을 마련하기에 골몰했다. 그러고는 드디어 식량을 생산해내기 위해 농업을 발명하게 된다.

그런데 여기에도 몇 가지 설이 있다. 일설에 따르면 염제가 식량 문제로 고민하고 있을 때 갑자기 하늘에서 곡식의 비가 내렸다고 한다. 염제가 하늘에서 쏟아진 곡식들을 심어 비로소 농업이 시작되었다는 것이다.

또 다른 설에 따르면 몸빛이 붉은 새 한 마리가 주둥이에 아홉 개의 이삭이 달린 벼를 물고 하늘을 날아다니더니 그 이삭이 땅에 떨어졌다고 한다. 염제가 그것을 주워 밭에다 뿌렸는데 사람들이 그 쌀밥을 먹고 배가 부른 것은 물론, 늙어도 죽지 않게 되었다고 한다.

이러한 사실들은 인류가 염제의 시대에 이르러서야 비로소 수렵 채취의 단계에서 농업의 단계로 옮겨 갔음을 보여준다. 그렇다면 불은 농업과 어떤 관련이 있기에 염제는 두 개의 신적인 속성을 함께 지니게 되었을까?

처음에 농업이 시작되었을 때는 경작지가 없었기 때문에 산에 불을 질러 화전火田을 일구어 농사를 지었다. 이 때문에 불의 신이 농업의 신과 동일시되었을

염제가 약초를 캐서 광주리에 가득 담아 돌아오는 모습 완전히 인간화된 모습이다. 머리 위로 약초를 감별하는 채찍이 보이고 손에 영지靈芝버섯 같은 것을 들고 있다. 요遼나라 때 작자 미상의 그림 〈채약도採藥圖〉.

것이다. 아울러 염제는 태양신이기도 한데 태양이 작물의 생장을 주관한다는 사고가 염제로 하여금 농업의 신도 겸하게 하였을 것이다.

또 붉은 새 한 마리가 벼 이삭을 물고 날아왔다는 이야기도 여러 가지 의미를 내포한다. 붉은 새는 그 빛깔로 보아 불의 신인 염제의 사자임을 암시하고, 많은 곡식 중 벼 이삭을 물고 온 것은 도작稻作 농업이 강남 지역에서 비롯되었음을 시사한다. 염제는 남방의 신이기 때문이다.

풀을 씹어 맛을 보고 있는 염제 약초인지 독초인지를 알기 위해 염제가 직접 풀을 씹어 그 맛을 보고 있다. 염제의 이러한 행위는 질병에 대한 원시인류의 높은 관심을 반영한다. 《천지인귀신도감》에서.

염제는 또한 의약醫藥의 신이기도 하다. 지금까지 전해지는 한의학을 창시한 신인 셈이다. 염제는 어떤 풀이 인간에게 이롭고 해로운지를 감별하여 알려주었는데, 동진 시대에 지어진 소설집인 《수신기》[2]에 의하면 염제에게는 자편赭鞭이라는 신비한 붉은 채찍이 있어서 이 채찍으로 풀을 한 번 후려치면 그 풀의 독성의 유무와 맛, 특징 등을 다 알 수 있었다고 한다. 이러한 방식으로 염제는 천하의 산과 들을 다니면서 모든 풀이 어떠한 약효가 있는지를 파악하여 인간의 병 치료에 도움이 되도록 하였다.

한의학의 고전으로서 모든 한약재를 분류, 기록해놓은 《신농본초경》[3]이라는 책은 염제의 이러한 신화적 행위를 기려 이름 붙여진 것이다.

그러나 일설에 따르면 신비한 붉은 채찍 같은 것은 없었고 염제는 매일 직접 풀을 씹어서 맛을 보았다고 한다. 그러다가 염제

---

2 《수신기搜神記》 4세기경 동진의 문인 간보干寶가 편찬한 책으로 고대 중국의 신화적 인물들과 사건들, 신선·귀신·요괴 등 신비한 존재들에 대한 이야기를 수록하고 있다. 지금 전해지고 있는 《수신기》는 모두 20권으로 그중에는 간보 자신이 직접 서술한 것도 있고, 다른 책에서 발췌한 내용이나 민간에 떠도는 이야기를 채록한 것, 후대의 문인에 의해 덧붙여지거나 개작된 내용도 포함한다. 한국·일본·베트남 등 동아시아 설화 문학의 발달에 지대한 영향을 미친 책이다.

3 《신농본초경神農本草經》 후한 말기에 성립된 한의학 책. 맨 앞에 총론이 있고 이어서 365종의 약물을 상·중·하의 3품으로 나누어 각각 냄새와 맛, 약효와 다른 이름들을 서술하였다. 후대의 한의학 책은 모두 이 책을 바탕으로 하고 있다. 6세기 초 양梁나라의 도홍경陶弘景이 교정하고 주를 달아 《신농본초경집주神農本草經集注》를 지었고 송나라 때에는 《증류본초證類本草》가 나왔다.

는 종종 독초에 중독되기도 하였는데, 그럴 때에 차 잎을 씹으면 해독이 되었다고 한다. 중국인들이 즐겨 마시는 차의 효능을 염제 신화에 기대어 강조한 것이리라.

또 다른 설에 따르면 염제가 단장초斷腸草라는 풀을 맛보다가 그만 창자가 끊어져 죽고 말았다고 한다. 이는 염제 신화가 민간에서 전설로 변하면서 그를 지나치게 인간화한 것이 아닌가 싶다.

이 밖에도 염제가 인간을 위하여 행한 중요한 업적은 시장을 개설한 일이다. 사람들이 자유롭게 만나 편하게 물건을 바꿀 수 있도록 일정한 시간에 일정한 장소에서 시장을 열도록 한 것이다.

태양신인 염제는 해가 하늘 한가운데에 왔을 때를 시장을 여는 시각으로 정하였다. 그때에 사람들을 모이게 하고 물건을 가지고 오게 하여 교역을 행하도록 하였다. 염제가 시장을 개설하였다는 것은 고대의 농경 사회가 어느 정도 성숙한 단계에 진입하여 초보적으로 도시가 형성된 현실을 반영한다.

물·땅·시간의 신을 자손으로 두고, 고구려·베트남에서 인기 있는 신

염제는 한나라 때에 만들어진 신들의 계보에서는 남방을 다스리는 지역신으로 설정되어 있지만 사실은 중앙을 다스리는 황제보다도 일찍 등장하여 인류 문명의 초기에 많은 공적을 끼쳤던 위대한 신이었다. 그런데 그가 지역신으로 격하된 원인은 무엇일까? 그것은 앞서 말했듯이 그가 후배 신인 황제와의 전쟁에서 패하여 신들에 대한 지배권을 상실했기 때문이다.

너그럽고 인자한 염제에 비하여 젊은 황제는 야심만만하고 권력 지향적이었다. 염제는 황제와 두 차례의 큰 전쟁을 벌였다. 한

번은 본인이 직접 휘하의 신들을 거느리고 판천阪泉이라는 곳에서 싸웠다. 또 한 번은 그의 후계자인 치우가 대신하여 탁록涿鹿이라는 곳에서 싸웠다. 지존의 자리를 두고 벌이는 싸움이니만큼 치열한 전쟁이었다.

그러나 이 두 차례의 전쟁에서 패한 염제와 치우의 신족神族은 그들이 원래 거주했던 대륙의 동방에서 쫓겨나 미개지인 남방으로 이주했다고 한다. 염제의 패배와 황제의 승리, 이것은 자유롭게 공존했던 신들의 세계가 강력한 신에 의한 지배의 시대, 중심의 시대로 접어들었음을 의미한다.

염제는 비록 남방의 지역신으로 전락했지만 황제보다 앞서 대륙을 지배했던 까닭에 그의 후손 중에는 유명한 신들이 많으며 중국 및 주변 민족의 시조나 영웅들 중에도 그의 자손이 많다. 예컨대 불의 신 축융과 물의 신 공공共工, 땅의 신 후토와 시간의 신 열명噎鳴 등이 모두 그의 자손이다.

흥미로운 것은 염제에게 딸이 넷 있었는데 이 여신들이 제각기 독특한 개성을 지니고 있어서 후세 사람들로부터 많은 사랑을 받았다는 점이다. 가령 적제녀赤帝女는 뽕나무의 신이 되어 살다가 승천했고 요희는 무산의 신녀가 되어 초나라의 회왕과 사랑에 빠졌으며, 여와女娃는 동해를 건너다 익사하여 새로 변신하였고, 이름이 소녀少女로만 알려진 또 다른 딸은 적송자赤松子라는 신선을 따라가 도를 닦았다. 염제의 딸들에 대한 이러한 다양한 이야기들은 염제가 엄숙하기

신선 적송자 오른쪽에 이 신의 상징인 붉은 소나무, 곧 적송이 한 그루 있다. 염제의 딸, 한고조漢高祖 유방劉邦의 명신 장량張良 등이 이 신선을 따라가 불사의 도를 배웠다고 한다. 명明 왕세정王世貞의 《열선전전列仙全傳》에서.

만 한 황제와는 달리 로맨틱하고 정감 있는 신이라는 이미지를 우리에게 전해준다.

염제는 대륙에서는 패배자였지만 주변 민족에게는 인기가 높았다. 그가 동방에서 남방으로 터전을 옮겼던 탓인지 동방과 남방의 민족들이 그를 시조신으로 섬기는 경우가 많다. 베트남의 개국 신화에서 염제는 민족의 시조신으로 등장한다. 고구려 고분 벽화에서 염제는 사람의 몸에 소의 머리를 하고 손에 벼 이삭과 약초를 쥔 모습으로 나타나서 우리를 놀라게 한다. 이것이야말로 염제의 신화적 형상을 그대로 재현한 것이 아니고 무엇인가! 중국에는 이러한 생동적인 염제의 그림이 없다. 염제는 이미 인간화하여 의젓한 임금님이 되어 있을 뿐이다.

인류를 위해 그토록 좋은 일을 많이 했던 염제, 그러나 염제는 별다른 잘못 없이 황제에게 지존의 자리를 빼앗기고 만다. 그리스 로마 신화에서 우라노스나 크로노스가 각기 젊은 신에게 자리를 빼앗긴 것은 나름대로 합당한 이유가 있었다. 그들은 너무 탐욕스러웠기 때문이었다. 그러나 자비롭고 베풀기 좋아하는 염제가 황제에게 축출된 것은 무언가 부당한 것 같고 억울한 느낌이 든다. 이 느낌, 그것은 흔히 말하는 한恨과 같은 것이 아닐까? 힘없고 약한 사람들이 품는 한의 정서가 동방의 신이었다 남방으로 쫓겨 간 염제의 억울한 심정에 멀리 뿌리를 대고 있다면 그것은 지나친 비약일까?

9

수렵 시대의 큰 신 태호, 팔괘를 만들다

동방·서방·북방의 신들, 태호·소호·전욱 이야기

동방의 신 태호, 도구를 만들고 점을 치다

앞에서 우리는 신들 세계의 주도권을 두고 라이벌 관계에 있었던 중앙의 황제와 남방의 염제에 대해 살펴보았다. 이제 나머지 동방·서방·북방을 다스렸던 신들에 대해 알아보기로 하자.

먼저 동방을 다스렸던 신은 태호라고 부른다. 이 신은 또한 복희伏犧·복희必犧 혹은 포희炮犧라는 개인적인 이름을 갖고 있다.

복희라고 하면 독자들은 앞서 인류의 탄생 신화에서 이야기했던 복희 여와 남매를 떠올릴 것이다. 그러나 원래 복희와 여와는 독립적으로 존재했던 신들이다. 그들이 남매 혹은 부부 관계로 합해지는 것은 대체로 한나라 이후의 일이다. 그러니까 지금 이야기하고자 하는 태호 복희는 남매 신화 이전의 좀 더 원시적인 신이다.

태호는 어떻게 태어났는가?

팔괘를 그리고 있는 태호 복희씨 《천지인
귀신도감》에서. 🦢

중국의 먼 동쪽 변방에 화서씨華胥氏라는 종족이 사
는 환상적이고 아름다운 나라가 있었다. 이 나라 사
람들은 물에 들어가도 젖지 않고 불에 들어가도 타
지 않으며 영원한 생명을 누리고 있었다.

어느 날 이 나라의 한 소녀가 경치가 아름다운 동
쪽의 뇌택雷澤이라는 호수에 놀러 갔다. 그녀는 그곳
호숫가에 찍혀 있는 거인의 발자국을 발견하였다.

"어머, 세상에 이렇게 큰 발자국도 다 있네. 어디
내 발하고 한번 견줘볼까."

소녀는 호기심에 자신의 작은 발을 큰 발자국에 살짝 디뎌보
았다. 순간 그녀는 마치 감전이라도 된 듯이 온몸에 무언가 기이
하고 짜릿한 느낌이 전해지는 걸 느꼈다. 이후 그녀는 임신을 하
였고 마침내 태호 복희를 낳았다.

그렇다면 태호의 아버지인 뇌택의 거인은 누구일까?
그는 다름 아닌 뇌신雷神이었다. 뇌신은 용의 몸에 사
람의 머리를 하고 있었는데 그런 혈통 때문인지 태
호는 생김새가 용의 몸 혹은 뱀의 몸에 사람의 머
리를 지니고 있었다고 한다.

태어날 때부터 범상치 않았던 태호는 과연 인
간을 위해 큰일을 많이 했다. 우선 태호는 끈으로
그물을 짜서 고기 잡는 법을 사람들에게 가르쳤고
그를 보좌하는 신인 구망도 새그물을 만들어 새 잡는
법을 가르쳤다. 이 점에서 태호는 농업을 발명한 염제

원시적인 모습의 뇌신 뇌택의 늪에 살며
다소 동물적인 모습을 하고 있다. 청 왕불
의 《산해경존》에서. 🦢

에 비해 조금 일찍 등장한 수렵 시대의 큰 신일 것으로 생각된다.

태호의 가장 큰 문화적인 업적은 팔괘八卦를 만들어낸 것이다. 《주역》〈계사전〉[1]에 따르면 태호는 위로 하늘의 천체를, 아래로는 땅의 지형을 살피고 사물의 빼어난 모습을 고려하여 팔괘를 만들었는데 이것으로 신들의 원리와 통하고 만물의 이치를 설명할 수 있었다고 한다. 우리는 이러한 언급으로 미루어 태호가 천상과 지상을 영적으로 매개하던 무당과 같은 존재가 아니었던가 생각해볼 수 있다.

후세의 인간화된 뇌신 오른쪽 위에서 두 손에 망치와 끌을 들고 여러 개의 북을 두드리는 사람이 뇌신이다. 후세에는 뇌공雷公으로 더 자주 불린다. 가운데의 두 개의 거울을 든 여자는 번개의 여신 전모電母이다. 청나라 때의 목판화.

팔괘는 잘 알려져 있듯이 음과 양의 두 가지 기운을 표시하는 --과 —의 부호로 하늘·땅·물·불·산·우레·바람·늪의 여덟 가지 자연현상을 각기 다르게 표현한 것이다. 결국 팔괘는 우주 만물의 모든 현상을 상징하는 부호이다. 고대 중국인들은 팔괘가 배합되어 나타난 점괘를 읽으면 인간의 길흉화복을 모두 알 수 있다고 생각했다. 그러나 팔괘와 같은 고도의 상징체계를 태호라는

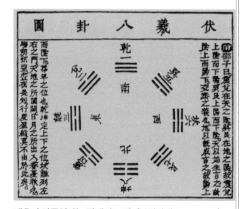

태호가 만들었다는 팔괘의 그림 〈복희팔괘도伏羲八卦圖〉.

한 개인이 만들었다고 볼 수는 없을 것이다. 오랜 기간 무당 집단에 의해 이루어진 산물을 신격화된 큰 무당인 태호의 작품으로

---

1 《주역周易》〈계사전繫辭傳〉 공자가 지었다고 전해지는 《주역》에 대한 해설이다. 상·하 두 편으로 되어 있으며 《주역》의 음양 변화의 사상을 잘 표현하고 있다. 그러나 〈계사전〉의 철학적 내용, 문체 등은 공자 한 사람이 지은 것으로 보기 힘들다. 그를 계승한 후대의 유교 학자들에 의해 쓰인 것으로 보는 것이 정설이다.

기리게 된 것이리라 짐작된다.

태호의 자손은 주로 서남쪽의 파巴라는 종족이 되었다. 파국巴國의 시조 늠군廩君이 태호의 후예이기 때문이다. 늠군은 무상務相이라고도 불리는 영웅적 인물인데, 일찍이 파국의 여러 씨족이 모여 지도자를 뽑는 시험을 모두 통과하고 왕이 되었다. 또한 태호의 딸 복비宓妃는 낙수洛水를 건너다 물에 빠져 죽었는데, 낙수의 여신으로 거듭 태어나서 황하의 신인 하백河伯의 아내가 되었다.

태호가 중국의 동쪽 먼 나라 출신이고 동방을 주관하는 신이라는 내용은 그가 고대 한국과도 관련 있는 신이 아니었을까 하는 생각을 갖게 한다. 그러나 《산해경》과 같은 오래된 문헌에는 태호보다 오히려 염제와 우리 민족 사이의 관련성을 시사하는 대목이 많다.

서방의 신 소호와 새들의 왕국

다음으로 서방의 큰 신 소호에 대해 알아보기로 하자.

소호의 탄생 신화는 아주 문학적이다. 그 이야기는 4세기경 왕가라는 도인이 지은 소설집《습유기》[2]에 실려 있다.

소호의 어머니는 황아皇娥라고 불렸다. 그녀는 동쪽 어느 나라의 아름다운 궁궐에 살던 왕녀였는데 밤에는 길쌈을 하고 낮에는 강에서 배를 띄우고 놀았다.

처음에 그녀는 배를 타고 강에서 놀았으나 나중에는 호기심에

---

2 《습유기拾遺記》 후진後秦의 도인 왕가王嘉가 지은 소설. 태고의 신화와 전설을 바탕으로 썼다. 삼황오제 때부터 서진 말기까지의 이야기를 수록하고 있는데, 원본은 없어졌고 현재 《한위총서漢魏叢書》 등에 수록되어 있는 것은 양나라 소기蕭綺가 총 10권으로 재편집한 것이다. 마지막 제10권에서는 곤륜산·봉래산을 비롯한 아홉 개의 선산仙山을 묘사하고 있다. 문장이 아름답고 내용은 상상의 극치를 이루고 있다.

금성의 신 태백성이라고도 하며 길 잃은 자의 수호신이다. 나그네에게는 흔히 늙은 노인의 모습으로 나타난다. 당唐 양영찬梁令瓚의 〈오성이십팔수신형도五星二十八宿神形圖〉에서. ✍

먼 서쪽 바다까지 나아갔다. 그랬더니 서쪽 바닷가에는 높이가 천 길이나 되는 거대한 뽕나무가 한 그루 자라고 있는 것이 아닌가.

궁상窮桑이라고 부르는 이 뽕나무는 보기에도 신비롭게 붉은 이파리에 보랏빛의 열매를 맺었다. 그 열매는 1만 년에 한 번 열리는데 그것을 먹으면 하늘과 땅보다도 더 오래 살 수 있었다.

황아는 이 신비한 뽕나무에 매료되어 자주 배를 타고 놀러 왔다. 그러던 어느 날 황아는 그곳에서 아주 잘생긴 젊은이를 만났다. 그는 백제白帝의 아들이라고 자칭하였는데 사실은 새벽녘 동쪽 하늘에서 빛나는 금성의 신이었다.

그는 황아가 바닷가에서 노는 것을 보고 그 예쁜 모습에 반하여 지상으로 내려온 것이었다. 두 사람은 만나자 곧 친해져서 아

소호의 원시적인 모습 전국시대 초나라 때의 청동 도끼.

현대의 소호 캐릭터 인간화된 모습이지만 그가 새의 신임을 표현했다. 동아시테크의 《한국 신화의 원형》에서.

름다운 음악을 연주하며 즐거움에 빠져 집으로 돌아가는 것을 잊었다.

그들은 배 위에 계수나무 돛대를 꽂고 향기로운 띠풀을 엮어 돛으로 삼았다. 그리고 옥으로 만든 비둘기를 돛대 끝에 달아 풍향을 가리키게 했다.[3] 그것은 비둘기가 사계절의 풍향을 가장 잘 알아채기 때문이었다. 그들은 이처럼 아름답게 배를 꾸미고 뱃놀이를 즐겼다. 두 사람은 다정히 기대어 거문고를 타고 놀았는데 황아가 거문고에 맞춰 노래를 부르면 청년이 답가를 하곤 했다. 이런 연애 끝에 황아는 소호를 낳게 되었다.

처음에 소호는 동방의 큰 신이었다. 《산해경》에 따르면 동해의 바깥 먼 곳에 소호의 나라가 있었다고 한다. 그의 왕국은 집비둘기·수리·뻐꾸기·매·산비둘기 등 온갖 새들이 각기 나랏일을 맡아 다스렸다. 가령 수리는 용맹하여 군사 관계 일을 담당하고, 매는 사나워서 형벌을 담당하고, 산비둘기는 잘 울어서 조정의 언론을 담당하는 식이었다.

고대 중국의 동쪽 해안 지역에 거주하던 동이계 종족은 새를 토템[4]으로 숭배하였는데 학자들은 소호의 새 왕국 신화가 바로 이러한 동이계 종족의 새 토템 신앙을 반영하고 있는 것으로 설명하기도 한다.

---

3 **상풍오**相風鳥 후세 사람들은 황아와 백제가 만든 옥 비둘기를 본떠 돛이나 지붕 위에 상풍오라고 하는, 나무를 깎은 비둘기를 달아서 풍향을 점쳤다.
4 **토템**totem 특정한 동물이나 식물 등의 사물을 숭배하여 종족의 조상이나 수호신으로 여기고 스스로와 동일시하는 원시적 사고를 토테미즘totemism이라 하는데, 토템은 여기에서 숭배되는 사물을 말한다.

동방의 신이었던 소호는 언젠가부터 동방을 떠나 아들인 가을의 신 욕수와 더불어 서방을 다스리게 된다. 그는 서쪽으로 지는 해의 운행 상태를 주로 살폈다.

《산해경》에 따르면 서방의 장류산長留山이라는 곳에 소호의 궁궐이 있었다고 한다. 태호에 비해 소호의 후손들 중에는 재주 많고 유명한 인물들이 많다.

아들 반般은 처음으로 활과 화살을 만들었으며 요堯임금의 명신이었던 고요皐陶와, 우禹임금의 치수 사업을 돕고 《산해경》을 지었다는 백익伯益 등도 소호의 후예이다.

그러나 좋은 자식만 있으라는 법은 없다. 궁기窮奇라는 아들은 호랑이의 모습에 겨드랑이에 날개가 달렸는데 착한 사람의 코를 베어 먹고 나쁜 사람에게 짐승을 잡아다 바치는 괴팍한 행동으로 사람들을 놀라게 하였다.

이 밖에 북방에 사는 외눈박이 일목국一目國 사람들도 소호의 후예였다.

북방의 신 전욱, 하늘과 땅의 통로를 끊어버리다

다섯 방향의 신 중 마지막으로 등장하는 신은 북방의 큰 신 전욱이다. 전욱은 중앙의 최고신 황제의 증손자라고 한다. 그런데 그의 아버지 한류韓流는 모습이 괴상하였다. 길쭉한 머리에 작은 귀, 사람의 얼굴에 돼지 주둥이, 비늘돋친 몸에 통뼈로 된 다리, 돼지의 발을 하고 있었다 하니 가히 엽기적인 생김새라 할 만하다.

전욱은 어려서 숙부인 소호 밑에서 자랐다. 그런데 음

북방의 큰 신 전욱 다른 큰 신들의 모습에 비해 완고한 표정으로, 고집불통인 그의 성격을 잘 보여주고 있다. 《천지인 귀신도감》에서.

악적 재능이 있었던지 거문고를 잘 탔다고 한다. 그는 성장해서 오방 중의 하나인 북방의 큰 신이 되었지만 중앙의 최고신 황제의 증손이자 서방의 큰 신 소호의 조카였던 관계로 젊은 그가 사실상 증조부와 숙부를 대신해 전권을 행사했던 것 같다.

그는 다른 신들과는 달리 과격한 정책을 폈다. 그것은 아마 그의 아버지로부터 물려받은 다소 동물적인 성격 탓이었는지도 모른다. 우선 그가 시행한 충격적인 일은 신하인 중重과 여黎를 시켜 하늘과 땅의 통로를 끊어버린 것이었다.

원래 사람들은 이 통로를 통해 하늘을 자유로이 왕래할 수 있었다고 한다. 그런데 일설에 따르면 황제 때에 신 치우가 백성들을 선동하고 이 통로를 이용하여 최고신인 황제에게 도전하였다고 한다. 치우의 난이 평정되자 황제의 뒤를 이어 신들의 지배자가 된 전욱은 다시는 백성들이 신들의 세계를 침범하지 않도록 신과 인간의 영역을 확실히 구분 지을 필요가 있다고 생각했다. 그리하여 전욱은 통로를 끊어버린 후 중으로 하여금 하늘의 일, 즉 신들의 일만을 하게 하고 여로 하여금 땅의 일, 즉 백성들의 일만을 맡아보게 하였다.

하늘과 땅의 통로가 끊긴 일은 마치 에덴동산에서 살던 아담과 이브가 쫓겨난 것처럼 인간 측에서 볼 때 큰 사건이었으나 신 측에서 볼 때 정작 큰 사건은 수신 공공과의 전쟁이었다.

공공은 남방의 큰 신 염제의 신하로서 황제에게 패한 주군의 원한을 갚기 위해 전쟁을 일으켰던 것이다. 이 싸움에서 전욱은 비록 승리했으나 전쟁의 여파로 천상과 지상은 크게 파괴되었다. 파괴된 우주는 태고의 여신 여와가 나서서 겨우 수선할 수 있었

전욱의 아버지 한류 돼지 같은 생김새가 특징이다. 청 왕불의 《산해경존》에서.

다고 한다.

　하늘과 땅의 통로를 끊어 신의 지위를 확고히 할 정도로 권위적이었던 전욱은 인간의 예법에도 간여하였다. 그는 심한 남녀 차별적인 법을 제정하였는데 길을 가다가 마주 오는 남자를 보고도 피하지 않는 여자는 모두 붙잡아다 요기妖氣를 뺀다며 네거리에서 무당으로 하여금 푸닥거리를 벌이게 했다 하니 얼마나 완고한 신이었는지 알 수 있다.

　전욱의 자손 역시 매우 많고 다양한 개성을 지니고 있었다. 이들 중에서 아들 노동老童은 아버지를 닮아 음악적 재능이 뛰어났다. 그는 아름다운 목소리를 지녔다고 한다.

800살까지 산 팽조 전욱의 현손으로 장수 인간의 표본이다. 《선불기종仙佛奇踪》에서.

　그러나 아버지의 괴팍하고 독한 성품을 이어받은 아들들도 있었으니 학질을 옮기는 귀신인 학귀瘧鬼, 도깨비인 망량魍魎, 어린애에게 경기를 일으키는 소아귀小兒鬼, 사람의 얼굴에 호랑이의 몸을 한 흉악한 괴물인 도올5 등이 그들이었다.

　전욱에게는 또 궁선窮蟬이라는 아들도 있었는데 그는 부뚜막신이 되어 한 집안의 숭배를 받으며 살았다. 부뚜막신은 조왕신竈王神이라고도 하며 아궁이 불을 비롯한 부엌 일을 맡은 신이었다.

　전욱의 후손 중에는 또 오래 산 것으로 유명한 팽조彭祖가 있다. 전욱의 현손玄孫이었던 그는 800살까지 살았는데 그래도 죽을 때에는 건강관리를 잘못해서 단명하게 되었다고 한탄했다 한다. 전욱의 후손들은 중국 변경 각지에 나라를 세우기도 하였다.

---

5 **도올檮杌** 도올은 일반적으로 흉악한 괴물을 가리키지만 고대에는 초나라의 역사책을 특별히 도올이라고 부르기도 했다. 악인을 기록하여 후세에 교훈을 삼는다는 의미에서 역사책의 명칭으로도 쓰이게 된 것이다.

남방의 계우국季禺國, 서방의 숙사국淑士國, 북방의 숙촉국叔歜國 등
이 그것이다.

오방의 큰 신들을 하나하나 살펴보면 중국 신들의 이름이나
역할, 기능 등이 가끔 고정되지 않고 중복되거나 자리바꿈을 한
다는 사실을 알 수 있다. 가령 홍수남매혼 신화의 소년 복희가 신
성한 동방의 큰 신이 되어 있는가 하면, 서방의 큰 신 소호가 동
방의 큰 신이기도 했고, 북방의 큰 신 전욱이 중앙의 최고신 황제
노릇을 하고 있는 점 등이 그러하다.

이러한 혼란에는 이유가 있다. 첫째로 고대 중국 대륙에는 수
많은 종족들이 함께 살고 있었기 때문에 일관된 신화 계통이 존
재하기 어려웠다. 그래서 지배적인 종족이 바뀌면 그에 따라 신
들의 지위도 바뀌게 마련이었다. 둘째로 고대의 중국은 거주 지
역이 지금보다 훨씬 좁았다. 세월이 흐르면서 영역이 넓어지자
방위 개념도 바뀌었다. 이에 따라 신들의 관할 공간에도 변화가
생긴 것이다. 위와 같은 현상들은 그리스 로마 신화에서도 찾아
볼 수 있다. 그리스 신화가 로마 제국에 수용되면서 신들의 성격
이나 직능에 다소 변화가 생긴 것은 사실이다. 그러나 중국 신화
가 훨씬 변화의 폭이 큰 것은 그리스나 로마의 경우보다 더 많은
종족이 광대한 영역에서 다양한 계통의 신화를 갖고 경쟁했기
때문인 것으로 풀이된다.

또 한 가지 흥미로운 사실은 오방신 중 태호·염제·소호 등 다
수가 원래 동방 출신이며 황제·전욱 등 서방 출신의 신들에 비해
기원이 더 오래된 것으로 이야기되고 있다는 점이다. 이것은 중

국 문명이 처음에 동방을 중심으로 발전했던 사실을 암시한다.

즉, 동이계 종족이 대륙에 먼저 진입하여 문명을 주도하였음을

말해주는 것이다.

4 부

자연계의 신들

원시인류는 자연과 함께 호흡을 하고 자연과 일체가 된 삶을 살고 있었으므로
자연도 그들처럼 살아 있는 실체로 인식했다.

10

비와 바람과 구름,
그리고 천체에 관한 상상

자연계의 신들 1: 희화·풍백·발 등

웃고 말하고 화내고 움직이며 살아 있는 자연

원시시대에 인류는 자연의 온갖 다채로운 현상과 접하면서 어떤 생각과 느낌을 가졌을까? 인류는 그것들을 자신의 독특한 방식으로 표현해냈다. 원시인류는 자연과 함께 호흡을 하고 자연과 일체가 된 삶을 살고 있었으므로 자연도 그들처럼 살아 있는 실체로 인식했다.

자연계의 현상 하나하나가 모두 실제로 살아 있는 자연이 움직이고, 말하고, 화내고, 즐거워하는 모습으로 상상되었다. 거인 반고가 죽어서 그의 육신이 자연계의 모든 사물로 변했다는 이야기는 거꾸로 우주 만물이 인간의 살아 있는 몸과 다를 바 없다는 원시인류의 생각을 보여준다.

태양이 찬란하게 빛을 뿜어대고, 봄바람이 살랑살랑 코끝을 간질이는가 하면, 장대비가 거세게 쏟아지고, 우레가 사납게 으르

렁대기도 하는 이 모든 현상은 그들의 배후에 있는 신들의 기분과 성격을 나타내는 증표였다. 다시 말해서 원시인류는 자연현상을 의인화하여 살아 있는 존재의 활동으로 파악했던 것이다.

그러나 자연의 위력은 그저 친근하게만 대하기에는 너무 두렵고 엄청난 것이었으므로 인간들은 자연히 자신보다 훨씬 위대하고 뛰어난 능력을 지닌 존재인 신으로서 자연을 섬기고 숭배하였다.

세계의 모든 인류는 이처럼 자연현상을 의인화, 신격화한 이야기, 곧 자연신화를 갖고 있다. 자연신화 중에서 중요한 비중을 차지하는 것은 해·달·별·바람·비·구름·우레 등 천체와 기상 현상에 관한 신화이다. 아마 이것은 지금도 그렇지만 천체와 기상 현상이 원시인류의 삶에 가장 심각한 영향을 미쳤기 때문일 것이다.

먼저 태양의 신에 대해 살펴보기로 하자. 세계 각국의 신화에서 대개 태양의 신은 남신이고 달의 신은 여신이다. 그러나 고대 중국의 신화에서는 태양의 신이 여신으로 상상되었다.

열 개의 말썽꾸러기 태양

동방의 큰 신 제준의 아내인 희화가 곧 중국의 태양신이다. 그녀는 열 개의 태양을 아들로 낳았고 이들 열 개의 태양은 동방의 끝 양곡이라는 곳에서 매일 교대로 하늘로의 여행을 시작하였다.

양곡이라는 곳은 뜨거운 물이 용솟음치는 계곡이었다. 열 개의 태양은 이곳의 뜨거운 물에서 몸을 씻고 길 떠날 준비를 했다. 이곳에는 또한 부상扶桑이라는 거대한 뽕나무 한 그루가 자라고 있었다.

열 개의 태양은 매일 아침 이 뽕나무 가지에서 교대로 도착하

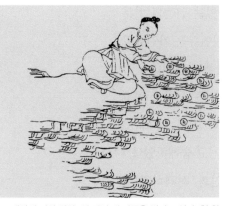

태양의 여신 희화 열 명의 해 아들을 씻기고 있다. 청 왕불의 《산해경존》에서. 🐟

고 출발하였다. 즉, 뽕나무 위 가지에서 한 개의 태양이 출발하면 아래 가지에서 아홉 개의 태양이 차례를 기다리고 있었다.

뽕나무를 떠난 태양은 하늘을 한 바퀴 돌아 황혼 무렵에 서쪽 끝 우연虞淵이라는 연못과 몽곡蒙谷이라는 계곡을 거쳐 다시 양곡으로 되돌아왔다.

열 개의 태양은 요임금 때 이 규칙을 어기고 동시에 모두 떠오른 적이 있었다. 그러자 초목과 곡식이 타 죽고 강물이 말라붙는 등 지상 세계는 그야말로 불바다가 되고 말았다. 결국 예라는 활 잘 쏘는 영웅이 요임금의 요청에 의해 활로 열 개의 태양 중에서 아홉 개를 맞혀 떨어뜨리고 나서야 이 소동은 진정되었다. 영웅 예의 활약에 대해서는 뒤에 가서 자세히 이야기하게 될 것이다.

해와 달이 여러 개 있어서 인류에게 재앙을 끼쳤다가 결국 하나만 남기고 모두 제거된다는 이러한 내용의 신화를 사일射日 신화 혹은 일월조정日月調整 신화라고 부른다. 이와 비슷한 신화는 우리나라·대만 등 동아시아 여러 지역에도 있다. 우리는 이러한 신화들로부터 가뭄과 같은 고대의 극심한 기상 재해를 극복하고자 하는 인류의 의지를 읽을 수 있다.

아울러 태양의 아들이 운행의 법도를 어겨 지상에 피해를 주었다가 격추된다는 이야기 모티프는 그리스 로마 신화에서도 발견된다. 태양신 헬리오스(아폴론이라고도 함)의 아들 파에톤이 태양의 수레를 잘못 몰아 지상에 불 세례를 안겼다가 최고신인 제우스의 벼락을 맞고 추락사한다는 이야기가 그것이다. 이처럼 동서양 태양 신화 모두에서 발견되는, 아들의 경거망동으로 인한 비극은 고대 가부장 사회에서 아들의 부권父權에 대한 도전을 경계하는 메시지로 들리기도 한다.

제우스의 벼락을 맞고 추락하는 파에톤 B. 갈리아리의 그림(18세기). 🐾

두꺼비가 된 달의 여신 항아

태양신에 이어 이번에는 달의 신에 대해 살펴보자. 동양 신화에서 달의 신은 동방의 천제 제준의 또 다른 아내인 상희常羲라는 이름을 지닌 여신이다. 그녀는 희화가 열 개의 태양을 낳은 것처럼 열두 개의 달을 딸로 낳았다고 한다. 그러나 신화에서 상희에 대한 더 이상의 자세한 내용은 전해 내려오지 않는다. 아마 태양의 신인 희화의 아들들과는 달리 그녀의 딸들은 말썽을 피우지 않고 어머니의 말을 착실하게 듣고 순종적이었기 때문에 인간에게 큰 재난을 주거나 사고를 치지는 않았던 것 같다. 아이러니하게도 신화든 역사든 기억에 남을 만한 말썽을 피우거나 못된 짓을 한 인물 혹은 아주 훌륭한 업적을 남긴 위인들만 이야기의 주인공이 되는 것이 정설 아닌가. 결국 순종적인 모범생으로서 별 탈 없이 자기 직분에 충실했던 열두 명의 딸은 특별한 이야기를 남기지 않고 시집가서 그저 그렇고 그렇게 잘 살았던 모양이다.

달의 여신 상희 열두 명의 달 딸을 씻기고 있다. 청 왕불의 《산해경존》에서. 🐾

대신 여기서 우리는 달과 관련된 또 하나의 여성을 알아볼 필요가 있다. 영웅 예의 아내인 항아姮娥가 다음 이야기의 주인공이다.

항아는 원래 남편 예와 마찬가지로 천상의 신이었는데, 예가 천제의 아들을 분별없이 아홉이나 쏘아서 죽인 죄로 천상으로 돌아갈 수 없게 되자 그녀 역시 지상에 남을 수밖에 없는 처지가 되었다. 남편 때문에 자신까지 천상으로 돌아갈 수 없게 된 항아는 속으로 남편을 몹시 원망하였다. 게다가 예는 후일 황하의 신인 하백의 부인 복비와 바람까지 피우게 된다. 복비는 앞에서 잠깐 나왔듯이 태호의 딸로서 낙수의 여신이다. 결국 가정으로 돌아오긴 했지만 이 일로 인해 항아는 예에 대해 더욱 심한 배신감을 느끼지 않을 수 없었다.

어쨌든 그들은 신의 지위를 상실한 이상 '늙으면 죽어야 한다'는 인간의 숙명을 따라야만 했다. 이에 대한 두려움은 영웅인 예도 마찬가지였다. 그래서 예는 깊은 강을 건너고 불꽃의 산을 넘어 곤륜산의 서왕모를 찾아가 불사약을 얻어낸다.

예는 불사약을 얻고 너무나 기뻐하며 집으로 돌아와 항아에게 이렇게 말했다.

"드디어 내가 불사약을 얻어 왔소. 이제 우리는 다시 신이 될 순 없겠지만 늙어 죽을 염려는 없어졌소. 둘이 이 약을 나누어 먹으면 이 지상에서도 아름다운 산천을 유람하며 즐겁게 살 수 있을 것이오."

그러나 속으로 남편을 미워하고 원망하고 있던 항아는 예와 생각이 달랐다.

'남편이 천제에게 미움을 사 쫓겨난 것은
당연한 일이지만 왜 나까지 천상에 올라갈
수 없단 말인가. 이 지겨운 땅에서 죽지 않
고 천년만년을 산다 해도 내 억울한 마음이
풀릴 수는 없지. 저 불사약을 나 혼자 다 먹
으면 혹시 천상에 올라갈 수 있지 않을까?'

그녀는 불사약을 독차지할 생각을 했지만
아무래도 엄청난 일이라서 그 결과가 어떨
지 좀 불안했다. 지금도 그렇지만 마음을 결
정하기 어려울 때는 어떤 용한 점쟁이의 말
이라도 듣고 싶은 심정이 된다. 옛날에야 더
말할 나위 있겠는가? 마침 당시에 유황有黃
이라고 하는 점쟁이가 용하다고 소문이 나
있었다. 항아는 유황을 찾아가 복채를 두둑

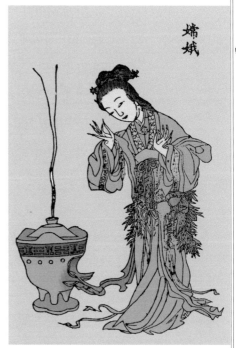

불사약을 훔치고 있는 항아 눈치를 살피며 불사약이 담
긴 솥에 가까이 가고 있다. 《백미도》에서. ✍

이 주마 하고 앞으로 자신의 운명을 점쳐보게 했다. 유황은 점을
치고 한참 생각에 잠기더니 다음과 같이 점괘를 읊었다.

길하고 길하도다.
아리따운 여인, 홀로 서쪽으로 가리니.
하늘 길은 어둡고 아득할지라도,
놀라거나 두려워 말지어다.
나중에 크게 좋은 일 있으리.

점괘를 들은 항아는 자신의 앞길이 틀림없이 좋으리라는 확신을 갖게 되었다. 이제는 주저할 필요가 없었다. 그녀는 예가 사냥을 나간 사이에 불사약을 몰래 훔쳐내서는 혼자서 모두 마셔버리고 말았다. 그러자 그녀는 몸이 갑자기 가벼워져서 하늘을 날 수 있게 되었다. 발밑으로는 인간 세상의 크고 작은 산과 강물이 아스라이 보이고 하늘에는 아름다운 달과 별이 빛을 내며 가까이 있는 것이 보였다.

항아는 기쁜 나머지 남편의 생각은 까마득히 잊어버리고 더욱 높이 올라가서 신들이 사는 천상으로 날아갔다. 그런데 막상 천상의 문턱이 가까워지자 불현듯 자신의 떳떳하지 못한 행동에 대한 수치심이 가슴 한구석에 무겁게 자리 잡기 시작했다.

'아, 내가 이대로 천상으로 돌아가면 다른 신들이 뭐라고 할까. 아마 내 욕심 많은 행동을 손가락질하며 비웃겠지. 남편이 날 배신했다고 나도 똑같은 짓을 했으니 남편보다 나을 것도 없잖아. 천제께서 혹시 신이 될 자격이 없다고 도로 지상으로 내려보낼지도 몰라. 그렇게 되면 내 꼴은 뭐람.'

부끄러움에 고개를 숙이고 다시 아래로 하강하던 항아의 눈앞에 순간 아름답게 빛나는 달이 나타났다. 천상으로 올라갈 수도, 지상으로 내려갈 수도 없는 처지에 있던 그녀는 은은하게 빛나는 달을 보자 이곳이야말로 숨어 지내기에 적당하겠다는 생각이 들었다. 그녀는 천상으로 돌아가기를 포기하고 그냥 달에 숨어서 살기로 결심했다. 그런데 항아가 달에 내려 몸을 채 추스르기도 전에 그녀의 몸에서는 이상한 변화가 일어나기 시작했다.

수치심 때문이었을까, 아니면 과도한 복용 때문이었을까? 불사약이 부작용을 일으킨 것이다. 등뼈가 차츰 오므라들고 굽더니

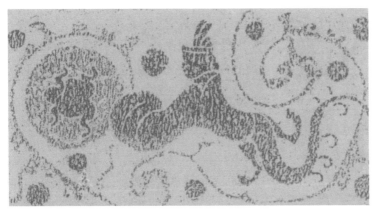

불사약을 먹고 두꺼비로 변해가는 항아 달 속의 두꺼비를 향해 날아가는 항아를 그려 두꺼비로의 변신을 암시했다. 하남성 남양南陽의 화상석에서. 🐌

허리와 배가 점점 부풀어오르고 입은 옆으로 길게 찢어지고 눈은 톡 튀어나오며 커졌다. 목은 점점 짧아져서 머리가 양어깨에 파묻혔고 등에는 흉측한 반점이 여기저기 생겨났다. 그녀는 미처 소리를 지를 틈도 없이 두꺼비로 변하고 만 것이다. 아름다웠던 그녀는 불사약을 독차지한 죄로 그만 쓸쓸하고 삭막한 달에 숨어서 자신의 추한 모습을 부끄러워하며 살 수밖에 없게 되었다.

결과적으로 점쟁이의 말은 엉터리였다. 점쟁이는 항아의 허영심만 한껏 부추겨서 그녀로 하여금 불행한 결정을 내리도록 도와주었던 것이다. 항아의 비극은 객관적으로 보자면 억울하다는 생각이 든다. 남편 예로 인해 겪은 그녀의 고통을 생각할 때 그녀가 욕심 좀 부렸다고 해서 이렇게 비참한 운명에 놓였다는 것은 어딘가 불공평한 느낌을 지울 수 없다. 남편인 예의 배신은 용서받을 수 있지만 아내인 항아의 배신은 용서받을 수 없다는 고대의 남성 중심적 사고가 이 신화에 침투되어 있었기 때문이 아닐까?

앞서의 달의 어머니인 상희와 항아는 고대 중국어에서 비슷한 발음이다. 이것은 원래 상희와 항아가 동일한 달의 여신을 부르

절구에 약을 찧고 있는 한 쌍의 옥토끼 섬서성 수덕의 화
상석에서. 🌿

항아와 옥토끼 항아에겐 시녀까지 딸려 있어 결코 외로
운 표정이 아니다. 《천지인귀신도감》에서. 🌿

는 비슷한 이름이었음을 의미한다. 그러니
까 항아는 원래 상희처럼 신성한 달의 어머
니였을 것이다. 일부 학자들은 나중에 여성
을 업신여기는 관념이 생기면서 파렴치한
달의 여신인 항아의 이야기가 생겨난 것으
로 보기도 한다.

항아에 관한 또 다른 신화도 있다. 다행
히 그 신화는 그녀가 두꺼비로 변하지 않고
무사히 달에 도착했으며 그곳의 궁전, 곧
월궁月宮에서 아름다운 모습을 간직한 채
영원히 살고 있다는 내용을 전한다. 그러나
그곳은 쓸쓸한 곳이었다. 무심한 계수나무
옆에서 옥토끼가 절구에다 약을 찧고 있을
뿐 더불어 얘기하거나 놀 사람도 없는 적막
한 곳이었다. 아니, 나중에 한 사람이 이곳
의 주민으로 추가된다. 그는 오강吳剛이라
는 사람으로서 불사의 도를 닦다가 잘못을
저질러 달로 귀양 온 것이다. 그는 벌로 계
수나무를 베어야만 했는데 이 나무는 아무
리 도끼로 찍어도 곧 그 자리가 아물어서
오강은 영원히 도끼질을 해야만 했다. 오강
의 이러한 벌은 그리스 로마 신화에서 신들
에게 반항한 죄로 처벌을 받았던 코린토스
의 왕 시시포스를 떠올리게 한다. 시시포스

는 바윗돌을 산꼭대기에 밀어 올려야 하는 벌을 받았는데 그가 힘들여서 거의 올렸다 싶으면 바윗돌은 도로 굴러 산 아래로 내려가버렸고 그래서 그는 영원히 바윗돌을 밀어 올리는 노역을 되풀이해야만 했다. 항아는 비록 두꺼비로 변하진 않았으나 쓸쓸하기 그지없는 달에 귀양 온 것이나 마찬가지였다. 아름다운 항아가 월궁에서 외롭게 지낸다는 이야기는 후세 시인들의 상상력을 크게 자극했다. 시인들은 규방에 갇힌 고독한 여인들의 심정을 항아의 마음에 빗대어 자주 노래하곤 했다.

영혼이 돌아가는 곳, 북두칠성에는 옥황상제 궁궐이 있어

다음으로 별의 신에 대해 알아보자. 모든 별 중에서 가장 으뜸가는 지위를 차지하는 것은 북두칠성北斗七星이다. 북두칠성은 인간의 생명을 관장한다. 고대인들은 사람이 죽으면 그 혼이 북두칠성으로 돌아간다고 생각했다. 오늘날에도 시신을 매장할 때 칠성판七星板 위에 눕히는 것은 죽은 영혼이 생사를 주관하는 북두칠성으로 되돌아간다는 고대의 관념에서 비롯된 것이다.

북두칠성의 신인 북두성군
국자 모양의 북두칠성 한가운데에 북두성군北斗星君이 있고 사람들과 상서로운 짐승들이 경배를 드리고 있다. 산동성의 무량사 화상석에서.

옥황상제 도교의 최고신으로 북두칠성에 궁궐이 있다. 《도교신선화집》에서.

칠성판의 스케치

원래 북두칠성 숭배는 샤머니즘과 관련이 깊다. 샤머니즘에서는 북두칠성이 천계의 중앙에 위치해 있다고 생각한다. 그래서 후세에 샤머니즘을 계승한 도교에서는 최고신 옥황상제[1]의 궁궐이 북두칠성에 자리 잡고 있다고 상상하였다. 우리나라에서는 북두칠성이 새겨진 고인돌 돌판이 최근 발견된 바 있어 이 별에 대한 숭배의 역사가 상당히 오래되었음을 짐작할 수 있다.

해가 진 직후 혹은 해 뜨기 직전, 새벽녘에 유난히 반짝이는 금성金星은 길을 잃은 자의 수호신으로 문학 작품 속에 자주 등장한다. 《서유기》를 보면 삼장법사 일행이 곤경에 빠질 때면 금성의 신인 태백금성太白金星이 변신해서 나타나 길을 인도한다.

이 밖에도 견우 직녀 신화로 유명한 견우성과 직녀성이 있다. 고대인들은 이 별들을 살펴 농사나 길쌈의 형편을 점쳤다.

고대인들은 어떻게 별점을 쳤을까?

가령 직녀성은 10월 새벽녘 동쪽 하늘에 나타날 때 그 빛이 붉고 밝으면 그해의 길쌈 결과가 좋고 어두우면 나쁠 것으로 점쳐졌다. 견우성의 경우는 여섯 개의 별 중 가운데 한 별이 소와 관련되었는데 이 별이 흔들리면 소에게 문제가 생기고 어두우면 곡식이 익지 않을 것으로 예견되었다.

---

1 **옥황상제**玉皇上帝 도교의 최고신. 송宋나라 때에 본격적으로 등장하였고 그 이전까지는 원시천존元始天尊이 최고신의 위치에 있었다. 줄여서 옥황·옥제·상제 등으로 부르기도 하며 한국에도 도교가 전래되면서 숭배되었다. 조선 말기 증산교甑山敎의 교주 강일순姜一淳은 스스로를 옥황상제의 화신으로 자처하기도 하였다.

바람의 신, 비의 신, 천둥의 신, 가뭄의 신

해·달·별 등 천체의 신들 다음으로는 기상 현상을
주관하는 신들이 있다. 은나라에는 바람의 신, 곧 풍
신風神을 숭배하는 관습이 있었다. 갑골문[2]을 살펴보면
은나라 때 사방의 바람에는 각기 고유한 이름이 있었
고 그들을 맡아보는 신들이 있었음을 알 수 있다.

《산해경》에 의하면 동방을 절折이라 했고 동풍을
준俊이라 했으며 동쪽 끝에서 동풍의 출입을 맡아보는
신을 절단折丹이라고 불렀다고 한다. 또 남방을 인호
因乎라 했고 남풍을 호민乎民이라 했으며 남쪽 끝에서
남풍의 출입을 맡아보는 신을 인인호因因乎라고 부르
기도 했다.

은나라 사람들은 이 사방의 풍신들에게 개고기 등
으로 제사를 드렸다. 오늘날 서양인들에 의해 혐오 식
품으로 여겨지는 개고기는 알고 보면 신에게 바치는
신성한 음식이었던 것이다. 은 민족은 종족적, 문화적
으로 우리 민족과 아주 관련이 깊다. 그렇다면 보신탕
의 유래는 참으로 길고 멀다고 하지 않을 수 없다. 보
신탕이 본래는 신성한 음식이었다가 대중적으로 정착
하여 오늘에 이른 것이 아닌가 생각해볼 수 있다.

바람의 신은 그 후 비렴飛廉으로 통일해서 불리다가
풍백風伯이란 이름으로 고정된다. 뒤에 말하겠지만 비
렴이라는 신의 이름은 우리말 '바람'의 옛말에서 나왔

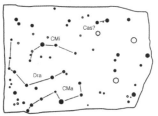

북두칠성이 새겨진 고인돌 돌판 충북 청
원군 출토(위).
돌판의 홈을 따라 그려본 별자리 맨 아래
에 북두칠성이 보인다(아래).
이상의 자료는 박창범, 《하늘에 새긴 우리
역사》에서.

인인호 은나라 때 남풍의 신이다. 입으로
바람을 내불고 있다. 청 왕불의 《산해경존》
에서.

---

2 **갑골문甲骨文** 은나라 때의 문자. 거북의 등껍질을 부젓가락으로 지져 그 갈라지는 모습을 보고 점을 친 후 점괘를 짐승의 뼈에 새겼는
데 그때 사용한 문자이다. 후일 한자로 발전하였다.

을 것으로 추정되기도 한다. 《삼보황도》³라는 책에 의하면 비렴은 신령스러운 새로서 능히 바람을 불러올 수 있는데 사슴의 몸에 새의 머리를 하고 뿔이 있으며 뱀의 꼬리에 표범 무늬를 하였다고 한다. 그러나 대체로 사슴의 몸을 바탕으로 시대에 따라 모습이 바뀌기도 한다.

비의 신인 우사雨師에 대한 기록은 《산해경》에 보인다. 《산해경》에서는 우사첩雨師妾이라는 신의 형상이 검은 몸빛에 양손에 각기 뱀을 한 마리씩 쥐고 있고 왼쪽 귀에는 푸른 뱀을, 오른쪽 귀에는 붉은 뱀을 걸고 있다고 묘사되어 있다. 우사첩이라는 이름으로 보아 아마 처음에는 비를 관장하는 신이 여신이었던 것으로 생각된다. 우사첩은 은나라 때에 비를 관장하던 신이었고 초楚나라 지역에서는 이 신을 병예屛翳라고도 불렀다.

풍백 인인호와는 달리 바람 주머니에서 바람을 꺼내고 있다. 청나라 때의 삽화.

구름의 신 역시 비의 신과 더불어 은나라 때에는 숭배의 대상이었다. 갑골문에서 제운帝雲이라는 표현이 나오는 것으로 보아 당시 구름의 신을 상당히 존중했음을 알 수 있다. 구름의 신은 초나라 지역에서 운중군雲中君으로도 불리다가 이후 운사雲師·운장雲將 등으로 불리게 되었다.

우레의 신은 세계 각국의 신화에서 독특한 지위를 차지한다. 우레는 공포와 위엄을 상징하기 때문에 최고신의 전유물처럼 되어 있다. 서양과 동양의 최고신인 제우스

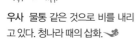

우사 물통 같은 것으로 비를 내리고 있다. 청나라 때의 삽화.

---

3 《삼보황도三輔黃圖》 작자를 알 수 없는 옛 책. 모두 6권으로 한나라의 수도였던 장안長安의 궁전·거리·학교·정원·능묘·다리·연못 등에 대해 설명하고 당시의 풍속에 대해 적었다.

와 황제는 모두 우레의 신을 겸하고 있다.

동양 신화에서 우레의 신은 뇌신雷神·뇌사雷師 혹은 뇌공雷公 등으로 불린다. 본래 남신이지만 번개만을 분리해서 여신인 전모電母를 숭배하기도 한다. 초나라 지역에서는 풍륭豊隆이라고도 불렀는데 이것은 우레 소리를 본뜬 이름이다.

《산해경》에 의하면 뇌택이라는 호수에 뇌신이 살고 있었다 한다. 뇌신은 용의 몸에 사람의 머리를 했고 이 신이 자신의 배를 두드리면 우레 소리가 난다고 했다. 다시 《수신기》에서는 뇌신의 모습이 입술은 붉고 눈은 거울과 같은데 털이 나 있으며 세 치쯤 되는 뿔이 나 있고 나머지 모습은 가축과 다를 바 없는데 머리통은 원숭이를 닮았다고 묘사하고 있다. 바람·비·구름·우레 등의 신은 모두 강우降雨와 관련된 신들이다.

이들과 반대의 역할을 하는 가뭄의 신이 있다. 가뭄의 신은 발魃이라고 부르는데 원래 황제의 딸이었다. 가뭄의 황량스러움처럼 그녀의 몰골과 행색은 아름다운 것과는 거리가 멀었다. 그녀는 차가운 푸른 옷을 입었으며 대머리였다고 하니 보통의 여신들처럼 미인이기는커녕 차마 보기 흉했으리라. 그녀가 두각을 나타냈던 것은 황제와 치우 사이의 전쟁에서였다. 치우가 풍백·우사·운사 등으로 하여금 크게 비바람을 일으키게 하여 황제군을 곤경에 빠뜨렸을 때 천상에 있던 발이 아버지를 돕기 위해 내려왔다.

비의 여신 우사첩 귀에 뱀을 걸고 손에 뱀을 쥐고 있는 것은 이 여신의 신비한 능력을 표현한다. 청 왕불의 《산해경존》에서.

운중군 초나라의 구름의 신이다. 원元 장악張渥의 《구가도九歌圖》에서.

가뭄의 신이 내려오자 비바람은 곧 걷혔고 황제군은 여세를
몰아 치우군을 공격함으로써 승리를 거둘 수 있었다. 그러나 한
번 지상에 내려온 발은 이 싸움에서 너무 기력을 허비했기 때
문인지 다시 하늘로 올라가지 못했다. 그녀는 계속 지상을
떠돌아야만 했는데 그녀가 이르는 곳마다 가뭄이 들어서
그녀는 어느 땅에서도 결코 환영받지 못하는 신세가 되
었다. 나중에 그녀는 적수의 북쪽 먼 땅에 겨우 정착하
였지만 심심하면 가끔 그곳을 빠져나와 가뭄을 일으키
곤 했다. 그녀가 나타나 가뭄을 일으킬 때 사람들은 "신
이여, 북쪽으로 돌아가소서" 하고 간청하며 제사를 드렸
다. 그리고 도랑을 치는 등 물길을 터놓았는데 이것은 그녀
가 떠나가면 꼭 비가 내렸기 때문이었다.

가뭄의 여신 발 그녀 자신이 대머
리가 아니라 가뭄을 일으키는 대머
리의 아이를 데리고 다니는 것으로
묘사되어 있다. 청 왕불의 《산해경
존》에서. 🐾

자연신화는 오늘날의 우리가 보기에 동화 같은 요소가
다분하지만 인간이 자연과 함께 느끼고 대화하면서 살아
가던 시절의 상상적 산물이다. 한때 신화학에서는 자연신화를
신화 중의 가장 중요한 내용으로 여기기도 하였다. 19세기에 비
교언어학자 뮐러 등에 의해 성립된 자연신화학파[4]의 입장이 그
것이다. 오늘날 우리는 자연과 너무 동떨어진 존재가 되었고 이
로 말미암아 공해, 인간성 상실 등 각종의 심각한 문제를 앓고
있다. 따라서 생태적 감수성이 무엇보다 필요한 이 시점에서 자
연과의 일체감을 표현하였던 자연신화는 우리에게 새로운 의미
로 다가온다.

---

4 **자연신화학파** 19세기에 비교언어학을 바탕으로 막스 뮐러Max Müller 등에 의해 성립된 신화학파. 모든 신화를 태양 혹은 달의 일원화
된 상징체계로 해석하는 경향을 지녔다. 신화가 언어의 모호성으로부터 발생하였다는 '언어질병설'을 주장하기도 하였다. 20세기에
들어와 학설에 문제가 많아 급격히 쇠퇴하였다. 최남선崔南善도 이 학파의 영향을 받아 우리 신화를 모두 태양 신화 체계로 파악하고
태양의 광명을 뜻하는 어근語根인 '밝'의 지리적 범주를 백두산의 옛 이름인 '불함산不咸山'으로부터 '발칸 반도'에까지 확대한 바 있다.

사슴의 몸을 한 바람의 신 비렴 이 신의 조류적인 특징은 날개로 표현되었다. 종래이 신은 기린으로 오인되었다. 집안의 무용총 벽화에서.

　아울러 중국의 자연신화에는 우리 고대 문화와 상관된 내용 또한 적지 않다. 대표적 기상신氣象神인 풍백·우사·운사는 치우 편에서 황제와 싸우기도 하고 환웅천왕桓雄天王을 도와 고조선의 개국에 참여하기도 했던 동이계 종족과 관련이 깊은 신이다. 특히 바람의 신 풍백의 옛 이름은 비렴인데 중국과 한국의 일부 학자들은 비렴이라는 명칭이 우리말 '바람'의 옛말에서 유래되었을 것으로 추정하기도 한다. 이러한 가설은 사슴의 몸을 한 비렴 신이 고구려 고분 벽화에 출현함으로써 더욱 설득력을 얻고 있다.

11

산과 바다를 다스리는
산신과 수신에 대한 상상

자연계의 신들 2: 무라·하백·복비 등

산의 신들

자연계의 신들 중에는 천체, 기상 현상과 관련된 천상의 신들
이 있는가 하면, 지상의 신들도 있다. 지상의 여러 공간 중에서도
원시시대에 인류의 삶과 가장 밀접한 관련이 있었던 곳은 산악
이다. 산악은 원시인류에게 육류·과일 등의 음식물과 각종 생활
의 재료를 제공하였을 뿐만 아니라 동굴과 숲은 맹수의 위협으
로부터 안전한 서식처가 되기도 하였다.

이러한 중요성과 아울러 산악은 눈·비·구름·안개·바람 등 기
상의 변화가 자주 일어나서 신비감을 자아내고 산악의 정상은
천상과의 통로로 여겨져 외경심을 불러일으켰기 때문에 원시인
류는 자연스럽게 산악을 다스리는 초월적 존재인 산신山神을 머
릿속에 그리게 되었다.

중국의 가장 오래된 신화집인《산해경》은 사실상 산에 대한 이

야기책이라고 해도 과언이 아니다. 이 책에서는 무려 447개의 산에 대해 말하고 있는데 등장하는 산신만 해도 수십 명에 달한다.

산신 중에서 가장 유명한 신을 손꼽는다면 단연 산 중의 산인 곤륜산을 다스리는 여신인 서왕모가 될 것이다. 중국의 올림포스 산이라 할 곤륜산은 서왕모 혼자만 사는 곳이 아니다. 그곳은 신들의 왕인 황제의 궁궐이 있는 곳이기도 하다.

이미 이야기했듯이 서왕모는 곤륜산의 한 봉우리인 옥산이라는 곳에 살았다. 처음에 그녀는 형벌과 돌림병 등의 기운을 주관하는 살벌한 여신으로 알려졌다가 후세에는 불사약을 나눠주는 자비로운 여신으로 숭배되었다. 서왕모의 외모도 이에 따라 큰 변화를 겪는다. 처음에는 표범의 꼬리에 호랑이의 이빨, 풀어 헤친 머리로 사람들의 목숨을 빼앗는 공포스러운 모습이었다. 그러나 점차 로맨스의 주인공인 아름다운 여성의 모습으로 바뀐다.

다음으로 유명한 산신은 남방의 신비로운 산 무산의 여신인 무산신녀이다. 그녀는 초회왕과의 애틋한 사랑으로 사람들의 심금을 울렸다. 큰 신 염제의 딸로 태어났으나 젊은 나이에 요절하여 한을 품고 무산의 여신으로 다시 태어난 그녀는 "아침에는 한 조각 구름이 되어 무산의 여러 골짜기를 누비다가 저녁이 되면 촉촉한 비가 되어 내리는 슬픈 사랑의 여신"으로 그려진다. 아침에는 구름으로 떠돌다가 저녁에는 촉촉한 비로 내리는 신비한 여신의 이미지는 그 자체로 에로틱한 것이다. 꿈속의 사랑으로 인연을 맺었다가 아침에는 덧없는 구름이 되어 골짜기를 누비는 "짧지만 잊을 수 없는 사랑의 주인공"이 바로 무산신녀이다. 구슬 아가씨, 곧 요희라는 이름을 지닌 무산신녀와 초회왕의 연애 이야기는 앞에서 말했듯이 남녀 간의 성적 결합을 뜻하는 '운우지정'이라는 고사성어를 낳기도 하였다.

산신령 하면 우리는 수염이 허연 할아버지를 먼저 떠올리지만 중국에는 이처럼 여성 산신에 관한 이야기가 적지 않다. 다시 《산해경》을 보면 청요산靑要山이라는 곳은 여신 무라武羅가 다스리고 있다고 했다. 이 청요산은 최고신 황제가 잠시 머무는 궁궐이 있는 곳이다. 여신 무라는 간드러진 허리에 하얀 이, 그리고 몸에 표범 무늬가 있었다고 하니 그런대로 자태가 아름다웠던 듯하다. 그녀는 늘 귀고리를 하고 있었는데 그녀가 움직일 때마다 그것들이 서로 부딪쳐 나는 소리는 구슬이 울리는 것처럼 맑고 청아했다고 한다.

여신 무라가 다스리는 이 청요산은 여성을 위한 산이었다. 이곳에 사는 어떤 새는 오리같이 생겼고 붉은 눈과 빨간 꼬리를 지니고 있었는데 이 새를 잡아먹으면 아이를 많이 낳을 수 있다고 한다. 그리고 이곳에서 자라는 어떤 풀은 모난 줄기에 노란 꽃이 피고 꽃이 지면 붉은 열매를 맺었다. 그것을 먹으면 얼굴이 아주 예뻐져서 누구한테든 사랑을 받을 수 있었다고 한다.

남방 초나라의 시인 굴원은 자신의 고향에서 산귀山鬼라고 부르는 산속에 사는 여신의 모습을 다음과 같이 묘사했다.

청요산의 여신 무라 기괴한 모습이긴 하지만 그래도 여성적인 이미지를 풍긴다. 명 장응호의 《산해경회도》에서.

저 산모퉁이에 누군가 있어,
향기로운 풀옷 걸치고 덩굴 띠를 둘렀네.
다정한 눈길 아름다운 미소,

따뜻한 마음과 우아한 자태.

붉은 표범 탈새 예쁜 너구리 뒤쫓는데,

목련나무 수레에 계수나무 깃발 세웠네.

향기로운 풀들 수레에 가득 싣고,

아름다운 꽃 한 송이 꺾어 님께 보내려는가.

시인의 눈에 비친 여성 산신은 이처럼 아름답고 로맨틱하다. 아마 청요산의 여신 무라의 모습도 이와 흡사했을 것으로 여겨진다. 여신에 대한 이미지는 보통 여성 이상의 여성다움, 즉 아름다움과 신비감을 함께 지닌 존재로 그려지게 마련이다.

특히 낭만적인 사랑을 꿈꾸는 시인들은 여신을 엄숙한 숭배의 대상으로만 보지 않는다. 여신은 시인에게는 사랑의 대상, 즉 사람을 매혹시키고 시선을 빨아들이는 아리따운 여인으로 다가온다. 그녀는 인간과 사랑을 속삭일 수도 있는 섬세한 마음의 소유자이며, 그러기에 그들 중의 일부는 가끔 인간과 달콤한 사랑에 빠지기도 한다. 무산신녀가 그 대표적 예였다.

산신 중에서 여성 산신만을 예로 들었지만 사실 남성 산신이 수적으로는 많다. 이제 중국 신화에 등장하는 수많은 산신들을 특징에

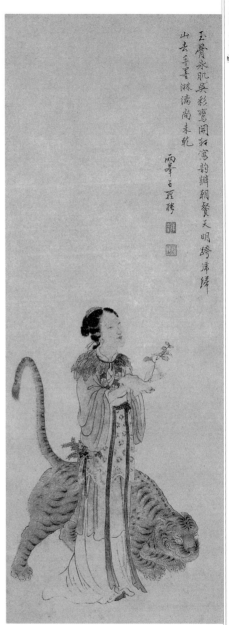

초나라의 여신 산귀 곁에 표범을 두고 있는 것이 호랑이를 부리는 우리의 산신령 그림과 비슷한 구도이다. 청淸 나빙羅聘의 〈산귀도山鬼圖〉.

종산의 신 촉음 밤과 낮을 만들기 때문에 창조신적인 성격을 지닌 신이다. 명호문환의《산해경도》에서. 🐛

따라 대략 요약해보기로 하자.

첫째, 우주적인 큰 능력을 지닌 산신이다. 대표적 예로는 서왕모를 들 수 있겠다. 그녀는 형벌과 돌림병 등의 기운을 주관하기 때문이다. 중국의 명산으로는 곤륜산과 더불어 태산[1]을 빼놓을 수 없다. 태산의 신은 죽은 사람의 혼을 불러다 심판하는 것으로 유명했다. 이 신에 대해서는 뒤에서 다시 이야기할 것이다. 이 밖에도 눈을 떴다 감으면 낮과 밤이 되고 입김을 약하고 강하게 불면 여름과 겨울이 된다는 종산鐘山의 신 촉음燭陰이 있다. 촉룡燭龍이라고도 부르는 이 신에 대해《산해경》에서는 다음과 같이 말하고 있다.

종산의 신은 이름을 촉음이라고 한다. 이 신이 눈을 뜨면 낮이 되고 눈을 감으면 밤이 된다. 입김을 세게 내불면 겨울이 되고 천천히 내불면 여름이 된다. 물을 마시지도 음식을 먹지도 않으며 숨도 쉬지 않는데 숨을 쉬었다 하면 바람이 된다. 몸의 길이가 천 리이고…… 그 생김새는 사람의 얼굴에 뱀의 몸을 하고 붉은빛이며 종산의 기슭에 산다.

천 리나 되는 긴 몸에 눈을 뜨면 낮이 되고 눈을 감으면 밤이 된다는 이 신의 특징에 주목하여 중국의 어떤 과학자는 이 신이 북극의 오로라 현상을 신화적으로 표현한 것이라는 주장을 내놓

---

1 **태산泰山** 고대 중국의 5대 명산, 곧 오악五嶽 중의 하나. 동쪽인 산동성에 위치하여 동악東嶽이라고도 부른다. 동이계 종족이 활동하던 시기에는 태산이 세계의 중심으로 여겨졌으나 중국의 중심이 서쪽으로 이동한 이후 동악으로 불리게 되었다. 고대의 제왕들은 이 산을 신성시하여 정상에서 하늘에 제사를 올리는 봉선封禪의 의식을 치렀다. 또한 모든 죽은 사람의 혼이 이 산 밑으로 간다는 믿음도 있었다.

기도 하였다.

둘째, 기상의 변화를 일으키는 산신이다. 이의 대표적 예로는 앞서의 무산신녀를 들 수 있겠다. 그녀는 아침에 구름이 되었다가 저녁에는 비로 화하였기 때문이다.

또 화산和山이라는 산은 황하의 지류 아홉 개가 숨어 있는 곳인데 산신 태봉泰逢이 다스리고 있었다. 이 신은 사람같이 생겼으나 호랑이의 꼬리가 있고 천지의 기운을 움직여 비와 구름을 지어낼 수 있었다. 이 밖에도 호수에서 놀다가 물속을 드나들 때면 폭풍우를 동반하는 광산光山의 신 계몽計蒙도 이 부류에 속한다.《산해경》에서는 계몽에 대해 다음과 같이 묘사하고 있다.

> 광산의 산 위에서는 푸른 옥돌이 많이 나고 기슭에서는 나무가 많이 자란다. 신 계몽이 이곳에 살고 있는데 그 형상은 사람의 몸에 용의 머리를 하고 있다. 늘 장연漳淵이란 호수에서 노니는데 물속을 드나들 때면 반드시 회오리바람이 치고 폭우가 쏟아진다.

화산의 신 태봉 비와 구름을 지어내는 신이다. 명 호문환의 《산해경도》에서.

광산의 신 계몽 폭풍우를 일으키는 신이다. 명 장응호의 《산해경회도》에서.

이처럼 태봉과 계몽에게는 산의 변덕스러운 날씨를 관장하는 신의 성격이 부여되어 있다. 기상의 잦은 변화는 원시인류가 산으로부터 신비한 '산신'의 존재를 상상하게 만드는 중요한 원인이었다.

셋째, 재앙을 일으키는 산신이다. 가령 항산恒山의 신은 모습이 소처럼 생긴 데다가 여덟 개의 다리와 두 개의 머리에 말의 꼬리를 하였는데 이 신이 나타나면 그 고을에 전쟁이 일어났다. 그러나 풍산豊山의 신 경보耕父만큼 엄청난 재앙을 초래하는 신도 없을 것이다. 《산해경》에서는 이 신에 대해 이렇게 말하고 있다.

풍산의 신 경보 청 왕불의 《산해경존》에서.

풍산의 어떤 짐승은 원숭이같이 생겼는데 눈과 부리가 붉고 몸빛이 누렇다. 이름을 옹화雍和라고 하며 이것이 나타나면 나라에 큰 두려움이 생긴다. 신 경보가 이곳에 거처하는데 늘 청령연淸泠淵이란 호수에서 노닐며 물속을 드나들 때면 빛을 발한다. 이 신이 나타나면 그 나라는 망하게 된다. 이곳에는 아홉 개의 종이 있는데 서리가 내릴 것을 알고 운다. 산 위에서는 금이 많이 나고 기슭에서는 닥나무·갈참나무·감탕나무·참죽나무가 많이 자란다.

풍산의 흉수 옹화 청淸 《고금도서집성古今圖書集成》 《금충전禽蟲典》에서.

풍산은 무시무시한 산이다. 그곳에는 나라에 두려운 일을 불러오는 옹화라는 흉한 짐승이 있고 급기야는 나라를 망쳐버리는 경보와 같은 악신도 있다. 서리가 내릴 것을 미리 알고 저절로 우는 아홉 개의 종도 으스스한 분위기를 자아낸다. 문자 그대로 '마魔의 산'이 아닐 수 없다. 한 가지 흥미로운 점은 악신 경보가 노닐던 호수 청령연이 숙부에게 나라를 빼앗기고 억울하게 죽은 단종端宗의 유배처인 영월의 청령포와 같은 이름이라는 것이다. 지금은 경치가 빼어난 관광지이지만 그 옛날 단종은 이곳에 이르러 불길한 죽음의 예감이

들었을지도 모를 일이다.

중국의 산신은 그리스 로마 신화의 산신과 비교할 때 그 수에서 압도적이다. 이것은 아마 지리적 환경에 원인이 있는 듯한데 해양국가였던 그리스나 로마에 비해 중국은 내륙을 중심으로 문명이 발달했기 때문일 것이다. 아울러 우리는 고대 중국의 산신들이 후세의 인간화된 산신과는 무척 다른 모습을 하고 있음을 볼 수 있다. 그들은 대개 동물적인 모습을 하고 있는데 그것이 우리가 옛날이야기나 그림으로 알고 있는, 수염이 허연 할아버지 산신의 원시적인 형태일 것이다.

동해의 신 우호 청 왕불의 《산해경존》에서.

바다의 신과 강의 신

지상 공간에서 산악 다음으로 인류의 삶과 밀접한 관련을 맺고 있는 곳은 바다와 강이다. 원시인류는 삶의 중요한 터전이자 신비로운 변화의 원천인 바다와 강 역시 그들의 자연 친화적인 감성에 의지하여 신적인 존재로 파악했다.

중국에서는 전통적인 사방의 관념에 따라 바다의 신도 그리스 로마 신화의 해신 포세이돈처럼 단일한 바다의 지배자가 아니고 네 개의 바다를 다스리는 네 명의 해신이 있다고 상상했다.

가령 동해의 신은 이름을 우호禺琥라고 했다. 그는 황제의 아들로 사람의 얼굴에 새의 몸을 하였는데 두 귀에는 누런 뱀을 걸었고 두 발로는 누런 뱀을 밟고 있었다고 한다. 그는 우경禺京이라는 아들을 낳았는데 우경은 북해의 신이 되었다. 우경은 또 우강禺疆이라고도 부르는데 아버지와 비슷한 모습을 하고 있었다.

북해의 신 우강 청 왕불의 《산해경존》에서.

남해의 신 부정호여 청 왕불의 《산해경존》에서.

서해의 신 엄자 청 왕불의 《산해경존》에서.

남해의 신은 이름을 부정호여不廷胡餘라고 하는데 이 신 역시 사람의 얼굴에 두 귀에는 푸른 뱀을 걸고 두 발로는 붉은 뱀을 밟고 있는 기괴한 모습을 하고 있었다. 서해의 신은 이름을 엄자弇兹라고 하는데 이 신의 모습 역시 앞서의 신들과 비슷하였다. 이들 바다의 신들은 비바람을 불러일으키기도 하고 나쁜 기운을 쫓아내기도 하는 등의 능력을 지녔으나 동양 신화에서 이들이 차지하는 이야기의 비중은 산신에 비해 미약하다.

후세에 인도로부터 들어온 불교의 영향으로 용왕龍王이 등장하여 사방의 바다를 각기 다스리는 네 명의 사해용왕四海龍王이 출현한다. 그리고 용궁담龍宮譚 등 새로운 해신 이야기가 증가하면서 앞서의 오래된 해신들은 점차 이야기의 무대에서 퇴장하게 된다.

바다의 신보다 분량도 많고 다양한 내용을 지닌 것은 강의 신에 대한 신화이다. 강의 신의 대표적 예는 황하의 신인 하백이다. 황하는 고대 중국 문명의 중요한 근거지였으므로 황하의 신인 하백은 강의 신 중에서 가장 큰 지위를 차지한다. 이 때문에 동양 신화 곳곳에서 자주 등장하는 이름이기도 하다.

하백은 사람의 얼굴에 물고기의 몸을 하였다고 한다. 그는 풍류적인 기질이 다분하여 항상 여인들과 더불어 천하의 온 강을 헤집고 다녔는데 그때 그는 두 마리의 용이 끄는 아름다운 연꽃으로 장식한 수레를 탔다고 한다.

하백은 강의 지배자였던 만큼 물고기 종류의 관원들을 거느렸다. 하백사자河伯使者인 악어, 하백종사河伯從事인 자라, 하백도사소리河伯度事小吏인 오징어 등이 그들이다. 이들은 하백이 행차할 때 곁에서 모셨으며 하백의 분부를 받들어 강물 속의 일들을 처리하였다.

하백은 이름을 빙이氷夷 혹은 풍이馮夷라고도 하는 것으로 보아 동이계 종족과 관련이 깊은 신이다. 아닌 게 아니라 그는 고구려

사해용왕 이들 용왕의 출현으로 과거의 해신들은 쇠퇴하게 된다. 하북성河北省 석가장石家莊의 명나라 비로사毗盧寺 벽화에서.

건국 신화에 등장하여 딸 유화를 통해 시조인 주몽을 낳게 하고 나중에는 외손자 주몽이 적에게 쫓겨 강가에 이르렀을 때 물고기로 다리를 놓아 건너게 하는 등 결정적인 도움을 준다. 우리에게 익히 알려진 이 신화의 내용은 다음과 같다.

천제의 아들인 해모수가 압록강가에서 놀고 있는 하백의 세 딸 유화·훤화萱花·위화葦花를 보게 되었다. 세 딸의 이름은 우리말로 풀이하면 버들꽃·원추리꽃·갈꽃이 될 것이다. 해모수가 다가가자 세 자매는 몸을 피하였다. 해모수가 요술로 맨땅 위에 아름

하백 강의 신답게 자라를 타고 있다. 원 장악의 〈구가도〉에서.

운 집을 짓고 술상을 차려놓았더니 세 자매는 해모수의 짓인 줄 모르고 집에 들어와 취하도록 술을 마셨다. 그때 해모수가 갑자기 나타나자 세 자매는 달아났는데 큰언니 유화만이 붙들렸다. 이 일을 알고 하백은 크게 노하여 해모수에게 따

하백 혹은 해신의 행차 하백 혹은 해신이 물고기가 끄는 수레를 타고 있고 수많은 물고기들이 호위하고 있다. 물고기를 탄 호위병들도 보인다. 산동성의 무량사 화상석에서.

주몽의 혈통 첫째 줄 중간쯤에 "어머님은 하백의 따님이셨다母河伯女"라는 글귀가 뚜렷하다. 통구通溝의 〈광개토왕비廣開土王碑〉에서.

져 물었다.

"그대는 누구이기에 감히 내 딸을 잡아 가두는가?"

"저는 천제의 아들로서 귀하의 집안과 혼인을 하고자 합니다."

"그대가 천제의 아들이라면 무슨 신통한 재주가 있는가?"

"무엇이든지 시험해보소서."

그러자 하백이 먼저 연못의 잉어로 변하였다. 이에 해모수가 수달로 변하여 잉어를 잡으려고 하였다. 다시 하백이 사슴으로 변하자 해모수는 승냥이로 변하여 뒤쫓았고 하백이 꿩으로 변하자 해모수는 매로 변하였다. 그제야 하백은 해모수가 진짜 천제의 아들임을 알고 둘이 결혼식을 치르도록 허락하였다. 그러나 해모수는 하룻밤을 지낸 후 유화를 버리고 하늘로 올라가버렸다. 버림받은 유화를 보고 하백은 가문을 더럽혔다고 꾸짖은 뒤 태백산 남쪽 우발수優渤水라는 호숫가로 추방하였다. 훗날 유화는 동부여의 금와왕에게 발견되어 보호를 받고 아들 주몽을 낳게 된다. 주몽이 커가면서 뛰어난 재주

상수를 배회하는 아황과 여영
일본 분사카에도판文榮堂版
《산해경도山海經圖》에서. 🐟

를 발휘하자 금와왕의 아들들이 시기하여 죽이려고 하였다. 주몽
은 친한 사람들과 함께 동부여를 떠날 결심을 하게 된다. 주몽 일
행이 도망쳐 나와 엄체수淹遞水라는 강에 이르렀을 때 동부여의
군사들이 급히 뒤쫓아왔다. 위기에 빠진 주몽은 강을 향하여 이
렇게 외쳤다.

"나는 천제의 자손이자 하백의 외손자이다. 난을 피하여 이곳
에 이르렀으니 나를 불쌍히 여겨 건너갈 배와 다리를 달라."

그러자 자라와 물고기가 나타나 다리를 만들어주었다. 주몽 일
행은 무사히 강을 건너 남쪽으로 가 나라를 세웠다.

이 신화를 통해 볼 때 고구려의 건국에 미친 하백의 영향이 거
의 절대적임을 알 수 있다. 하백 이외에도 여러 강의 신들이 있는
데 남신보다 여신이 많다. 낙수의 여신은 복비宓妃 혹은 낙빈洛嬪
이라고 부른다. 그녀는 원래 큰 신 복희의 딸이었는데 낙수를 건
너다 익사하여 신이 되었다. 그녀는 하백의 아내가 되었다가 훗

날 명궁 예를 만나 사랑에 빠져 하백과 예 사이에 한바탕 애정의 풍파를 일으키게 한다.

남방 상수湘水의 여신은 요임금의 딸이자 순임금의 부인이었던 아황娥皇과 여영女英 두 자매이다. 이들은 순이 남방을 순시하던 도중에 갑자기 죽자 슬픔을 이기지 못하고 상수에 몸을 던져 안타까운 종말을 고했다. 비운의 두 자매는 죽은 뒤 그 강의 신이 되었다. 순의 또 다른 부인 등비씨登比氏의 두 딸 소명宵明과 촉광燭光도 황하의 여신이 되었다. 그녀들은 빛을 발하는 신통한 능력이 있어서 사방 백 리를 환하게 비추었다고 한다.

이 밖에도 《산해경》에서는 조양곡朝陽谷이라는 골짜기에 사는 수신 천오天吳에 대해 언급하고 있다. 이 신은 여덟 개의 머리와 다리, 꼬리를 지니고 청황색의 몸빛을 한 기괴한 모습이었다고 한다. 조양곡은 아침 햇살이 드는 골짜기라는 뜻으로 처음 아침 햇살이 드는 곳이라는 의미인 조선朝鮮과 비슷한 지명이다. 이들 지역은 대체로 중국의 동북부, 즉 지금의 요령성遼寧省 일대일 것으로 추정되고 있다. 따라서 우리는 조양곡의 수신 천오도 하백처럼 동이계 종족과 밀접한 관련이 있는 신일 것으로 추측해볼 수 있다.

조선 숙종 때의 명신 허목[2]이 삼척 부사府使로 있

조양곡의 수신 천오 그로테스크한 모습의 신이다. 청 왕불의 《산해경존》에서.

허목의 〈동해송〉 비석 상단에 '척주동해비陟州東海碑'라는 비명碑名이 있다. 비문이 오래된 글자체인 전서체篆書體로 쓰여 있어 신비감을 더해준다. 삼척의 '퇴조비'에서.

2 허목許穆(1595~1682) 조선 숙종肅宗 때의 문신, 학자. 호는 미수眉叟. 유학儒學에 조예가 깊었고 전서篆書를 잘 썼다. 남인의 거두로 벼슬이 우의정에 이르렀다. 저술로는 《기언記言》·《동사東史》 등이 있다.

을 때였다. 바닷물이 자주 밀려와 백성들의 피해가 크자 허목은 〈동해송東海頌〉이라는 글을 지어 비석에 새겼다. 그러자 신기하게도 기세가 사납던 바닷물이 잠잠해졌다고 한다. 〈동해송〉은 《산해경》의 신과 괴물들을 인용하여 동해 바다의 신비한 풍경과 사물을 서술하고 그것들이 성군의 다스림에 의해 평온해지리라는 주술적 기원을 담고 있다. 그런데 〈동해송〉에는 다음과 같은 구절이 있어 흥미롭다.

머리 아홉인 천오와
외다리 괴물 기는
회오리바람과 비를 일으킨다.

조양곡의 수신 천오는 사실 머리가 여덟이다. 기夔는 동해 한가운데의 유파산流波山에 사는 괴물로 황제가 가죽을 벗겨 북을 만든 바 있다. 우리는 《산해경》의 신과 괴물들이 과거 조상들의 상상력으로부터 그리 멀지 않은 곳에 있음을 확인할 수 있다. 허목이 세웠던 비석은 '퇴조비退潮碑'라는 이름으로 지금도 삼척시에 남아 있다.

12

사람의 수명을 관리하고
귀신을 다스리는 여러 신들

인간의 삶, 죽음과 관련된 신들:
북두성·남두성·태산부군·신도·울루 등

계절을 다스리고 인간의 생사를 주관하다

삶과 죽음, 곧 운명을 결정하는 가장 큰 요소는 시간이다. 원시 인류는 자연의 변화를 통해서 이러한 시간을 인식했다. 시간의 흐름을 보여주는 자연현상 중에서도 가장 중요한 것은 계절의 변화와 낮과 밤의 교체이다. 특히 계절에 따라 낮과 밤의 길이가 달라지고 기후가 달라지는 현상은 해·달·별 등 천체를 지배하는 신들과 함께 사철 계절을 주관하는 신들을 상상하게 하였다. 그래서 시간의 신으로서 가장 먼저 생각해볼 수 있는 것은 이러한 계절의 흐름을 담당하는 신들이다.

동양 신화에서는 세계의 다섯 가지 방향을 맡은 큰 신들이 있다. 동방의 신 복희, 서방의 신 소호, 남방의 신 염제, 북방의 신 전욱, 중앙의 신 황제가 그들이다.

그런데 이 다섯 가지 방향은 단순히 공간적인 데 그치지 않고 각 방향에서 불어오는 바람과 관련된 다섯 가지 우주적 기운과 속성을 포함한다. 따라서 동풍과 관련된 계절은 봄이 되고, 서풍과 관련된 계절은 가을이 되며, 남풍과 관련된 계절은 여름이, 북풍과 관련된 계절은 겨울이 된다. 중앙의 바람과 관련된 계절은 환절기가 될 것이다. 그래서 앞서의 다섯 큰 신들에게는 각기 한 명의 보좌신이 있는데 이들 보좌신이 사실상 각 계절을 담당하고 있었다.

즉, 봄의 신은 구망, 여름의 신은 축융, 가을의 신은 욕수, 겨울의 신은 현명이다. 봄·여름·가을·겨울, 환절기와 동서남북, 중앙의 다섯 가지 구분은 동양의 뿌리 깊은 사상인 음양오행설과 밀접한 관련성을 지닌다. 우주의 기운과 속성을 다섯 가지로 나누는 음양오행설은 계절과 방위 역시 동일한 성격으로 구분할 수 있는 근거가 되기 때문이다.

예를 들면 봄은 나무(木)의 기운이, 여름은 불(火)의 기운이, 가을은 쇠(金)의 기운이, 그리고 겨울은 물(水)의 기운이, 환절기에는 흙(土)의 기운이 왕성한 것으로 상상함으로써 시간과 계절의 변화 또한 오행의 흐름으로 설명되기도 한다.

이 중 가을의 신인 욕수는 서방의 큰 신 소호의 아들로서 아버지와 함께 서방 끝의 땅 1만 2000리를 다스렸다. 《산해경》에 의하면 가을의 신 욕수는 사람의 얼굴에 호랑이 발톱을 하고, 온몸에 흰

가을의 신 욕수 도끼를 손에 들고 있는 것은 그가 형벌을 담당하는 신임을 나타낸다. 청 왕불의 《산해경존》에서.

봄의 신 구망 청 왕불의
《산해경존》에서. 🐾

털이 났는데 큰 도끼를 손에 든 모습을 하고 있다고 한다.

고대인은 가을의 서늘한 기운이 죽음과 상관된다고 생각했다. 그래서 이 신에게 징계와 형벌의 기능을 부여했다. 한번은 정치를 잘못한 괵虢나라 임금의 꿈에 이 신이 나타났다. 신은 괵나라가 곧 외국의 침략을 당할 것을 경고하였다. 그러나 임금은 이 경고를 소홀히 여기고 정치를 잘못한 결과 몇 년 후 과연 강국 진秦나라의 침략을 받아 나라가 망하였다.

봄의 신 구망은 네모진 얼굴에 새의 몸을 하고 흰옷을 입었는데 두 마리의 용을 타고 다녔다. 구망이란 글자에서 구句는 꼬부라진 새싹의, 망芒은 돋아난 까끄라기의 모습이다. 따라서 이 신은 왕성한 생명력과 관련하여 탄생과 수명을 관장한다. 어리석은 괵국 임금의 꿈에 가을의 신 욕수가 나타났다면 좋은 정치를 행했던 진목공[1]의 꿈에는 봄의 신 구망이 나타났다. 신은 진목공에게 19년의 수명을 늘려주며 더욱 훌륭한 치적을 이룰 것을 당부하고는 사라졌다.

이 밖에도 중앙 황제의 보좌신인 후토는 열명이라는 신을 낳았다. 열명은 열두 명의 자식을 두었는데 이들은 각각 1년 12개월을 나누어 관장했다. 즉, 열명은 시간의 신인 셈이다.

또 《산해경》에는 밤의 신들에 대한 기록이 있다. 이들의 생김새는 작은 뺨에 붉은빛의 어깨를 하였는데 모두 열여섯 명이 손을 잡고 밤을 지킨다고 하였다.

---

1 **진목공秦穆公** (재위 기원전 659~기원전 621) 춘추시대에 중국의 패권을 잡았던 다섯 임금, 곧 춘추오패春秋五覇 중의 한 명. 현인 백리해百里奚를 등용하여 선정을 베풀고 나라를 강성하게 만들었다. 공주인 농옥弄玉이 신선 소사簫史와 결혼하여 함께 승천한 이야기가 유명하다.

별자리 신들, 인간의 수명을 관리하다

시간이 흘러가면서 인간은 오래 살기도 하고 일찍 죽기도 한다. 그렇다면 인간의 목숨을 관장하는 신은 어떠한 신일까? 고대인은 인간의 운명이 하늘에 달려 있다고 여겨 특별한 별자리의 신이 삶과 죽음을 주관한다고 생각하였다.

중국 신화에서는 사명성司命星·남두성南斗星·북두성北斗星·노인성老人星 등이 이와 관련된 별자리이다. 먼저 사명성은 초나라 지역에서는 대사명大司命과 소사명小司命으로 구분하여 숭배하였는데 전자는 성인, 후자는 아동의 생사를 주관하였다. 이들 크고 작은 사명성은 산 사람과 죽은 사람에 대한 모든 기록을 관리하였다. 그리고 산 사람이 큰 죄를 저질렀을 경우 300일, 작은 죄를 저질렀을 경우 사흘의 수명을 삭감하였다. 그 밖에 남두성은 삶을, 북두성은 죽음을 주관한다고 믿어졌고 노인성이 나타나면 천하가 태평해지고 사람들이 장수하게 될 것이라고 기대했다. 노인성은 이 때문에 수성壽星이라고도 불리었다. 고구려 고분 벽화에는 남두성과 북두성이 그려져 있고, 조선 시대에는 국가에서 노인성에게 제사를 드렸다는 기록이 있다. 이 중 남두성·북두성에 관해서는 재미있는 일화가 있다.

조선 시대에 정렴²이라는 도인이 있었다. 그가 어느 날 길을 가다 한 소년을 보니 얼굴은 잘생겼는데

대사명 성인의 수명을 관장함. 원 장악의 《구가도》에서.

소사명 아동의 수명을 관장함. 대사명에 비해 젊으며 아이를 데리고 있다. 손에 들고 있는 서류는 아동들의 수명을 기록한 장부일 것이다. 원 장악의 《구가도》에서.

남두성군 남두육성의 여섯 명의 신들로 삶을 다스린다. 하북성 석가장의 명나라 비로사 벽화에서(왼쪽). 🦋

북두성군 북두칠성의 일곱 명의 신들로 죽음을 다스린다. 하북성 석가장의 명나라 비로사 벽화에서(오른쪽). 🦋

요절할 운명이었다. 정렴이 소년의 신세가 가여워 자신도 모르게 탄식을 하자 이를 엿들은 소년의 부모가 깜짝 놀라서 그 연유를 물었다. 처음에는 무심코 토한 한숨을 후회하며 시치미를 떼다가 간절하게 매달리며 졸라대는 소년의 부모에게 정렴은 어쩔 수 없이 사실대로 말해주고 말았다. 그러자 이번에는 소년의 부모들이 아예 정렴의 바짓가랑이를 붙들고 늘어져서 통곡을 하며 사정하기 시작했다.

"아이고, 도사님, 우리 아이 좀 살려주세요. 도사님은 아이의 운명을 알고 계시니 살릴 방도도 아실 것 아닙니까. 네, 제발 살려주세요."

---

2 **정렴**鄭磏(1506~1549) 조선 명종明宗 때의 도인. 호는 북창北窓. 유교·불교·도교 등 모든 사상에 정통했으며 시에도 뛰어났다. 관직은 포천抱川 현감을 지냈고 저서로는 도교 수련에 관한 《용호비결龍虎秘訣》이 있다. 그의 도교 사상은 허준의 《동의보감》 성립에 큰 영향을 미쳤다. 조선의 대표적 도인으로 손꼽힌다.

아이의 부모는 죽자 사자 매달리며 운명을 바꿀 방도를 가르쳐달라고 정렴에게 졸라댔다.

곤란해진 정렴은 처음에는 나도 모르노라 외면했지만 간절하게 매달리는 소년의 부모를 차마 떼어놓지 못하고 결국은 한 가지 방법을 일러주었다.

아무 날 아무 시에 북한산에 올라가 어느 곳에 가면 흰옷 입은 노인과 검은 옷 입은 노인이 바둑을 두고 있을 텐데 술과 안주를 마련하여 대접하고 무조건 살려달라고 빌라는 것이었다.

소년과 부모가 그날 정렴이 일러준 장소에 갔더니 과연 두 노인이 바둑을 두고 있었다. 정렴이 시킨 대로 소년과 부모는 그들 곁에 술과 안주를 놓았다. 두 노인은 바둑에 정신이 팔려 누구의 것인지 물어보지도 않고 술과 안주를 잘 먹었다. 바둑이 다 끝나기를 기다렸다가 소년과 부모는 두 노인에게 매달려 마구 사정을 했다.

소년과 부모가 한참을 눈물로 간청하자 마침내 흰옷의 노인이 검은 옷의 노인에게 이렇게 말하였다.

"허허, 이것 참, 남의 술과 안주까지 먹었으니 안 봐줄 수도 없고, 아마 정렴이 시킨 모양인데 할 수 없구려. 아무래도 수명을 바꿔줄 수밖에 없겠소그려."

그리하여 소년은 두 노인에게 애걸복걸하여 요절에서 장수로 운명이 바뀌어 돌아왔다. 그때 흰옷을 입은 노인은 남두성이고 검은 옷의 노인은 북두성이었

장수의 신 남극 노인 노인성의 정령으로 흔히 긴 머리, 큰 귀, 짧은 키의 노인 모습으로 표현된다. 곁의 사슴은 '녹鹿' 자가 '녹祿'과 발음이 같아 벼슬·재물 등의 복을 암시한다. 명明 여기묘紀의 〈남극노인도南極老人圖〉.

고구려의 북두칠성 그림 무덤 천장을 사등분하여 남북으로는 북두칠성을, 동서로는 해와 달을 그려 넣었다. 집안의 장천長川 1호분 벽화에서.

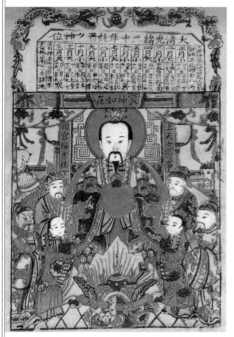

조왕신 조군竈君이라고도 한다. 부엌의 불을 다스리는 것으로 미루어 본래는 여신이었을 것이다. 청나라 때의 목판화.

다고 한다. 위의 사례들과 이야기로 미루어 우리나라에도 오래전부터 수명을 관장하는 별자리와 그 신들에 대한 믿음이 깊이 뿌리를 내렸음을 잘 알 수 있다.

인간의 생사와 관련된 신은 별자리에만 거주하는 것이 아니었다. 지상과 지하에도 있었는데 특히 일상생활의 자질구레한 공간 안에도 생사에 영향을 미치는 신은 여럿이 있었다.

집 안의 부뚜막 혹은 아궁이를 지키는 신, 곧 조왕신이 그중 하나이다. 이 신은 큰 신 전욱의 아들 궁선窮蟬의 화신이라고도 하지만 근원적으로는 불의 숭배에서 비롯한 신일 것이다. 로마 시대에 집집마다 불의 신으로 처녀신 베스타Vesta를 숭배했다고 하는데 이와 비슷한 신이다.

그는 1년 내내 집안에서 일어나는 잘잘못을 관찰했다가 섣달 스무사흘 혹은 스무나흘 되는 날 하늘에 올라가 천제께 모든 일을 일러바쳤다고 한다. 천제는 조왕신의 보고를 듣고 나서 사람들이 저지른 죄에 따라 원래의 수명을 깎았다. 중국에서는 섣달에 이 신이 하늘에 올라가 집안 식구들의 잘못을 고하는 것을 막기 위해 신상神像 앞에 엿이나 사탕을 바치는 습속이 있었다. 엿이나 사탕이 신의 입에 딱 붙어 말을 하지 못하게 하기 위함이라고 한다. 조왕신은 원래 신화에서의 신이었지만 나중에는 도교의 신으로 편입되었다. 도교에서는 도인들의 화로에 불을 피워 불사약을 합성할 때 꼭 이 신에게 제사를 드려야만 했다.

우리나라에서도 조선 시대에는 민간에서 이 신을 많이 숭배했고 지금도 일부 농촌에는 이 신과 관련된 민속이 남아 있다. 즉, 부뚜막 위에 조왕단지라는 깨끗한 물을 담은 단지를 올려놓는데 조왕신을 숭배하던 흔적인 것이다.

삼시충 둘은 괴물, 하나는 사람의 모습을 하고 있다. 《도장道藏》에서.

신은 아니지만 조왕신과 똑같은 역할을 하는 삼시충이라는 벌레도 있었다. 삼시충은 인간의 체내에 서식하는 것으로 상상되었던 세 마리의 벌레인데 그것들은 인간이 빨리 죽어 그 제삿밥을 받아먹는 것이 소원이므로 인간이 가급적 악행을 많이 저지르도록 조장하는 일을 즐겨 하였다. 그것들은 경신일庚申日 밤에 천상에 올라가 사람의 잘못을 일러바쳐서 수명을 깎게 만들었다. 그런데 삼시충은 사람이 잘 때에만 몸에서 빠져나갈 수 있으므로 사람들은 경신일에 밤잠을 자지 않음으로써 그것들이 천상에 올라가지 못하도록 했다고 한다.

우리 민속에 설 전날 밤을 새우는 일은 조왕신과 삼시충 신앙에서 비롯된 것이다. 아이들이 잠을 자지 않으려고 버티디기 결국 자버리면 눈썹에 하얀 분을 발라놓고 이튿날 아침 눈썹이 희어졌다고 놀려대고는 했었다. 잠자는 사이에 조왕신 혹은 삼시충이 올라가서 수명이 깎였으리라는 생각을 그렇게 재미있게 표현한 것이다.

산 사람의 운명은 천상 혹은 지상의 여러 신들이 관여했지만 죽은 자의 영혼은 지하 세계 신들의 관리를 받아야만 했다. 지하

후토 대지의 여신이나 남신의 모습으로 표현되기도 한다. 《도교신선화집》에서.

세계를 다스리는 신은 수신 공공의 아들인 대지의 신 후토였다. 그러나 후토는 본래 농업 생산력과 상관된 지모신으로서 애초에는 여신이었을 것으로 생각된다. 이 신은 한때 남신이 되었다가 후세에 민간신앙에서 다시 여신의 성별을 회복한다. 그러나 후토는 대지 전체를 관장하는 큰 신이지만 인간의 생사를 직접 주관하는 것은 그보다 하위의 지하 세계 신들이었다.

자연신과 관련하여 잠깐 얘기한 바 있듯이 인간의 죽음과 관련된 가장 위력 있는 신은 태산의 신이다. 그는 마치 그리스 로마 신화의 하데스나 이집트 신화의 오시리스와 같다. 태산신은 태산부군泰山府君이라고도 부른다. 죽은 사람의 혼은 태산부군이 보낸 저승사자에 의해 태산의 지하 세계로 끌려와 심판을 받았다.

우리가 가끔 TV의 드라마나 영화에서 보는, 창백한 얼굴빛의 검은 옷을 입은 저승사자가 바로 태산부군의 하수인이다. 그런데 불교가 들어오면서 염라대왕閻羅大王이 지하 세계의 최고 지위를 차지하게 되고 태산부군은 그 밑의 관료로 지위가 격하된다.

태산신이 북방 지하 세계의 실력자였다면 남방 초나라에는 이에 상응하는 존재로 토백土伯이 있다. 초나라의 가요인 초사[4] 중의 〈초혼招魂〉이라는 노래에 따르면 토백의 모습은 소의 몸을 했는데 등이 튀어나오고 세 개의 눈, 호랑이의 머리에 날카로운 뿔이 돋았다고 한다.

그는 피 묻은 손에 포승줄을 들고 저승에 온 사람들을 쫓아다녔

---

4 **초사**楚辭 전국시대 초나라의 가요. 비교적 장편이며 낭만적이고 신비한 분위기가 짙다. 굴원이 크게 발전시켰고 송옥이 계승하였다. 한나라 때에 부賦라는 양식으로 발전하였다. 《시경》과 쌍벽을 이루는 남방의 시가 문학이다.

오시리스 이집트 지하 세계의 심판자이자 재생의 신. 죽은 자들이 왼쪽에 앉아 있는 오시리스의 심판을 기다리고 있다. 《사자의 서》에서.

고 그들을 잡아먹기를 즐겼다고 한다. 그의 모습은 아마 저승사자의 원시적인 형태가 아니었던가 생각된다.

귀신과 도깨비, 그리고 이들을 감독하고 다스리는 신들

다음에는 인간의 생사를 주관했던 신들에 이어 삶에 위협을 주었던 귀신·도깨비 등의 신적 존재에 대해 알아보기로 하자. 큰 신 전욱에게는 몇 명의 아들이 있었는데 대부분 인간에게 해를 끼치는 흉물스러운 귀신으로 변모하였다 한다. 훌륭한 아버지를 닮지 않은, 그야말로 불초不肖한 아들들인 셈이다.

토백 남방 지하 세계의 주인. 호북성湖北省 수현隨縣 증후을묘曾侯乙墓 관 위에 그려진 그림.

아들 중의 하나는 죽어서 학귀瘧鬼, 곧 학질 귀신이 되었고 하나는 어린애를 잘 놀라게 하는 소아귀小兒鬼가 되었다.

다른 하나는 괴팍스럽게 헌 옷을 입고 죽만 먹고 다니더니 정월 그믐날 골목에서 쓰러져 죽어 궁귀窮鬼, 곧 가난뱅이 귀신이 되었다. 사람들은 그가 죽은 날이면 죽과 헌 옷으로 골목에서 제

염라대왕 지옥에 끌려온 사람들을 심판하여 벌주고 있다. 일본의 《지옥회권
地獄繪券》에서.

사를 드려 이 가난뱅이 귀신을 떠나보내려 했다. 우리말에도 배고프고 밥을 허겁지겁 먹는 사람을 보고 "궁귀가 들렸다"고 비웃는 표현이 있다.

전욱의 아들 중에 성질이 가장 못되기로는 도올만 한 놈이 없었다. 도올은 사람의 얼굴에 호랑이의 발, 돼지의 입을 했는데 몸에는 긴 털이 나 있었다. 이 녀석이 한번 성질을 부렸다 하면 온 세상이 시끌벅적했는데 도무지 말도 듣지 않고 막무가내였다고 한다. 그래서 도올의 별명은 '제멋대로이고 말 안 듣는 놈', 즉 '난훈難訓'이었다.

현대의 소아귀 캐릭터 동아시테크의 《한국 신화의 원형》에서.

전욱의 또 다른 아들은 도깨비의 일종인 망량이 되었다. 망량은 세 살 먹은 어린애처럼 생겼는데 붉은 눈에 긴 귀를 하고 머리가 칠흑 같았다고 한다. 그는 사람 소리를 흉내 내어 홀리는 것이 특기였다.

전욱의 후예는 아니지만 망량과 같은 도깨비의 일종으로 이매魍魅가 있다. 이매는 사람의 얼굴에 짐승의 몸을 하고 다리가 넷인데 역시 사람 홀리기를 좋아했다.

또 고획조姑獲鳥라는 요괴가 있는데 깃털을 입으면 새가 되었고 벗으면 여인으로 변하였다. 이것은 천제소녀天帝少女·야행유녀夜行游女 등으로도 불렸고 밤에만 활동하였다. 남의 자식을 데려다 기르는 것을 좋아하여 어린애가 있는 집에서는 밤에 아이 옷을 밖에다 널지 않았는데 고획조가 옷에다 피를 찍어 표시를 해놓았다가 납치해 가기 때문이었다.

현대의 망량 캐릭터 동아시테크의 《한국 신화의 원형》에서.

이 밖에도 야중野仲·유광遊光 등으로 불리는 8형제의 악귀가 있었는데 이들은 항상 인간 세상에서 괴상한 사건과 재앙을 일

현대의 이매 캐릭터 동아시테크의 《한국 신화의 원형》에서. 🌿

신도와 울루 귀신들의 감독관이다. 오른쪽에 도삭산의 복숭아나무가 보이고 울루는 손에 갈대 끈을 들고 있다. 《천지인귀신도감》에서. 🌿

으켰다.

　그러나 이 못된 귀신들과 도깨비들에게도 천적天敵이 있었다. 이들을 다스리고 감독하는 더 무서운 존재가 있었던 것이다. 아득한 푸른 바다 한가운데에 도삭산度朔山이라는 산이 있었다. 이곳은 귀신들의 소굴이었다. 이 산의 꼭대기에는 거대한 복숭아나무가 있어 줄기가 3000리까지 뻗어 있었다. 이 때문에 이 산은 도도산桃都山이라고도 불리었다. 그 복숭아나무의 끝에는 천계天鷄라는 황금빛 닭이 있었다. 그리고 동북쪽으로 뻗은 가지에 세상으로 통하는 문이 있었다. 이 문을 귀문鬼門이라고 불렀다.

　귀신들은 밤이 되면 세상에 나가 놀다가 천계가 새벽에 울기 전에 이 귀문으로 돌아와야만 했다. 귀신들이 새벽닭이 울면 황급히 떠나가는 것은 이러한 나름의 규칙이 있기 때문이다.

　이곳의 귀신들은 신도神荼와 울루鬱壘라는 두 형제 신이 다스렸다. 이들은 귀문에 지켜서서 귀신들의 귀가 시간을 통제하였고 인간에게 해를 끼친 귀신을 잡아 갈대 끈으로 묶어서 호랑이 밥이 되게 하기도 하였다.

　《신이경》이라는 책을 보면 척곽尺郭 혹은 탐사귀呑邪鬼라고 하는, 신도와 울루 못지않게 귀신들을 가혹하게 다루는 신이 나온다. 이 신은 키와 허리둘레가 같은 아주 뚱뚱한 몸에 머리에는 수탉이 올려져 있고 머리카락은 풀어 헤친 채 얼굴에 붉은 뱀을 감고 있는 무서운 모습을 하고 있었다. 척곽은 귀신을 밥으로 삼고 이슬을 음료수로 삼았는데 아침에는 3000명의 귀신을, 저녁에는 800명의 귀신을 삼켜 먹는다고 했다.

후세에 사람들은 대문에 신도와 울루의 모습을 그려 붙이거나 복숭아나무 부적, 갈대 끈 등을 매달아서 재난을 일으키는 악귀의 침입을 막고자 했다. 이처럼 대문에 그려 붙여져 귀신이나 액운을 쫓는 역할을 하는 신을 문신門神이라고 부른다. 오늘날에도 무당들은 동쪽으로 향한 복숭아나무 가지를 꺾어서 귀신을 쫓는 의식에 사용한다. 동쪽으로 향한 복숭아나무 가지는 도삭산의 귀문을 암시하고 귀문 곁에는 귀신이 가장 두려워하는 신도와 울루 두 신이 지키고 있다는 생각에서일 것이다. 제사상에 복숭아를 올리지 않는 이유는 귀신의 우두머리인 영웅 예가 복숭아나무 몽둥이에 맞아 죽었기 때문이기도 하지만 도삭산의 복숭아나무와도 상관관계가 있을 것이다. 어쨌든 복숭아나무는 귀신들에게 두려움의 대상이었다.

5부

문명의 창시자들

신화는 자연을 인간의 삶 속에 끌어들인 문명화의 첫 출발점이다. 그렇다면
인류 문명의 첫 단계는 과연 무엇에 의해 이루어졌을까?

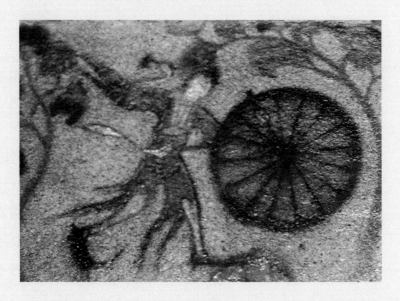

13

불로 어둠을 물리치다

문명의 창시자들 1: 수인씨·염제·잠신 등

인류 최초의 계몽 신화

신화는 원시시대에 인류가 자연과 조화로운 관계 속에서 생활 하던 모습을 보여주기도 하지만 자연의 위력으로부터 벗어나 독 자적인 생존의 길을 모색하는 과정도 반영한다. 이 과정이 문명 화이고, 신화는 그것을 문명의 창시자들을 통해 표현하고 있다.

이 점에서 신화는 원시인류가 불가사의한 자연현상에 대해 처 음으로 의미 있는 해석을 시도한 결과 만들어진 것이다. 예를 들 면 원시인류는 천둥과 번개를 의인화하여 하나의 인격체로서의 성격을 부여함으로써 자연에 대한 공포로부터 벗어나고자 시도 한다.

천둥과 번개가 신의 인간에 대한 노여운 감정을 드러낸다는 생 각은 인간으로 하여금 신을 경배하게 함으로써 그 노여움으로부터 벗어날 수 있는 해결책을 제공해준다. 자연을 인간화함으로써 비

인간적인 것에 대한 공포와 두려움을 극복하는 것이다.

신화는 이런 점에서 자연을 인간의 삶 속에 끌어들인 문명화의 첫 출발 지점이다. 그렇다면 인류 문명의 첫 단계는 과연 무엇에 의해 이루어졌을까?

무엇보다도 불의 발명이야말로 야만 상태와 문명을 가름하는 첫 사건이라 할 수 있다. 그리스 로마 신화를 보면 짐승과 다름없이 살던 인류가 프로메테우스로부터 불을 얻음으로써 마침내는 신들의 지위를 위협하는 경지에까지 이르게 된다. 이 점에서 불은 곧 합리적 이성과 문명의 상징인 것이다.

프로메테우스 불을 훔쳐 인간에게 가져다주고 있다. J. 코시에르의 그림.

서양 신화에서 불은 원래부터 신이 지니고 있던 것이었다. 하지만 동양 신화에서 불은 저절로 존재했던 것이 아니라 특정한 신이 발명한 것으로 묘사된다.

동양 신화에서 불의 발명자는 한둘이 아니다. 복희·염제·황제 등의 큰 신들이 저마다 나무를 마찰하여 불을 처음 일으켰다는 신화를 남기고 있다. 이로 미루어 동양 신화에서 불의 발명은 신들의 여러 업적 중에서도 특히 빼놓을 수 없는 것으로 중요하게 취급되고 있음을 알 수 있다.

그러나 불을 발명한 최초의 공로는 아마도 이들보다 유명하지는 않지만 이름 자체가 이미 '불을 일으킨 사람'이라는 뜻을 담고 있는 수인씨燧人氏에게 돌아가야 할 것 같다.

수인씨가 어느 시절의 신인지는 알 수 없지만 한漢나라 때에 지어진 《백호통》에 의하면 그가 태곳적에 처음 나무를 마찰하여 불을 일으키는 방법을 알아내서 백성들로 하여금 음식을 익혀 먹을 수 있게 했다고 한다. 그 덕택에 사람들은 음식을 날것으로 먹음으로써 생기는 질병과 독성을 피하고 몸을 건강하게 유지할 수 있게 되었다.

수인씨가 불을 발명하게 되기까지의 좀 더 자세한 과정은 남북조시대 초기에 이루어진 소설《습유기》에 다음과 같이 표현되어 있다.

불의 발명으로부터 프로메테우스의 시대로

아주 오래전에 수명국燧明國이라는 나라가 있었다. 이 나라는 사계절이 나뉘어 있지 않았을 뿐만 아니라 낮과 밤의 구분도 없었다.

이 나라에는 수목燧木이라고 불리는 불을 일으키는 나무가 있었다. 이 수목이라는 나무의 가지는 사방으로 하염없이 넓게 뻗어 있었다. 이 가지 위로 올빼미같이 생긴 새가 날아와 그 나무를 탁탁 쪼면 곧 불이 일어나곤 하였다.

어느 날 한 총명한 사람이 이 광경을 보다가 문득 한 가지 생각을 떠올렸다.

"맞아, 바로 저거야. 나무를 서로 부딪치면 불꽃이 생겨날지 몰라."

그는 곧 수목의 나뭇가지를 꺾어 두 개의 가지를 서로 비벼보았다. 그랬더니 역시 가지와 가지 사이에서 불이 일어났다.

이후 사람들은 불을 발명한 그를 기려 수인씨라고 불렀다. '수燧'란 나무를 마찰하여 불을 일으킨다는 뜻이다.

수인씨 신화는 지금도 원시 생활을 하고 있는 일부 종족들이 그렇게 하고 있듯이 원시인류가 나무를 비벼서 불을 얻었던 현실을 그대로 반영하고 있다. 따라서 신화라기보다 어떤 면에서는 고대 생활의 진솔한 기록에 가깝다.

고구려의 불의 신 오른손에 불씨를 들고 있다. 집안의 오회분 4호묘 벽화에서.

우리나라의 경우에도 고구려 고분 벽화에 수인씨처럼 나무를 마찰하여 불을 피우는 신과 아울러 불씨를 손에 든 불의 신이 출현한다. 중국에서도 좀처럼 보기 힘든 이러한 그림들은 우리 민족이 불에 대한 풍부한 상상력을 지니고 있었음을 보여준다.

정글 소년 모글리 마을에서 얻어 온 불로 호랑이 꼬리를 태우고 있다. 《정글 북》 동화책의 삽화.

불의 발명은 인류의 삶을 여러모로 편리하게 했을 뿐만 아니라 나약한 인간을 만물의 중심에 올려놓는 중요한 역할을 하였다. 키플링은 소설 《정글 북》[1]에서 불의 이러한 위력을 실감나게 표현한 바 있다. 나약하기 그지없던 정글 소년 모글리는 어느 날 우연히 사람의 집에 내려갔다가 불을 훔쳐서 돌아온다. 불을 사용할 줄 알게 된 모글리는 그 후 숲속의 세계에서 전에 자신의 생명을 위협하던 무서운 맹수들마저 두려워하는 위협적인 존재가 된다. 이처럼 불을 사용할 줄 알게 됨으로써 인간은 동물의 세계에서 분리된 특별한 존재가 된 것이다.

불의 발명으로 인류는 이제 자연 상태에서 벗어나 자신만의 길을 갈 수 있게 되었다. 프랑스의 상상력 연구가인 뒤랑이 근대 이후 과학 만능주의, 인간 중심의 시대를 '프로메테우스의 시대'라고 명명한 것은 불이 지닌 이러한 의미 때문이기도 하다.

---

1 《정글 북》 1894년에 발표된 영국 작가 키플링J. R. Kipling의 아동문학 작품. 숲속에 버려졌던 모글리가 이리 떼에 의해 양육된 후 숲속에서 겪는 짐승들과의 우정, 모험 그리고 인간세계로 귀환하기까지의 이야기를 담고 있다. 동물 문학의 새로운 경지를 연 작품으로 평가되고 있다.

신석기 혁명, 농업의 발명

불의 발명 이후 인류가 이룩한 또 하나의 획기적인 업적은 농업의 발명이다. 수렵과 채취에 의존해 매일매일 불확실한 삶을 살아가던 인류에게 일정한 지역에서의 경작을 통한 식량의 확보는 삶에 근본적인 변화를 가져왔다. 근대의 산업혁명 못지않게 원시사회에 변혁을 초래한 이 현상을 두고 우리는 농업 혁명 또는 신석기 혁명이라고 부른다.

동양 신화에서 농업의 발명과 관련된 신은 앞에서도 말한 바 있듯이 신농이라고도 부르는 염제와 후직, 두 신이다.

《회남자》에서는 염제의 업적에 대해 다음과 같이 말한다.

옛날에 백성들이 풀을 먹거나 물을 마시고 나무 열매를 따 먹거나 상한 짐승의 고기를 먹을 때에 질병과 해독이 많았다. 이때 염제가 백성들에게 오곡을 파종하는 법과 어떤 땅이 농사짓기에 좋은지를 가르쳐주었고 온갖 풀과 샘물의 맛을 보아 백성들이 선택할 좋은 것을 알려주었다.

염제는 이 밖에도 따비·절구 등 농기구를 제작하였고 농사를 위한 달력을 만들었으며 수리水利를 위해 우물을 파는 등 농업과 관련하여 많은 일을 한 것으로 전해진다.

아울러 《회남자》에서는 후직이 농업에 미친 영향에 대해서도 다음과 같이 언급한다.

옛날에 밭이 마련되지 않아 백성들의 먹을거리가 부족했다. 후직
이 이에 땅을 개간하고 잡초를 가려내고, 거름을 주고, 씨를 뿌리
는 법을 백성들에게 가르쳐주어 그들의 생활을 풍족하게 만들었다.

후직은 농업을 위해 이렇게 힘을 다하다가 들에서 객사했다고
한다. 우리 속담에 농부가 농사일에 열심인 것을 두고 "농부는 죽
을 때도 논두렁을 베고 죽는다"라는 말이 있는데, 후직이야말로
이러한 삶을 실천적으로 보여준 원조 농부였던 것이다.

염제와 후직은 모두 저명한 농신이지만 염제가 좀 더 앞선 시
대의 농신이었다. 초기의 농업은 대개 화전에 의해 이루어졌으므
로 불과 관련이 깊은데 염제는 불의 신, 곧 화신이기도 하기 때문
이다.

고대국가에서 농업은 국가의 운명을 좌우하는 중요한 산업이
었다. 후직의 후예인 주周 민족이 당시의 대국이었던 은을 정복
할 수 있었던 것은 발전된 농업기술과 풍부한 농업생산력 덕분
이었다. 은은 아직 유목 생활에서 농업으로 완전히 정착하지 못
한 상태에 있다가 선진 농업국인 주의 공격
을 받아 망하였다.

주 이후의 고대국가는 농업을 중시하여
토지신인 사社와 농신인 후직을 함께 숭배
하였는데 이후로 이 둘을 합친 사직社稷은
국가의 운명과 동의어로 쓰이게 되었다. 조
선 시대에도 사직의 신을 제사 지내던 사직
단社稷壇이 있었고 지금의 종로구 사직공원

서울 종로구의 사직단 토지신과 함께 농업의 신 후직에
게 제사를 지냈던 곳이다.

안에 여전히 그 터가 남아 있다.

염제와 후직 이외에도 그들의 후예 중에는 농업의 발전과 관련된 신들이 많이 있다. 가령 주柱는 염제의 아들로 추측되는데 그는 온갖 곡식뿐만 아니라 채소를 기르는 데에 뛰어난 재주가 있었다. 또 후직의 조카 혹은 손자라고도 하는 숙균叔均은 처음 소를 이용해 농사를 지은 것으로 유명하다. 숙균은 훗날 밭의 신, 곧 전신田神으로 추앙되었다. 이처럼 염제와 후직 이후에도 농업 상의 혜택을 준 여러 명의 신이 탄생했다는 것은 농업기술이 계속 다양하게 발전했음을 의미한다.

어업과 목축업의 발명

농업과 아울러 인류가 발명한 산업으로는 어업과 목축업을 들수 있을 것이다. 어업에서 중요한 것은 고기 잡는 그물이다. 그물은 복희가 매듭을 이용하여 만들었다는 설도 있고, 그의 신하인 봄의 신 구망이 만들었다는 설도 있다. 또는 어떤 현인이 거미줄을 보고 착상하여 만들었다는 설도 있다.

목축의 원조는 야생 코끼리를 길들였다는 순舜이다. 순이 '코끼리'라는 이름의 못된 이복동생 상象을 착한 길로 인도했다는 이야기나 순이 묻힌 창오蒼梧의 들녘에서 코끼리가 밭을 간다는 이야기는 순이 야생 코끼리를 길들일 줄 알았던 종족의 선조가 아닌가 하는 추측을 가능하게 한다.

순의 신하인 백익伯益 역시 야생동물을 잘 길들인 것으로 알려져 있다. 이 밖에 소를 길들인 인물로는 앞에서 언급한 숙균과 은민족의 조상인 왕해王亥가 있다.

마지막으로 주목해야 할 산업은 잠업이다. 누에를 치는 일의 창시자에 대해서는 여러 가지 설이 있다. 일설에 의하면 황제의 비인 뇌조가 처음 백성들에게 누에를 치고 고치에서 실을 뽑아 옷을 만드는 법을 가르쳐주어 후세에 선잠신先蠶神으로 숭배되었다고 하기도 하고, 촉나라를 세운 잠총이 매년 초 백성들에게 황금빛 누에를 한 마리씩 나누어주고 누에 치는 법을 가르쳐주었다고 하기도 한다.

그러나 민간에서는 이런 이야기들과는 상관없이 누에치기, 곧 양잠養蠶의 기원에 관한 슬픈 곡절을 지닌 신화가 전해 내려온다. 《수신기》에는 다음과 같은 이야기가 수록되어 있다.

말과의 결혼 약속을 어긴 소녀, 누에로 변해

옛날 어느 집에서 아버지가 먼 길을 떠나 외동딸과 수말 한 필만이 집을 지키고 있었다.

어느 날 딸은 몹시 심심하기도 하고 아버지가 보고 싶은 나머지 혼잣말처럼 말에게 장난삼아 이렇게 말을 걸었다.

"아, 심심해. 아빠는 왜 이렇게 안 오시는 걸까? 네가 만약 아빠를 데려와주기만 한다면 지금이라도 당장 너한테 시집이라도 가줄 수 있을 것 같구나."

말은 이 말을 듣자 갑자기 고삐를 끊고는 곧장 딸의 아버지가 있는 곳으로 달려갔다. 그러고는 아버지를 만나자 집을 향해 계속 울부짖었다.

소녀와 말 소녀가 말에게 아버지를 데려와달라고 부탁하고 있다. 말을 속여 이용만 하려고 드는 소녀의 얼굴 표정이 앙큼해 보인다. 《중국신선화상집中國神仙畵像集》에서.

아버지는 집에 무슨 일이 있나보다 생각하고 급히

중국의 양잠 산업 중세 중국에서는 양잠이 중요한 산업으로 인식되어 체계적으로 이루어졌음을 보여준다. 남송南宋 시대 작자 미상의 〈잠직도蠶織圖〉에서.

그 말을 타고 집으로 돌아왔다.

집에 돌아온 후 애타게 기다리는 딸을 보고 아버지는 이 말이 아주 기특한 짐승이라고 생각해서 평소보다도 꼴을 더 많이 주었으나 말은 전혀 먹으려 하지 않았다. 그러고는 딸이 마구간을 드나들 때마다 미친 것처럼 날뛰었다.

아버지가 하도 이상하게 생각되어 딸에게 자초지종을 캐묻자 딸이 모든 것을 사실대로 말하였다.

"사람도 아닌 말 주제에 내 딸을 넘본단 말이냐. 이런 고약한 짐승 같으니라구."

아버지는 말도 안 되는 일이라고 화를 내며 급기야는 그 말을 활로 쏘아 죽였다. 그러고는 말의 가죽을 벗겨내서는 마당에다 널어놓고 말렸다.

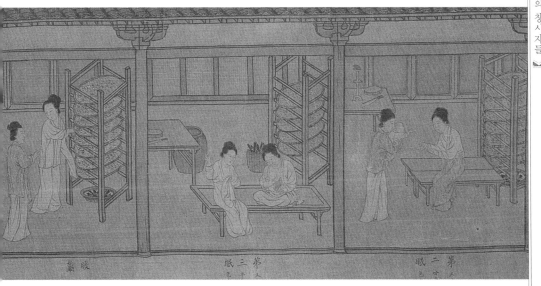

아버지가 외출을 하자 딸은 이웃집 소녀와 마당에서 놀다가 불쌍하게 죽은 말의 가죽을 발로 차면서 이렇게 조롱했다.

"짐승인 주제에 사람을 아내로 삼으려고 해? 안됐다만 이렇게 껍질이 벗겨진 것도 모두 네가 자초한 일이야."

그런데 말이 채 끝나기도 전에 마당에 널려 있던 그 말가죽이 갑자기 벌떡 일어서더니 그녀를 뚤뚤 말아 사라져버렸다.

이웃집 소녀가 놀라서 딸의 아버지에게 달려가 사건을 말하자 놀란 아버지가 딸의 행방을 찾았으나 어디로 갔는지 알 수 없었다. 그런데 며칠 후 마을 근처의 큰 나무 위에서 딸과 말가죽이 모두 누에로 변

잠고궁 蠶始宮 누에의 여신, 곧 잠신을 모신 사당으로 잠신을 잠고라고 부르기도 한다. 엄청나게 크고 실한 누에들이 잠신 앞의 탁자 위에서 시녀들이 따온 뽕잎을 먹고 있다. 청나라 때 산동성의 목판화.

해 실을 토해내고 있는 것이 발견되었다.

마을 부녀자들이 그 누에를 가져다 기르자 좋은 비단을 얻을 수 있었다. 이후로 사람들은 그 나무를 상桑이라고 불렀는데 상은 목숨을 잃었다는 상喪과 발음이 같기 때문이다. 상은 곧 지금의 뽕나무이다. 누에가 그 잎을 먹고 자란다.

말과의 결혼 약속을 어긴 소녀는 결국 말과 한 몸이 된 채 누에로 변해버렸다. 그 후 사람들은 이 비극의 주인공이 된 소녀에게 누에치기가 잘되기를 기원하였고 그리하여 소녀는 누에의 여신, 곧 잠신蠶神으로 숭배되었다.

이 신화에서는 고대인들이 좋은 비단을 얻기 위해 잠신에게 제사 지낼 때 소녀를 희생물로 바쳤던 희생 제의의 흔적이 느껴진다.

누에를 치는 일은 신석기 시대의 머나먼 앙소 문화[2] 시기부터 시작되어 은 시대에는 이미 그 기술이 상당히 높은 수준에 도달해 있었다. 은 시대에 뽕나무가 신성한 나무로 숭배된 것도 이러한 잠업의 흥성과 깊은 관련이 있다.

이후 비단은 중국 문화의 물질적 상징이 되어 전 세계에 이름을 떨치게 되었다. 중국과 서방 세계를 잇는 긴 교역의 길이 실크 로드[3]로 명명된 것만 보아도 중국 문화에서 비단이 차지하는 상징적 의미가 대단히 크다는 것을 알 수 있다.

실크 로드 수많은 상인과 승려, 군인 들이 이 길을 지나 동과 서를 왕래하였다. 험한 산길과 뜨거운 사막도 이들의 열정을 막지는 못하였다. 이탈리아의 상인 마르코 폴로, 신라의 스님 혜초慧超, 고구려의 유민 고선지高仙芝 장군 등이 모두 이 길을 통해 큰일을 이루었다. 🦋

---

2 앙소仰韶 문화 중국 황하 중류에 형성되었던 신석기 문화. 1921년, 하남성河南省 앙소 부근에서 고고학자 앤더슨J. G. Anderson에 의해 발굴되었다. 채색 토기가 특색이어서 채도彩陶 문화라고도 불리며 이미 농사를 짓기 시작했던 것으로 알려져 있다.

3 실크 로드 Silk Road 아시아 내륙을 횡단하여 동과 서를 잇는 고대의 무역로. 비단길이라는 이름은 동방에서 서방으로 간 대표적 상품이 중국산 비단이었던 데에서 유래하였다. 그러나 서방으로부터도 보석·옥·직물 등의 상품과 아울러 불교·이슬람교·음악 등의 문화가 이 길을 통해 동방으로 전해졌다. 한무제 이후 본격적으로 개통되었고 당나라 초기에 가장 성황을 이루었다.

14

태초의 발명가, 문명의 신들

문명의 창시자들 2: 요·유소씨·창힐 등

새로운 발명을 향한 모험들

불의 발명과 더불어 농업·어업·목축·잠업 등 생산 활동과 관련된 각종 산업의 창시자들 다음으로 실용적인 도구를 만들어 인류의 생활을 편리하게 해준 발명가들이 있다.

우선 인간의 생존에 관한 가장 중요한 발명품은 의술과 약일 것이다. 의약의 창시자로는 염제가 가장 유명하다. 염제는 온갖 풀을 직접 맛보아 각 풀의 특성을 잘 파악하여 치료에 응용하였다고 한다. 염제가 농업의 신인 것에서 알 수 있듯이 그는 들에서 자라는 풀과 나무의 성격, 쓰임새를 인간이 알 수 있게끔 구분하고 정리한 최초의 식물학자라고 할 수 있다.

일설에는 염제에게 자편赭鞭이라는 신기한 채찍이 있어서 그것으로 풀을 후려치면 그 풀의 특성을 모두 알 수 있었다고 하기도 한다. 그러나 신농의 위대함은 풀을 맛보다 하루에도 일흔 번이나 독초에 중독될 만큼 희생적인 탐구심으로 의약을 개발한 그 정신에서 찾을 수 있을 것이다. 어쩌면 자편이란 범상한 인간으로서는 도저히 흉내 낼 수 없는 이런 불굴의 실험 정신과 자기 헌신적인 의술을 상징적으로 표현한 것이 아닐까.

또 한 명의 의약 창시자는 무팽巫彭이라는 태곳적의 무당이다. 무산이라는 신비한 산에 살고 있는 이 무당은 천상과 지상을 오르내리는 능력이 있었으며 병을 다스릴 수 있는 온갖 좋은 약을 다 갖고 있었다고 한다. 이처럼 원시시대의 무당은 종교적 활동을 할 뿐만 아니라 치병治病의 능력도 함께 보유하고 있었다. 이들을 무의巫醫 혹은 주의呪醫라고도 부르는데 무당과 의사의 역할이 나누어지지 않았던 시대에 활약하였던 이들의 흔적은 오늘날의 원시 부족에서도 찾아볼 수 있다.

고대의 무당 무당은 두 손을 모으고 기도하는 자세로 있다. 무당의 머리 위로는 신성한 봉황새와 용이 날고 있다. 호남성湖南省 장사長沙의 전국시대 백화帛畵에서.

호모 파베르(Homo Faber, 도구적 인간)의 시작

인류가 농경을 하게 되면서 만들어낸 중요한 도구는 토기이다. 토기는 인류가 정처 없이 떠돌던 유목과 채집 생활에서 정착 단계에 접어들었음을 의미하는 도구이다. 중국의 경우 신석기 시대 초기부터 토기를 제작하기 시작하여 앙소 문화와 용산 문화[1] 시기에는 이미 상당히 견고한 토기를 생산해내기에 이른다.

동양 신화에서 최초로 토기를 만들어 사용한 사람은 아마 요堯

---

1 **용산龍山 문화** 산동성 일대에서 발달하였던 신석기 시대 후기의 문화. 검은 토기를 많이 사용하여 흑도黑陶 문화라고도 부른다. 검은 토기 외에도 반월형 돌칼, 조개로 만든 칼, 낫 등의 도구를 사용하고 짐승의 뼈로 점을 쳤다. 농경과 목축이 함께 행해졌던 시기로 앙소 문화 시기보다 진보하였다. 이 시기에 모계 씨족사회에서 부계 씨족사회로의 전환이 이루어진 것으로 추정된다. 이 문화를 바탕으로 은殷 문화가 성립된다.

임금일 것이다. 요堯는 이름 자체가 '흙 土±' 자로 이루어져 있으며 또한 그의 별칭이 도당씨陶唐氏임을 미루어 짐작해보건대 토기의 제작자였음을 알 수 있다.

《산해경》에는 '요산堯山', 즉 '요임금의 산'이라는 곳에서 '누런색 흙黃堊'이 많이 난다는 기록이 있다. 역시 요가 토기 제작자를 의미하는 이름임을 뒷받침하는

앙소 문화 시기의 채색 토기 섬서성 반파
半坡 출토.

내용이라 볼 수 있다. 요임금은 아마 훌륭한 토기 제작자로서 토기의 신, 곧 도신陶神으로 추앙되었던 농경시대의 중심 인물이었을 것이다.

요임금이 토기를 제작했을 것이라는 짐작 이외에도 곤오昆吾라는 사람이 토기를 처음 제작하였다는 설도 있다. 곤오는 하夏 왕조 때의 사람으로 혹은 그가 임금이었다고도 한다.

이 밖에 염제·황제 등의 큰 신들에게도 토기를 처음 만들었다는 설이 있는 것으로 보아 토기 제작이 원시인류에게 어느 정도로 중요한 일이었는지를 알 수 있다. 아울러 이는 태고의 큰 신들이 대부분 인간의 농경 생활과 밀접한 관련이 있는 '정착 시대' 이후의 신들임을 말해주기도 한다.

다음으로 토기 제작보다 뒤에 이루어진 일이지만 청동기 등 금속 제련과 관련된 야금술冶金術의 발명은 인류의 문명에 또 하나의 획기적인 변화를 가져왔다. 야금술에 의한 무기의 발명이야말로 인류의 자연에 대한 지배를 확고히 하는 계기가 되었기 때문이다.

동양 신화에서 야금술 방면의 창시자로 추정되는 신은 욕수이다. 욕수는 금속의 기운을 관장하는 금신金神이다. 욕수가 금속에 관한 일을 담당하게 된 것은 우연한 일이 아니다. 욕수는 서방의

큰 신인 소호를 보좌하는 신이다. 그런데 동양에서 우주의 다섯 가지 기운, 즉 '오행'의 기운 중에서 금金, 즉 쇠붙이의 기운은 서쪽에 속해 있는 것으로 생각되었다. 이에 따라 욕수는 큰 신인 소호의 명을 받들어 금속을 만들어내는 일을 하게 된 것이다. 흥미로운 사실은 고대 중국에서 '금'이라는 글자는 황금이나 철이 아니라 구리를 의미하였다는 것이다. 인류가 처음 이용하게 된 금속은 녹이기 쉬운 구리였기 때문이다.

야금술과 깊이 상관된 또 하나의 신은 치우이다. 치우 형제 81인이 구리 머리에 철의 이마를 하고 모래와 돌을 먹었으며 갈로산 葛盧山과 옹호산雍狐山이라는 곳에서 구리를 캐어 창과 칼 등의 무기를 만들었다고 하니 그들은 아마 고대의 대장장이 집단이었을 가능성이 크다.

앞서의 생활 도구들과 더불어 인류의 삶에 큰 변화를 가져온 도구로서 수레와 배 등의 운송 수단을 들지 않을 수 없다. 이것들은 공간상의 이동과 소통을 쉽고 편하게 하여 인류의 활동 영역을 확장시킴으로써 생산의 증가와 사회의 발전을 촉진하였다.

수레의 창시자는 동이계의 큰 신 제준의 후예인 해중奚仲이라는 신이다. 해중이 수레를 발명한 과정을 보면 생활 속의 발견에서 문명이 시작되었음을 보여준다. 해중은 어느 날 동그란 다북쑥 열매가 바람에 불려 이리저리 굴러다니는 것을 보고 수레바퀴를 고안해냈다는 것이다. 그리하여 그는 굽은 나무로 수레바퀴를 만들고 곧은 나무로 끌채를 만든 다음 말과 소에게 멍에를 메워 수레를 완성했다고 한다.

또《산해경》에 의하면 해중의 아들 길광吉光이 처음 수레를 만

고대의 수레　섬서성 신목
神木의 화상석에서. 🐎

들었다고도 하니 해중 집안에서 수레를 만든 것만큼은 분명한
사실인 듯하다. 이것은 특정한 장인匠人 집안에서 대대로 수레를
제작하여 그 기술을 차츰 발전시켰음을 의미하는 것이기도 하다.

이 밖에 은 민족의 시조 설契의 손자인 상토相土가 네 마리 말이
끄는 수레를 만들었다는 설도 있고 황제가 처음 수레를 만들었
고 소호가 소로 하여금 끌게 했다는 설도 있다. 이러한 여러 가지
설은 태초의 여러 집단이 각각 자신들과 관련된 조상 중에서 유
익한 문명의 수단인 토기·금속·수레 등의 창시자를 내세웠기 때
문이라고 할 수 있다. 동이계 종족의 큰 신인 제준의 후손이 수레
를 만들었다는 설과 화하계 종족의 큰 신인 황제가 수레를 만들
었다는 설은 이 점에서 서로 공존할 수밖에 없는 것이다.

그렇다면 배는 누가 처음 만들었을까? 배는 제준의 후예인 번
우番寓가 만들었다는 설도 있고, 계통이 불분명한 공고共鼓·화호
化狐·우구虞姤 등의 신들이 각기 만들었다는 설도 있다. 이 중 화
호는 물고기가 꼬리로 물을 가르며 헤엄치는 모습을 보고 나무

후한後漢 시대의 나무로 만든 배 모형 광주廣州 출토.

동진東晉 시대의 배 그림 고개지顧愷之의 〈낙신부도洛神賦圖〉에서의 배 그림을 본떠 그린 것.

를 깎아 노를 만들고 배를 저어 앞으로 가게 하였다고 한다.

　인류가 거주하는 공간인 집 또한 고대에는 신적인 인간의 창작물로 여겨졌다.《한비자》에 의하면 태곳적에는 사람은 적고 짐승은 많아 맹수들로부터 피해를 많이 입었다고 한다. 이때 유소씨有巢氏라는 성인이 나타나 나무를 얽어 집을 지으니 이로부터 피해를 입지 않았다고 한다.

　이 밖에도 고원高元이라는 사람이 집을 처음 지었다는 설도 있고 황제가 처음 궁궐을 지었다고도 하며 곤오가 처음 흙으로 기와를 구워 초가집을 기와집으로 바꾸어놓았다는 이야기도 있다.

　동양 신화에서는 의복의 창시자에 대해서도 말한다. 이에 따르면 황제의 신하였던 호조胡曹가 처음 옷을 지었다고 한다. 그가 지은 옷은 아마 짐승 가죽을 재료로 한 원시적인 것이었으리라. 처음 실을 짜서 옷을 지은 사람은 백여伯餘라고 알려져 있는데 그는 삼베로 실을 꼬아서 옷을 지었다고 한다.

　고고학적 자료로 보면 앙소 문화 초기에 이미 삼베 직물이 출현하고, 양저 문화[2] 시대, 즉 신석기 시대 후기에 이르면 질 좋은 세마포細麻布가 생산된 것으로 확인된다. 비단 제품은 이미 앙소 문화 말기부터 나오기 시작한다.

---

2 양저良渚 문화 장강 하류에 발달하였던 신석기 시대 후기의 문화. 시기는 대략 기원전 3300년경에서 기원전 2000년경 사이로 추정된다. 정교한 옥 제품을 생산하였으며 동양의 흙 피라미드로 불리는 대형 분묘와 산꼭대기에 세운 제단 등이 발굴되어 당시의 종교 문화를 엿보게 한다.

이처럼 의복의 재료는 짐승 가죽에서 삼베로, 다시 삼베에서 비단으로 변천을 거듭하는데 신화는 각 단계의 창시자에 대해 빠짐없이 말하고 있다. 비단 생산, 곧 양잠의 발생에 대한 신화는 이미 앞에서 잠신 신화를 통해 말한 바 있다.

무기는 원시인류가 자연 혹은 인간과의 투쟁 속에서 자신의 생존을 확보하기 위해 불가피하게 소지해야만 했던 도구이다. 인류는 창·칼 등 여러 종류의 무기를 만들어냈으나 원시사회에서 활만큼 큰 영향력을 지닌 무기는 없었다.

활은 대체로 구석기 시대 말기에 출현하였다. 단숨에 사냥감 혹은 적과 자신 사이의 공간적 거리를 뛰어넘어 상대를 쓰러뜨리는 활의 위력은 참으로 놀라운 것이었다. 따라서 활은 인간을 다른 사나운 짐승보다 우월한 존재로 만드는 데에 크게 기여한 발명품이다.

순식간에 적을 쓰러뜨리는 놀라운 위력 때문에 활을 처음 만든 사람 역시 평범한 인간은 아니다. 《산해경》에는 소호의 아들 반般이 처음 활과 화살을 만들었다는 기록이 있다. 또는 황제의 신하인 휘揮가 활을, 모이牟夷가 화살을 만들었다는 설도 있고 동이계의 영웅 예가 만들었다고 하기도 한다.

이렇듯 활의 발명자로 여러 명이 거론되는 것은 활의 성능이 여러 사람에 의해서 지속적으로 향상되어왔음을 뜻한다. 활을 잘 쏘는 사람은 그만큼 성능이 뛰어난 활을 가지고 있을 수밖에 없다. 따라서 명궁 예에게도 활의 창시자로서의 명예가 부여된 것이리라.

전국시대의 쇠뇌 노궁弩弓이라고도 하며 보통의 활보다 강력했다.

중국의 디오니소스, 두강 돌 탁자 위의 네모난 것은 아마 술을 빚을 때 쓰는 누룩인 듯하다. 앞에는 술동이가 보인다. 《천지인귀신도감》에서. 🐚

음식물 중에서 인간에게 중요한 기호품인 술은 누가 발명 하였을까? 술은 마시면 취해서 '광인'이 되기도 하지만 신과 의 소통에 필요한 신성한 음료이기도 하다. 제사 때에 반드시 술을 바치는 것은 이 때문이다.

술의 발명에 대해서는 두강杜康이라는 사람이 차진 곡식으 로 술을 빚었다는 설이 있는가 하면 천제의 딸이 의적儀狄이라 는 사람을 시켜 처음 술을 빚게 하여 갖가지 맛을 내게 했다는 설도 있다.

또 다른 이야기에 의하면 의적은 우임금의 신하였는데 어 느 날 술을 빚어 바치자 우임금이 마셔보고 크게 취한 후 "훗 날 반드시 이 술로 인해 나라를 망치는 자가 있을 것이다"라고 예언했다고 한다. 이후 우임금은 술을 끊고 의적을 멀리했는 데, 후대에 과연 걸왕桀王이 나타나 술의 연못인 주지酒池를 파

술을 바치는 의적 의적이 술동이를 들고 우임금을 향해 나아가고 있다. 《제감도설帝鑒圖說》에서. 🐚

는 등 술에 탐닉한 끝에 나라를 망치고 말았다.

눈이 넷 달린 창힐이 문자 만들자 귀신들이 통곡하다

신화 시대의 물질적인 발명품과 관련된 신화는 앞에서 대략 서술하였다. 다음으로 짚어볼 부분은 무형적인 측면의 발명 신화이다. 과연 인간의 정신 생활과 관련된 문화의 창시자들은 누구였을까? 원시 문화 중에서 춤과 노래는 아마 가장 일찍 출현하였을 것이다. 그리고 그것은 분리되지 않은, 이른바 가무歌舞의 형태를 취하고 있었음에 틀림없다.

그렇다면 신화 속에서 가무의 창시자는 누구일까?

《산해경》을 보면 제준의 아들 여덟 명이 처음 가무를 행했다는 기록이 있다. 그런데 왜 창시자가 한 명이 아니고 여덟 명이나 될까? 원시 문화로서 가무는 집단 창작의 산물이기 때문일 것이다. 그리스 로마 신화에서도 문학과 예술의 신인 뮤즈는 모두 아홉 명으로 되어 있다.

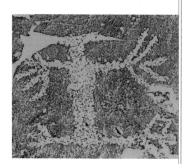

무당으로 추정되는 인물 울주군 반구대 암각화에서.

그러나 《산해경》에는 춤이 제외된 음악만의 창시자에 대한 기록도 있다.

이 책에 따르면 요산搖山이란 곳에는 불의 신 축융의 아들 태자장금太子長琴이 사는데 그가 처음 노래를 지어 불렀다는 것이다. 가무가 있으면 반드시 악기도 있는 법,《산해경》에는 제준의 아들 안룡晏龍이 거문고를, 염제의 후손인 고鼓와 연延이 종을 만들었다고 기록되어 있다. 이 밖의 전해지는 신화에서는 복희가 거

젖가슴이 달린 여신 몽골 하란산賀蘭山 암각화에서.

문고를, 여와가 생황笙簧을, 황제가 종·북·경쇠 등을 만들었다고 말한다.

예로부터 중국에서는 우리 민족에 대해 "노래 잘하고 춤 잘 춘 다能歌善舞"고 일컬어왔다. 위에서 본 것처럼 가무의 창시자들이 제준을 비롯하여 대부분 동이계의 신들인 것도 이 점과 깊은 상관성이 있지 않을까?

원시예술로서 춤·노래와 아울러 중요한 것은 그림이다. 원시 인류는 알타미라 동굴 벽화 등의 경우처럼 이미 구석기 시대 말기부터 그림 작품을 남기고 있다. 이러한 원시시대의 그림은 오늘날에도 동굴 벽화나 바위 위에 새긴 암각화岩刻畵 등의 형태로 남아 있다.

눈이 넷인 창힐 고대 중국에서 훌륭한 사람은 눈이 복수의 형태로 표현되는 경우가 많다. 《중국고대민간복우도설》에서.

신화에서는 순임금의 이복 누이동생인 과수敤首가 처음 그림을 그리기 시작했다고 말한다. 또는 황제의 신하인 사황史皇이 처음 그림을 그렸다는데 그는 그림의 법도를 세웠고 천지 자연의 모습을 그대로 그려내어 조물주의 솜씨에 견줄 정도였다고 한다.

그림에 이어 등장한 것이 문자이다. 문자를 갖게 된 이후 인류는 완연히 과거와 구별되는 새로운 문명의 시대, 즉 역사시대로 접어들게 된다. 그럼 문자는 누가 처음 만들었을까?

토기에 새겨진 기호 무늬 섬서성 반파 출토.

신화에서는 황제의 신하인 창힐蒼頡이 처음 만들었다고 말한다. 창힐은 그림을 처음 그렸다는 앞서의 사황과 동일시되기도 하는데 그는 용의 얼굴에다 눈이 넷이었으며 그 눈들은 아주 신령스러운 빛을 발했다

고 한다. 그는 하늘과 땅의 변화무쌍한 모습
과 새·짐승 등의 무늬나 발자국 등을 참작
하여 최초의 문자를 만들어냈다. 그림의 창
시자인 사황과 문자의 발명자인 창힐이 동
일시되는 것은 중국의 고대 문자가 '상형문
자', 즉 그림에 가까운 것이었기 때문이다.

그가 처음 문자를 만들어낸 날, 세상에는
온갖 이변이 나타났다. 하늘에서는 곡식의
비가 쏟아지고 땅에서는 귀신들이 한밤중
에 통곡을 했으며 용이 모습을 감추었다고 한다.

토기에 새겨진 상형문자 태양·달·산의 형태가 뚜렷하
다. 오른쪽은 문자가 있는 부분을 확대한 것. 산동성 거현
莒縣 출토 🍃

이러한 이야기들은 고대인들이 믿었던, 문자가 지닌 신비
한 힘과 위력을 표현하고 있다. 즉, 문자가 발명되어 인간이
표현을 하게 됨으로써 주술적 세계의 감추어졌던 모습이 객
관적으로 드러나게 되었음을 의미한다. 귀신들이 통곡한 것
은 이제 더 이상 인간들에게 자신들의 존재를 감출 수 없게
되었기 때문이리라.

그러나 중국의 문자인 한자는 신화에서 말하는 것처럼 창
힐이라는 한 개인에 의해 만들어진 것이 아니다. 그것은 오
랜 세월에 걸쳐 수많은 민족의 노력을 통해 완성된 것이다.
신석기 시대 중기인 앙소 문화 시기에 이미 한자의 원시적
형태인 도문陶文이라는 부호가 출현한다. 그 후 대문구 문화[3] 시
기의 좀 더 발전된 형태를 거쳐 은나라의 갑골문에 이르러 한자

갑골에 새겨진 글자 한자의 초
기 형태이다. 하남성 안양安陽
출토 🍃

---

3 **대문구**大汶口 **문화** 황하 하류, 산동성 일대에서 발달하였던 신석기 시대 후기의 문화. 시기는 대략 기원전 4000년경에서 기원전
2000년경 사이로 추정된다. 용산 문화보다는 앞서고 앙소 문화보다는 늦은 시기의 문화이다. 눕혀펴묻기, 곧 앙와신전장仰臥伸展葬
을 주로 한 남녀의 합장이 발견된다. 이 문화는 초·중·말기의 3단계로 구분되는데 말기에 이르면 사회계층의 분화 및 빈부의 차이가
생기고 물레가 사용되기 시작하며 토기 제작이 꽤 전문화된다.

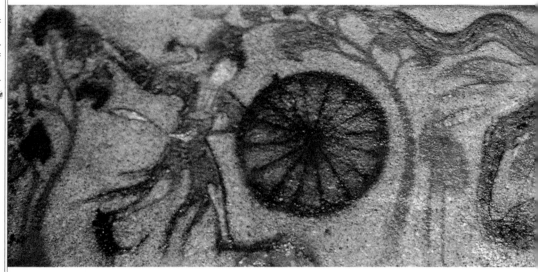

고구려의 수레의 신 바퀴를 만들고 있다. 집안의 오회분 4호묘 벽화에서.

는 비로소 기본적인 모습을 갖추게 되는 것이다.

동양에서의 문명의 창시자들을 살펴보면 그리스 로마 신화와
는 달리 복수이거나 다수인 경우가 많다. 이에 대해서는 앞에서
도 말했듯이 두 가지 이유가 있다. 첫째, 대륙에 거주하던 다양
한 종족들이 중요한 물질 혹은 문화에 대해 모두 그들 나름의 창
시자를 갖고 있기 때문이다. 둘째, 중요한 물질 혹은 문화가 여러
시기에 여러 단계를 거쳐 발전해왔기 때문이다.

주목해야 할 사실은 창시자들 중의 상당수가 동이계에 속하
는 신들이거나 인물들이라는 점이다. 이로 미루어볼 때, 동양에
서 문명 초기의 주체는 동이계 종족이었음을 알 수 있다. 고구려
고분 벽화에 불의 신과 농업의 신을 비롯해 수레의 신, 대장장이
신, 문자의 신 등이 출현하고 있는 것도 이러한 사실을 입증해주
고 있다. 그러나 창시자들 중의 일부는 특별히 황제 혹은 황제의

후손으로 설정되어 있기도 한데 이것은 후세에 서방 화하계 종족이 주도권을 잡으면서 의도적으로 황제를 문명의 개조開祖로 부각시켰기 때문이다.

전쟁과 모험 그리고 영웅들

서로 다른 힘을 지닌 강력한 신들은 패권을 쟁취하고자 싸웠고,
지배적인 신에 대해서는 젊고 패기 있는 신들의 도전이 계속되었다.

15

죽을 수는 있어도 굴복은 없다

불굴의 영웅 치우와 황제의 전쟁 신화

패권 장악을 둘러싼 신들의 전쟁 시대

인간의 불완전함을 넘어선 신들의 세계는 과연 행복하고 편안하기만 했을까. 신들의 세계라고 해서 평화롭고 안락하기만 한 것은 아니었다. 그곳에도 평등은 존재하지 않았다. 서로 다른 힘을 지닌 강력한 신들은 패권을 쟁취하고자 싸웠고, 지배적인 신에 대해서는 젊고 패기 있는 신들의 도전이 계속되었다.

제우스가 최고신의 자리를 차지하기 위해 아버지인 크로노스를 비롯한 여러 신들과 피나는 투쟁을 벌였듯이 중국의 황제 역시 중앙의 으뜸 신으로 군림하기 위해 막강한 다른 신들과 여러 차례 힘겨운 전투를 치러야만 했다.

황제가 점차 세력을 키워가고 있을 무렵 신들의 세계는 이미 황제의 선배 격인 염제 신농이 지배하고 있었다.

염제는 농업을 발명하고 의약의 혜택을 베푸는 등 인류에게 이로운 일을 많이 했던 자비로운 신이었다. 그러나 신들의 세계에서 염제와 황제는 결코 공존할 수 없는 대립적인 권능의 소유자들이었다. 즉, 염제는 태양신으로서 불을 통해 능력을 발휘함에 반해 황제는 뇌우雷雨의 신으로서 물로 세상을 다스렸기 때문이다. 수화상극水火相克, 물과 불은 어울릴 수 없다는 말도 있듯이 둘 중의 하나는 물러나야 할 운명이었다.

마침내 황제는 군사를 일으켜 염제에게 도전하고야 만다. 황제와 염제의 양쪽 군대는 판천이라는 지역의 들판에서 격돌하였다. 판천은 지금의 중국 하북성河北省에 위치한 곳이다.

기존의 세력 구도에 도전한 야심 찬 황제는 만반의 전투태세를 갖췄다. 우선 공격 부대를 날쌔고 용맹한 야생동물들로 구성했다. 전투의 선봉에는 호랑이·표범·곰 등을 길들여서 세웠고, 독수리·솔개·매 등을 깃발처럼 날려 염제군을 공격하였다.

전투는 세 차례 벌어졌는데 세 번 모두 젊은 황제의 군대에 승리가 돌아갔다. 염제는 불의 신 축융을 부하로 거느리고 있었고 그 스스로도 태양신이었기 때문에 불을 이용해서 황제와 싸웠다. 하지만 염제의 화공은 비와 바람과 벼락을 자유자재로 부리는 황제에게는 별 위력을 발휘할 수 없었다. 결국 염제군은 황제군의 공세를 당해내지 못하고 싸움에 지고 말았다. 이렇게 해서 신들의 세계를 다스리던 염제는 젊은 황제에게 패권을 빼앗긴 채 굴욕을 참으며 남방으로 쫓겨 가고 말았다.

이 전쟁에 대하여 후대의 역사서는 어떤 기록을 남기고 있을까. 사마천의 《사기》와 가의의 《신서》[1] 등 한나라 때에 지어진 책들은 이 전쟁을 두고 염제가 제후들을 침략하고 도리에 어긋난 일을 많이 했기에 황제가 징벌한 것이라는 식으로 서술하고 있다.

그러나 이러한 서술은 인류를 위해 수많은 혜택과 은총을 베풀었던 인자한 염제의 선신善神으로서의 이미지에 도무지 들어맞지 않는다. 침략이니 어긋난 일을 많이 했다느니 하며 염제에 대하여 부정적인 평가를 하는 대목은 황제의 후예를 자처했던 한나라 때 승리자인 황제를 미화하기 위해 꾸며낸 이야기라고 보는 편이 좀 더 타당해 보인다. 결국, 역사란 승자의 관점에서 기록되는 것 아닌가.

구리 머리, 쇠 이마에 모래와 돌로 된 밥을 먹는 대장장이 형제들

그 이면의 진실이 어떻든 간에 염제가 패배한 것만은 사실이었다. 그렇다. 염제는 패배한 것이다. 그러나 전쟁은 끝나지 않았고 판천의 전투는 오히려 훨씬 더 큰 전쟁의 서곡에 불과하였으니 그것은 염제의 용맹한 신하 치우가 등장하기 때문이다.

그러면 이제 치우 신화의 구체적인 이야기 속으로 들어가보자.

치우는 지금의 중국 산동성 일대에 거주하던 구려九黎라는 신족의 우두머리였다. 치우는 형제가 많았다. 기록에 따르면 72명이라고도 하고 81명이라고도 할 정도였다. 이 치우 형제들의 모습은 거의 로봇 군단의 그것이었다. 아니, 사이보그 인간이라고 표현해야 좋을지 모르겠다. 그들은 모두 구리로 된 머리에 철로 된 이마를 하고 모래와 돌을 밥으로 먹었다고 했다. 또 그들은 동물의

1 《신서新書》 전한 문제文帝 때의 문인 가의賈誼(기원전 200~기원전 168)의 개인 저술. 총 10권으로 《가의신서賈誼新書》 또는 《가자신서賈子新書》라고도 한다. 앞의 5권은 상주문上奏文을, 뒤의 5권은 정치·도덕·학문·풍속 등에 관한 논설을 수록하였다. 한나라 초기의 정치와 사상을 살필 수 있는 책으로서 가치가 크다.

몸을 하고 사람의 말을 했다고도 한다. 특히 중국의 역사서에는 주로 아주 흉악하고 못된 괴물의 형상으로 그려진다. 아마도 치우와 그 형제들에 대한 이러한 표현은 그들의 용감하고 강인한 성품 때문이리라.

치우의 생김새에 대해서는 여러 가지 설이 있다. 그가 여덟 개의 팔다리에 둘 이상의 머리를 지녔다는 설도 있고, 사람의 몸과 소의 발굽에 네 개의 눈과 여섯 개의 손을 지녔다는 설도 있다. 또 그의 귀밑 털이 칼날과 같고 머리에는 뿔이 돋았다는 설도 있다. 소의 발굽을 했다거나 머리에 뿔이 돋았다는 설은 염제가 소의 머리에 사람의 몸이었음을 생각할 때 그가 염제의 혈통임을 암시한다.

전쟁의 신 치우 온몸을 각종 흉기로 중무장한 모습이다. 무기를 잘 만들고 싸움하기 좋아하는 치우의 성격을 표현하였으나 본래는 이렇게 흉악한 모습이 아니었을 것이다. 승리자인 황제 측에 의해 왜곡되었을 가능성이 크다. 산동성 기남의 화상석에서.

치우는 강인한 몸과 아울러 훌륭한 무기 제작 능력을 갖고 있었다. 그의 일족은 갈로산과 옹호산이라는 곳에서 구리를 캐서 칼과 창 등의 무기를 많이 만들었고 무장한 군사력으로 염제 신족 내에서도 가장 유력한 집단이 되었다. 학자들은 치우 일족의 이러한 기능에 주목하여 그들이 고대 중국의 변방에 살던 대장장이 집단이고 치우가 우두머리 무당일 것으로 추측하기도 한다. 고대에는 무당이 대장장이를 겸했다. 불을 다루어 금속을 정련하는 기술은 무당이 지닌 특별한 능력으로 여겨졌기 때문이다.

새 머리의 치우 또 다른 치우의 모습. 새의 머리를 하고 있어 조류를 숭배하는 동이계 종족의 영웅임을 표현했다. 강소성江蘇省 진강鎭江의 남북조시대 화상전畵像磚에서.

당시 염제는 이미 은퇴를 했고 그 후손인 유망榆罔이라는 신이 신족을 다스리고 있었다. 일설에 따르면 치우의 세력이 커져서 유망의 자리를 넘보게 되었고, 결국 유망이 패하여 황제에게 도움을 청하면서 치우와 황제 사이에 전쟁이 벌어졌다고도 한다.

그러나 이 역시 황제의 정당성을 주장하고자 치우를 깎아내린 이야기일 가능성이 크다. 앞에서 본 것처럼 중국의 역사서에서 대부분 치우가 못된 악신이나 괴물의 형상으로 묘사되고 있는 것도 이러한 이유 때문이다. 그러나 치우의 도전은 자신의 임금이자 어른인 염제의 억울한 패배에 대해 원한을 갚기 위한 것으로 보는 것이 더 설득력 있는 해석으로 보인다. 그리고 그것의 궁극적인 목적은 잃어버린 동방 신족의 패권을 되찾기 위한 것이라고 말할 수 있다.

치우와 황제의 최후의 격전

선하고 자비로운 신 염제의 복수를 위하여 치우는 전력을 총동원하기에 이른다.

드디어 치우는 집결된 전군을 이끌고 황제의 영역인 탁록으로 진격하였다.

탁록은 지난번 황제와 염제가 싸웠던 판천 근처의 땅이다. 우리는 여기서 탁록의 지명을 기억하자. 동양 신화에서 보기 드문, 큰 싸움이 벌어진 곳이 바로 탁록이기 때문이다. 탁록에서 풍겨 나온 피비린내는 수만 리 밖까지 진동하였고 군사들이 떨어뜨린 병장기가 핏물 위로 둥둥 떠다닐 만큼 치열한 격전이 벌어졌다.

치우의 군대에는 앞서 말한 구리 머리에 철의 이마를 한 72명

혹은 81명의 용맹한 형제들과 바람의 신 풍백, 비의 신
우사, 거인인 과보 종족 그리고 도깨비인 이매와 망
량 등의 무리가 대거 참여하여 사나운 기세가 하
늘을 찌를 듯하였다.

　황제 측에서도 대비가 없을 수 없었다. 호랑
이·표범·곰·독수리·솔개·매 등의 맹수, 맹금
군단과 충직한 신하인 날개 돋친 용 응룡, 황제의
딸이자 가뭄의 여신인 발 등이 대군을 이루어 치우군
에 대항하였다.

응룡 황제 자신이 용의 화신이므로 응룡
을 신하로 부리는 것은 당연하다 할 것이
다. 명 호문환의 《신해경도》에서.

　그러나 전세는 처음부터 황제군에게 불리하였다. 날
카로운 무기로 무장한 치우 형제들과 도깨비 군단의
위세에 황제군이 겁을 먹었기 때문이었다. 일설에 따
르면 처음 아홉 번의 전투에서 황제는 아홉 번 모두
패했다고 한다. 그러나 황제는 마지막 몇 차례의 전투
에서 승리함으로써 치우를 제압할 수 있었다. 그러면
당시의 전투 상황이 어떠했는지 알아보자.

　먼저 치우는 도깨비 군단을 앞세워 황제군을 공격
하였다. 도깨비 군단은 혼 빼기 작전을 폈다. 신음하는
듯한 이상한 소리를 내서는 황제군을 홀리게 하여 갈

현대의 응룡 캐릭터 동아시테크의 《한국
신화의 원형》에서.

피를 못 잡게 만들었다. 이에 대항하여 황제는 호각을
크게 불어 용의 울음소리를 내게 하였다. 도깨비 군단은 용의 울
음소리에 그만 혼비백산하여 달아나버렸다. 황제는 호각 외에도
신기한 북을 만들어 자기편의 사기를 돋우고 치우군의 기를 꺾
어놓았다. 양군 모두 막상막하의 싸움이었다.

황제가 만든 북은 황제군의 전승에 혁혁한 공로를 세운 신기하기 짝이 없는 물건이었다. 그도 그럴 것이 그것이 만들어진 내력이 심상치 않았다. 동해 바다의 유파산流波山이라는 섬에는 생김새는 소처럼 생겼는데 외다리를 하고는 천둥소리를 내는 기夔라는 괴물이 살았다. 황제는 이놈을 잡아 그 가죽을 벗겨 북을 만들었다. 또 뇌택이라는 호숫가에는 용의 몸에 사람의 머리를 한 뇌수雷獸라는 괴물이 살았다. 이 괴물이 스스로 배를 두드릴라치면 천둥소리가 났다. 황제는 이 괴물을 잡아서 그 뼈를 뽑아 북채를 만들었다. 천둥소리를 내는 북에 천둥소리를 내는 북채.

그 소리가 어떠할 것인가. 기의 가죽으로 만든 북을 뇌수의 뼈로 만든 북채로 두들겼더니 그 소리가 어찌나 우렁찼던지 500리 밖에서도 들렸다고 한다. 치우군은 이 엄청난 북소리에 놀라 갈팡질팡하다가 상당수가 황제군에게 죽임을 당하고 말았다. 그러자 치우는 이번에는 안개 작전을 펼쳤다. 짙은 안개를 일으켜 황제군을 공격한 것이다. 무당이자 대장장이인 치우는 원래 비바람을 불러오고 연기와 안개를 일으키는 술법에 능하였다. 치우가 술법을 부리자 사흘 동안이나 짙은 안개가 황제군을 에워쌌고 황제군은 방향을 분간할 수 없어 큰 혼란에 빠지게 되었다. 치우군은 이 틈을 타 사방에서 황제군을 습격하였다.

외다리 짐승 기 난데없이 황제에게 붙들려 가죽이 벗겨져 북이 되어버린 불쌍한 동물이다. 명 장응호의 〈산해경회도〉.

현대의 뇌수 캐릭터 이 괴물은 동방의 큰 신 태호를 낳았던 뇌신과 동일시되기도 한다. 동아시테크의 《한국 신화의 원형》에서.

이러한 오리무중의 전황 속에서 황제가 고민하고 있을 때 지혜로운 신하 풍후風后가 나섰다. 풍후는 북두칠성의 손잡이가 늘 북쪽을 가리키고 있는 것에 착안하여 지남거指南車라는 수레를 만들었다. 이 수레는 북두칠성의 방향과는 정반대로 항상 남쪽을 가리키게 되어 있었다. 즉, 수레 위에는 나무로 만든 신상神像이 있었는데 이 신의 손가락은 수레가 이리저리 움직여도 언제나 남쪽만을 향하였다. 아마 지남철의 원리를 이용한 수레였던 모양이다. 이렇게 해서 황제군은 지남거에 의지해 방향을 파악하고 안개의 포위망에서 빠져나올 수 있었다.

계속 치우군에게 공격만 당하며 밀리던 황제는 마침내 반격을 시도하였다. 황제는 응룡을 시켜 천상에 엄청난 양의 물을 모아두었다가 치우군에게 퍼부을 계획을 세웠다. 그러나 이 계획은 사전에 치우군에게 탐지되었다. 왜냐하면 바람의 신인 풍백과 비의 신인 우사가 치우 편이었기 때문이다. 치우는 쇠로 된 갑옷을 입고 전차에 앉아 풍백과 우사에게 명령하였다.

"황제가 물로써 우리를 공격하려고 하니 우리가 먼저 선수를 쳐야 할 것이다. 풍백·우사는 어서 비와 바람을 일으켜 적을 공격하라."

명령을 받은 풍백과 우사는 자신들의 특기인 비와 바람을 불러와서 응룡이 천상에 모아두었던 엄청난 양의 물을 끌어내려 삽시간에 황제군의 진영을 물바다로 만들어버렸다. 황제와 그의 병사들은 도리어 황제군 위로 갑자기 폭풍우가 불어 닥치자 당황하여 이리저리 떠내려가고 우왕좌왕 혼란

지남거 나침반의 원조라 할 만하다. 고대 중국에서는 풍수설로 좋은 땅을 가리기 위해 방향을 가늠하는 나침반이 일찍부터 발명되었다. 이 나침반이 후일 서양으로 건너가서 항해술에 이용되어 지리상의 발견을 가져온다. 🐝

에 빠졌다. 황제는 이에 급히 거대한 불기운을 몸에 지니고 있는 자신의 딸이자 가뭄의 여신인 발을 불러 지상으로 내려오게 했다. 가뭄의 여신이 나타나자 비바람은 그녀의 뜨거운 열에 모두 사라져버리고 황제군은 곧 안정을 되찾을 수 있었다.

황제군은 발의 등장으로 전세가 바뀌자 다시 전열을 정비하여 치우군에게 반격을 가하였다. 운명을 결정하는 이 마지막 전투에서 수적으로 우세한 황제군은 치우군을 힘으로 밀어붙였다.

결국 그토록 용감했던 치우 형제들과 과보족도 하나둘 전사하고 치우만이 혼자 남았다. 그러나 치우는 끝내 항복하지 않고 용감히 싸웠다. 마지막 순간까지 힘을 다해 싸웠지만 치우는 마침내 황제군의 맹장 응룡에게 사로잡히고 말았다.

치우가 끌려오자 황제는 그가 혹시 다시 도망칠까 두려워 손과 발을 형틀에 채운 상태에서 즉각 처형하였다. 싸움에서 고전한 황제의 치우에 대한 두려움이 그만큼 컸기 때문이다. 이로써 동양 신화에서 보기 드문 큰 싸움이었던 황제 치우 간의 전쟁은 일단락되었다.

치우는 죽었다. 황제에게 치우는 목숨 걸고 싸워서 힘겹게 이긴 두려운 존재였다. 이 두려움과 적개심 때문에 황제는 죽은 치우의 주검조차도 그냥 내버려두지 않았다. 죽은 치우는 머리와 몸이 산동성의 두 곳에 각각 따로 묻혔다고 한다. 치우가 부활할 것을 염려하여 행한 잔인한 조치이리라. 염제와 치우의 신족은 죽거나 변방으로 쫓겨 갔는데 이로써 황제는 명실공히 신들의 세계의 독보적인 주인으로 군림하게 되었다.

실패한 불굴의 영웅 치우, 그 투혼만은 길이 남아

황제 치우 간의 전쟁 신화는 한나라 때에 이르러 중국 민족의 정통성과 권위를 밑받침하는 역사 이야기로 탈바꿈하였다. 즉, 중국 민족의 조상인 황제가 야만족인 치우를 물리침으로써 문명의 제국인 중국이 성립되었다고 보는 것이다. 신화는 이처럼 민족의 정체성과 자존심을 표현하는 수단이 되기도 한다.

청동 제기에 새겨진 도철의 모습 부리부리한 눈과 큰 입이 특징으로 도깨비 얼굴을 새긴 기와인 귀면와의 원조이다. 호남성湖南省 악양岳陽의 은나라 청동 준尊에서. 🐟

그렇다면 죽은 치우는 어떻게 되었을까? 잘 알고 있듯이 신들에게 영원한 죽음이란 없다. 치우는 얼마 안 있어 전쟁의 신으로 부활하였다. 그의 강렬한 투쟁 의욕은 여전히 살아 있어서 전쟁을 치르는 사람들에게 영향력을 발휘하였다.

라이벌인 항우[2]와의 힘겨운 전쟁을 통해 한 왕조를 건설하였던 고조高祖 유방[3]조차도 치우의 힘을 빌리기 위해 그에게 극진히 제사 지냈다고 한다. 치우는 또한 은나라 때에 도철[4]이라는 무서운 괴물의 모습으로 청동기에 새겨져 귀신이나 사악한 기운을 쫓아내는 역할을 하기도 하였다. 치우의 이러한 형상과 역할이 신라 시대의 도깨비 모습을 새긴 귀면와鬼面瓦에까지 이어진 것으

---

2 **항우**項羽 초나라의 영웅. 초패왕楚覇王이라고도 불린다. 천하의 장사라서 그를 두고 "힘은 산을 뽑고 기세는 세상을 덮을 만하다力拔山, 氣蓋世"라고 말할 정도였다. 그러나 난폭하여 인심을 얻지 못해 결국 유방에게 천하를 빼앗겼다.

3 **유방**劉邦 진시황이 죽자 시골 촌장의 몸으로 군사를 일으켜 항우와 함께 진을 멸망시켰다. 그 후 항우와의 경쟁에서 승리하여 결국 한 왕조를 건설하였다.

4 **도철**饕餮 탐욕의 화신인 신화적 괴물. 큰 입과 튀어나온 눈이 은·주 시대의 청동기에 새겨져 사람들로 하여금 탐욕을 경계하도록 했다고 한다. 도철의 본체는 사실 치우일 가능성이 높다. 그러나 신성한 제기에 새겨진 것으로 보아 당시 혐오 대상이 아니라 오히려 숭배 대상이었다고 보는 편이 옳을 것이다. 도철을 치우와 상관없이 은의 왕권을 상징하는 신성한 토템 동물로 보는 관점도 있다.

신라 시대의 귀면와 사악한 기운이나 귀신을 쫓아준다고 믿었다.

로 보기도 한다.

치우는 동방 지역의 신이었으므로 은이나 고대 한국 등 동이계 종족이 숭배하였던 신일 가능성이 크다. 치우를 도와주었던 풍백·우사가 단군 신화에 등장하는 것만 보아도 그러한 점을 엿볼 수 있다. 조선 시대에 지어진 《동국세시기》[5]라는 책을 보면 궁중이나 양반의 집에서 단옷날에 부적을 붙이는데 치우의 이름을 쓰고 형상을 그려 질병을 물리칠 것을 기원하였다고 한다. 그만큼 치우가 우리 민족에게 친숙한 신임을 알 수 있다. 2002년 월드컵 경기가 한창일 무렵, 우리 한반도의 온 거리와 경기장에는 붉은 악마의 물결과 휘날리는 깃발에 그려진 도깨비 얼굴이 가득 출렁거렸다. 붉은 악마, 그들은 알까? 그들 자신의 투혼 속에 치우의 불굴의 정신이 깃들어 있다는 것을.

---

5 《동국세시기東國歲時記》 조선 정조 때의 학자인 홍석모洪錫謨가 연중 행사와 풍속들을 정리하고 설명한, 세시풍속歲時風俗에 관한 책. 1월부터 12월까지 1년간의 세시풍속을 월별로 나란히 기록하고 단오·추석 등은 별도로 항목을 설정하여 설명하고 있다. 한국의 민속·민간신앙·전설 등을 연구하는 데에 빼놓을 수 없는 자료집이다.

16

염제의 이름을 위하여 싸운
투혼의 후예들

**신들의 전쟁 연대기,
황제·전욱 vs 치우·형천·공공**

단풍나무로 다시 태어난 치우의 붉은 혼

염제 신농의 패배를 설욕하기 위해 분연히 군사를 일으켜 황제에게 도전장을 냈던 치우는 끝내 뜻을 이루지 못한 채 장렬히 죽고 말았다. 그때의 전투가 얼마나 치열했던지 《장자》에서는 "탁록의 들녘에 피가 100리를 두고 흘러내렸다"고 표현하였다.

그토록 처절한 전쟁 신화를 남겼던 치우. 그는 실패한 영웅인가, 악인인가. 결국 이긴 자가 살아남아 평가의 칼자루를 쥐게 마련인 것이다. 황제는 패배한 치우에게 온갖 죄악을 덮어씌웠다. 그래서 치우는 탐욕과 오만, 잔인함과 무도함의 화신이 되었다.

반대로 황제는 정의와 진리의 수호자요, 자비와 인정을 베푸는 선신으로 칭송되었음은 물론이다. 그러나 "죽은 자는 말이 없다"라는 말은 치우에게는 통하지 않았다. 치우는 죽었지만 그의 투혼만은 쉽사리 없어지지 않았다. 아니, 정신뿐만 아니라 육체도

호락호락 죽어 없어질 수는 없었다. 그는 강인한 신이었다. 그래서 육체는 비록 처형되었어도 여러 가지 기이한 현상으로 자신이 살아 있음을 입증하였다.

그러한 현상은 치우가 사로잡혀 처형당할 무렵부터 일어났다. 황제에게 치우는 처절하게 싸워 이긴 적이자 감히 자신의 자리를 무너뜨리기 위해 도전해온 괘씸한 적이 아닌가. 황제는 사로잡힌 적에게 조금의 관용도 베풀지 않고 아주 잔인하게 대했다. 그만큼 치우가 두려웠기 때문이다. 황제는 치우를 사로잡자 치우가 꼼짝 못하도록 손과 발에 수갑과 족쇄를 꽉 채웠다. 그리고 치우가 힘을 회복할 것이 두려워 즉시 목을 잘라버렸다.

치우의 숨이 끊어진 것을 확인한 후에야 황제는 피 묻은 수갑과 족쇄를 풀어주라고 명령했다. 그러나 웬걸? 치우의 손발을 채웠던 수갑과 족쇄를 들판에 내다 버렸더니 그 자리에 붉은 단풍나무 숲이 생겨났다. 수갑과 족쇄가 변해서 나무가 된 것이다. 그 나무의 잎새는 핏빛처럼 붉어서 마치 치우의 처참한 죽음을 말해주는 듯하였다. 오늘날 우리가 보는 단풍나무는 이렇게 치우의 넋이 깃들어 생긴 것이라고 한다.

신화의 세계에서는 이러한 신체의 변형이 흔히 일어난다. 고대인들은 몸이 스러져도 바탕의 생명력이나 영혼은 죽지 않고 다시 몸을 바꾸어 되살아난다고 믿었다. 그리스 로마 신화에도 이러한 변신 이야기는 상당히 많다. 오죽하면 그리스 신화를 다시 각색한 오비디우스가 자신의 책에 《변신 이야기Metamorphoses》

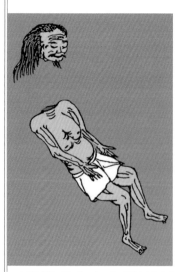

처형당한 치우의 모습 명明 왕불의 《산해경존》에서.

라고 이름 붙였겠는가? 예컨대 에로스가 쏜 사랑의 화살을 맞은 아폴론이 맹목적으로 사랑하게 된 요정 다프네는 아폴론에게 쫓기다 못해 월계수로 변해버리고, 멧돼지에 받혀 비명횡사한 아도니스는 아프로디테의 사랑 덕택에 히아신스 꽃으로 거듭난다.

아폴론에게 쫓겨 월계수로 변하는 다프네 니콜라 푸생의 〈아폴론과 다프네〉(1627년).

치우가 처형당한 땅에서도 마찬가지로 기이한 변화가 일어났다. 치우의 목이 잘린 지역은 치우의 몸이 분해되었다고 해서 그후 해현解縣이라고 불렸는데 이 해현에 있는 해지解池라는 호수는 물 빛깔이 붉은색이다. 그 이유는 치우의 목이 잘릴 때 흘린 피가 고여서 호수가 되었기 때문이라고 한다.

치우의 잘린 머리와 몸체는 그의 본거지였던 산동 땅의 수장현壽張縣과 거야현鉅野縣 두 지역에 따로따로 묻혔다. 머리가 매장된 수장현의 주민들은 해마다 10월이 되면 이 용맹한 영웅의 무덤에 제사를 지냈다. 그런데 그때마다 붉은 안개 같은 것이 무덤에서 피어올라 하늘로 치솟아 오르고 마치 깃발처럼 너울거려서 사람들은 그것을 치우기蚩尤旗라고 불렀다.

이 붉은 안개 같은 기운은 붉은 단풍, 붉은 호수와 마찬가지로 치우가 죽을 때 흘렸던 피의 변형된 모습이지만 결국 이러한 모습들은 죽어서도 굴복하지 않는 치우의 기개와 투쟁 정신을 상징하는 것이다. 이 때문에 치우는 고향인 산동에서는 병주兵主로 숭배된다. 병주란 곧 군대와 전쟁의 신을 의미하는 말이다.

고대 동양에서는 이처럼 훌륭한 무인이나 장군이 억울하게 죽

후세에 숭배의 대상이 된 관우의 모습 왼쪽에 그의 심복 주창이 청룡도를 들고 있고, 오른쪽에는 양자 관평이 모시고 있다. 도교에서는 지금도 그를 관성제군關聖帝君으로 숭배한다.

최영 장군의 무신도 최영은 조선 시대를 통하여 가장 강력한 무신으로 섬겨졌다.

었을 때 신으로 숭배되는 경우가 많다. 중국에는 신화 시대에 일찍이 치우가 있었고, 삼국 시대 이후에는 그것이 관우關羽로 바뀐다. 오나라 장군 여몽呂蒙에게 패하여 죽은 관우가 훗날 민간에서 군대의 신, 재물의 신으로 숭배되는 것이다. 한국에서는 최영[1]·임경업[2] 등이 이러한 경우에 해당한다. 최영 장군은 고려의 충신이었으나 이성계 일파에게 제거당한 후 무속의 큰 신으로 거듭 태어난다. 임경업 장군 역시 충신이었으나 간신 김자점金自點 등의 모함에 의해 옥사獄死하자 그가 한때 머물렀던 연평도 등 서해 지역에서 해신海神으로 섬겨진다.

이러한 현상의 이면에는 고대 동양의 원시종교인 샤머니즘의 영향이 짙게 깔려 있음을 엿볼 수 있다. 무속의 세계에서는 한이 깊을수록 강한 힘을 발휘할 수 있는 것으로 여겨지기 때문이다.

치우의 불굴의 투혼은 무속뿐만 아니라 민속에도 반영되었다. 고대 중국의 민간에서는 싸움 잘하는 치우의 형상을 본뜬 각저희角抵戲라는 놀이가 유행하였는데 그것은 쇠뿔을 머리에 꽂은 두 사람이 힘겨루기를 하는, 일종의 유희였다. 고구려 고분 각저총角抵塚에는 바로 이 각저희가 그려져 있어 고대 한국인의 치우에 대한 관심의 정도를 짐작해 볼 수 있다.

목이 잘린 채 도끼를 들고 싸운 형천

강인하고 용맹했던 치우와 그 형제들, 그 일족이 패망한 이후 더 이상 황제에게 도전하는 세력은 없었을까? 그렇지 않았다. 죽어서도 단풍나무가 되고 전쟁신으로 숭배되었던 치우의 투혼이 그렇게 간단히 매듭지어지지는 않았던 것이다.

치우의 후손들이, 더 거슬러 올라가서는 염제의 자손들이 중국 도처에 있어서 수많은 신들이 복수의 기회를 노렸다. 그들 가운데 가장 대표적인 신이 형천[3]이다.

그럼 지금부터 이 형천이라는 신에 대해서 이야기해보기로 하자.

형천은 본래 염제의 신하로서 음악을 담당했던 신이라는 것 외에 그의 신상에 관한 자세한 내용은 전하지 않는다. 그러나 그는 주군 염제에게 무척 충성스러웠을 뿐만 아니라 정의감이 강하고 끓는 피의 기질을 지녔던 신이었던 듯하다.

치우의 실패 소식을 듣자 형천은 분한 마음을 억누르지 못해 어쩔 줄을 몰랐다.

"그 듬직하던 천하의 장수 치우마저 황제에게 그토록 잔인한 죽임을 당하다니……."

치우의 분한 죽음을 원통하게 여긴 형천은 곧 흩어진 신족을 다시 규합하고는 자신의 도끼를 들고

중국의 각저희 그림 소 머리 모양의 탈을 쓴 것은 싸움의 명수 치우를 흉내 낸 것이다. 놀이가 신화와 제사 의식에서 비롯했음을 보여주는 훌륭한 예이다. 명 왕기의 《삼재도회》에서.

고구려의 각저희 그림 중국의 각저희와는 좀 다르다. 탈이 없어지고 씨름의 형태로 변모한 듯하다. 상무尙武 정신이 강했던 고구려에서는 투지를 기르기 위해 각저희를 장려했던 것 같다. 집안의 각저총 벽화에서.

---

1 **최영崔瑩**(1316~1388) 고려 말기의 명장. 왜구를 격퇴하는 데에 큰 공이 있었으며 청렴하여 "황금을 보기를 돌같이 하라"는 말을 남긴 것으로 유명하다. 끝까지 고려 왕조에 충성을 다하다가 이성계 일파에 의해 붙잡혀 처형당했다. 그 후 무당들이 섬기는 가장 큰 신이 되었다고 한다.

2 **임경업林慶業**(1594~1646) 조선 중기의 명장. 이괄李适의 난과 병자호란 때에 공을 세웠고 청나라에 맞서 꿋꿋이 투쟁하였으나 역적의 누명을 쓰고 억울하게 처형되었다. 민간에서는 그의 영웅담이 유행하였으며 무속에서는 '임경업 장군신'으로 숭배된다. 비극적인 그의 삶을 영웅화한 고전소설 《임경업전》이 전한다.

3 **형천刑天** 글자상으로 볼 때 '형刑'은 베거나 처형하는 것을 의미하고 '천天'은 머리를 의미하므로 결국 형천이라는 이름은 머리를 베인 사람이라는 뜻이다.

황제군을 향해 진격하였다. 황제를 향한 또 한 번의 반란이 시작된 것이다.

형천은 마침내 황제의 근거지에 가까운 서북쪽 상양산常羊山이라는 곳에서 황제와 맞닥뜨렸다. 형천은 치우에 대한 황제의 잔혹한 처사를 큰 소리로 꾸짖으며 기세 좋게 싸움을 걸었다.

"이놈, 황제야. 이 음흉하고 악독한 놈아. 네가 치우를 잔인하게 죽였으니 오늘은 내 도끼로 너를 그렇게 죽여주마."

그러나 형천의 이런 험한 욕설을 황제는 여유 있게 받아넘겼다.

"내 이미 치우의 목을 베어버렸거늘, 이제는 치우의 개가 나를 물려고 덤비는 것이냐."

황제의 유들유들한 대꾸에 화가 머리끝까지 치솟은 형천은 자신이 평소 잘 쓰는 무기인 도끼를 휘두르며 즉시 황제에게 덤벼들었다. 황제 역시 쾌히 응수하여 두 신은 곧 불꽃 튀는 싸움을 벌였다.

그러나 서로 싸움을 시작한 지 얼마나 되었을까. 마침내 황제의 칼이 번득이더니 싱겁게도 형천의 목이 그만 날아가버리고 말았다. 형천 역시 황제의 적수는 아니었던 것이다.

형천은 자신의 머리가 잘린 것을 깨닫고 이리저리 머리를 찾으려고 손을 허우적거렸다. 이를 눈치챈 황제가 재빨리 뛰어가서 잘려 나간 형천의 머리를 땅속에다 묻어버렸다. 아무리 자신의 적수는 아닐지언정 패기만큼은 위협적인 형천의 머리가 몸에 다시 붙어 살아나기라도 하면 큰일이었기 때문이다.

목이 잘린 형천은 곧 쓰러질 것 같았다.

'안 된다. 쓰러지면 안 된다. 여기서 쓰러질 수는 없다. 아아,

이럴 수는 없는데……. 이런, 어찌할꼬. 아무것도 안
보이는구나.'

형천은 가까스로 힘을 내어 머리가 떨어져 나간 자
신의 몸뚱이에서 뿜어져 나오는 피를 닦으며 꺾이는
무릎을 바로 세웠다.

그런데 이 무슨 조화인가? 형천의 젖가슴이 눈으로
변하고 배꼽이 입으로 변하는 것이 아닌가. 조금도 기
세가 꺾이지 않은 형천은 도끼와 방패를 들고 그 자리
에서 춤을 추기 시작하였다. 황제가 이미 싸움을 끝내
고 하늘로 돌아가버린 뒤에도 형천은 이렇게 혼자 싸
움을 계속한 것이다.

이처럼 비록 목이 잘렸어도 형천의 황제에 대한 증
오와 투쟁의 의지는 조금도 식지 않았다. 오히려 그것
은 더욱 맹렬한 기세로 타올라서 마침내 자신의 몸을
변화시키고 만 것이다.

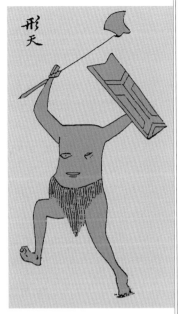

도끼와 방패를 들고 춤을 추는 형천 목이
잘린 채 싸우는 투지가 대단하지만 슬프
도록 우스꽝스러운 모습이다. 청淸 청원
畢沅의 《산해경》에서.

음악의 신답게 그는 투지를 리드미컬한 춤으로 표출하였다. 형
천의 이러한 형상은 반항아의 극적인 모습이 아닐 수 없다. 머리
없는 몸의 도끼 춤, 그의 이 무망無望한 노력은 우리로 히여금 깊
은 한과 슬픔을 느끼게 한다. 마치 절망의 끝에서 그것을 승화시
키려는 듯한 몸부림이 느껴지는 것이다.

일찍이 대시인 도연명은 《산해경》에 그려진 형천의 이 같은
모습을 보고 다음과 같이 노래했다.

머리 없는 형천, 방패와 도끼 들고 춤을 추니,

그 맹렬한 투지 아직도 남아 있네.

몸은 죽어 근심일랑 없어졌으니,

이렇게 변했어도 후회는 없다네.

1930년대에 바타유[4]는 벤야민[5]과 더불어 파리에서 〈무두인
無頭人, Acephale〉이라는 잡지를 창간한다. 이 잡지의 표지 그림은
제목 그대로 머리 없는 근육질의 사람이었는데 그는 머리가 없
는 대신 한 손에는 칼을, 다른 한 손에는 불이 붙은 다이너마이트
를 들고 서 있었다. 문필로 당시의 파시즘에 대한 반항을 표현하
려 했던 그들의 강렬한 정신은 황제의 권위주의에 대항해 끝까
지 저항했던 형천과 머리 없는 사람의 이미지를 통해 만나고 있
는 것은 아닐까?

머리는 이미 잘렸으나 두 손의 무기를 놓지 않고 자신의 투지
를 춤으로 표현한 형천이야말로 진정한 반항 정신을 예술로 승
화시킨 최초의 인물이라고 할 수 있을 것이다.

공공, 하늘 기둥을 들이받아 천하를 기울게 만들다

황제는 결국 치우와 형천 등 크고 작은 반란의 움직임을 제압
하고 신계神界의 패권을 거머쥐었다. 이후 황제의 치세 동안 더
이상 시끄러운 일은 없었다. 그런데 황제가 중앙 최고신의 지위
를 잠시 증손자인 전욱에게 물려주고 쉬고 있을 때 큰 사건이 발
생한다. 그것은 염제의 후손인 공공이 치우와 형천의 뒤를 이어

---

4 **조르주 바타유**Georges Bataille(1897~1962) 프랑스의 작가, 문예 이론가. 그의 작품들은 에로티시즘·신비주의·불합리성 등에 대한
강렬한 탐구를 표현하고 있다. 주요 저작으로 장편소설 《눈 이야기》를 비롯하여 《문학과 악》·《에로티시즘》 등의 이론서가 있다.
5 **발터 벤야민**Walter Benjamin(1892~1940) 독일의 문예 이론가. 현대에는 원본 작품의 고전적인 가치, 즉 아우라Aura가 사라지고 복제
품만이 존재하기 때문에 예술의 의미를 새롭게 정의해야 한다는 주장을 하였다. 대표적 논문으로 〈기술 복제 시대의 예술작품〉(1936
년)이 있다.

일으킨 반란이었다.

공공은 본래 괄괄한 성격의 수신水神으로 머리털은 불꽃처럼 붉었고 사람의 얼굴에 뱀의 몸을 하였다고 한다. 그는 서북방에서 세력을 키워나가고 있었는데 전욱이 무리한 정사를 펼칠 뿐 아니라 과거 염제 계통의 신들을 탄압하는 것을 지켜보다가 더 이상 참지 못하고 최고신에게 도전할 마음을 품게 되었다.

마침내 공공은 아홉 개의 사람 머리에 몸은 구렁이인 신하 상류相柳 등과 함께 군사를 일으켜 전욱을 공격하였다. 그러나 전욱은 비록 폭정은 했지만 만만히 볼 상대가 아니었다. 그는 아직 황제로부터 물려받은 강한 군사력을 보유하고 있었다. 전욱군과 공공군은 드디어 맞붙었고 차츰 공공군이 열세에 놓이기 시작하였다. 점차 패색이 짙어지자 성미가 급한 공공은 초조해졌다.

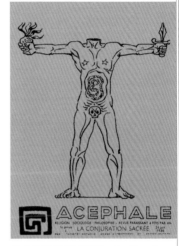

잡지 《무두인》 창간호의 표지 그림.

막판에 그는 '너 죽고 나 죽자'는 심정으로 당시 하늘을 지탱하고 있던 거대한 산을 머리로 받아버렸다. '쿵' 하는 굉음이 들렸다. 그러고는 그 소리와 함께 기둥 역할을 하던 산의 허리가 꺾이더니 천하가 기우뚱 기울어져버렸다. 천하의 서북쪽은 올라가고 동남쪽은 내려앉은 것이다.

이때부터 이 산은 온전하지 않게 되었다고 해서 부주산不周山이라고 부르게 되었다. 흥미로운 것은 부주산과 같이 하늘을 지탱하는 산이 서양에도 있다는 사실이다. 아틀라스산이 그것이다. 그리스 로마 신화를 보면 원래 거인 아틀라스가 하늘을 지탱하고 있었다. 그런데 영웅 페르세우스가 그가 지키는 황금사과를 빼앗으려고 메두사의 머리를 보여주자 그만 돌로 변해 아틀라스 산이 되었다고 한다.

중국에서는 공공에 의해 부주산의 허리가 꺾어짐으로 인해 천하가 한쪽으로 기울게 되었다. 즉, 서북쪽이 높고 동남쪽이 낮아진 것이다. 그래서 중국의 지형을 보면 모든 강이 지대가 높은 서북 지방에서 흘러나와 동남쪽으로 향해 흘러간다. 우리나라의 동쪽이 높고 서쪽이 낮은, 이른바 동고서저東高西低의 지형과는 정반대의 지리적 현상이라 할 것이다. 이렇게 보면 공공의 전쟁 신화는 겉으로는 신들의 다툼이지만 속으로는 중국의 지형적 특성을 설명해주는 기원 신화의 성격을 띠고 있기도 하다.

어떤 학자는 수신인 공공의 과격한 성격과 꾸불꾸불한 뱀의 몸체에 주목하여 공공이 홍수나 도도한 탁류의 의인화된 표현일 것으로 생각하기도 하였다. 만약 그렇다면 공공과의 전쟁은 원시 인류가 홍수를 다스렸던 일의 신화적 표현으로 볼 수도 있을 것이다.

지금까지 우리는 황제·전욱과 치우·형천·공공 사이의 전쟁 신화를 살펴보았다. 그것은 중국의 신의 세계를 크게 양분하였던 황제계와 염제계 신들 사이의 갈등의 표현이었다. 아울러 이 두 가지 이질적인 세력의 구조는 중국인의 뇌리에 깊이 각인되어 이후 역사시대에 들어와서도 중국인의 사유 방식을 지배하였다.

그것은 질서와 혼돈, 중심과 주변, 문명과 야만의 구분법이었다. 이러한 구분법은 그리스 로마 신화에서도 나타난다. 이성과 조화의 화신인 아폴론이 헬라인의 문명 세계를 표현한다면 감성과 열정의 화신인 디오니소스는 주변부 소아시아의 거친 세계를 대변한다.

　이 두 가지 성향은 중국의 경우 유교와 도교라는 상이한 종교 문화를 만들어낸다. 잘 알려져 있듯이 유교는 예禮와 질서를 존 중하였고, 도교는 본성과 자연스러움을 추구하였다. 결국 동양 문명은 양자가 대립, 보완하는 관계 속에서 빚어진 것으로 보아 야 할 것이다.

17

열 개의 태양을 쏘아
떨어뜨리다

**천하 명궁 예의 영웅신화,
그 모험과 비극의 일대기**

어느 날 하늘에 태양이 열 개나 떠오른다면?

평화로운 시대였다. 그것도 온 백성이 태평성대를 노래했다고 수천 년 후인 지금까지 명성이 자자한 요임금의 시대였다.

그런데 태평한 이 시절의 어느 날이었다. 멀쩡하던 하늘에 갑자기 열 개의 태양이 동시에 떠올랐다.

아니, 태양이 한두 개도 아니고 열 개씩이나 한꺼번에 떠오르다니, 도대체 어째서 이런 일이 일어났을까?

전하는 말에 의하면 원래 태양은 한 개만 있지 않았다. 당시 태양은 모두 열 개가 있었는데, 이들은 모두 동방의 천제 제준과 태양의 여신 희화 사이에 태어난 아들들이었다.

열 개의 태양은 그 하나하나가 황금빛이 나는 세 발 달린 신성한 까마귀, 곧 삼족오¹로서 동방의 양곡이라는 곳에서 살고 있었

---

1 **삼족오**三足烏 까마귀는 중국뿐만 아니라 여러 문화권에서 태양의 새로 숭배된다. 발이 셋이라는 것은 3이 양陽의 기운을 대표하는 수이기 때문에 태양의 속성을 상징한다고 풀이한다. 그러나 이러한 철학적인 해석으로 인해 신화가 생겼다고 보기는 어렵다. 3이라는 수는 본래 완전성을 상징하기 때문에 태양을 상징하는 완전한 새로서 삼족오의 신화가 생겼다고 보는 것이 옳을 것이다.

고구려의 삼족오 세계의 신화에서 까마귀는 태양의 새로 등장하는 경우가 많다. 그리스 로마 신화에서도 태양신 아폴로의 신조가 까마귀이다. 집안의 각저총 벽화에서.

다. 이들은 열흘을 주기로, 순서대로 하루에 하나씩 번갈아 떠오르게 되어 있었다.

양곡이라는 골짜기에는 늘 뜨거운 물이 흘러내렸는데 그곳에는 부상이라는 거대한 뽕나무가 있었다. 열 개의 태양은 이 부상나무의 가지에서 매일 아침마다 하나씩 교대로 떠올라 하루 종일 하늘을 운행한 후 서쪽 끝의 우연이라는 언못에 이르게 되는데 그러면 하루가 저물었다.

이것은 태양신인 어머니 희화가 만든 규칙이었고 이들의 매일매일의 운행을 그녀가 지켜보았다. 그런데 수천, 수만 년 동안 똑같은 일을 되풀이하다보니 열 명의 아들은 그만 그 일이 지겨워졌다. 장난기까지 발동한 그들은 어느 이른 새벽, 어머니 희화가 일어나기도 전에 일제히 떠올라 멋대로 공중을 날아다니기 시작했다.

"헤헤, 요렇게 재미있는 걸 모르고 자그마치 수만 년 동안을 얌전히만 있었다니 정말 한심한 일이야."

"맞아, 맞아."

"이렇게 멋대로 날아다녀도 될 것을, 어머니는 참 너무해. 고작 열흘에 한 번씩, 그것도 그놈의 틀에 박힌 길로만 가라고 했으니 말이야."

"게다가 하루에 한 명씩 따로따로 나가게 하니 하루 종일 말동무도 없고 같이 놀 사람도 없어 얼마나 심심하고 재미없었는지 몰라."

"이제 어머니가 불러도 다시는 집에 돌아가지 않을 거야."

"그래, 형님들, 우리 이대로 그냥 마음껏 세상을 돌아다니며 살자고요."

부상나무 나뭇가지 위에 까마귀들이 앉아 교대로 떠오르기를 기다리고 있다. 산동성 가상의 무량사 화상석에서.

어머니의 규칙을 따르지 않기로 한 이들 열 명의 형제는 하늘을 제멋대로 날아다니며 저희들끼리 놀기에 정신이 없었다. 희화가 잠에서 깨어나 보니 자신의 아이들이 집을 떠나 하늘을 헤집고 돌아다니고 있는 것이 아닌가? 깜짝 놀란 그녀는 아들들을 달래보았지만 이미 신이 날 대로 난 이들은 도무지 말을 듣지 않았다.

하지만 열 개의 태양이 동시에 떠오르자 온 세상은 아수라장이 되었다. 하늘은 이글거리며 붉게 타올랐고 땅도 지글지글 끓으며 까맣게 타들어갔다. 지상은 곧 태양열로 인해 불구덩이로 변하였다. 강물이 말라붙고 초목과 곡식이 다 타 죽어서 백성들은 갈증과 굶주림에 시달렸다.

인자한 요임금이 이런 백성들의 고통을 그냥 보고만 있을 턱이 없었다. 요임금은 우선 신통력이 뛰어난 무당을 시켜 열 개의 태양을 타일러 말려보도록 했다. 그 당시에는 골치 아픈 사건이 발생하면 무당이 종종 문제 해결사로 등장했던 것이다.

그래서 여축女丑이라는 무당이 대표로 나섰다. 여축은 신통력이 뛰어나 기도로써 가뭄을 해결한 적이 많았다. 여축은 보기에도 시원한 푸른 물색 옷을 입고 태양열이 이글거리는 산꼭대기에서 하늘을 향해 기도를 드렸다.

"태양이시여, 위대한 제준 신과 희화 여신의 아드님들이시여. 이제 그만 본래의 자리로 돌아가시고 저희를 굽어살펴주소서."

열 개의 뜨거운 태양 아래 괴로워하는 여축 고대 중국에서는 가뭄이 들었을 때 이처럼 무당을 핍박하여 하늘에 간절히 비를 청하도록 했다. 청 왕불의 《신해경존》에서.

그러나 여축의 간절한 애원에도 아랑곳 않고 열 개의 태양은 갈수록 기세를 부렸다. 마침내 여축은 산꼭대기에서 그 뜨거운 태양열을 이기지 못하여 까맣게 타 죽고 말았다.

희망을 걸었던 여축마저 죽어버리자 요임금과 백성은 모두 절망감에 휩싸였다. 결국 땅 위의 절망과 비탄의 한숨이 하늘에까지 닿게 되었다. 뒤늦게 하계의 엄청난 상황을 파악한 천제 제준은 철부지 아들들의 행동에 당혹스럽기도 했고 또 책임감을 느끼지 않을 수 없었다. 우선 이 난국을 빨리 수습하지 않으면 안되었다. 그런데 난국을 해결할 자 누구인가?

열 개의 태양을 향해 활을 쏘는 예 이미 명중되어 떨어진 태양들이 죽은 까마귀로 변해 예의 발치에 흩어져 있다. 《천문도天問圖》에서. 🌾

이렇게 해서 드디어 우리의 영웅 예[2]가 등장하게 된다. 영웅은 신과 인간의 중간적인 존재로서 그들의 이야기는 신들의 이야기보다 더욱 박진감 있고 실감나게 우리의 심령을 자극한다. 왜일까? 완전한 존재인 신에 비해 반쯤은 불완전한 존재인 영웅의 이야기에는 모험과 인간적인 갈등이 있고 그것을 극복하는 승리의 쾌감이 있다. 따라서 평범한 인간들도 함께 공감하여 초월과 비상의 꿈을 꿀 수 있기 때문이다.

영웅,[3] 그는 미완에서 완성으로 나아가는 상향적인 존재이다. 그래서 그는 인간의 노력과 그에 따른 무한한 가능성을 상징한다. 자, 이제 우리의 영웅 예가 벌이는 모험의 일대기를 따라가보자.

천제는 곧바로 가장 활을 잘 쏘는 용사 예를 불렀다. 그리고 그에게 특별히 붉은 활과 흰 화살을 하사했다.

"지금 땅 위에서는 내 아들들의 방자한 행동으로 인해 난리가 일어나고 있으니, 그대가 뛰어난 활 솜씨로 그들의 기세를 꺾어 지상을 원래의 상태로 돌려놓도록 하라."

천제가 준 붉은 활과 흰 화살은 재앙을 물리칠 수 있는 신비한

2 **예羿** 중국의 전설적 성군인 요임금 때의 활 잘 쏘는 용사. 예의 출생 배경과 성장 과정에 대해서는 전해지는 이야기가 거의 없어 알 수가 없다. 다만 《초사》 〈천문〉 편에 천제가 그를 하계에 내려보냈다는 기록이 있는 것으로 보아 하늘에서 지상으로 내려온 신이거나 신의 혈통을 이은 영웅임을 알 수 있다. 예의 활약에 대한 신화 역시 《산해경》·《회남자》·《초사》 등 고대의 여러 자료에 산발적으로 존재할 뿐 일관된 스토리가 전해지지 않고 있다. 여기에서는 갖가지 이야기들을 종합하여 하나의 줄거리로 만들었다.

3 **영웅** 영웅은 신의 신성한 자질과 인간의 평범한 속성을 아울러 지닌, 신과 인간의 중간적 존재이다. 그는 신과 인간의 결합에 의해 태어난 반신반인적 존재이거나 신의 혈통을 이어받은 뛰어난 인물이다. 신화에서 영웅들은 신들과 더불어 흥미롭고 신비한 이야기의 주인공이 된다. 이러한 영웅들의 모험적인 일생을 다룬 신화가 영웅신화이다.

힘을 지니고 있었다. 천제는 뛰어난 활 재주를 지닌 예로 하여금 난동을 부리는 태양들을 진정시키도록 한 것이다. 비록 자신의 아들들이긴 하지만 하늘의 법도를 무시한 죄는 용서받기 어려웠다.

천제의 명을 받은 명궁 예는 아내 항아와 함께 급히 지상으로 내려갔다. 그리고 환영하는 요임금과 백성들 앞에서 잠시 호흡을 가다듬고 활로 하늘의 태양을 겨누었다. 곧이어 시위를 떠난 화살은 열 개의 태양 중 하나에 명중하였다.

예의 아내 항아 명明 당인唐寅의 〈항아집계도嫦娥執桂圖〉.

화살을 맞은 태양은 곧 빛을 잃고 지상으로 떨어졌다. 떨어지는 태양은 사람들의 눈을 부시게 했던 빛을 잃자 세 발 달린 까마귀의 모습으로 변하였다. 원래 태양의 정체는 앞서 말했듯이 삼족오였기 때문이다.

하나가 화살에 맞아 떨어지자 남은 태양들이 마구 동요하기 시작했다.

"형님, 아무래도 아버님이 정말로 노하신 모양이오. 저 고지식하고 활 잘 쏘는 예를 보내 우리를 죽이려 하시니 말이오."

"그래, 우리 장난이 너무 지나쳤던 것 같다. 이러다간 우리도 방금 화살을 맞은 형제 꼴이 되고 말겠구나. 어서 돌아가 아버님과 어머님께 용서를 빌어야겠다."

그리하여 남은 아홉 개의 태양들은 갈팡질팡 하늘의 각 방향으로 뿔뿔이 도망가기 시작했다. 아마 예는 이쯤에서 활쏘기를 멈추어도 좋았을 것이다. 한 번 혼난 천제의 아들들은 다시는 장난을 치지 않았을 것이기 때문이다. 그때 예가 활쏘기를 멈췄다면 앞으로 그에게 들이닥칠 운명의 길을 달리할 수 있었을 것이다.

그러나 명궁인 예는 멈추지 않았다. 환호하는 백성들 앞에서 자신의 재능을 유감없이 뽐내고 싶어졌던 것일까. 백성들을 괴롭힌 태양들을 확실히 혼내주고 싶어서였을까.

천제에 대한 예의 고지식한 충성심과 뛰어난 재주는 그에게 활쏘기를 멈출 수 있는 지혜와 너그러움을 허락하지 않았다.

도망가는 태양들을 명궁인 그가 놓칠 리 없었다. 예는 연속해서 시위를 당겼다.

두 마리, 세 마리, 네 마리…….

자신들을 재난에 빠뜨렸던 태양이 떨어질 때마다 백성들은 환호와 갈채를 보냈고 예는 마음껏 자신의 재주를 뽐냈다. 마침내 아홉 마리째 까마귀가 떨어졌을 때에야 예는 문득 정신이 들어 활쏘기를 멈췄다.

인류와 지상을 위해 한 개의 태양은 남겨둬야 했기 때문이다. 이렇게 해서 하늘과 땅은 다시 정상으로 돌아왔다.

세상 온갖 괴물들과의 싸움

그러나 아직도 예에게는 할 일이 남아 있었다. 가뭄이 들어 지상이 온통 혼란에 빠지자 그 틈을 타 엎친 데 덮친 격으로 사방에서 많은 괴물들이 출몰하여 날뛰었다. 이 괴물들은 아직도 여전히 백성들을 괴롭히고 있었다.

예는 우선 중원에서 가장 골칫거리였던 알유猰貐를 퇴치하러 갔다. 알유는 그 모습이 소의 몸에 사람의 얼굴을 했다고도 하고 뱀의 몸에 사람의 얼굴을 했다고도 하는 못생긴 괴물이었다.

이 괴물은 가증스럽게도 어린애 우는 소리를 냈는데, 산속을 지나가던 사람들이 어린애 우는 소리를 이상히 여겨 다가오면 갑자기 나타나 잡아먹었다.

예는 알유가 아이 울음소리를 내자 속은 척하고 가까이 간 뒤 괴물이 나타나자 그의 최고 무기인 화살을 날려 처치하였다.

알유를 제거한 후 예는 다시 남방으로 발길을 돌려 착치鑿齒라는 괴인을 처치하러 갔다. 착치는 끌처럼 날카로운 이빨이 2미터나 나온 괴인으로 그것을 무기 삼아 백성들에게 온갖 행패를 저질렀다.

식인 괴물 알유 어린애 울음소리를 내어 사람이 다가오면 문득 나타나 잡아먹었다는 괴물이다. 《천지인귀신도감》에서.

이 괴인을 처치하기란 만만한 일이 아니었다. 착치는 예가 명궁이라는 것을 알고 방패로 몸을 보호하며 대항하였다. 예는 수화壽華라는 호숫가에서 착치와 격전을 벌인 끝에 빈틈을 노려 사살하였다.

그러자 다시 북방에서 구영九嬰이라는 괴물이 백성들에게 해를 끼치고 있다는 소식이 들려왔다. 구영은 머리가 아홉 개나 달린 놈으로 물과 불을 뿜어대며 사람들을 괴롭히고 있었다. 예는 흉수凶水라는 강가에서 이것을 잡아 주었다.

예가 구영을 해치운 과정은 쉽지 않았다. 이 괴물의 목숨은 끈질겼다. 아홉 개의 머리 하나하나마다 화살을 맞고서야 비로소 숨통이 끊어졌기 때문이다.

예는 숨 돌릴 겨를도 없었다. 또 다른 괴물들이 여전히 사방에서 출몰하였다.

당시 동방에는 대풍大風이라는 사납고 거대한 새가 있었다. 이

코끼리를 삼키려고 하는 파사 코끼리를 잡아먹으면 3년 동안 소화시키고 뼈를 내놓았다고 한다. 명 장응호의 《산해경회도》에서. 🐟

동정호 장강 중류에 있는 큰 호수로 수많은 신화와 전설의 무대이다. 청清 왕소王愫의 〈동정추월도洞庭秋月圖〉. 🐟

괴조怪鳥는 사람을 채 가기도 하고 날갯짓으로 큰 바람을 일으켜 집을 부수기도 했다.

예는 청구青邱라는 지역의 호숫가에서 이 새를 발견했다. 이 새는 기운이 좋아 화살을 맞고도 날아가버리므로 예는 자신의 화살에 굵고 긴 줄을 묶은 뒤 괴조 대풍에게 쏘아 명중시켰다. 대풍이 그대로 도망가려 하자 예는 화살에 묶인 줄을 당겨 새를 땅으로 끌어내렸다. 그런 다음 자신의 큰 칼로 새를 쳐 죽였다.

그러나 예는 휴식을 취할 틈도 없이 다시 남방으로 총총히 내려가야 했다.

지난번에 착치라는 괴인을 힘들여 제거했는데 이번에는 코끼리까지 삼켜버린다는 큰 구렁이 파사巴蛇가 동정호洞庭湖 호숫가에 나타나 백성들을 잡아먹고 있었다. 파사와의 싸움은 실로 죽이느냐, 먹히느냐의 위험한 싸움이었다.

예는 파사에게 화살을 마구 쏘아 정신을 뺀 다음, 갑자기 다가가서 칼로 베어 죽였다. 파사가 죽자 살이 썩어 없어지고 뼈만 남았는데 어찌나 큰 구렁이였던지 그 뼈가 산언덕을 이룰 정도였다고 한다. 동정호 근처에는 지금도 파릉巴陵이라는 땅이 있는데 이 언덕은 바로 이 사건 때문에 생긴 것이라고 한다.

예가 마지막으로 제거한 괴물은 거대한 멧돼지인 봉희封豨였다. 우리는 신화에 나오는 멧돼지가 얼마나 무서운 존재인지를 알고 있다. 미소년 아도니스를 들이받아 그를 사랑했던 미의 여신 아프로디테를 슬픔에 잠기게 했던 맹수가 바로 멧돼지였다. 또 현대의 애니메이션인 미야자키 하야오의 〈원령공주〉[4]에서도 이러한 멧돼지의 상징적인 이미지가 이어진다. 멧돼지는 인간의 마을을 덮치는 거대한 재앙신의 모습으로 등장하는 것이다.

난폭한 멧돼지 봉희 봉시封豕라고도 부른다. 청 왕불의 《산해경존》에서.

예가 처치했던 멧돼지 봉희는 어마어마하게 큰 멧돼지로 당시 천제께 제사 지내는 제단이 있던 상림桑林이라는 숲에 나타나 참배자들을 위협했다. 동방에 있었던 것으로 추정되는 상림은 신성한 뽕나무 숲 속에 자리한 성소聖所였다. 예는 이 멧돼지가 맹렬히 돌진해 오자 활로 다리를 쏘아 쓰러뜨린 뒤 사로잡았다.

아도니스의 죽음을 슬퍼하는 아프로디테 벤저민 웨스트의 그림.

인간 세상에 남아 살아간다는 것

봉희를 사로잡음으로써 예는 마침내 천상과 지상에서의 모든 재앙을 해결했다. 이제 예는 영웅으로서 지상에서의 과업을 모두 마무리한 것이다.

멧돼지의 모습을 한 재앙신 일본 애니메이션 〈원령공주〉에서.

예는 모든 화려한 활약상을 접고 하늘로 올라가기 전에 마지막으로 성소인 상림에서 멧돼지를 제물로 천제께 제사를 지냈다.

예는 멧돼지의 가장 맛있는 부분을 삶아서 제단에 올렸다. 그

---

4 〈원령공주〉 일본 애니메이션의 거장 미야자키 하야오 감독의 작품(1997년). 숲을 파괴하여 삶의 영역을 넓히려는 인간들과 그들의 야욕에 재앙신으로 변한 멧돼지를 비롯한 대자연 사이의 처절한 사투와 화해를 주 내용으로 하고 있다. 당시 일본에서만 약 1500만 명이 관람하여 일본 영화 역사상 최다 관객 동원 기록을 세웠다.

러고 나서 천제께 그동안의 일을 아뢰고 이제 임무가 끝났으니 천상에 다시 올라가도 좋으냐고 여쭈었다.

그러나 뜻밖에도 천제는 아무런 응답도 하지 않았다. 그뿐만 아니라 제물로 바친 맛 좋은 멧돼지 고기조차 거부하였다.

왜 천제는 예에 대해 불쾌감을 표시한 것일까?

오늘날 전해지는 《산해경》이나 《회남자》와 같은 오래된 신화 책에는 그 이유가 쓰여 있지 않지만, 짐작건대 예가 궁술을 뽐내기 위해 자신의 아들들을 하나만 남기고 모두 없애버린 데 대한 노여움 때문일 것이다.

이 때문에 예는 그 숱한 공로에도 불구하고 다시는 하늘로 올라가지 못하는 신세가 되고 말았다. 예는 본래 신의 혈통을 이어받았으므로 하늘에서 사는 것이 마땅하였다. 그러나 이제는 천제의 미움을 사서 하늘로 돌아갈 수 없게 된 것이다.

마침내 이 세상에는 다시 전처럼 평화와 안정이 찾아와 태평성대를 구가하게 되었지만, 천제에게 버림받은 예는 허무할 따름이었다. 예는 이 무렵부터 매사에 의욕을 잃고 방황하기 시작했다. 게다가 아내 항아마저 지상에서 살게 된 것에 실망하여 자주 예의 경솔한 행동을 탓하였다. 부부 사이도 금이 가고 예전 같지 않게 되자 예는 걷잡을 수 없는 마음을 달래기 위해 집을 나와 발길 닿는 대로 천하를 떠돌았다.

그러던 어느 날 예는 낙수의 강가에 이르렀다. 그러다가 저 멀리 그곳을 거닐고 있는 아름다운 여인을 보았다. 멀리서 보아도 여인은 빼어난 미인이었다. 하지만 그저 미인이어서 예의 마음이 동했던 것만은 아니었다. 어딘가 우수에 찬 쓸쓸한 모습이 그의 눈길을 더욱 잡아끌었다.

그녀는 황하의 신인 하백의 아내이자 낙수의 여신인 복비였다. 그녀의 남편인 하백은 온 세상 여성을 편력하고 다니는 소문난 바람둥이였다. 남편의 부정에 깊은 마음의 상처를 입은 그녀는 어수선한 마음을 달래고자 마침 강가를 거닐고 있었던 것이다.

시름에 겨워 낙수의 강가를 거니는 그녀의 모습이 얼마나 고혹적이었는지는 한다하는 중국의 유명 시인들이 다투어 그녀를 예찬하는 시를 남긴 것만 보아도 짐작하기 어렵지 않다. 초나라 시인 굴원이 그녀를 칭송하는 시를 남겼고, 위魏나라 시인 조식曹植도 그러했다. 조식은 〈낙신부洛神賦〉라는 시에서 그녀의 자태를 다음과 같이 노래하고 있다.

현대의 복비 캐릭터 동아시테크의《한국 신화의 원형》에서.

그녀의 모습, 날렵하기가 놀라 날갯짓하는 기러기 같고,

유연하기는 구름 속에 노니는 용과도 같지.

멀리 보면 아침 노을 위로 떠오르는 태양처럼 빛나고,

다가가면 맑은 물 위에 피어나는 연꽃처럼 아리따워.

날씬한 몸매, 알맞춤한 키에

어깨선은 맵시 있게 흐르고 허리는 부드러운 비단처럼 하늘거려.

길고 아름다운 목, 하얀 피부에

윤기 있는 그 얼굴은 화장이 필요 없지.

곱게 빗어 올린 칠흑 같은 머리, 예쁘게 이어진 긴 눈썹.

화려한 붉은 입술 사이로 살며시 드러난 하얀 이.

반짝이는 눈동자와 두 뺨 위의 사랑스러운 보조개.

다정다감한 천재 시인 조식은 본래 《삼국연의三國演義》의 영웅 조조曹操의 아들로 형인 조비曹丕의 부인 견씨甄氏를 은밀히 사랑했다고 한다. 재주가 많아 아버지 조조의 총애를 받아 한때는 후계자의 물망에 오르기도 했던 조식은 결국 형인 조비가 황제가 되자 먼 시골로 쫓겨 가서 쓸쓸히 생을 마치게 된다.

정치와 사랑에서 패배자가 된 조식, 그러나 그는 문학에서는 승리하여 오늘날까지 불후의 명작으로 남아 있다. 이루어질 수 없는 사랑을 슬퍼하며 조식은 〈낙신부〉를 지어 견씨에 대한 자신의 애모의 마음을 표현했다 하는데 그렇다면 조식이 묘사한 아름다운 여신 복비의 모델은 사실 견씨였을 것이다.

어쨌든 천하 제일의 용사 예와 절세의 미녀 복비는 낙수의 강변에서 만나게 된다. 비극적인 영웅 예이지만, 이제 영웅신화의 공식대로 영웅과 절세 미녀의 로맨스가 만들어진다.

배우자에게 마음의 상처를 입고 있던 둘은 곧 가까워졌고 사랑에 빠졌다. 그러나 둘의 사랑은 오래가지 못하였다. 소문을 들은 복비의 남편 하백은 불같이 노하여 예에게 결투를 청하였다. 하백은 흰 용으로 변하여 예에게 덤벼들었으나 예는 활을 쏘아 흰 용의 왼쪽 눈을 명중시킴으로써 싸움은 싱겁게 끝났다. 예는 비록 하백에게 승리하였으나 복비와의 사랑도 끝이 났다. 가정으로 돌아온 예는 더욱 싸늘해진 아내 항아의 태도를 감수해야만 했다.

그러던 어느 날 그는 불현듯 자신들의 남은 수명이 길지

천재 시인 조식 뒷짐을 진 채 위를 향하고 있는 고개와 시선이 감수성 풍부한 시인의 모습이다. 조식은 이태백·두보가 출현하기 전 도연명과 더불어 한 시대를 대표했던 위대한 시인들 중의 하나였다. 《도상삼국지圖像三國志》에서.

않다는 것을 느꼈다. 하늘로 올라가지 못하
는 그들 부부는 이제 인간과 다름없는 삶을
살아야 하기 때문이다. 그런데 소문에 따르
면 서쪽 끝 곤륜산에 서왕모라는 여신이 살
고 있는데 그 여신이 불사약을 지니고 있다
하였다.

예는 곧 곤륜산으로 향하였다. 곤륜산 서
왕모의 궁전은 깊은 강과 이글거리는 불꽃
으로 둘러싸여 있을 뿐만 아니라 무서운 괴
물들이 지키고 있어서 아무나 찾아갈 수 없
는 곳이었다. 이렇듯 동서양 신화를 막론하
고 신들이 사는 낙원이나 유토피아로 가는
길목에는 언제나 난관과 장애물이 존재하게
마련이지만 예는 영웅답게 모든 어려움을
돌파하고 결국 서왕모 앞에 이르렀다.

예와 하백의 결투 복비를 끌어안은 예가 용으로 변신한 하백에게 활을 쏘고 있다. 예의 화살이 하백의 눈에 적중했다. 《천문도》에서. 🐟

서왕모는 예의 용기와 과거의 공로를 인정하여 불사약을 얻으
려는 그의 청을 들어주었다. 예 부부가 영원히 청춘을 유지할 수
있도록 넉넉한 양의 불사약을 하사한 것이다. 예는 기뻐하며 불
사약을 지니고 집으로 돌아왔다. 그리고 언젠가 아내와 함께 먹
기 위해 그것을 잘 간수해두었다.

하지만 뜻하지 않은 일이 그의 아내 항아 때문에 일어났다. 남
편의 실수로 하늘의 여신이었던 자신까지 천상에 올라가지 못하
게 되었고, 또한 믿었던 남편에게 배신을 당한 그녀는 불사약을
혼자 먹기로 생각하였다.

그녀는 호시탐탐 기회를 노리다가 마침내 예가 없는 틈을 타 불
사약을 훔쳐 먹었다. 둘이 먹을 불사약을 혼자 먹자 그녀는 몸이
가벼워지더니 하늘로 두둥실 떠올랐다. 그러나 그녀는 죄책감에
천상 세계로 가지 못하고 달로 숨어들었다. 일설에는 남편을 배신
한 죄 때문에 달로 간 그녀의 몸이 두꺼비로 변했다고도 한다.[5]

어쨌든 딱하게 된 것은 예의 신세였다. 불사약을 잃고 아내마
저 잃은 예는 너무도 고통스러웠다. 예는 모든 고통을 잊고자 오
로지 제자들에게 활쏘기를 가르치는 일에 열중하며 그 속에서
즐거움을 찾고자 하였다. 제자들 가운데에서 방몽逄蒙은 특히 재

---

5 **두꺼비가 된 항아** 불사약을 먹고 달로 간 항아는 달의 여신인 셈이다. 그녀가 두꺼비가 되었다고도 하고 달에는 또한 옥토끼가 있다
고도 하였는데 여성(항아)－두꺼비－토끼는 모두 음陰의 속성을 지닌 달의 상징체계에 귀속된다. 학자들은 항아가 원래 독립적인 달
의 여신으로서 예 신화와는 상관이 없었던 것으로 추측한다. 그런데 가부장 사회에 진입하여 그 지위를 상실하고 예 신화에 편입되면
서 불사약을 훔쳐 달로 도망가는 부정적인 여인상으로 그려졌다고 본다.

조식과 복비의 만남 용이 끄는 수레를 타고 낙수 주위의 하늘을 나는 복비를 조식이 시종들과 함께 바라보고 있다. 일설에 의하면 조식은 낙수 근처를 지나가다가 여신이 나타난 것을 몸소 목격한 후 〈낙신부〉를 지었다고 한다. 고개지의 〈낙신부도〉.

주가 뛰어나 예를 기쁘게 하였다.

　예는 방몽을 가까이 두고 아꼈다. 그러나 예의 불행은 여기서 끝나지 않았다. 엉뚱하게도 제자 방몽의 가슴속에는 스승을 시기하는 마음이 생기고 있었다. 비극의 시작이었다.

　"스승이 있는 한 나는 언제나 스승의 그늘 아래 놓일 수밖에 없을 거야."

　시기심 때문에 예를 조금씩 미워하게 된 방몽은 자신의 활 솜씨로는 도저히 예를 따라갈 수 없음을 느끼자 더욱 걷잡을 수 없는 분노를 느꼈다.

달 속의 두꺼비 불사약을 먹고 항아가 이렇게 변했다고 한다. 섬서성 신목의 화상석에서.

이리하여 비극은 점점 더 파국을 향해 달리기 시작했다. 방몽은 스승인 예만 없다면 자신이 이 세상에서 최고의 궁수弓手가 될 것이라는 흉악한 마음을 품었다.

어느 날 예가 사냥길에서 돌아올 때였다. 방몽은 길목에 숨어 있다가 복숭아나무 몽둥이로 예를 때려죽이고야 말았다.

결국 제자 방몽의 시기가 스승인 예의 피를 부르고야 만 것이다. 천하의 영웅 예는 이처럼 어처구니없게도 자신이 아끼던 제자에 의해 비극적인 최후를 맞이하고 말았다.

그러나 사람들은 지난날 예가 자신들을 위해 행했던 위대한 업적들을 잊지 않았다. 예는 날뛰는 태양들을 제거하고 괴물들을 퇴치하는 등 얼마나 좋은 일을 많이 했던가? 백성들은 그를 신으로 모시고 제사를 바쳐 길이 기억하고자 하였다. 예는 종포신宗布神이라는 신으로 숭배되었는데 이 신은 귀신의 우두머리로서 나쁜 귀신을 쫓는 역할을 한다고 전해진다.

예의 위대한 행적과 비극적인 최후는 그리스 로마 신화의 대표적 영웅 헤라클레스를 떠올리게 한다. 헤라클레스 역시 갖가지 괴물을 퇴치하는 등의 난제를 해결하였지만 마지막에는 아내 데이아네이라의 실수로 목숨을 잃는다. 하지만 죽은 뒤에는 인간이 아니라 신으로 추앙되는 등 예와 유사한 영웅담을 보여준다.

그러나 헤라클레스의 모험이 주로 개인의 우정과 원한 관계를 중심으로 이루어지고 있음에 비하여 예의 그것은 사회와 공동체의 문제 해결을 중심으로 사건이 진행된다는 점에서 큰 차이를 지니고 있다. 이것은 헤라클레스가 사후에 아버지 제우스에 의해 신으로 승격되는 것과는 달리 예는 민간의 백성들에 의해 신으로 추대되는 것에서도 엿볼 수 있다.

신화는 기본적으로 집단의 꿈과 소망이 투영된 이야기이지만 동일한 영웅 신화 안에서도 헤라클레스의 경우는 개인적, 인간적인 고뇌의 정도가 예의 경우에 비해 짙게 표현되고 있다. 이러한 차이가 동서양의 영웅 신화 전반으로 확대될 수 있으려면 더 많은 검토가 필요하겠지만, 어쨌든 그리스 로마 신화가 중국 신화에 비해 좀 더 개인화된 경향이 있다는 것은 숨길 수 없는 사실이다.

예 신화는 한국 신화와도 깊은 관련이 있다. 중국의 신화학자들은 예가 동이계 종족의 신이거나 군장君長일 것이라고 추정한다. 여기서 동이가 꼭 고대 한국만을 의미하는 것은 아니지만 당시 중국의 동방에 거주하던 여러 종족을 가리키는 것으로 보아 한국 신화와의 상관성을 배제할 수 없다.

고구려 신화의 주몽은 예·방몽처럼 활쏘기의 명수였으며, 아닌 게 아니라 고구려 고분 벽화에는 태양을 상징하는 세 발 달린 까마귀인 삼족오가 출현하고 있다. 또한 오늘날까지 제사상을 차릴 때 복숭아를 올리지 않는 것은 복숭아나무 몽둥이에 의해 죽임을 당한 예와 관련된 민속이라고 추측된다. 귀신의 우두머리인 예가 가장 두려워하는 것이 복숭아나무일진대 조상 귀신들은 더욱 말할 나위가 없기 때문이다.

사회와 집단이 위기에 처했을 때 우리의 심성 깊은 곳에서는 영웅의 출현을 갈망하는 마음이 싹튼다. 예와 같은 영웅은 자신의 비극적인 삶을 통해 공동체의 위기를 극복하고자 하는 희생적인 존재이다. 신화는 민중들의 이러한 존재에 대한 갈망을 이야기로서 보여준다.

하지만 이 시대에 자신의 사욕을 위해 발버둥치는 거짓 영웅이 아닌 진정한 영웅은 쉽사리 찾아볼 수가 없다.

진정, 예와 같은 영웅은 어디에 있는 것일까.

18

말달리자,
세상 속으로 모험을 떠나자

영혼을 찾아 떠난 주목왕의 여행과 사랑

주목왕이 서쪽으로 떠난 까닭은?

인간에게는 방랑의 영혼이 있다. 그것이 있기에 우리는 문득문득 친숙한 일상이 지배하는 이곳을 떠나 미지의 땅을 찾아가고 싶은 욕구를 갖게 된다. 그리고 그 넋에 홀려 평생을 이리저리 떠돌아다니며 고달픈 나그네 인생을 사는 사람들도 있다. 이처럼 인간은 방랑벽放浪癖의 속성 때문에 여행을 하게 되지만 그러한 여행에는 인간을 더욱 인간답게 만드는 어떤 힘이 있다.

길 떠남, 곧 여행은 인간으로 하여금 자신과 세계의 근본적인 의미를 돌아보게 하는 행위이다. 그것은 인간이 '나'라는 좁은 범주에서 벗어나 세계를 경험하는 행위이고 이 행위를 통해 인간은 자아를 확대, 고양시켜 높은 경지의 인격을 완성할 수 있기 때문이다. 또한 여행 그 자체는 '인생을 살아간다'는 의미를 함축한 상징적인 행위로 종종 인식되기도 한다. 사람의 일생이란 어차피

'시간여행자'인 인간의 여행담으로 구성되는 것 아닌가.

세계 신화에서 영웅은 언제나 여행을 경험한다. 수메르 신화의 영웅 길가메시는 죽음을 이기는 불사약을 얻기 위해 먼 여행길에 오르고, 우리가 잘 아는 헤라클레스는 괴물 히드라를 퇴치하고 용이 지키는 황금사과를 따 오는 등의 열두 가지 난제難題를 해결하기 위해 집을 나선다. 마찬가지로 동양 신화에도 길가메시나 헤라클레스 같은 유명한 여행담의 주인공이 있다. 주목왕¹이 바로 그런 이야기의 주인공이다.

주목왕이 아버지 소왕昭王의 뒤를 이어 임금이 되었을 때의 일이다. 어느 날 지구 서쪽 끝의 나라에 산다는 화인化人이라는 사람이 찾아왔다. 그는 불 속에서도 머리카락 하나, 몸의 터럭 하나 타지 않고 벽도 뚫고 지나가는 신기한 능력의 소유자였다. 왕은 이처럼 비범한 능력을 지닌 화인을 마치 신을 받들듯이 극진히 공경하고 접대하였지만, 그는 도무지 궁궐 생활을 마음에 들어 하지 않았다.

화려한 궁궐을 더럽다고 여겨 거처하지 않고, 진수성찬을 비린내가 난다고 먹지 않고, 아름다운 미녀들도 냄새가 난다고 가까이하지 않을 정도였다. 왕은 그런 그가 떠날까 몹시 초조해하고 안타까워하기 시작했다.

그리고 얼마 후였다. 화인이 갑자기 왕에게 자신이 살던 곳으로 놀러 가자고 청했다. 왕은 호기심이 생겨 평소에 비범하게 여겨왔던 화인의 청을 냉큼 승낙하고는 급히 그를 따라나섰다.

"폐하, 잠시 제 소매를 꼭 잡고 계시옵소서."

---

1 **주목왕**周穆王(재위 기원전 1001~기원전 947) 주나라의 제5대 임금으로서 혼란했던 나라를 안정시킨 현군賢君이다. 주목왕에 관한 신화는 3세기 말에 발견된 《목천자전穆天子傳》이라는 책에 주로 실려 있고 이외에 《열자列子》·《습유기》·《술이기述異記》 등과 같은 책에도 흩어져 담겨 있다.

화인은 뒤를 따르던 왕에게 자신의 팔을 내밀며 이렇게 말했다.

왕이 그의 소매를 잡자 두 사람의 몸이 신기하게도 허공으로 '붕' 하고 떠올랐다. 이윽고 얼마 지나지 않아 두 사람은 화인의 궁궐에 이르렀는데, 그 궁궐은 금은보화로 장식되어 있을 뿐만 아니라 보고 듣는 것과 입으로 먹는 것이 모두 인간 세상의 것이 아니었다.

여덟 필의 준마를 타고 서쪽으로 여행을 떠나는 주목왕 유명한 말몰이꾼 조보가 마부석에 앉아 있다. 《제감도설》에서.

왕이 문득 지상을 내려다보니 자신의 궁궐은 흙덩어리를 쌓아놓고 거적때기를 씌워놓은 듯 초라하기 그지없었다. 부끄럽고 마음이 불편해진 왕이 화인에게 돌아가고 싶다고 하자 그 순간 왕의 몸이 마치 허공에서 떨어지는 듯하더니 잠에서 깨어났다.

놀라 잠에서 깨어난 왕이 주위를 둘러보니 시종들도 평상시처럼 그의 곁에 있었고 차려놓았던 술과 안주도 그대로 있었다. 왕은 기이한 생각이 들어 시종들에게 어찌 된 셈인지 물었다.

"폐하께서는 그저 눈을 감고 가만히 계셨을 뿐입니다."

시종들의 답변에 어이가 없어진 왕은 다시 아무 일도 없었다는 듯이 옆에 앉아 있는 화인에게도 물었다.

"자네가 말해보게. 내가 잠시 꿈을 꾼 것이란 말인가. 나를 자네의 궁궐로 데려갔던 당사자이니 자네만큼은 모든 사실을 알고 있는 분명한 증인이 아닌가."

"폐하, 폐하께서는 몸을 조금도 움직이지 않으셨습니다. 폐하는 저와 함께 정신만으로 여행을 한 것입니다."

화인 역시 속 시원한 대답을 해주기는커녕 시종들과 똑같은 대답을 하는 것이었다.

"정신의 여행이라……."

왕은 뭔가에 홀린 듯한 표정이었다.

주목왕은 무엇을 깨달은 것일까. 이 일이 있은 후 왕은 나랏일은 도무지 돌볼 생각을 않고 좋은 음식과 어여쁜 후궁들에게도 전혀 관심을 보이지 않았다. 오직 어딘가로 멀리 여행할 생각에만 골똘할 뿐이었다.

'도대체 세상의 끝에는 무엇이 있을까? 화인이 사는 서쪽 세상은 어떤 곳일까?' 주목왕은 화인과 신기한 체험을 한 후에 특히 다른 어떤 곳보다 서쪽 세계를 몹시 동경하게 되었다. '아아, 꿈속에서 가보았던 그 세계를 실제로 가볼 수 있다면 얼마나 좋을까? 세상에는 얼마나 신기하고 이상한 일들이 많이 있는 것일까?'

마음이 있으면 끝내 행동이 따르는 법. 마침내 우리의 주인공 주목왕은 궁궐을 떠나 긴 여행길에 오르게 된다. 그리하여 동양 신화에서 유명한 주목왕, 곧 목천자穆天子의 여행 이야기가 탄생되는 것이다.

주목왕 원정대의 모험

주목왕은 본격적인 여행길에 오르기 전에 채비를 단단히 하였다. 우선 대규모의 원정단을 조직했다. 일곱 개의 정예부대로 구성된 친위대가 호위하고 여덟 필의 준마가 끄는 수레에 천자인 자신이 탑승했다. 이 수레를 끄는 사람은 당대 최고의 말몰이꾼

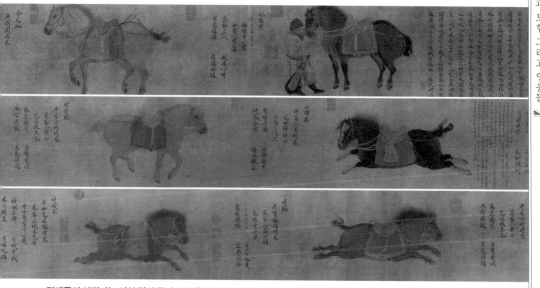

당태종이 아꼈다는 여섯 필의 준마 주목왕의 팔준마를 미루어 짐작해볼 수 있다. 금金 조림趙霖의 〈소릉육준도昭陵六駿圖〉.

인 조보造父였다.

　여덟 필의 준마 역시 족보가 있는 최고의 명마들이었다. 이 말들은 그 옛날 주나라 무왕武王이 은나라의 폭군 주왕紂王을 칠 때 전쟁터를 달렸던 싸움말들의 후예인데 전쟁이 끝난 후 산에 풀어놓아 야생마가 되어 있던 것을 조보가 잡아들여 길들인 것이었다.

　이 여덟 필의 준마는 산에서 뛰놀며 자라서 군살 하나 없이 탄탄하게 단련된 근육을 지녔으며, 전장에서 혁혁한 공을 세웠던 선조들의 내력과 혈통을 드러내듯이 갈기에는 건강한 윤기가 기품 있게 흘렀다. 또 각기 화류驊騮·녹이綠耳·적기赤驥·백희白犧·거황渠黃·유휘踰輝·도려盜驪·산자山子 등의 고유한 이름도 가지고 있었다. 기본적으로 뛰어난 명마들이면서 각각의 말마다 발이 땅에 닿지 않거나, 새보다 빠르거나, 하룻밤에 천 리를 갈 정도로 빠르다거나 하는 등의 장기를 하나씩은 지녔다고 한다. 그리스 로마 신화에서 태양신의 마차를 모는 말이 신령스러운 풀 암브로시아를 먹었듯이 이들 팔준마도 용추龍芻라고 하는 특이한 풀을 먹었다. 《술이기》²에 의하면 이 풀은 동해도東海島라는 섬에서 자랐는데 말이 이 풀을 먹으면 하루에 천 리를 달렸다고 한다.

주목왕 원정대의 구성은 이처럼 화려했다. 마치 무시무시한 용이 지키는 황금 양털을 구하러 떠난 아르고호 원정대나 오디세우스·아킬레우스 같은 최고 영웅들로 구성된 트로이 원정대를 방불케 했다. 북유럽의 옛 신화가 바탕이 된 톨킨의 판타지 소설 《반지의 제왕》에도 절대반지를 찾아 먼 여행길에 나선 반지 원정대가 나온다. 이 이야기에서도 모험을 떠나는 영웅이 등장하며, 원정대는 기사와 난쟁이·요정 엘프·호빗 등으로 화려하게 구성되어 있다.

드디어 주목왕의 원정대는 좋은 날을 잡아 서쪽으로 행군을 시작하였다. 맨 처음 그들이 도착한 땅은 양우산陽紆山이라는 곳이었다. 이곳에는 중국의 젖줄인 황하를 다스리는 물의 신 하백이 도읍을 정해 살고 있었다.

왕은 하백에게 제사를 올렸다. 제물도 둥근 벽옥璧玉과 소·말·돼지·양 등을 정성스럽게 바쳤다. 이에 감동한 하백은 신관神官을 통해 주목왕에게 곤륜산의 보물과 영원한 복을 약속했다. 하백에게서 답례를 받은 왕은 순조로운 여행을 기대하며 다시 서쪽으로 나아갔다.

가는 길에 변방의 많은 부족들이 가축과 곡물 등 토산물을 바쳤

2 《술이기述異記》 양나라의 임방任昉이 지은 소설. 신·신선·요괴 등 신비롭고 괴이한 존재들의 행적과 이상한 동식물, 광물, 기이한 장소 등에 대해 서술했다. 특히 신화 자료를 많이 담고 있다.

고 왕은 그들에게 비단·황금 등을 답례로 주었다. 마침내 주목왕은 곤륜산에 이르렀다. 이곳에서 왕은 최고신 황제의 궁전을 둘러보고 깨끗한 희생물로 제사를 지냈다.

곤륜산의 한 봉우리인 군옥산群玉山은 이름 그대로 옥이 무더기져 산과 밭을 이루고 있을 정도로 많았다. 왕은 곤륜산을 떠날 때 이곳에서 1만 개의 옥을 캐내어 수레에 가득 실었다.

벽옥 둥근 동심원의 모습은 우주의 조화로운 기운을 상징하며 제왕이 소지하거나 신께 제사 지낼 때 바쳐졌다. 양저 문화 지역에서 출토된 것.

돌아갈 것을 잊게 만든, 서왕모와의 사랑

마침내 주목왕은 여신 서왕모가 살고 있는 나라에 이르렀다. 예전부터 왕은 그 유명한 서왕모를 한 번쯤은 꼭 직접 만나보고 싶었다. 처음 만났을 때 왕은 서왕모에게 예물로 꽃무늬가 있는 비단 띠를 주었다.

주목왕의 여행을 기록한 《목천자전》[3]에서는 이 대목에서 주목왕이 서왕모와 함께 어떻게 즐기고 사랑했는지에 대한 구체적인 이야기는 생략하고 있다. 아마도 그 까닭은 이 책이 천자의 여행기로서 엄숙한 필치를 구사하고 있기 때문일 것이다.

다만 우리는 "주목왕이 서왕모와 노느라 고국으로 돌아갈 일을 잊었다"라는 다른 책의 언급을 통해 주목왕이 이 아름다운 이국의 여신과 한동안 단단히 사랑에 빠졌음을 짐작할 수 있을 뿐이다. 트로이의 아이네이아스가 카르타고의 여왕 디도로부터 청혼을 받고, 솔로몬이 시바의 여왕과 사랑에 빠졌듯이, 이처럼 영웅들은 여행길에서 미녀를 만나 사랑에 빠지는 것이 필연적인

---

3 **《목천자전穆天子傳》** 중국의 신화서. 주목왕이 여덟 필의 준마를 타고 서쪽으로 여행을 떠나 곤륜산에 이르러 서왕모를 만나고 돌아온 일을 기록했다. 이 책은 281년, 서진 무제武帝 때 급현汲縣이라는 고을에서 도굴꾼 부준不準이 전국시대 위양왕魏襄王의 무덤을 도굴하는 과정에서 발견되었다.

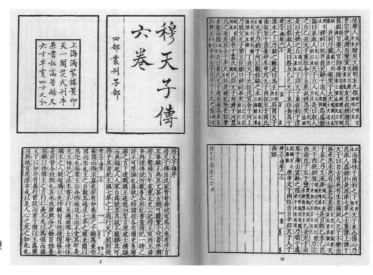

사부총간四部叢刊본 《목천
자전》

운명인 모양이다. 영웅담의 공식 중에는 대부분 러브 스토리가
끼어 있게 마련이다. 그러나 영웅은 결국 미녀를 버리고 다시 자
신의 길을 떠난다. 왜냐하면 영웅에게는 그의 피를 끓게 하는 모
험과 동경, 그리고 세상을 위한 과업이 기다리고 있기 때문이다.

주목왕은 서왕모와 아름다운 요지 연못가에서 매일매일 잔치
를 벌이며 환락에 젖어들었다. 그러나 사랑에 빠져 정말 돌아갈
일조차 아주 잊고 지내던 어느 날, 갑자기 도성으로부터 급보가
날아왔다. 주나라 동쪽 변방의 임금인 서언왕[4]이 군사를 몰고 침
공해 와서 도성이 위급하다는 보고였다. 이리하여 주목왕과 서왕
모는 요지에서 마지막 잔치를 열고 이별의 의식을 거행하게 된
다. 이 자리에서 서왕모는 왕을 향해 이렇게 노래했다고 한다.

---

4 **서언왕徐偃王** 주목왕 무렵 중국의 동부 해안 지역의 서국徐國을 지배했던 임금. 인자한 정치를 펴서 36개의 나라가 조공을 바쳤다고
한다. 한때 세력이 강성해져서 주나라를 위협하였으나 주목왕과의 전쟁에서 패하여 쇠망하였다. 일설에는 주목왕이 전쟁을 걸어오
자 백성들이 고생할 것을 염려한 서언왕이 스스로 전쟁을 포기하고 산으로 들어가 숨어 살았다고 한다. 서국은 동이계 종족이 세운
나라이다.

흰 구름은 둥실 떠 있고, 산봉우리 드높이 솟았는데,
그대 가시는 길은 아득하고, 산과 내가 우리 사이를
떼어놓았네.
바라건대 그대 오래 사시어, 다시 오실 수 있기를.

헤어짐의 아쉬움과 다시 만나고픈 기대감에 대해
주목왕은 다음과 같이 화답했다.

동쪽의 내 땅으로 돌아가, 나라를 잘 다스리리.
만백성이 잘살게 되면, 그대를 볼 수 있으리.
3년이 되면, 내 다시 이곳으로 돌아오리라.

주목왕이 서왕모와 이별하는 장면 주목왕이 이별의 슬픔으로 얼굴을 돌리고 있는 서왕모를 차마 떠나지 못한 채 바라보고 있다. 사슴과 함께 있는 서왕모는 거친 자연의 화신으로, 정복되어야 할 변방을 상징한다. 《천문도》에서.

그러나 왕은 이런 언약에도 불구하고 서왕모의 곁으로 두 번 다시 돌아올 수가 없었다.

나라가 위급하다는 전갈을 받고서 비로소 환락의 단꿈에서 깨어난 주목왕은 서왕모와의 아쉬운 이별을 뒤로한 채 황급히 귀국길에 올랐다. 이때 왕은 하룻밤에 천리를 가는 속도로 군사를 급히 몰고 돌아와 위기를 수습했다고 한다. 이 대목에서도 여행길을 떠날 때나 여행 도중에서와 마찬가지로 능숙한 말몰이꾼 조보와 여덟 필의 훌륭한 준마의 공이 컸음은 물론이다.

동양 최초의 사이보그 등장

그런데 주목왕의 원정대가 귀국하는 도중에 생긴 또 하나의 흥미로운 에피소드가 있다. 주목왕의 군대가 아직 주나라의 국경에 미치지 못했을 때였다. 한 변방 부족이 언사偃師라고 부르는 솜씨 좋은 장인匠人을 바쳤다. 황급히 귀국하는 길이었음에도 목왕은 타고난 왕성한 호기심이 발동하는 것을 자제하기 힘들었다. 그래서 언사에게 물었다.

"그대는 무엇을 잘할 수 있는가?"

"명령만 내리시면 무엇이든 다 할 수 있습니다. 그런데 제가 예전에 만들어놓은 것이 있는데 한번 보시겠습니까?"

"네 재주가 그렇게 뛰어나더냐? 그래, 보여주도록 하여라."

왕이 허락했다. 이튿날 언사가 한 사람을 데리고 왔다. 왕이 누구냐고 묻자 언사는 자신이 제작한 광대 인형이라고 하는 것이 아닌가? 왕이 놀라 살펴보니 모든 외모와 움직임이 사람과 똑같았다. 턱을 끄덕이며 노래를 부르고 손을 흔들며 춤을 추는 것이 능숙하기 그지없었다.

왕은 후궁들에게도 그것을 구경시켜주었다. 그런데 재주가 끝날 무렵 광대 인형이 후궁들에게 윙크를 하는 것이 아닌가? 언사의 재주에 홀려 입이 떡 벌어졌던 왕은 순간 놀림을 당한 듯 모멸감에 얼굴이 붉어졌다.

"네 이놈! 어디서 감히? 이놈을 당장 베어라!"

왕은 언사가 산 사람을 인형으로 속인 줄 알고 크게 노하여 그를 베려고 한 것이다.

언사는 깜짝 놀라 광대 인형을 즉시 해체하여 왕에게 보여주었다. 그것은 가죽과 나무를 아교로 붙이고 옻칠과 단청을 해서 만든 것이었다. 이것을 지켜보고서야 왕은 비로소 노여움을 풀

었고 다시금 언사의 재능에 크게 감탄하여 그를
수레에 태워 귀국하였다.

　이 에피소드는 동양 최초의 로봇 혹은 사이보
그에 대한 기록이라 할 만하기에 주목을 끈다. 그
리스 로마 신화에서도 대장장이 신 헤파이스토스
는 스스로 움직이는 세 다리 의자와 황금 시녀를
만들었고, 조각가 피그말리온은 스스로도 속아
사랑에 빠질 정도로 완벽한 미녀를 상아로 조각
해낸다. 그러나 언사가 만든 광대 인형은 분수에
벗어난 짓을 함으로써 오히려 자신의 주인을 위
태로운 지경에 빠뜨린다. 이 에피소드는 표면상
테크놀로지를 찬양하는 듯싶지만 사실은 그 남용
을 경계하는 메시지를 담고 있는 것이다.

**피그말리온이 자신이 조각한 미녀에게 흠뻑 빠
져 있는 모습** 번존스의 〈피그말리온과 조각상〉
4부작 중의 두 번째 그림에서. 🐟

아이덴티티를 찾는 여행길

　서쪽으로 떠나는 주목왕의 긴 여행, 그것은 결국 무엇을 의미
하는가? 험난한 여정을 돌파하여 미인과 보물을 얻고 돌아온다
는 내용은 수많은 영웅신화가 보여주는 일반적인 이야기 패턴에
서 크게 벗어나지 않는다.

　그러나 왜 하필이면 주나라의 목왕이 여행을 해야만 했을까?
여기에서 우리는 이 신화의 역사적이거나 현실적인 맥락을 짚어
볼 수 있다. 주목왕 즉위 당시 상황을 보면 아버지 소왕이 변방
초나라의 음모에 의해 피살되는 등 천하를 지배하던 주나라의
국력은 급속히 쇠퇴하고 있었다. 이 점에서 미지의 땅으로 떠나

예쁜 과부로 변신한 관음보살에게 유혹을 당하는 손오공 일행 천축국으로 불경을 구하러 가는 길
이다. 저팔계가 속아 넘어가서 망신을 당하게 된다. 청나라 때의 《서유기》 삽화.

는 주목왕의 여행, 그리고 성공적인 귀환은 변방 세력에 대한 주나라 왕권의 안정된 통치 능력을 상징한다. 다시 말해서 주목왕의 서쪽을 향한 여행 신화는 주나라 왕권의 정체성을 찾아가는 이야기인 것이다. 주목왕 신화의 이러한 취지는 후세의 문학 작품 속에서 개인의 정체성을 찾아가는 의미로 훌륭히 계승된다.

가령 《서유기》의 경우를 보면, 손오공과 삼장법사 역시 서쪽의 천축국天竺國인 인도로 불경을 얻기 위해 먼 길을 떠난다. 그들은 여행길에서 만난 수많은 요괴와 투쟁하고 갖가지 어려운 장애를 극복한 다음 마침내 불경을 얻어 무사히 돌아온다. 신화학자 조지프 캠벨[5]은 "영웅이 걷는 길은 지상의 길이지만 우리 내면의 길이기도 하다"고 말한 바 있다. 로드 무비나 여행담, 모험담 이야기가 흔히 인생이나 내면적인 자아 찾기의 비유로 해석되는 이유도 이런 점 때문이다.

따라서 손오공 일행이 걸었던 험난한 여정은 한 개인이 내면 세계를 완성해나가는 과정을 상징한다. 국가의 정체성이 아닌 개인의 정체성을 찾기 위해 서쪽으로 긴 여행을 떠났던 손오공 일행의 모습에서 우리는 주목왕 신화의 변형된 이미지를 발견할 수 있을 것이다.

---

3 **조지프 캠벨**Joseph Campbell(1904~1987) 미국의 저명한 신화학자. 융C. G. Jung 심리학의 영향을 많이 받았으며 비교신화학의 입장에서 다양한 인류 문화 속의 신화가 갖는 보편적인 기능을 검토했다. 세계의 영웅신화를 정리, 분석하여 '출발 – 입문 – 귀환'이라는 영웅신화의 도식을 만든 것으로 유명하다. 주요 저서로는 《신의 가면》·《천의 얼굴을 한 영웅》 등이 있다.

시조 탄생 신화와 민족의 성립

고대의 중국 대륙은 단일한 종족이 독점적으로 거주하던 공간이 아니었다.
수많은 종족들이 공존하면서 상호교류 속에서 오늘의 중국 문화를 일궈왔다.

19

새가 떨어뜨린 알을 먹고
처녀가 낳은 아이

시조 탄생 신화와 민족의 성립 1

건국 영웅보다 앞선 종족의 시조

신화나 서사시에서 영웅은 대개 모험을 겪거나 재난을 물리치는 등의 역경을 이겨내고 임금이 된다. 또한 그들은 모험과 투쟁의 결과로 종족의 지도자가 되어 나라를 세우기도 한다.

그러나 종족은 건국의 주인공인 영웅보다 먼저 존재했다. 따라서 종족의 시조는 영웅보다 또는 영웅이 세운 나라보다 더 먼저 존재했다. 이 점에서 시조 탄생의 신화는 건국 영웅에 관한 이야기보다 더 오래된 것일 수 있다.

시조들도 반신반인적 존재라는 점에서 넓은 의미의 영웅에 속한다고 하겠지만, 대체로 그들은 특정한 종족의 조상이 된다는 점에서 지역성을 띤 영웅이라 할 수 있다.

지금도 그렇지만 고대의 중국 대륙은 단일한 종족이 독점적으로 거주하던 공간이 아니었다. 수많은 종족들이 공존하면서 상호

교류 속에서 오늘의 중국 문화를 일궈왔던 것이다. 따라서 중국 신화에는 여러 종족들의 기원에 관한 내용이 뒤섞인 채 전해 내려오고 있다.

흔히 한 종족의 기원에 관한 내용은 그 종족의 시조 탄생 신화에서 시작한다. 아득한 옛날 중국 대륙에 거주했던 여러 종족 중에서 가장 활동적이었고 세력이 컸던 두 종족은 동방의 동이계 종족과 서방의 화하계 종족이다. 이 중 동이계 종족을 대표했던 은殷 민족과 화하계 종족을 대표했던 주周 민족의 시조 탄생 신화는 중국의 대표적인 시조 신화가 된다고 하겠다.

중국의 상고사를 연구하는 학자들은 중국 역사의 초기에 대륙에는 지역마다 다양한 문명들이 있었지만 발해만渤海灣 연안과 산동 지역, 황하 중·하류에 걸쳐 형성되었던 동이계 종족의 정치, 문화적 세력이 가장 우세했던 것으로 추정하고 있다.

결국 이 문명권에서 화려한 청동기 문명을 꽃피웠던 고대국가인 은 왕조가 성립되었는데 은 왕조를 건설했던 건국 영웅 탕의 활약에 대해서는 이후에 살펴보게 될 것이다. 그렇다면 은 왕조 성립 이전에 은 민족을 처음 낳았던 시조는 누구인가?

은의 시조 신화 – 설의 탄생

《사기》에는 다음과 같은 이야기가 전한다. 아득한 옛날 유융씨有戎氏라는 높은 신분의 사람이 있었다. 그에게는 세 명의 아름다운 딸이 있었다. 세 자매는 어느 날 모처럼 나들이를 갔다가 강가에 이르렀다. 맑은 강물을 보자 그녀들은 그만 옷을 훌훌 벗고 풍덩 뛰어들어 목욕을 하기 시작했다. 여자들끼리만 있으니 그만

궁중 처녀들의 그네 놀이 달빛이 흐드러진 밤에 궁중의 처녀들이 그네를 타고 있다. 처녀들만의 놀이에 끼어든 틈입자는 대개 영웅 남성이다. 청清 진매陳枚의 《월만청유도책月漫清遊圖冊(2)》.

대담해진 것일까? 세 처녀는 눈부신 알몸을 자랑하며 물장구도 치고 재잘거리기도 하고 있었다. 그때였다. 그들의 머리 위로 검은빛의 새, 곧 현조玄鳥 한 마리가 날아오더니 오색 찬란한 알을 떨어뜨리고 가는 것이 아닌가?

"어머나, 예쁘기도 해라. 이게 뭐지?" 큰딸 간적簡狄이 그것을 주워 살펴보니 너무도 탐스럽고 먹음직스러웠다. 간적은 자신도 모르게 알을 한번 입에 머금어보았다. 그 순간 미끄덩하고 알이 그만 목으로 넘어가버리고 말았다. "어머!" 그날 이후 간적의 몸에는 변화가 생겼다. 임신이 된 것이다. 나날이 배가 불러오더니 간적은 마침내 처녀의 몸으로 아이를 낳고야 말았다. 그러나 《사기》보다 조금 이른 시기에 지어진 《여씨춘추》[1]에는 비슷하지만 다른 이야기가 전한다. 유융씨에게는 딸이 셋이 아니라 둘이 있었다고 한다. 두 딸은 모두 아름다웠고 하늘 높이 솟은 구층집에서 살았다. 그녀들은 음식을 먹을 때 항상 좋은 음악을 연주하여 흥을 돋웠다. 이때 하늘의 천제가 그녀들의 아름다운 모습을 보고 제비를 보내 그녀들을 살펴보게 하였다. 천제는 아마 그녀들에게 관심이 많았던 모양이다. 제비가 하늘에서 내려와 짹짹 울며 방 안을 맴돌았다.

"어머! 웬 제비일까? 귀엽기도 해라." 두 자매는 제비가 예뻐서 서로 잡으려고 하였다. 그러다가 마침내 제비를 잡아서 옥 광

---

1 **《여씨춘추呂氏春秋》** 진秦나라 때 여불위呂不韋가 편찬한 고대 중국의 역사·사상에 관한 책. 총 26권으로 당시의 권력자였던 여불위가 문객 3000명으로 하여금 편찬하게 하였다고 한다. 도가道家 사상을 기본으로 하면서 유가儒家·병가兵家·농가農家·법가法家 등의 모든 학설을 망라하여 잡가雜家의 경향을 띠고 있다.

주리에 넣고 뚜껑을 덮어놓았다. 얼마 후 두 자매는
제비가 어떻게 되었나 궁금해서 광주리를 열어보았
다. 그 순간 "퍼드득!" 하고 제비는 북쪽으로 날아가
버리고 광주리에는 두 개의 알이 남아 있었다. 알은
무척 탐스럽게 반짝반짝 윤이 났다. 호기심 많은 큰
딸 간적은 알을 손으로 집어 들었다. 알이 먹음직스
러워서 간적은 자신도 모르게 입으로 가져갔다. "언
니! 안 돼!" 동생이 외쳤지만 미처 말릴 사이도 없이
알은 간적의 입으로 미끄러져 들어갔다. 그 후 간적
에게 생긴 일은 앞서의 이야기와 같다. 이렇게 해서
탄생한 아이는 이름을 설契이라고 불렀는데 아주 총
명하고 어질었다. 설은 장성하여 요임금 때에 교육의
책임자인 사도司徒가 되었다가 훗날 상商 땅에 제후

현조와 간적 자매 신성한 검은 새가 그녀들
의 머리 위를 맴돌고 있다. 《열녀전列女傳》
삽화.

로 봉해져서 은 민족의 시조가 되었다. 그의 후손인 탕이 하夏를
정벌하고 난 뒤에 나라 이름을 상으로 정하였는데 반경왕盤庚王[2]
때에 이르러 은殷 지방으로 천도를 하면서 은이라고도 부르게 되
었다.

《시경》에서는 이 일을 두고 다음과 같이 찬미하였다.

하늘이 신성한 새를 하계에 내려보내
은 민족을 일으키시니,
광대하도다. 그들의 영토여!

---

2 **반경**盤庚 은나라 중엽의 임금. 지금의 하남성河南省 안양安陽 지역으로 천도를 단행하였으며 당시 신하들과 백성들을 설득하던 연설
문이 《서경書經》에 전한다.

은 민족의 시조 설 설 신화는 고구려 시조 주몽의 탄생 신화와 비슷한 점이 많다. 《천지인 귀신도감》에서. 🐟

《시경》에 따르면 신성한 새, 곧 현조라든가 제비는 우연히 나타난 것이 아니고 천제가 은 민족을 일으키기 위해 자신의 분신으로 파견한 것이다. 결국 이들 신화는 은 민족이 천상의 아버지와 지상의 어머니가 결합해서 낳은 신성한 혈통임을 천명하고 있는 것이다.

이들 신화가 함축하고 있는 의미는 크게 두 가지를 꼽을 수 있다.

첫째, 이들 신화는 아버지를 모르고 어머니만 알았던 모계사회의 현실을 반영한다고 볼 수 있다. 따라서 사실상 은 민족의 시조는 처녀 간적인 셈이다. 간적은 은 민족의 시조모始祖母로서 추앙되었으며 은이 멸망한 이후에도 결혼, 중매, 생식의 신인 고매신으로서 섬겨진다.

둘째, 이들 신화는 은 민족에게 새를 토템으로 숭배하는 습속이 있었음을 알려준다. 신성한 새를 민족의 발생과 관련시킨다든가 알을 매개로 사람을 낳는 방식을 취한다든가 하는 착상은 새 토템의 습속에서 기인한다. 은 민족이 숭배하는 큰 신으로 제준이라는 신이 있다. 순임금과 동일시되기도 하는 이 신은 새의 머리를 한 모습이었다고 한다. 아울러 간적의 '적狄'이 원래 '적翟'이었다고 보는 견해도 있다. '적翟'은 꿩 종류의 새이다. 따라서 간적은 새를 숭배하는 종족의 여인인 것이다.

설 신화, 곧 은 민족의 시조 탄생 신화는 동이계에 속하는 다른 종족의 시조 혹은 영웅 탄생 신화와 특징을 공유한다. 가령 주목왕 때 동해 지역에서 큰 세력을 떨쳤던 서언왕의 탄생 신화는 설 신화와 상당히 비슷하다.

서국(徐國)의 한 궁녀가 임신을 했는데 뜻밖에도 알을 낳았다. 사람들이 불길하게 여겨 강가에 버렸더니 한 외로운 과부의 개가 그 알을 입에 물고 왔다. 과부가 기이하게 생각하여 따뜻하게 해 주자 껍데기를 깨고 아이가 나왔다. 태어날 때 반듯이 누운 자세였으므로 이름을 언(偃)(누울 언)이라고 하였다.

임금이 이 소식을 듣고 다시 데려다 길렀는데, 커가면서 어질고 지혜로워 마침내 왕위를 이어받았다. 이후 서언왕이 덕망 있다는 소문이 퍼지자 주위의 36개국이 복종을 해 왔다.

그러나 서언왕은 주목왕이 자신의 세력을 꺾기 위해 공격해 오자 전쟁으로 인해 백성들이 고통을 당할까 염려해 싸우지 않고 뒤로 물러나기만 했다. 그러더니 결국은 산속에 은거해버리고 말았다. 바보같이 착하기만 한 이 서언왕의 탄생 신화는 알을 매개로 한 탄생이라는 점에서 설 신화와 공통점을 지닌다.

서언왕 신화를 듣고 곧바로 연상되는 것은 우리의 고구려 주몽 신화이다. 주몽의 탄생 신화에 따르면 하백의 세 딸 중 큰딸인 유화가 천제의 아들 해모수에게 유혹을 받았다가 버림받는다. 분노한 아버지 하백은 유화를 먼 호숫가로 추방하고 유화는 거기서 물고기를 잡아먹으며 연명하다가 동부여의 금와왕에게 발견된다. 유화의 딱한 사정을 들은 금와왕은 그녀를 궁으로 데려왔고 얼마 후 그녀는 큰 알을 낳았다. 금와왕은 괴이하게 생각하고 그 알을 밖에 내다 버리게 하였으나, 다른 짐승들이 알을 상하게 하기는커녕 서로 소중하게 품는 것을 보고 다시 유화에게 알을 돌려주었다. 마침내 알에서 사내아이가 태어났으니 그가 곧 주몽이다.

해모수로 추정되는 인물
머리 위에 '천왕天王'이라는 먹 글씨가 있다. 기록에 의하면 해모수는 '천왕랑天王郞'으로 불리었으며 새들과 더불어 천상에서 내려왔다고 한다. 평남 순천의 천왕지신총天王地神塚 벽화에서.

주몽 역시 서언왕과 마찬가지로 알에서 태어나 고구려의 시조가 된다. 주몽 신화는 서언왕 신화보다도 설 신화의 이야기 요소를 더욱 잘 계승하고 있다. 해모수는 새 깃털관을 쓰고 새들과 함께 하늘에서 내려왔다 하는데 이야말로 신성한 새의 변형된 모습이다. 아울러 유화 등의 세 자매는 간적의 세 자매에 그대로 상응한다. 유화는 간적처럼 나중에 고구려의 시조모로 숭배된다. 또한 난생卵生 모티프 역시 동이계 종족의 새 토템 숭배를 반영한다.

주몽 신화에 이어 우리는 인접한 만주족의 시조 신화에서도 비슷한 이야기 요소를 발견할 수 있다.

어느 날 천상에서 신녀神女 세 자매가 백두산 천지에 내려와 목욕을 하였다. 이때 참새 한 마리가 입에 붉은 열매를 물고 와서 셋째 불고륜佛庫倫이 벗어놓은 옷에 떨어뜨리고 갔다.

그 열매는 마침 잘 익어서 무척 먹음직스러웠다. 불고륜이 참지 못하고 그것을 입에 넣어 삼키자 그녀는 곧 임신을 하여 다시 천상에 올라갈 수 없게 되었다. 혼자 남은 그녀는 사내아이를 낳았는데 그가 곧 훗날 만주족의 시조가 된 애신각라愛新覺羅 포고리옹순布庫里雍順이다.

우리는 은의 시조 신화에서 서언왕 신화, 주몽 신화를 거쳐 만주족의 시조 신화에 이르기까지 이처럼 동일한 신화적 모티프가 반복 전승되고 있음에 놀라지 않을 수 없다. 신화는 민족의 이야기인 만큼 이는 고대의 중국 대륙에서 활약했던 동이계 여러 종족이 동일한 언어와 동일한 문화권에 속해 있었다는 사실을 입증하고 있는 것이다. 그렇다면 동이계와 함께 고대 중국 대륙을 양분했던 화하계 종족을 대표하는 주 민족의 시조 탄생 신화는 어떠한 내용을 담고 있을까?

주의 시조 신화 – 후직의 탄생

옛날에 유태씨有邰氏라는 훌륭한 사람이 있었다. 그에게는 강원姜嫄이라는 딸이 있었다.

어느 날 그녀는 들에 놀러 갔다가 거인의 발자국이 찍혀 있는 것을 보았다. 호기심 많은 처녀 강원은 그 발자국에 자신의 조그만 발을 디뎌보았다.

그 순간이었다. 몸속에 무언가 이상한 느낌이 오는 것이 아닌가. 집에 돌아온 후부터 마치 임신이 된 것처럼 그녀의 배가 불러 오더니 마침내 달이 차자 이상한 살덩어리 같은 것을 낳았다.

그녀는 끔찍한 생각이 들어 그것을 골목길에 버렸다. 그랬더니 소와 양이 피해 갔다. 다시 이번엔 얼음판에 버렸더니 새가

주 민족의 시조모 강원 들길을 거닐다 땅 위에 난 거인의 발자국을 내려다보고 있다. 《열녀전》 삽화.

아기 모세 나일강에 버려져 떠내려오다 이집트 공주에게 발견된 모세. 애니메이션 〈이집트 왕자〉에서.

날아와 깃털로 감싸주는 것이었다.

그런데 새가 한참을 품다가 날아가버리자 살덩어리 속에서 준수한 한 아이가 모습을 드러냈다. 그녀는 신기하게 생각하고 아이를 거두어 길렀는데 처음에 아이를 버렸다고 해서 이름을 기棄라고 불렀다. 아이는 자라면서 농사일에 두각을 나타내어 요임금 때 농업 책임자인 농사農師의 지위에까지 올랐다.

기는 순임금 때에는 태邰 땅에 제후로 봉해졌고 이때부터 그는 후직이라고 불리었다. 이후 그는 농신으로 숭배되었고 후손이 번성해 주 민족을 형성하게 되었다.

후직의 탄생 신화는 영웅 신화의 전형을 보여준다. 영웅은 대개 비범한 탄생 이후에 버려졌다가 다시 양육되는 과정을 밟는다. 히브리 민족의 영웅인 모세도 태어나자마자 나일강에 버려졌다가 이집트의 공주에 의해 건져져 길러졌고 서언왕 신화, 주몽 신화도 이 같은 이야기 요소를 지니고 있다.

아울러 후직처럼 신비한 기운의 작용에 의해 탄생이 이루어지는 경우, 이러한 내용의 신화를 감생신화感生神話라고 부른다고 하였다. 서언왕 신화와 주몽 신화에도 감생신화의 요소가 없는 것은 아니지만 난생신화의 성격이 더욱 강하다고 하겠다.

시조 탄생 신화는 대부분 아버지의 정체가 모호한 상태에서 어머니의 역할이 강조되어 있다. 이것은 모계사회적인 현실을 반영하는 것으로 원래는 어머니가 시조로서 숭배되었을 것이다. 후대에 이르러 가부장 사회가 정립되면서 모권이 약화되고 어머니가 아닌 아들이 시조로서 부각된 것이라고 볼 수 있다.

가령 강원과 후직의 관계를 보더라도 본래 농신은 후직이 아니라 지모신인 강원이었을 가능성이 크다. 강원의 원嫄은 농작물을 생산하는 들·대지를 의미하기 때문이다. 어머니 강원의 이러한 농신으로서의 기능이 남성 중심 사회가 되면서 아들인 후직에게 옮겨 간 것으로 보아야 할 것이다.

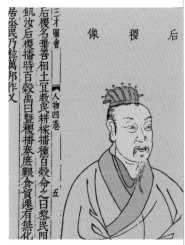

농업의 신이자 주 민족의 시조인 후직 주나라가 당시 강력한 농업국가로서 대두했음을 암시한다. 명 왕기의 《삼재도회》에서. 🐝

수많은 종족이 각기 다른 뿌리에서 갈라져 나오기 시작한 저 아득한 신화 시대, 고대 중국의 문화는 동이계와 화하계라는 동과 서의 양대 종족을 중심으로 전개된다. 따라서 시조 탄생 신화에서 설 신화와 후직 신화는 특별히 중요한 위치를 차지하고 있다.

20

신비한 개 반호,
공주와 결혼하여 여러 족속을 낳다

시조 탄생 신화와 민족의 성립 2

변방 종족의 시조 탄생 신화

앞에서는 중국의 동방과 서방에서 일어나 중원 지역에서 활약했던 동이계와 화하계 두 종족의 시조 탄생 신화에 대해 살펴보았다. 그렇다면, 중국의 사방 변경 지대에 거주했던 종족들은 어떻게 그 시조가 태어나고 민족으로 자리 잡게 되었을까. 그들의 시조 탄생 및 민족 성립 과정에 대해 알아보기로 하자.

중국의 서방과 북방, 변경 지대에 걸쳐 역사상 두각을 나타냈던 종족으로는 흉노·돌궐·몽골蒙古 등을 들 수 있다. 이들 종족의 성립과 관련된 신화는 다음과 같다.

늑대 시조의 탄생 신화

먼저 돌궐'의 중요한 한 갈래인 아사나阿史那 씨족의 성립 신화를 보자.

돌궐 종족은 원래 서해 바닷가에 살았으나 이웃 나라의 침략을 받아 멸망하고 말았다. 그때 적군이 남녀노소를 모조리 몰살하였다. 그러나 잔인한 적군일지라도 열 살쯤 되는 어린애 하나만은 차마 죽이지 못하고 팔다리를 잘라 큰 호숫가에 버렸다.

그런데 주위에 살던 한 암늑대가 고기를 물어다주어 소년은 그것을 먹고 살아날 수 있었다. 그 후 암늑대는 소년과 교접을 하여 임신을 하고 서해의 동쪽에 있는 어떤 산으로 이동하였다.

이스탄불의 노천 카페 오늘날의 튀르키예 민족은 돌궐족의 후예이다.

그 산에는 동굴이 있어서 암늑대가 그 속에 들어갔더니 사방 200리쯤 되는 넓고 풀이 무성한 벌판이 나타났다. 얼마 후 암늑대는 열 명의 사내아이를 낳았는데 장성해서 모두들 결혼하여 각자 한 성씨를 이루었다. 아사나 부는 그중의 하나이다.

돌궐보다 기원이 오랜 흉노[2]의 한 부족의 성립 신화는 이와 정반대의 경우이다.

흉노의 왕에게 용모가 지극히 아름다운 두 딸이 있어서 백성들이 모두 신처럼 떠받들었다. 신하들은 공주들의 아름다움을 칭송하여 종종 이렇게 아뢰었다.

"공주님들은 인간 세상의 사람이 아니라 하늘에서 내려온 선녀임이 분명합니다. 이 모두가 임금님의 큰 복입니다."

---

1 **돌궐**突厥 6세기 중엽부터 약 200년 동안 몽골 고원을 중심으로 활약한 튀르크계 민족. 그중 아사나 씨족의 세력이 강성해져 대제국을 이루었으나 훗날 분열되어 동돌궐은 몽골 고원을, 서돌궐은 중앙아시아를 지배하기도 했다. 지금의 튀르키예 공화국 주민은 이들의 후손이다.

2 **흉노**匈奴 기원전 3세기 말부터 서기 1세기 말까지 몽골 고원, 만리장성 일대를 중심으로 활약한 유목민족 및 그들이 형성한 국가의 명칭. 진秦 · 한漢 시대에 중국의 큰 위협이 되었다. 그들의 후손이 유럽의 민족 대이동을 불러일으킨 훈족이라는 설이 있다.

흉노 땅으로 떠나는 왕소군
왕소군王昭君은 한나라 때의 미인으로 흉노의 왕에게 시집을 가서 그곳에서 고국을 그리워하다 죽었다고 한다. 왕소군을 모셔가는 흉노 병사들의 씩씩한 기상과 독특한 복장에서 북방 유목민족의 체취를 느낄 수 있다. 금金 궁소연宮素然의 〈명비출새도明妃出塞圖〉.

왕도 이런 칭찬을 자주 듣다보니 어깨가 우쭐해지고 자랑스러운 마음이 점점 더 커져갔다. 왕의 자만심이 자꾸만 높아지던 어느 하루였다.

"나의 이 딸들이 어찌 사람의 짝이 될 수 있겠는가? 앞으로 천신과 배필을 지으리라."

왕은 이렇게 말하고는 곧바로 딸들이 천신을 만나도록 조치를 취하였다. 왕은 광야에 높은 누대를 짓고 두 딸을 그 위에서 살게 한 것이다. 그러고는 날이면 날마다 하늘을 향해 기원하였다.

"천신께서는 어서 내려와 제 딸들을 아내로 맞이해 가시옵소서."

이런 기원을 매일 올린 지 3년이 지났으나 아무런 변화가 없자 왕비는 딸들을 도로 데려오려고 하였다. 그러나 왕은 말하길 "안 되오, 아직 천신과 통하지 않았소"라고 하였다.

다시 한 해가 지났을 때였다. 하루는 늑대 한 마리가 밤낮으로 누대를 떠나지 않으며 울부짖었다. 그러고는 누대 아래에 굴을 파고 오래도록 머물러 있었다.

며칠 동안 늑대를 지켜본 작은딸은 그 늑대가 아무래도 범상한 동물이 아닐 것이라는 생각에 한번 누대를 내려가보리라 결심했다.

"언니, 아버님이 우리를 이곳에 둔 것은 천신과 배필을 지어주실 생각에서였는데, 아무래도 지금 늑대가 온 것을 보니 혹시 천신이 보낸 신령스러운 동물이 아닌지 모르겠어."

언니가 놀라 동생을 만류하며 말했다.

"저건 그저 한낱 짐승이야. 부모님을 욕되게 해서는 안 돼!"

그러나 동생은 언니의 말을 듣지 않고 마침내 누대를 내려가 늑대를 남편으로 맞이하였다. 늑대의 아내가 된 그녀는 곧 아들을 낳았는데 점점 수가 늘어나 마침내는 한 나라를 이루었다.

이 밖에도 몽골의 시조 탄생 신화에서는 하늘이 낸 푸른빛의 늑대와 흰빛의 사슴이 서로 짝을 맺었다고 한다. 짝을 이룬 둘은 등길사騰吉斯라는 강을 함께 건너 알난斡難이라는 강의 근원인 불아한不兒罕 산에 이르렀다.

그들은 그곳에 머물러 파탑적한巴塔赤罕이라는 아이를 낳았다. 이 아이가 훗날 몽골 민족의 시조가 되었다.

《원조비사》[3]라는 책에 실린 이 신화에는 특별히 흥미로운 점이 있다. 등길사라는 강은 아마 퉁구스Tungus를 한자로 표현한 것인 듯하고 알난은 압록鴨綠과 발음이 비슷하다. 주목해야 할

---

3 《원조비사元朝秘史》13세기 중엽에 성립된 몽골의 역사서. 작자는 알 수 없다. 내용은 몽골족과 칭기즈칸의 선조에 대한 전설과 계보, 칭기즈칸의 일생과 원 태종太宗의 치세를 기록한 것으로 몽골 제국 건국 및 성립 초기의 역사에 대한 중요한 사료이다. 아울러 중세 몽골어의 연구 자료로서도 큰 의미를 지닌다.

민족의 영산 백두산 고대에는 불함산으로 불렸다.

것은 다음의 불아한이다. 불아한은 곧 불함

不咸이다.

《산해경》에 의하면 숙신국[4]에 불함산이 있다고 하였는데 숙신국은 압록강 상류 지역에 있었던 고대국가이고 불함산은 바로 지금의 백두산을 가리킨다.

그렇다면 몽골 민족이 고대에 백두산 근처에 살았다는 말일까? 결론부터 말하자면 물론 그렇지는 않다. 그렇다면 어째서 이런 일이 있는 것일까.

고대인들은 이주해서 다른 곳에 옮겨 살아도 전에 살던 지역의 이름을 그대로 가져다 부르는 습관이 있었다. 따라서 몽골의 시조 탄생 신화는 우리 민족과 몽골의 상관성을 암시한다. 즉, 우리 민족은 먼 고대에 지금의 몽골 지역과 같은 먼 북방에서 남쪽으로 이주해 온 것이라 추측된다. 다시 말해서 '불함산'이나 '압록'이란 지명은 먼 옛날 몽골 지역에 살던 우리 민족의 조상이 그곳의 산과 강 이름을 남쪽으로 이주한 이후에도 그대로 가져와서 사용한 흔적일 것이다.

최근 우리 민족의 기원을 북방의 바이칼호[5]와 관련지어 찾아보려는 움직임이 있는데 《원조비사》에 기록된 이 신화는 그러한 주장의 근거가 될 수 있다.

시조 탄생 신화에서 시조는 동물과 관련을 맺는 경우가 많다.

---

4 **숙신국**肅愼國 고대에 압록강 상류, 송화강 상류 일대에 있던 나라. 참나무 화살을 생산하고 자작나무 껍질로 생활용품을 만들었다. 후대에는 읍루挹婁·말갈靺鞨 등으로 변천을 거듭하다가 지금은 혁철족赫哲族이라는 소수민족으로 존속해오고 있다. 정인보鄭寅普는 숙신이 조선과 발음이 유사하여 사실상 고조선의 일부일 것으로 추정하였다.

5 **바이칼호**湖 러시아의 부랴트 공화국과 이르쿠츠크 주에 걸쳐 있는 세계 최대의 민물 호수. 호수 안에는 올혼섬을 비롯해 18개의 섬이 있는데 올혼 섬에는 샤먼이 하늘에 제사 지내는 터가 있다. 고대 중국의 문헌에서 대택大澤이라고 불렀던 북방의 큰 호수가 이곳을 가리켰던 것으로 추측된다.

올혼섬에서 바라다본 바이칼호 태고의 영검함과 신비를 간직한 호수이다. 이광수의 소설 《유정》에서 사랑하는 두 남녀 최석과 남정임의 마지막 무대도 이곳이었다.

원시시대에 동물은 인간보다 신성하고 우월한 존재로 생각되었기 때문이다. 동물을 종족의 조상으로 삼는 이러한 내용의 신화를 수조신화獸祖神話라고 한다.

수조신화는 동물 토템 숭배와 깊은 관련이 있다. 중국의 서방 고원지대와 북방 초원지대에 살았던 유목민족들에게 늑대는 공포의 대상이면서도 생활과 밀접한 관계를 맺고 있는 동물이다. 그리하여 토템 동물로 숭배되면서 종족의 조상으로 여겨졌을 것이다. 북미나 남미의 원주민들도 그 지역의 야수인 코요테나 자칼을 그들의 선조와 동일시하거나 경외하는 습속이 있다.

늑대에 대한 숭배 관념은 서양 신화에서도 엿보인다. 로마 선국의 아버지인 로물루스 형제를 양육한 것도 다름 아닌 늑대였기 때문이다. 늑대를 인간과 동일시하거나 경외하는 이러한 관념들로부터 늑대 인간wolf man에 관한 전설 같은 것이 파생되었을 것이다. 오래전에 상영된 남미 영화 〈나자리노〉[6]는 낮에는 멀쩡하다가 밤이 되어 보름달이 뜨면 늑대로 변하는 늑대 인간과 마

---

6 〈나자리노〉 아르헨티나의 레오나르도 파비오Leonardo Favio 감독에 의해 1974년에 제작된 영화. 일곱 번째로 태어난 남자아이는 보름달이 뜨는 밤에 늑대로 변한다는 전설이 있는데 한적한 시골 마을의 나자리노라는 청년이 그 주인공이다. 이 청년과 리셀다라는 마을 처녀가 온갖 위협 속에서도 사랑을 지켜가는 이야기를 내용으로 하고 있다.

을 처녀의 안타까운 사랑을 그린 영화이다. 이 영화의 주제가 역시 감미로운 선율로 한때 유행한 적이 있다.

이제 시선을 중국의 서남방과 남방으로 돌려보자. 남방의 가장 유명한 시조 탄생 신화로는 묘족·요족·여족 등의 소수민족[7] 사이에서 전해 내려오는 반호盤瓠 신화가 있다.

개와 결혼하여 낳은 종족

옛날 고신씨[8]라는 왕이 다스리던 시대였다. 어느 날 왕비에게 귓병이 났다. 의원이 치료를 했더니 귀에서 누에 같은 벌레가 나왔다. 그것을 바가지 속에 넣고 쟁반으로 덮어놓았는데 갑자기 오색 무늬의 개로 변하였다.

서양인이 상상한 개 머리 인간 늑대 인간과 비슷한 상상력의 산물이다. 마르코 폴로가 안다만 제도諸島에서 목격했다는 개 머리 인간의 상상도(14~15세기).

그래서 쟁반(盤)과 바가지(瓠)에서 생겼다고 해서 그 개의 이름을 반호盤瓠라고 짓고 대궐에서 왕이 직접 길렀다. 그 무렵, 오랑캐가 강성하여 변경을 자주 침범하고 있었다. 왕은 장수를 보내 토벌하려고 하였으나 쉽게 이기지를 못하였다.

이에 왕은 천하에 영을 내려 오랑캐 장군의 목을 가져오는 자에게는 황금 천 근을 주고 제후에 봉할 뿐만 아니라 공주를 준다고 선포하였다. 그런데 왕의 선포가 있고 나서 반호가 대궐에서 사라져버렸다.

7 **소수민족** 중국은 모두 56개의 민족으로 이루어진 다민족 국가이다. 이 중 본민족인 한족漢族을 제외한 55개의 민족을 소수민족이라 한다. 중국의 전 인구 가운데에서 이들이 점유하는 비율은 10퍼센트도 되지 않으나 이들이 거주하는 공간은 오히려 중국 영토의 상당 부분을 차지한다. 이들은 대부분 중국 변경의 사막·초원·고원·산악 지대에 거주하고 있으며 전통적인 생활방식과 풍속을 유지하고 있다. 이들은 많은 신화를 구전, 보전하고 있어 주로 문헌으로 전해지는 중국 신화의 부족한 점을 보충해줄 뿐만 아니라 중국 문화를 다원적으로 인식해야 하는 훌륭한 근거를 제공해주고 있다.

8 **고신씨**高辛氏 전설적인 임금. 제곡帝嚳이라고도 부른다. 태어나면서부터 신령스러워 스스로 그 이름을 말했으며 음악에 뛰어난 재능이 있었다고 한다. 전설에 의하면 성군 요, 은의 시조 설, 주의 시조 후직의 아버지라고도 한다.

얼마 후 사라졌던 반호가 사람의 목을 하나 물고 돌아왔다. 왕이 자세히 살펴보니 그것은 상금을 건 그 오랑캐 장군의 목이었다. 신하들은 모두 말하길 "반호는 짐승인지라 벼슬을 줄 수도, 공주를 줄 수도 없으니 공이 있다 한들 베풀 것이 없습니다"라고 하였다.

그랬더니 반호는 밥을 줘도 먹지 않고 구석에 웅크리고 앉아 며칠 동안을 마치 고민이 있다는 듯한 표정을 짓고 있었다.

공주가 이 소식을 듣고 달려와 왕에게 아뢰었다.

"임금님께서는 이미 저를 상으로 주기로 천하에 약속하셨습니다. 반호가 적장의 목을 물고 온 것은 하늘이 그렇게 시킨 것이지 어찌 개의 힘이겠습니까? 임금님은 말씀과 신의를 중히 여기셔야 합니다. 미천한 여자의 몸 때문에 천하와의 약속을 저버리셔서는 안 됩니다. 만약 그리하시면 나라에 재앙이 내릴 것입니다."

공주의 말이 도리와 이치에 맞는지라 왕은 괴로워했다. 어떻게 사랑스런 딸을 개에게 준다는 말인가. 하지만 왕은 하늘의 재앙이 두려워 마침내 공주를 반호와 짝지어주었다.

그런데 소수민족인 여족의 구전 신화에 의하면, 이때 반호가 자신을 황금종 속에 넣어 7일 동안을 두면 사람으로 변할 것이라고 말하여 그대로 했는데, 공주가 궁금한 나머지 6일째 되는 날 뚜껑을 열고 보았더니 머리만 남기고 온몸이 사람으로 변해 있었다고 한

고신씨와 반호 반호가 요즘의 반려견처럼 그려져 있다. 《중국신선화상집》에서.

중국의 개 머리 인간 환구 환구環狗의 모습에서 사람이 되다가 만 반호의 모습을 짐작해볼 수 있다. 명 장응호의 《산해경회도》에서.

프시케가 잠잘 때 왔다가 새벽에 몰래 떠나는 에로스 피코의 〈에로스와 프시케〉(1817년).

다. 그래서 반호는 완전히 사람이 되지 못하고 개의 머리를 한 사람이 되었다.

사랑하는 연인 사이에 약속을 지키지 못하여 비극을 초래하는 이야기는 동서양 어디에나 있다. 그리스 로마 신화에서도 프시케는 남편 에로스의 말을 듣지 않고 호기심에 잠자는 그의 얼굴을 들여다보다가 생이별을 당하게 된다.

어쨌든, 공주와 결혼하게 된 반호는 그녀를 등에 태우고 먼 남쪽 산에 있는 동굴로 데려갔다. 그곳은 험준하고 사람의 발길이 닿지 않는 곳이었다. 공주는 그곳에 이르자 화려한 옷을 벗고 거친 일꾼의 옷으로 갈아입었다. 왕은 공주가 그리워 사신을 시켜 살펴보게 하였으나 그 근처에만 이르면 문득 비바람이 몰아치고 안개가 껴서 아무도 가볼 수가 없었다. 3년이 지나자, 공주는 6남 6녀를 낳았는데 반호가 죽은 후 서로 짝을 지어 한 종족을 이루었다.

반호 신화 역시 앞서의 돌궐, 흉노 시조 탄생 신화처럼 수조신화의 형태를 취하고 있음을 알 수 있다. 서남방의 소수민족인 이족彝族의 시조 탄생 신화는 이보다 좀 더 독특하다. 이족의 시조 탄생 신화를 들어보기로 하자.

용이 핥아준 아이

중국의 서남쪽 뇌산牢山이라는 곳에 사일沙壹이라는 여인이 살았다. 그녀가 하루는 물속에서 고기를 잡다가 물에 잠긴 나무에 잠깐 닿았는데 왠지 이상한 느낌이 들더니 임신을 하고 말았다.

열 달이 되자 사일은 사내아이 열 명을 낳았다. 그런데 아이를 낳은 뒤 얼마가 지났을까? 어느 날 물에 잠겨 있던 그 나무가 갑자기 용으로 변하여 물 위로 솟아올랐다. 그러고는 홀연히 용이 말하는 소리가 그녀의 귀에 들려왔다.

"당신이 나를 위해 아이들을 낳았다고 하던데 그 아이들은 모두 어디에 있소?"

아홉 명의 아이들은 용을 보자마자 모두 놀라 달아났으나 오직 막내만이 도망가지 않고 용의 등에 올라탔다. 아이가 등에 올라타자 용이 그 아이를 핥아주었다.

그 지역의 방언으로 등에 올라타는 것을 구룽九隆이라고 하는데 어머니는 이후 이것으로 그 아이의 이름을 삼았다. 장성한 후 형들은 모두 구룽이 아버지인 용이 핥아주어서 똑똑하고 용감하다고 여겨 왕으로 추대하였다.

그 후 뇌산 기슭의 한 부부가 열 명의 딸을 낳자 구룽 형제는 이들을 모두 데려다 아내로 삼았고 이로부터 점점 자손이 늘어났다.

이족의 시조 탄생 신화는 감생신화의 형태를 취하고 있다. 이족은 원래 서북방에서 살다가 남하하여 사천四川·운남雲南 지역에 정착하였다고 한다. 그리하여 그들의 시조 탄생 신화는 서방 화하계 종족의 용 숭배와 남방의 수목 숭배가 결합된 내용을 지닌 것으로 생각된다.

다음으로 우리가 살펴볼 것은 고대에 서남방에서 강대한 세력을 떨쳤던 파巴 민족의 시조 탄생 및 성립에 관한 신화이다.

석굴에서 탄생한 파족의 영웅 늠군

옛날에 무락종리산武落鍾離山이라는 큰 산이 무너지자 석굴 두 개가 생겼다. 두 개의 석굴은 하나는 붉기가 주사朱砂 같았고 하나는 검기가 옻칠 같았다. 이 붉은 석굴에서 태어난 사람은 모두 성을 파씨巴氏라 했다. 검은 석굴에서도 역씨譯氏·번씨樊氏·백씨柏氏·정씨鄭氏의 네 성姓 사람이 태어나 모두 다섯 씨족이 이 산에 살게 되었다. 그러다 보니 차츰 다섯 씨족 사이에 알력이 생기고 패권을 겨루는 싸움이 자주 일어났다. 이윽고 다섯 씨족은 서로 다툼 없이 더불어 살기 위한 대책을 세웠다. 다섯 씨족이 모두 각각의 대표를 뽑아 서로 실력을 겨루어서 이긴 사람을 자신들의 임금으로 삼기로 결정한 것이다.

그리하여 첫 번째 시험은 석굴을 칼로 찔러 그대로 박혀 있는 사람이 이기는 것으로 정하였다. 이때 파씨 씨족의 대표로 뽑힌 사람은 무상務相인데 다른 네 씨족의 사람이 찌른 칼은 모두 바닥에 떨어졌으나 무상의 칼만은 석굴의 벽에 그대로 박혀 있었다.

다음에는 흙으로 만든 배를 물 위에 띄워 그 배가 떠 있으면 임금으로 삼기로 했는데 역시 무상의 배만 그대로 떠 있었다. 마침내 무상이 모든 시합에서 이겨 그는 파족의 말로 임금을 뜻하는 늠군廩君이라는 칭호를 받았다. 시험을 통과하여 부족의 지도자가 된 늠군은 자신들이 사는 곳이 너무 비좁고 먹을 것이 적다고 생각되어 부족을 이끌고 새로운 땅을 찾아 나섰다.

늠군은 좀 더 살기 좋은 곳을 찾아서 그 흙배에 무리를 태우고 이수夷水를 따라 내려갔다. 배를 타고 길을 떠난 지 며칠이 지나 마침내 늠군 일행은 염양鹽陽이라는 곳에 이르렀다.

염양에는 아름다운 여신이 살고 있었다. 그 여신은 늠군의 씩씩한 모습을 보자 그만 한눈에 반해버렸고, 이윽고 둘은 사랑에 빠지고 말았다. 여신은 늠군이 떠나는 것이 싫어 그를 만류하며 다음과 같이 말하였다.

"이곳은 땅이 넓고 물고기와 소금도 풍부하니 저와 함께 사셔요. 부디 가지 마옵소서."

그러나 늠군은 그곳이 자신들의 미래를 위한 땅이 아님을 잘 알고 있었기에 아름다운 여신의 간청에도 불구하고 그것을 받아들일 수가 없었다.

"나는 임금이 된 이상 동족을 위해 더 넓고 기름진 땅을 구해야 하오. 여기에 오래 머무를 수가 없소."

단호한 늠군의 말에 여신은 눈물을 흘리며 그의 곁을 떠났다. 그런데 그 이튿날 아침이었다. 늠군 일행이 출발하려고 하니 어디서 왔는지 수많은 날벌레들이 날아올라 까맣게 공중을 뒤덮고 있는 것이 아닌가? 여신은 날벌레로 변하였고 그녀의 지시하에 수많은 날벌레들이 해를 가리고야 만 것이다. 이렇게 열흘간이나 하늘은 컴컴하기만 했고 늠군 일행은 어느 방향으로 떠나야 할지 알 수 없게 되었다. 날벌레들이 극성을 부려 자신들의 앞길을 방해하는 것이 여신의 짓인 줄을 눈치챈 늠군은 한 가지 잔인한 꾀를 내었다. 늠군은 부하를 시켜 푸른 색실을 여신에게 전해주면서 이렇게 이르도록 했다.

"이 실은 내가 당신을 생각하는 마음의 표시이니 늘 몸에 지니도록 하시오. 그러면 내가 떠나지 않고 당신과 함께 살리다."

여신은 뜻밖의 선물에 기뻐하며 그 실을 소중히 품에 간직했다. 이튿날 아침 여신은 다시 날벌레로 변하여 무리와 함께 날아올랐다. 늠군이 높은 바위 위에 올라서서 날벌레 떼를 바라보니 그중의 한 마리가 푸른 색실을 몸에 두른 채 날고 있었다. 늠군은 곧 활을 쏘았고 날벌레는 여신의 주검으로 변하여 떨어졌다. 여신이 죽자 모든 날벌레들도 흩어져버렸고 날은 밝게 개었다.

늠군 일행은 다시 흙배를 타고 강을 내려가 이성夷城이라는 곳에 이르렀다. 이성은 지형이 좁고 구불구불하였다. 늠군은 눈앞이 깜깜하였다. 얼마나 고생을 해서 여기에까지 이르렀던가.

"우리가 동굴에서 겨우 나와 지금 또다시 이런 곳에 들어왔으니 이 일을 어찌할까?"

늠군은 탄식하며 말하였다. 그런데 탄식이 끝나기가 무섭게 양쪽 기슭이 스르르 무너져 내리더니 땅이 질펀히 넓어지는 것이 아닌가. 마침내 늠군은 무리와 함께 그곳에 정착하여 성을 건설하였고 이후 종족이 크게 번성하게 되었다.

파족의 영웅 늠군이 석굴에서 탄생하여 적대자들과의 경쟁에서 승리하고 종족이 안주할 땅을 찾아 방랑하는 과정에서 여신의 유혹을 물리치고 결국 낙원에 도달하는 이야기는 그야말로 한 편의 드라마와 같다.

사랑과 사명감 사이에서 비정한 사내가 될 수밖에 없었던 늠군, 그리고 사랑하는 사람의 속임수에 목숨을 잃은 여신의 슬픈 이야기는 수천 년이 지난 지금도 여전히 사람들의 심금을 울리기에 부족함이 없다.

영웅은 언제나 이렇게 모험길에서 사랑하는 여인을 저버려야만 하는가? 늠군에게 사랑을 갈구하다 죽은 여신은 그리스 로마 신화에서 트로이의 영웅 아이네이아스가 떠나가자 절망감에 분신자살하는 카르타고의 여왕 디도를 연상시킨다.

중국의 주변 민족 및 소수민족의 시조 탄생 신화는 앞서 살펴본 동이계 및 화하계 양대 종족의 그것에 비해 훨씬 더 소박하고 원시적인 모습을 보여준다. 무엇보다도 늑대·개 등 수조신화의 경향이 현저한 것이 그것을 말해준다.

아이네이아스와 디도 아이네이아스가 디도에게 지나온 과거를 말하고 있다. 피에르 게랭의 그림(19세기).

그러나 이러한 신화들은 훗날 중화주의가 성립되면서 주변 민족을 야만시하고 경멸하는 근거로 작용하였다. 견융[9]·남만[10]·북적[11] 등은 모두 주변 민족을 표현하는 말들인데 이들 어휘에는 개라든가 벌레 등의 의미가 포함되어 있다. 이처럼 주변 민족을 동물과 동일시하는 사고의 이면에는 이들 민족의 시조 탄생 신화에 대한 왜곡과 편견이 깔려 있는 것이다.

---

9 **견융犬戎** 주나라 당시 서쪽 변경 지역에 살던 이민족. 개 같은 오랑캐라는 뜻이다.
10 **남만南蠻** 양자강 이남의 이민족을 아울러 부르는 말. 남쪽의 버러지 같은 오랑캐라는 뜻이다.
11 **북적北狄** 만리장성 이북의 이민족을 아울러 부르는 말. 북쪽의 짐승 같은 오랑캐라는 뜻이다.

8
부

—

성군과 폭군의 시대

동양에서는 신과 인간의 경계가 분명하지 않다. 동양 신화의 신들은
이들 성군이나 건국의 영웅들처럼 인간으로서의 속성을 강하게 지닌다.

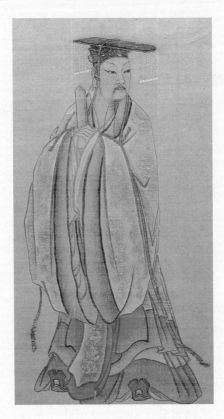

21

초가집에 삼베옷 입고
푸성귀국을 먹은 임금

성군 요의 태평성대

완전한 이타적 인간, 요임금

자신만 알고 사는 것이 영리한 세상이 되었다. 철저하게 자신의
이해득실만을 따지는 극단적인 개인주의나 이기주의를 부도덕하
다고 생각하지 않는 그런 시대가 되어버렸다. 이타심利他心이나 휴
머니즘은 이제 사라져가는 비현실적 가치가 되어버린 것일까.

사람은 얼마나 도덕적일 수 있을 것인가. 또 타인에 대해서 얼
마만큼 봉사할 수 있을 것인가. 요즘도 간혹 이타적 인물들이 세
간에 잔잔한 감동을 뿌리기도 한다. 그렇다면 중국 신화를 거슬
러 올라가는 동안 만날 수 있는 이타적 인간의 전형적인 모습은
누구에게서 찾을 수 있을까.

아마도 그 사람은 오늘날에도 성군 중의 성군이라고 추앙받는
요임금일 것이다.

신들이 활약하던 시대에서 인류의 시대로 들어서면, 그 최초의

시기에 성군 및 현인들이 통치하는 태평성대가 출현한다. 중국의 경우 이 시대는 요堯·순舜·우禹·탕湯·문왕文王·무왕武王·주공周公으로 이어지는 일곱 명의 성군 및 현인이 다스렸다고 한다. 이 중에서도 특히 요순 시대는 후세에 태평성대를 상징하는 용어가 될 정도로 가장 잘 다스려진 시대였다.

그러나 서양 신화에 익숙한 독자들은 '이런 임금들에 대한 이야기가 과연 신화일까?' 하는 의문이 들 수도 있다. 서양에서는 신들의 이야기인 '신화Myth'와 역사적 인물들의 이야기인 '전설Legend'을 흔히 구분하기 때문이다.

동양에서는 신과 인간의 경계가 분명하지 않은 경우가 많다. 따라서 동양 신화에서는 신들도 이들 성군이나 건국의 영웅들처럼 인간으로서의 속성을 강하게 지닌다. 한때 이런 이유로 서양의 일부 학자들은 "동양에는 진정한 의미에서의 신화가 없다"고 단정하기도 하였다. 신과 인간을 엄격하게 구분하는 그들의 눈에는 가령 고구려를 건국한 주몽의 신화도 한갓 전설에 불과했던 것이다. 여기서 우리는 한 특정한 신화를 표준으로 이야기의 풍토가 다른 지역의 신화를 재단하는 것이 얼마나 자의적인 일인가를 알게 된다.

성군은 완전한 신은 아니지만 영웅과 마찬가지로 반신반인적인 성격을 띠는 비범한 존재들이다. 특히 요임금은 거의 신에 가까운 존재였다. 그런데 신적인 존재였던 만큼 출생에 얽힌 이야기들이 있을 법한데, 요의 출생이나 성장

요임금 청빈하고 검소한 성격의 인상을 풍긴다. 《중국고대민간복우도설》에서. 🐟

과정에 대해서는 알려진 바가 별로 없다.

여러 옛 책에 따르면 그는 당唐이라는 지역에 나라를 정했고 성이 도당씨陶唐氏라고 했다 한다. 우리는 그의 이름인 요堯와 성인 도당陶唐이 흙이라든가 도기陶器와 관련된 것으로 보아 그가 신석기 시대 토기 제작기술과 관련된 저명한 인물이 아니었던가 추측해볼 수 있을 뿐이다. 신석기 시대에는 토기 제작이 무척 중요한 일이었음에 비추어 그가 혹시 그 방면에서 신격화된 인물이었을 가능성도 있다.

아무튼 요는 성군으로서의 훌륭한 자질을 지닌 임금이었다. 그는 임금이 되어도 아주 검소한 생활을 실천하였다. 전국시대에 지어진 법가法家 사상 계통의 책인 《한비자》에 의하면 그는 겨울에는 사슴 가죽 옷을, 여름에는 삼베옷을 입었고, 집은 띠풀과 통나무로 지었으며, 식사는 거친 푸성귀국으로 만족했다고 한다. 그래서 왕의 문지기라도 이보다는 더 잘살았을 것이라는 말이 나왔을 정도였다 한다.

임금의 자리에서 청렴하기란 물론 어려운 일이다. 하지만 단지 개인적인 검소한 생활의 실천만으로 임금이 갖춰야 할 필수 덕목을 모두 갖추었다고 할 수는 없을 것이다. 요의 성군으로서의 모범적인 자질은 바로 덕행에 있었다. 요는 마음으로부터 진정 백성들을 위하고 염려했던 임금이었다.

어느 정도인가 하면, 자신의 책임이 아닌 일조차도 모든 것을 자기 탓으로 돌릴 지경이었다. 가령 한나라 때의 이야기 책 《설원》[1]에서는 다음과 같은 일화를 전한다. 그는 어떤 사람이 배가

---

1 《설원說苑》 전한의 학자 유향劉向이 편집한 이야기책. 고대의 임금이나 성현들의 행적과 일화를 수록하여 나라를 다스리는 이들에게 교훈이 되도록 하였다.

고프다고 하면 "내가 그의 배를 곯게 하였구나" 하였고, 또 어떤 사람이 춥다고 하면 "내가 그를 춥게 하였구나" 하였으며, 어떤 사람이 죄를 지으면 "내가 그를 죄에 빠뜨렸구나" 하였다는 것이다.

요가 얼마나 자신을 돌보지 않고 국사에만 매달렸는지를 말해주는 또 하나의 에피소드가 있다. 그 당시 악전偓佺이라는 유명한 신선이 있었다. 그는 잣을 즐겨 먹었는데 온몸에 긴 털이 나 있었고 걸음걸이가 달리는 말을 쫓을 정도로 빨랐다고 한다. 어느 날 그가 요를 쳐다보니 요는 풍채 당당하고 미끈한 임금의 얼굴이기는커녕 마르고 거친, 고생하여 겉늙은 늙은이의 모습이 아닌가?

신선 악전 몸에 털이 많은 것은 잣이나 솔잎을 먹는 신선의 신체적 특징이다. 명 왕세정의 《열선전전》에서.

'오, 딱한지고. 이것이 임금의 얼굴이란 말인가. 아무리 나랏일이 우선이라지만, 저리하다가는 큰일 나겠군.'

악전은 국사에만 매달려 몸이 쇠약해진 요를 적잖이 염려하였다. 그래서 산에서 딴 좋은 잣을 요에게 먹으라고 선물하였다.

그 잣은 신선의 음식으로 보통 음식이 아니었다. 그러나 요는 너무 바빠서 그것을 먹을 시간조차 없었다. 그런데 그 잣을 먹은 다른 사람들은 모두 200~300살까지 살았다는 것이다. 요는 이에 비해 불과 100살 정도까지 살았다고 한다.

요만 훌륭했던 것이 아니었다. 그를 보좌했던 신하들도 모두 하나같이 뛰어나서 태평성대를 이룩하는 데에 기여했다. 각자 맡은 일에서 최고의 역량을 발휘했던 것이다. 훗날 그를 계승하여 마찬가지로 성군이 된 순은 사도로서 교육 일을 담당했고, 설契

요임금과 그의 신하들 정사 政事를 펼치는 대궐은 요임 금의 검소한 성격을 반영하 듯 소박하기만 하다. 《제감 도설》에서. 🐛

은 사마司馬로서 군사 일을 맡았다. 나중에 주나라의 시조가 되는 후직은 전주田疇로서 농업과 관련된 일을 책임졌다. 기夔는 악정 樂正으로서 음악 일을 맡았고, 수倕는 공사工師로서 기술에 해당하 는 일들을 담당했으며, 고요皐陶는 대리大理로서 재판 일을 맡았 다고 한다. 그야말로 나라 살림을 위한 사상 최고의 드림팀이 요 임금 때 짜였던 것이다.

태평성대와 동의어로 일컬어지는 요임금의 시대였지만 모든 일이 순조롭기만 한 것은 아니었다. 최악의 위기 상황들이 종종 벌어지기도 했다. 하늘에 갑자기 열 개의 해가 동시에 떠올라서 혹독한 가뭄에 시달린 적도 있었고(이때는 명궁 예가 아홉 개의 해를 격 추시켜 위기를 모면했다), 20여 년 동안 홍수가 계속되어 생존에 위협 을 받은 적도 있었다(이때엔 곤과 우의 치수에 의해 진정되었다). 그러나 앞서 말한 요의 훌륭한 덕성과 명신들의 노력으로 이 모든 난관 을 훌륭하게 극복하고 마침내는 태평성대를 이룩할 수 있게 되었던 것이다.

요임금의 극진한 덕치로 온 세상이 평온하고 나라가 잘 다스려지자 여러 가지 상서로운 징조들이 요의 궁전에서 나타났다. 가령 말에게 먹이려던 꼴이 싱그러운 벼로 변하는가 하면, 전설적인 봉황새가 뜨락에 내려오고, 삽포蓬浦라는 이상한 풀이 부엌에 나서 한여름에도 서늘하여 음식이 상하지 않기도 하였다.

더욱 신기했던 일은 명협蓂莢이라는 풀이 섬돌에 난 것이다. 이 풀은 매달 초하루부터 깍지가 하나씩 생기기 시작하여 보름날까지 열다섯 개에 이르렀다가 다시 열엿새부터는 하나씩 떨어져 월말이 되면 모두 떨어져버리는 것이었다. 요는 이 풀의 깍지 수를 보고 날짜를 알 수 있었다. 즉, 이 풀은 달력 구실을 한 것이다. 그런 까닭에 이 풀을 역초曆草라고 부르기도 한다.

시간을 알게 해주는 신비한 현상과 관련하여 요 시대에 있었던 이상한 일이 한 가지 더 있다. 기이한 일을 많이 기록한《습유기》라는 책에 의하면 당시 서해 바다에 밤이면 빛을 발하는 큰 뗏목이 나타났다고 한다. 그 뗏목은 사해를 떠돌다가 12년 만에 한 바퀴를 다 돌고 오곤 했다고 한다. 사람들은 이 뗏목을 관월사貫月查라고 이름 지었고 또한 이 배를 통해 세월의 한 주기(고대에는 12년이었다)가 흘러간 것을 알 수 있었다.

《습유기》에는 또 요임금 때 지지국祗支國이라는 나라에서 바쳤다는 이상한 새에 대한 기록이 있다. 이 새는 중명조重明鳥라고 불렸는데, 특이한 점은 이름대로 한 눈에 눈동자가 둘이었으며 닭처럼 생겼고 봉황

명협 인간이 이 풀로 인해 날짜를 알게 되었다는 것은 이제 시간을 초월했던 영원한 신들의 시대가 끝났음을 의미한다. 산동성의 무량사 화상석에서.

새의 울음소리를 냈다. 이 새는 맹수도 물리치고 사악한 모든 것으로부터 보호해주는 힘이 있었다. 그런데 한곳에 머무르지 않고 자기 나라로 돌아갔다가 가끔 오곤 했다. 사람들은 이 신통한 새가 자기 집에 오길 고대하였는데 새가 안 오면 그 모습을 나무나 쇠에 새겨 문 앞에 걸어둠으로써 도깨비나 귀신 따위를 물리쳤다고 한다.

고대 중국에는 인간의 일과 하늘의 도리, 곧 자연이 합치된다는 관념이 있었다. 이를 천인합일관天人合一觀이라고 부르는데 이 관념에 의해 임금이 정치를 잘하고 못함에 따라 반드시 그에 어울리는 자연의 징조가 나타난다고 믿었다.

예컨대 정치가 잘 이루어지면 하늘이 봉황새와 같은 신성한 동물을 보내 그 상서로운 징조를 드러내고 정치가 어지러우면 산이 무너진다든가 하는 천재지변으로 하늘이 경고를 한다는 것이다. 이것을 천인감응설天人感應說이라고 한다.

이 천인감응설은 한나라 때에 크게 유행하였다. 요가 정치를 잘하니 여러 신비한 자연현상이 나타났다고 하는 이야기들은 정작《산해경》과 같은 신화서에서는 보이지 않고 모두 한나라 이후에 지어진 책들에서 나타나는 것으로 보아 우리는 이러한 이야기들이 후세에 천인감응설적 관념에 의해 새롭게 덧보태진 것임을 알 수 있다.

한 가지 주목할 것은 명협이나 관월사와 같은 시간을 헤아릴 수 있는 사물이 요의 시대에 하늘이 특별히 내려보낸 징조로 이야기되고 있다는 사실이다. 우리는 여기에서 고대 중국인들이 요의 시대부터 인간의 역사가 시작된 것으로 인식하고 있었던 것은 아닐까 하는 생각을 해볼 수 있다. 시간을 헤아릴 필요가 있는 시대, 그것은 더 이상 불사의 신들이 활약하던 신화의 시대가 아니고 유한한 생명을 지닌 인간이 주인공이 되는 역사의 시대인 것이다.

요는 좋은 정치를 달성하고 나자 백성들이 자신의 다스림에 대해 어떻게 생각하는지 알고 싶어졌다. 그래서 어느 날 자신의 띠풀과 통나무로 지은 궁궐을 나와 백성들이 사는 거리를 거닐었다. 그런데 한 여든 살쯤 된 노인이 길가에 앉아 막대기로 땅을 두드리며(일설에는 신발 모양의 나무토막을 던져서 맞히는 비석치기 비슷한 놀이라고 한다) 다음과 같은 노래를 부르는 것이 아닌가?

> 아침에 나가 일하고 저녁에 들어와 쉬네.
> 우물 파서 물 마시고 밭 갈아 밥 먹으니,
> 임금님 덕이라고는 하나도 없네.

요는 이 노래를 듣고 화를 내는 것이 아니라 만족스러워했다. 임금의 존재를 느끼지 못할 정도로 백성들에게 전혀 부담을 주지 않는 다스림이야말로 최상의 다스림이기 때문이다. 노인이 불렀던 노래를 〈격양가擊壤歌〉라고 하는데 이 노래 제목은 이후 태평성대를 상징하는 어휘가 되었다.

동양 아나키스트의 원조

요가 즉위하고 나서 수십 년의 세월이 흘러갔다. 요는 이제 왕위를 누군가 적합한 사람에게 물려주고 싶었다. 그런데 아들 단주_{丹朱}는 아버지를 닮지 않아 성품이 거칠고 못되었다. 요는 인재를 물색하다가 허유_{許由}라는 사람이 어질다는 추천을 받고 그를 찾았다.

그러나 허유는 요가 자기를 불러 왕위를 주려 한다는 소식을 듣자 즉시 몸을 피하여 기산_{箕山}이라는 곳으로 가서 살았다. 얼마 후 요는 다시 기산으로 사람을 보내 허유에게 우선 재상의 직책이라도 맡아줄 것을 청하였다. 이 요청을 완강히 거절하고 허유는 집 근처를 흐르는 영수_{穎水}라는 강물에 나아가 귀를 씻었다.

그때 마침 친구 소보_{巢父}가 물을 먹이려고 소 떼를 끌고 왔다가 이 광경을 보고 왜 귀를 씻는지를 물었다. 허유는 이렇게 말했다.

"요가 나더러 재상이 되라 하네. 이런 더러운 소리를 들었기에 귀를 씻는 것이라네."

이 말에 소보는 다음과 같이 말했다.

"당신이 조용히 살았으면 어찌 이런 꼴을 당했겠나. 내 소가 먹을 물이 더러워졌겠네."

그러고는 소를 끌고 상류로 올라가서 물을 먹였다. 결국 요는 허유에게 왕위를 전할 것을 포기하고 훗날 순에게 물려주게 된다.

숨어 사는 현인 허유와 소보의 이야기는 오늘의 우리에게 무척 신선한 느

영수에 귀를 씻는 허유와 그것을 바라보는 소보 그들에게 출세는 '가문의 영광'이 아니라 '일생의 오점'이었다. 《천지인귀신도감》에서.

낌을 준다. 조금이라도 속세의 때가 묻을까봐 왕위마저 거절하는 그들의 고결한 행동은 권력을 추구하는 인간과 세태에 대한 강렬한 풍자를 보여준다. 그들은 요임금조차도 권력의 욕망에 물든 불결한 존재로 여기고 있는 것이다. 모든 것이 조화로웠던 요임금의 시대에 존재했던 허유와 소보 같은 아웃사이더, 그들은 동양 아나키스트[2]의 원조라 할 만하다.

이 이야기는 또한 중국의 초기 역사시대의 정치 상황을 시사한다. 그것은 아직 가부장적인 왕권국가가 성립되기 이전의 모습으로 집단에서 지도자를 합의에 의해 선출하는 방식이 일반적이었던 현실을 반영한다. 이것은 후세에 유학자들에 의해 선양[3]이라는 왕위 계승 방식으로 찬양된다.

사실 요의 다스림에 관련한 신비한 징조나 〈격양가〉 등은 후세에 지어진 혐의가 강하다. 요·순·우·탕 등의 초기 제왕들은 후세에, 특히 한나라 때에 유교가 국교로 제정되면서 유교에서 표방하는 이상국가의 취지에 맞게 태평성대를 이룩한 성군으로 윤색되는데 이 과정에서 앞서의 이야기들이 창작된 것이다. 다시 말해서 요와 관련된 대부분의 이야기들은 유교주의자들의 이상적인 군주, 이상적인 사회에 대한 꿈이 빚어낸 산물로 보아도 좋을 것이다.

---

2 **아나키스트**anarchist 무정부주의자. 국가와 법 등을 인간을 착취하고 본성을 구속하는 제도로 규정하고 이것이 없는 사회를 추구하는 사람. 따라서 아나키스트는 정부나 권력기관에 의한 통치를 거부한다.

3 **선양**禪讓 고대 중국에서의 왕위 계승 방식으로 덕이 있고 유능한 사람에게 왕위를 양보하는 것을 말한다. 요가 순에게, 순이 우에게 이러한 방식으로 왕위를 전했다고 한다. 이는 후세의 유교에서 고대의 정치를 극도로 이상화하여 설정한 왕위 계승 방식으로 왕권의 정통성을 강조하기 위해 후세에도 왕조가 바뀔 때 이러한 형식을 취하기도 하였다. 가령 《삼국연의》를 보면 위나라의 조비曹조가 한나라의 헌제獻帝에게서 왕위를 빼앗을 때에도 이와 같은 양보의 절차를 밟는다.

22

만고의 효자,
인간 승리의 모범이 되다

성군 순의 고난과 영광의 일대기

눈동자가 둘인 아이

신화에서 영웅들이 겪는 고난은 우리의 마음에 절실히 다가온
다. 왜냐하면 그들의 고난은 우리가 삶에서 경험하는 어려움의
또 다른 표현이기 때문이다. 우리는 그들이 고난을 극복하는 과
정을 보면서 삶에서 승리할 수 있다는 용기를 얻게 된다.

동양 신화에서 요임금과 더불어 태평성대의 군주로 일컬어지
는 성군 순의 삶이 그러했다. 그는 인간이란 존재로는 도저히 감
당하기 어려운 수많은 고초를 인내와 덕성으로써 이겨냈고 그럼
으로써 인간 승리의 모범이 되었다.

순의 아버지는 눈이 안 보였는데 이름을 '고수瞽叟'라고 하였다.
고수라는 글자 자체가 '눈먼 늙은이'라는 뜻이다. 어느 날 고수가
꿈을 꾸었다. 꿈속에서 봉황 한 마리가 주둥이에 쌀을 물고 와 그
에게 먹여주면서 자손을 점지해주고는 가버렸다. 과연 그 후 얼

마 안 가서 아들을 낳게 되었으니 그가 곧 순이었다.

순은 태몽도 신기했지만 한 눈에 눈동자가 둘인 기이한 아이였다. 그래서 중화重華라고도 불렀다. 눈동자가 둘인 사람이라는 뜻이다. 순의 이러한 탄생 신화는 몇 가지 의미를 함축한다.

첫째, 꿈에서 봉황을 보았다는 것은 그가 새를 숭배하는 종족의 훌륭한 인물임을 암시한다. 봉황은 새 중의 임금이기 때문이다. 맹자는 일찍이 순을 동이계 종족 출신이라고 말한 바 있는데 그들은 새를 토템으로 삼고 있었다.

다음으로 눈동자가 둘이라는 표현은 순이 뛰어난 인물임을 뜻한다. 고대 중국에서는 비범한 사람을 묘사할 때 눈의 모양과 관련된 표현을 즐겨 했다. 가령 춘추春秋시대의 강력한 군주였던 진문공晉文公도 눈동자가 둘이었

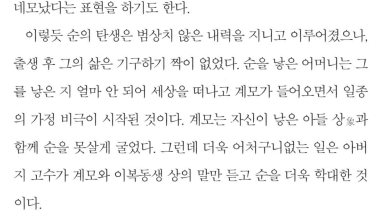

순임금 인자하고 후덕함이 넘치는 모습으로 그려져 있다. 《중국고대민간복우도설》에서. 🐦

다고 한다. 또 불로불사의 존재인 신선들의 경우에는 눈동자가 네모났다는 표현을 하기도 한다.

이렇듯 순의 탄생은 범상치 않은 내력을 지니고 이루어졌으나, 출생 후 그의 삶은 기구하기 짝이 없었다. 순을 낳은 어머니는 그를 낳은 지 얼마 안 되어 세상을 떠나고 계모가 들어오면서 일종의 가정 비극이 시작된 것이다. 계모는 자신이 낳은 아들 상象과 함께 순을 못살게 굴었다. 그런데 더욱 어처구니없는 일은 아버지 고수가 계모와 이복동생 상의 말만 듣고 순을 더욱 학대한 것이다.

신화는 이때 직설적이라기보다 상징적이다. 순의 아버지를 눈먼 사람으로 설정한 것은 그가 시각 장애보다 마음의 장애를 가진 인간이라는 것을 표현하기 위해서였을 것이다. 그는 사리에

어둡고 인정에 밝지 못한 인간이었기 때문이다.

어질고 효심 깊은 순은 반항하지 않고 불합리한 모든 학대를 견디었다. 아동학대범의 원조라 할 고수는 매일 순을 때렸는데 그는 가만히 참고 맞았다.

그러다 어떤 때는 너무 큰 몽둥이로 자신을 때리려고 하면 멀리 도망쳤다. 맞기 싫어서가 아니라 그대로 맞고 있다가는 죽을 수도 있기 때문이었다. 그런데 순은 죽기 싫어서가 아니라 매를 맞고 죽으면 아버지가 살인범이 되어 큰 불효가 될까봐 아버지를 위해 도망쳤다고 하니 효심도 이 정도가 되면 가히 상상을 초월한다 하지 않을 수 없다.

순이 역산에서 코끼리로 농사를 짓는 모습 길들인 코끼리는 순에 의해 감화된 악질 의붓동생 상을 상징한다. 《천지인귀신도감》에서. 🐚

순은 지성껏 고수와 계모를 섬겼지만 결국 집에서 쫓겨나고 말았다. 쫓겨난 순은 이곳저곳을 옮겨 다니며 살았는데 그의 어진 성품은 가는 곳마다 사람들을 감동시켰다고 한다.

《사기》에 의하면 그가 역산歷山이라는 곳에서 농사를 지을 때는 그곳의 농부들이 모두 좋은 밭을 양보하였고, 뇌택이라는 곳에서 고기를 잡을 때는 그곳의 어부들이 앞다투어 고기가 잘 잡히는 어장을 주었다고 한다. 그리고 그가 있는 곳에는 언제나 사람들이 모여들어 마을을 이루었다 하니 그의 인품이 어떠했는지를 알 수 있다.

온갖 고난을 뚫고 성군이 되기까지

순이 이렇게 훌륭하다는 소문은 온 나라에 퍼졌다. 그러자 대신들이 요임금에게 다음의 임금감으로 순을 추천하였다. 요임금은 순에게 아황娥皇과 여영女英이라는 두 공주를 시집보내고 아홉 명의 아들을 보내 순의 생활을 직접 지켜보게 하였다. 아울러 많은 재물을 내려주었다.

그러나 순은 지위가 달라졌다고 해서 교만하지 않았고 여전히 고수와 계모를 효성스럽게 모시고 이복동생인 상을 자애롭게 대하였다. 눈엣가시처럼 여기던 순이 임금님의 사위가 되고 부자가 되자 고수와 그 가족은 시기와 증오심에 몸을 떨었다. 특히 동생인 상은 형이 잘되는 것이 너무도 배가 아팠다.

"순 따위가 임금님감이라니. 절대로 안 될 말이지" 하며 그는 더욱 적개심에 불타올랐다.

상은 그길로 고수와 순의 계모와 함께 음모를 꾸몄다.

"아버지, 어머니, 저런 못난 순 따위가 왕이 되는 꼴은 죽어도 볼 수가 없소. 그러니 아예 순을 없애버리고 녀석의 재산과 아름다운 두 공주를 빼앗으십시다. 어머니, 나 공주들에게 장가들고 싶소."

순의 효행이 만천하에 알려지다 어진 인간 순의 행실이 요임금의 귀에 들어가 사신이 집을 방문하고 있다. 당황해 어쩔 줄 몰라 하는 아버지 고수와 계모 그리고 의붓동생 상의 모습이 보인다. 《제감도설》에서. 🐚

요임금의 딸들 아황과 여영 자매 고대 중국에서는 자매와 시녀들까지 함께 한 남자에게 시집가서 섬기고 사는 경우가 종종 있었다. 《백미도》에서. 🐦

마침내 그들은 상의 적극적인 주장에 따라 순을 죽이고 모든 재산과 두 공주를 빼앗기로 결정하였다. 그들은 머리를 맞대고 궁리한 끝에 한 가지 계략을 꾸몄다. 유향의 《열녀전》[1]에 의하면 그 내용은 이렇다.

어느 날이었다. 아버지 고수가 순을 불러 곡식 창고의 지붕을 수리하라고 시켰다.

"순아, 우리 집 곡식 창고의 지붕이 망가져 비가 새니, 네 녀석이 올라가 좀 고치거라."

순은 집에 돌아와 두 공주에게 아버지 댁 지붕을 고치러 간다고 말했다. 그랬더니 이상히 여긴 공주들이 순에게 새의 무늬가 있는 옷을 만들어 입혀서 보냈다. 아니나 다를까 순이 지붕에서 작업을 하자 고수가 사다리를 치우고 밑에서 불을 지르는 것이 아닌가! 하지만 순은 이때 두 공주가 만들어준 신기한 옷 덕택으로 새처럼 훨훨 날아서 지붕을 내려왔다. 새의 무늬가 있는 그 옷이 홀연 새의 날개로 변했기 때문이었다.

이 이야기에 대해 《사기》에서는 순이 미리 두 개의 갓을 준비해뒀다가 그것을 펼쳐서 내려왔다는 식의 다소 과학적인 설명을 하고 있다.

첫 번째 음모가 실패하자 고수와 계모 그리고 동생 상은 다시 두 번째 음모를 꾸몄다. 이번에 고수는 순을 불러 집의 우물 바닥을 청소하도록 하였다.

---

1 **《열녀전列女傳》** 전한의 학자 유향劉向이 편집한 여성 전기집. 신화 시대로부터 전한에 이르기까지의 여성을 훌륭한 어머니, 정절 있는 아내, 지혜로운 여성, 나라를 망친 사악한 여성 등의 여섯 가지 유형으로 분류하고 논평을 가하였다. 이 책은 후세에 여성들의 교육서가 되어 동양의 여성관을 형성하는 데에 큰 영향을 미쳤다.

첫 번째 음모를 간신히 벗어난 순은 또 무슨 음모가 있을까 적잖이 걱정되었지만 아버지의 명을 어길 수 없어 곧 집으로 가서 우물을 치울 채비를 하기 시작했다.

이번에는 두 공주가 용의 무늬가 있는 옷을 순에게 입혀서 보냈다. 고수의 집에 도착한 순이 한창 우물 밑바닥에서 작업을 하고 있는데 갑자기 위에서 돌과 흙이 쏟아졌다. 그러나 순은 이번에도 두 공주가 만들어준 옷 덕택에 용처럼 능숙하게 헤엄쳐서 우물 밑의 물길로 빠져나왔다. 용의 무늬가 있는 그 옷이 홀연 용의 비늘로 변했기 때문이었다.

이 일화도《사기》에서는 순이 미리 파둔 통로로 탈출하였다고 좀 더 합리적으로 설명한다.

한편 순이 우물 밑으로 빠져나온 줄 모르고 있던 상은 정말 순이 죽은 줄 알고 두 공주와 재산을 차지할 꿈에 한껏 부풀었다. 그리하여 상은 순의 집에 와서 제멋대로 한껏 거드름을 피우며 순의 거문고를 타고 있었다.

그런데 이게 웬일인가. 죽었으리라 생각했던 순이 아무렇지도 않게 집 안으로 들어오질 않는가? 상이 경악했음은 말할 나위도 없다.

그러나 교활한 상은 곧 표정을 바꾸고 이렇게 말했다.

"이게 누구시오, 형님. 돌아오시지 않아 정말 걱정했소."

착한 순은 나무라지도 않고 이렇게 말했다고 한다.

"그래, 그랬겠지."

과연 인간이 이렇게 할 수 있을까? 그러니까 순은 진짜 성인이었던 모양이다.

이 사건 이후에도 순의 가족들에 대한 성실한 태도는 변함이
없었다. 하지만 회개할 줄 모르는 악독한 상과 고수 일당은 곧 다
시 음모를 꾸몄다.

이번에는 순을 술자리에 초대한 뒤, 그가 취하면 죽여서 내버
리기로 했다.

그러나 두 공주는 이 일을 미리 눈치채고 순이 가기 전에 신기
한 약으로 목욕을 하게 했다. 잔치에서 고수는 순에게 쉴 새 없이
술을 권했다. 그러나 공주의 약 덕분에 순은 조금도 취하지 않았
고 술자리가 끝난 뒤 무사히 돌아올 수 있었다.

타고난 덕성과 두 공주의 도움으로 순은 이 모든 위기를 극복
할 수 있었다. 그리고 최후에는 요임금이 부과한 시험마저도 모
두 통과하였다. 요임금이 순에게 부과한 시험은 다음과 같은 것
이었다.

순은 요임금의 명에 의해 맹수가 우글거리고 폭풍우가 몰아치
는 큰 숲 속으로 들어가야만 했다. 말하자면 요임금은 위기 상황
에서 순의 대처 능력을 시험한 것이다. 그런데 호랑이와 늑대는
순을 공격하지 않았고 뱀과 독충들도 순에게 해를 끼치지 않았
다. 또 순은 폭풍우 속에서도 길을 잘 찾아 빠져나올 수 있었다.
어질고 착한 순을 하늘이 알고 지켜준 것이다.

순은 시험을 통과하여 마침내 임금의 자리에 오르게 되었다. 그
리고 임금이 된 뒤에도 순은 고수와 계모 그리고 상에게 극진히
대하기를 전과 조금도 다름없이 하였다. 심지어는 상을 유비_{有鼻}
라는 지역의 제후로 봉하기까지 하였다.

그러자 마침내는 그 모질게도 악했던(이것을 '완악_{頑惡}'하다고 표현한

다) 가족들조차도 스스로 죄를 뉘우치기 시작하였다. 결국은 그들도 점차 선한 길로 들어섰다. 이렇듯 순의 효심과 어진 마음은 모진 악한들에게마저 승리를 거두었다.

순은 요임금의 뒤를 이어 백성들에게 선정을 베풀어 이른바 요순 시대라고 하는 태고의 가장 이상적인 시대를 구현하였다. 순은 음악을 좋아하여 스스로 오현금五絃琴을 타며 〈남풍가南風歌〉라는 노래를 지어 불렀다고 하는데 그 가사는 다음과 같다.

훈훈한 마파람이여, 우리 백성들의 시름 없애주리.
때맞춰 부는 마파람이여, 우리 백성들을 풍족하게 하리.

이 노래는 요임금 때의 〈격양가〉와 더불어 후세에 태평성대를 상징하는 노래가 되었다. 그러나 두 노래 모두 요순 시대에 지어진 것이 아니라 후세에 그 시대를 이상화하기 위해 지어진 위작偽作이라는 것이 정설이다.

순은 또한 악공들을 시켜 거문고를 개량하게 하고 〈구소〉라고 하는 악곡도 짓게 하였는데, 후세에 공자는 순의 〈구소〉를 가장 완벽한 음악으로 칭송하였다. 공자는 음악이 사람의 성품과 밀접한 관련이 있다고 생각했는데 순의 인품이 훌륭했기 때문에 그가 지은 음악도 완벽하다고 평가한 것이다.

왕위 계승을 둘러싼 비극적 사건 암시

순과 두 왕비에게도 만년이 찾아왔다. 그러나 그들의 최후는 해피엔드가 아니라 다소 비극적이다. 순은 남쪽 지역을 두루 돌

---

2 〈구소九韶〉 순이 지었다는 고대의 음악. 지금은 전해지지 않는다. 아마 노래와 춤이 결합된 장엄한 교향악의 형태였을 것으로 추정된다.

아보던 중 창오蒼梧라는 들녘에서 그만 객사하고 말았다. 또 다른 민간 전설에 따르면 순이 사람을 해치는 거대한 구렁이와 싸우다 죽었다고도 한다. 어쨌든 순의 갑작스러운 죽음이 어딘지 예사롭지 않았던 때문인지 두 왕비 아황과 여영은 눈물을 뿌리며 남쪽으로 달려갔다. 그때 눈물방울이 대나무에 떨어져 강남 지역의 대나무에는 반점이 생겼다는데 그것을 상비죽湘妃竹이라고 부른다. 두 왕비는 결국 순의 죽음에 절망한 나머지 근처를 흐르는 상수湘水에 뛰어들어 죽고 말았다. 그 후 두 왕비의 넋은 상수의 여신으로 화하였다.

대부분의 신화 속 영웅의 최후는 디즈니 만화나 할리우드 영화처럼 해피엔드로 끝나지 않는다. 천하의 명궁 예가 제자의 손

소상강 "소상강 기러기는 가노라 하직하고……." 《수궁가》의 한 대목처럼 우리나라 국문소설이나 판소리, 산수화 등에 빈번히 등장하는 소상강의 모습이 바로 이러하다. 기러기가 떠다니고 갈대가 우거진 스산한 풍경으로서 흔히 비극을 연출하기 좋은 장소로 묘사된다. 상수湘水는 소수瀟水와 더불어 흔히 소상강으로 알려져 있다. 북송北宋 조사뢰趙士雷의 〈상향소경도湘鄕小景圖〉.

에 복숭아나무 몽둥이로 죽임을 당했듯이 어처구니없는 최후를 맞이하는 경우도 많다. 더없이 어질고 자비로웠던 성인 순은 왜 비극적으로 생을 마감해야만 했을까?

한나라 때의 역사가 사마천은 전쟁에서 패한 장수를 변호했다가 황제의 노여움을 사서 억울하게 형벌을 받게 된다. 그 후 사마천은 불후의 명작《사기》에서 이렇게 반문한다.

악행을 저지른 자들은 왜 자자손손 부귀영화를 누리는가? 공명정대한 이는 오히려 불행하게 되는 경우가 많다. 하늘의 도리란 있는 것인가? 없는 것인가?

상수의 두 여신, 상군과 상부인 초나라의 여신들. 남편 순의 죽음에 한을 품고 상수에서 익사하여 여신이 된 아황과 여영이 곧 이들이라는 설이 있다. 명明 문징명文徵明의 〈상군상부인도湘君湘夫人圖〉.

이러한 반문은 아마 순의 경우에도 주어질 수 있을 것이다.

순의 신화에서 그가 계모 밑에서 학대를 받다 공주와 결혼하는 등의 성공담은 마치 신데렐라 이야기를 남성의 경우로 바꾸어놓은 것처럼 이야기의 구조가 비슷해서 흥미롭다. 아울러 일부 학자들은 순 신화가 원시시대의 야수를 길들이거나 사냥하는 데에 뛰어났던 수렵 영웅에 대한 숭배의 흔적을 담고 있다고 주장하기도 한다. 완악한 가족을 변화시키는 과정을 수렵 영웅이 맹수를 길들이는 과정으로 파악할 수 있다는 것이다.

아닌 게 아니라 동생 상은 가장 덩치 큰 동물인 코끼리[象]라는 이름으로 불렸고 순이 길들인 코끼리로 농사를 짓고 있는 모습의 그림도 있다. 고대 중국은 기후가 온난하여 코끼리가 많았고 순 신화는 당시 야생 코끼리를 길들였던 현실을 반영한다는 해석이다. 그러나 순 신화는 요 신화와 마찬가지로 후세의 유학자들에 의해 교육적으로 각색되었다. 그들이 순을 철두철미한 효자로 묘사했기에 순의 효행은 희극적이다 싶을 정도로 지나치게 미화되어 있다.

무엇보다도 우리의 마음에 석연치 않은

여운을 남기는 것은 순과 두 왕비의 비극적인 최후이다. 행복한 순 부부에게 닥친 뜻밖의 불행, 이야기의 이런 급격한 파국이 의미하는 것은 과연 무엇일까? 순의 객사, 민간 전설에서 암시하고 있는 순의 피살, 그리고 두 왕비의 잇단 횡사, 물귀신이 되어 떠도는 그녀들의 깊은 한은 어쩌면 세상에 알려지지 않은 어떠한 사실을 감추고 있는 것은 아닐까?

후세의 유학자들에 따르면 요에서 순, 다시 순에서 우禹까지는 선양이라는 양보의 방식으로 덕 있는 사람에게 왕권이 전해졌다고 한다. 하지만 우리는 이 비극적인 이야기에서 혹시 순과 우 사이에 존재했던, 선양과는 거리가 먼 피비린내 나는 폭력의 냄새를 맡고 있는 건 아닐까? 유학자들이 자신들의 이데올로기를 위하여 그토록 이상화했음에도 미처 은폐하지 못했던 폭력의 냄새를……

23

하늘의 흙을 훔쳐 물길을 막고,
물길을 터서 물을 다스리다

곤과 우의 치수

신화 시대와 대홍수

대홍수는 인간의 역사와 문명을 여러 차례 뒤바꿔놓았다. 신화 시대에도 예외는 아니다. 동서양을 막론하고 홍수는 신화 속에 항상 등장하는 공통된 테마이다. 중국 신화에서 첫 번째 등장하는 홍수 신화는 복희 여와 남매혼 신화이다. 이 신화를 통하여 인류 역사의 초창기에 대홍수가 있었고 여기에서 살아남은 극소수의 인류가 다시 문명을 이어갔던 것을 알 수 있다.

그런데 그리스 지역과는 달리 황하라는 큰 강을 끼고 고대 문명을 이룩한 중국에는 홍수와 관련된 신화가 창세기에 한정되지 않고 여러 시기에 걸쳐, 특히 문명의 시대에 들어와서도 자주 이야기됨을 확인할 수 있다. 기록에 따르면 성군 요임금 시절에도 20여 년 동안의 대홍수가 있었다.

황하의 성난 파도 물의 기세와 변화에 대한 묘사가 세밀하다. 남송南宋 마원馬遠의 〈수도水圖〉 12폭 중 〈황하역류黃河逆流〉.

어마어마한 홍수였다. 하늘에 구멍이 뻥 뚫린 채 물이 쏟아지는 듯했다. 산이 무너지고 강이 넘쳐 사람이 사는 집을 덮쳤다. 온 천지가 바다가 되었다.

때는 신화 시대 후기 또는 전설 시대 초기에 해당하는 요임금 시대였다. 태평성대를 구가했다고 하는 요임금 시절이었지만 천재지변이 들이닥치는 데는 어쩔 도리가 없었다. 이 엄청난 홍수는 장장 20여 년에 걸쳐 계속되었다. 세상은 물속에 잠긴 채 아수라장이 되었다.

이때에 무려 20여 년에 걸친 대홍수를 다스리는 과정에서 '물과의 전쟁'과 관련하여 희비가 엇갈린 영웅적인 두 인물이 등장하는데, 그들이 곤鯀과 우禹 부자이다.

요임금 때의 대홍수에 대해서는 《맹자》[1]와 《서경》[2] 등의 옛 책

---

1 《맹자孟子》 유교의 경전인 사서四書 중의 하나. 전국시대의 맹자와 그 문인들 사이의 대화를 기록한 책. 성선설性善說에 입각하여 내면의 심성을 잘 기르고 인의仁義에 의한 도덕적인 정치를 펼 것을 주장하였다. 공자의 뒤를 이어 유교 사상을 크게 발전시킨 책이다.

2 《서경書經》 유교의 경전인 삼경三經 중의 하나. 《상서尚書》라고도 하며 하夏·은殷·주周 삼대三代의 역사와 군주들의 언행을 사관들이 기록한 것을 모은 책이다. 신화 연구에 도움이 되는 고대의 자료를 많이 담고 있다.

에 기록이 남아 있다. 《맹자》에 의하면 이때에 물이 역행하여 중국 전체에 범람하였고, 그 결과 파충류가 극성을 부려 사람들이 지상에 살지 못하고 나무 위나 동굴에 집을 짓고 살았다고 한다.

여기서 주목해야 할 것이 '물이 역행'했다고 하는 표현이다. 이것은 황하가 정상적으로 흘러가지 않고 옆으로 넘쳐서 거주지를 덮친 것을 의미한다. 그 결과 초목이 무성하게 자라고 짐승들이 번식하여 사람들은 농사도 못 짓고 짐승들의 위협에 시달려야만 했다고 당시의 어려운 정황을 전하고 있다.

어진 요임금은 이러한 사태를 방관만 할 수는 없었다. 요임금은 곧바로 조정에서 대책회의를 열고 홍수를 다스릴 적임자를 추천하도록 하였다. 그랬더니 신하들은 이구동성으로 곤이라는 인물을 추천하였다.

곤은 누구인가. 《산해경》에 의하면 최고신인 황제의 손자라 하였으니 그도 천신의 일족인 셈이다. 우리는 여기서 그가 황제의 후손이라는 점을 주의해서 기억해두자.

물길을 막아 물을 다스린 곤의 치수 이야기

대홍수 대책 책임자로 발탁된 곤은 즉시 물을 다스리는 치수에 착수하였다. 곤은 우선 도도히 흐르는 물을 막기 위해 주로 둑을 쌓았다. 그러나 아무리 튼튼하고 높은 둑을 쌓아도 강한 물길에는 역부족이었다. 공들여 쌓은 둑은 세찬 물길에 허무하게 무너져버렸고, 다시 더 튼튼한 둑을 쌓기 위해 더 많은 흙이 필요했다. 쌓고 또 쌓아도 둑은 터지고, 다시 쌓으려면 흙이 부족하고 ……. 치수에 착수한 지 몇 년이 흘렀지만 물길을 막으려는 그의 일에 별다른 성과가 없자 곤은 깊은 고민에 휩싸였다.

'아아, 흙만 있다면……. 흙만 많이 있으면 얼마든지 둑을 쌓아 저 홍수를 막을 수 있을 텐데…….'

흙에 궁핍함을 느끼던 곤은 마침내 한 가지 생각이 떠올랐다. 그것은 천제가 소중히 간직하고 있는 식양息壤이라고 하는 흙이었다. 식양은 끝없이 불어나는 흙으로 그것 한 덩어리만 있어도 모든 둑을 다 쌓을 수 있을 것 같았다.

그러나 식양은 천제의 보물창고에 있어서 아무나 가질 수 있는 것이 아니었다. 더구나 천제는 엄격하기 그지없는 분이었다. 어떻게 식양을 손에 넣을 수 있을 것인가.

곤은 다시 고민에 빠져들었다.

'저 불쌍한 백성들을 도와야 하는데 어쩌란 말이냐. 도저히 방도가 없구나. 임금님은 지금 얼마나 괴로워하실꼬.'

고민에 고민을 거듭했지만 곤은 식양을 구할 방법이 없었다. 아니, 지상에서는 하늘의 식양을 구할 수 있는 방법이 존재하지 않았던 것이다.

곤은 급기야 식양을 몰래 훔쳐내기로 결심하고 하늘나라의 보물창고에 몰래 숨어들었다. 그 역시 천신의 일족이었으므로 가능했던 일이다.

곤은 훔쳐 온 식양을 곧바로 땅에 뿌렸다. 과연 식양은 요술 흙이었다. 곤이 식양을 땅 위에 뿌리자 저절로 흙이 불어나더니 순식간에 산만큼 커지는 것이 아닌가? 곤은 성공을 예감하며 다시 서둘러 둑을 쌓기 시작하였다.

하지만 곤이 식양을 훔쳐 간 사실은 이내 천제에게 알려졌다.

천제는 크게 노하였다. 그리고 하늘의 지배자로서 그는 무섭고 엄격했다.

천제는 불의 신인 축융을 불러 "저 무엄한 곤에게 짐이 벌을 내리려고 하니, 너는 지상에 내려가 그를 처형하고 오너라" 하고 명하였다. 하늘나라의 법도를 어긴 곤을 없애도록 지시한 것이다. 그리하여 마침내 곤은 북방의 음습한 땅 우산羽山이라는 곳에서 축융에게 죽임을 당하였다. 곤의 비극적인 죽음과 함께 곤이 쏟아부었던 9년간의 치수의 노력도 이렇게 실패로 돌아가고 말았다.

그런데 이상한 일이었다.

처형당한 곤의 시체가 3년이 넘도록 썩지 않고 그대로 있는 것이 아닌가? 사명을 다하지 못하고 불귀의 객이 된 곤의 한이 죽은 육신을 그렇게 만든 것이었을까?

이 소식을 전해 들은 천제는 괴이하게 여겨 천신을 불렀다. 그러고는 천신에게 직접 확인해보도록 명령했다. 오도吳刀라는 예리한 칼을 가지고 가서 곤의 시체를 베어보도록 한 것이다. 오늘날로 말하면 검시관을 보낸 것이다.

날카로운 오도가 곤의 배를 가른 순간 그 속에서 외뿔 달린 용, 곧 규룡虯龍이 튀어나왔다. 이때 곤의 시체에서 튀어나온 용은 훗날 사람으로 변하여 우가 되었다. 한편 곤의 시체는 누런 곰으로 변하여 우연羽淵이라는 근처의 연못 속으로 들어가버렸다. 결국 곤은 기이한 방식으로 아들을 남기고, 자신은 곰으로 변신해서 사라진 것이다.

곤의 이러한 이야기는 프로메테우스가 인간을 위해 불을 훔쳐다 주었다가 최고신 제우스에게 중벌을 받은 일과 비교되어 흥미롭다. 아울러 우리는 살해된 곤의 몸에서 아들 우가 나오고 우가 아버지의 실패를 딛고 성공하는 스토리에서 오이디푸스 콤플렉스[3]의 희미한 잔영을 엿볼 수 있을는지도 모른다.

신화학자 조지프 캠벨은 "인종이나 지역에 상관없이 모든 인류는 정신 구조상 동일한 신화적 모티프를 공유하고 있다"고 말한다. 동서양 신화에서는 이렇듯 공통분모에 해당하는 신화적 모티프가 있으며, 이 모티프는 풍토와 문화적 차이에 의해 지역에 따라서 현저하거나 혹은 미약하게 나타나기도 한다.

인간을 도와준 죄로 형벌을 받는 프로메테우스 제우스가 보낸 독수리에 의해 간을 쪼이고 있다. 간은 다시 생겨나고 독수리는 계속 쪼아댄다. 귀스타브 모로의 〈프로메테우스〉(1868년). 🎨

물길을 터서 물을 다스린 우의 치수 이야기

우는 참으로 기이한 방식으로 태어났다. 다시 조지프 캠벨에 따르면 신화의 세계는 신과 악마들의 세계이며, 신화는 이들이 가면을 쓰고 등장해서 노는 축제의 한마당이다.

신화의 세계에서는 오늘날 우리가 이해할 수 없는 불가사의한 일들이 수도 없이 펼쳐지는 것이다. 제우스의 머리에서 태어난 지혜의 여신 아테나처럼, 우는 아버지 곤의 몸에서 기이하게 태어났다.

죽었으나 썩지 않은 아버지의 몸에서 태어난 우, 처음에는 용으로 태어났지만 다시 사람의 몸으로 거듭난 우는 어떻게 되었을까. 용이란 동물은 상상 속의 동물이지만, 물에서 태어나 물에

---

3 **오이디푸스 콤플렉스**Oedipus complex 그리스 로마 신화에서 오이디푸스는 아버지를 죽이고 어머니와 결혼한 충격적인 행위로 유명하다. 심리학자 프로이트는 이 신화에 주목하여 남성의 심리에 내재하는, 아버지를 혐오하고 어머니에게 애착을 갖는 무의식적 욕망을 오이디푸스 콤플렉스라고 명명하였다.

서 살기 때문에 물쯤은 식은 죽 먹기처럼 자유자재로 다룰 수 있는 능력을 지닌 신성한 동물이 아닌가. 우는 태생부터가 용에서 변신한 몸인지라 물을 이기는 존재로서의 상징적인 성격과 능력이 부여되었음을 쉽게 상상할 수 있다. 그렇다. 우는 치수에 성공한 것이다.

이제 우리는 우의 성공적인 치수 이야기를 들어보기로 하자.

우는 우선 아버지인 곤이 치수에 사용했던 방법을 수정하였다. 즉, 둑을 쌓아 물길을 막아버리는 방법을 계속 사용하였지만 실패의 전례가 있기 때문에 그대로는 안 된다는 것을 우는 잘 알고 있었다.

그리하여 우가 선택했던 주요한 방법은 억지로 물길을 막는 것이 아니라 물길을 터서 분산시키는 것이었다. 우의 작업이 성공하는 데에는 또한 훌륭한 조력자들도 한몫을 한다. 우는 날개 달린 응룡을 비롯한 여러 용들을 조력자로 두었는데, 우 역시 본래 용이었기 때문에 가능한 일이었다.

이 중에서 특히 응룡은 큰 역할을 하였다. 응룡이 누구인가? 과거 우의 선조 황제가 신들의 패권을 놓고 치우와 격전을 벌일 때 용맹을 떨쳤던 존재가 아닌가? 그는 이제 다시 황제의 후손 우를 위해 나선 것이다. 응룡은 강한 꼬리로 땅을 그어서 물길을 터주었다. 우는 이처럼 둑을 쌓고 물길을 터주는 등 홍수를 다스리는 일에 희생적으로 매달렸다. 여기에는 아버지 곤의 실패의 교훈이 그의 마음 한구석에 항상 존재했던 까닭도 있었으리라.

이건 좀 과장된 말일지 모르지만, 이런 이야기까지 전해 내려온다. 우는 치수 작업을 하는 13년 동안 한 번도 집에 들르지 않았다는 것이다. 심지어 어쩌다 집 앞을 지나게 되었을 때 안에서 아이 울음소리가 들려왔는데도 발길을 멈추지 않았다고 한다.

그는 솔선수범하여 흙을 나르고 도랑을 팠다. 그 결과 그의 손발에 굳은살이 박인 것은 말할 것도 없고, 털이 돋아날 틈이 없었는지 남아나질 않았는지 정강이는 털이 하나도 없이 반질반질하였다고 한다. 이러한 헌신적인 노력에 여러 신들도 감동하여 그에게 도움을 주었다.

한번은 황하의 신인 하백이 나타나 푸른색의 큰 돌을 건네고 사라졌다. 거기에는 황하의 물길이 잘 그려져 있어서 물길을 뚫는 데에 큰 도움이 되었다. 그 돌을 하도河圖라고 불렀다.

또 한번은 동방의 신인 복희가 나타나 대나무 쪽처럼 생긴 옥을 주었는데 그것으로 하늘과 땅을 측량할 수 있었다. 그 옥을 옥간玉簡이라고 불렀다.

이 외에도 무산 계곡에서 치수 작업을 할 때에는 무산신녀 요희가 부하 신들을 보내 도와주기도 하였다.

우는 우호적인 신들로부터 이같이 도움을 받기도 했지만 치수를 방해하는 신이나 괴물들과는 투쟁을 해야만 했다. 그리하여 계속 심술궂게 홍수를 일으키는 수신의 우두머리 공공과 일전을 벌였다. 공공은 수신이기 때문에 둑을 쌓거나 물길을 돌리는 등의 행위로 물을 제압하려 하는 우가 달가울 리 없었다.

아울러 공공의 선조는 염제인데 염제는 우의 선조인 황제에게 억울하게 최고신의 지위를 빼앗기지 않았던가? 이래저래 공공과 우는 양립할 수 없었던 것이다.

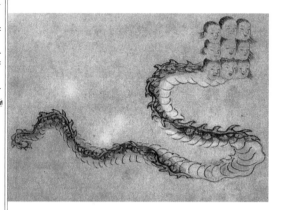

공공의 부하인 괴물 상류 일본의 《괴기조수도권》에서.

상류의 아홉 개의 머리 부분을 확대한 것 각각의 표정이 모두 다르다. 이로 미루어 상류는 다양한 형태의 물살, 혹은 다중 인격을 지닌 마성적魔性的 인간을 표현한 것인지도 모른다.

공공에게는 상류相柳라는 포악한 성격의 부하가 있었다. 상류는 사람의 머리가 아홉 개나 달린 큰 구렁이였는데 어찌나 탐욕스러웠던지 머리 하나하나가 제각기 산 하나에서 나는 먹을거리를 삼킬 정도였다고 한다. 공공은 그를 시켜 우를 공격하였으나 그는 우에게 살해되고 만다.

우리는 여기에서 상류의 모습이 노도와 같이 넘실대는 홍수의 물살을 신화적으로 표현한 것이 아닌가 생각해볼 수 있다. 사실 상류의 주군인 수신 공공 또한 뱀의 몸에 사람의 얼굴을 한 괴물이었다. 이렇게 보면 우가 공공과 상류 등을 물리친 것은 결국 거센 물길을 바로잡은 것을 상징한다. 우는 동백산桐柏山이라는 곳 근처에서도 치수 작업을 방해하며 말썽을 피웠던 회수淮水의 수신 무지기無支祈를 사로잡기도 하였다. 이 신은 말을 잘하고 원숭이처럼 생겼는데 힘이 세서 코끼리 아홉 마리를 능가하였다고 한다.

이처럼 치수에 전력을 다하느라 너무 바쁘고 시간이 없어서 우는 나이 서른이 되도록 그 흔한 데이트 한번 못 해보고 결혼은 꿈도 못 꾸는 형편에 놓여 있었다. 그런데 다 때가 있고 연분이 있다고 하던가? 노총각 우에게도 짝을 찾을 기회가 온 것이다.

우가 남쪽의 도산塗山이라는 곳에서 치수에 열중하고 있을 때였다. 갑자기 눈처럼 하얀 구미호 한 마리가 우 앞에 나타나 살랑살랑 꼬리를 흔들어대지 않는가? 요즘에는 꼬리 아홉 개 달린 여우를 요물로 생각하지만 고대에는 가정과 나라가 번창하게 될 조짐으로 여겼다.

가정을 이룰 때가 왔음을 예감한 우는 분발하여 짝을 찾았고 마침내 그 지역에서 여교女嬌라는 아름다운 처녀를 만나 결혼하게 된다. 그러나 이들의 결혼 생활은 순탄치 못하였다. 우는 치수에 바빠 신혼 나흘 만에 아내를 두고 이리저리 출장을 갔기 때문이다. 그러나 이들 사이의 파국은 정작 우의 잦은 출장보다도 엉뚱한 데에서 일어났다.

우가 환원산轘轅山이란 곳에서 작업을 할 때였다. 우는 산 위에서 작업을 하면서 아내에게 북소리가 울리면 밥을 가져오라고 일렀다. 아내가 없을 때 우는 곰으로 변해 일을 하곤 했다. 그런데 돌을 잘못 걸어차서 그것이 걸어둔 북에 맞아 소리가 나고 말았다. 북소리를 듣고 우의 아내가 밥을 가지고 와보니 남편이 곰이 되어 있지 않은가? 우의 아내는 놀라 달아나다가 곰이 된 우가 급히 쫓아오자 그만 당황한 나머지 돌로 변해버렸다.

사태가 돌이킬 수 없게 된 것을 안 우는 이때 아내에게 "내 아들이나 내놓으시오"라고 외쳤다. 그러자 응답이라도 하듯이 돌이 갈라지면서 아들이 튀어나왔다. 우의 아들 계啓는 이렇게 태어났으나 그의 결혼 생활은 이것으로 그만 끝이 나고 말았다.

엄청난 홍수를 다스리느라 가정까지 희생한 우, 그러나 무려 13년간에 걸친 그의 노력 덕분에 마침내 치수는 성공하였고 이제는 모두가 편안한 삶을 누릴 수 있게 되었다. 그리하여 그는 요임금·순임금의 뒤를 이어 온 백성의 추대를 받아서 새로운 임금으로 즉위하였다.

현대의 무지기 캐릭터 동아 시테크의 《한국 신화의 원형》 프로젝트에서.

우는 임금이 된 후 두 가지 중요한 일을 하였다.

한 가지는 신하 백익을 시켜 그동안 섭렵하면서 파악했던 중국 전역의 지리와 풍물을 기록하여 책으로 펴낸 일이다. 이 책이 바로 중국의 가장 오래된 신화집인 《산해경》이다. 그러나 이것 역시 신화일 뿐이다. 실제로 지금 전해지는 《산해경》의 성립 연대는 대략 기원전 3, 4세기, 즉 전국시대 중, 후기로 추정되고 있기 때문이다.

또 한 가지는 천하의 제후들이 바친 구리를 모아 아홉 개의 거대한 세발솥을 만든 일이다. 이때 우는 구리 솥의 표면에 각지의 귀신과 요괴들의 형상을 새겨 넣어 백성들로 하여금 그것들을 미리 파악하게 했다. 이 덕분에 백성들은 귀신과 요괴들로부터 해를 입지 않았다고 한다. 일찍이 황제도 천하의 귀신과 요괴들을 그림으로 그려 그 모습을 드러내게 한 적이 있었는데 우는 더욱 철저히 그것들의 존재를 구리 솥에 각인시킨 것이다.

우의 이러한 작업들은 어떠한 의미를 지니는가? 이제 미지의 땅과 미지의 사물 그리고 미지의 존재는 우에 의해 그 비밀을 남김없이 드러내게 되었다. 바야흐로 신들이 활동하던 신화적 세계가 우라는 영웅에 의해 인간이 지배하는 문화의 영역 안으로 들어오게 된 것이다. 우는 치수를 비롯한 이 모든 업적으로 인하여 후세에 길이 추앙되었다. 중국인들은 항시 우를 존중하여 '위대한 우임금(大禹)'으로 기려오고 있다.

곤과 우의 치수 신화는 여러 가지 측면에서 음미해

청동 세발솥 고대의 청동 솥은 실용적인 것이 아니라 제사 의식용이었다. 따라서 솥의 표면에는 신과의 소통을 도와주는 신성한 동물의 모습이라든가 맹세의 글귀를 새겨 넣었다. 서주西周 초기의 외숙정外叔鼎.

우의 탁본과 그것을 모사한 그림 홍수를 막기 위해 분주하게 일할 때의 모습인 듯하다. 산동성의 무량사 화상석에서. 🐟

야 할 부분이 많다. 우선 곤과 우의 치수 방식의 차이에 따른 실패와 성공의 갈림은 흥미로운 정치적 알레고리를 낳는다. 곤은 물길을 막아서 실패하고 우는 물길을 터서 성공하였는데 이 내용은 후세에 임금이 백성들의 입을 막으면 망하고 언로言路를 잘 열어주어 비판에 귀를 기울이면 흥한다는 교훈으로 활용되었다.

다음으로 곤과 우의 치수 신화는 고대 중국에서 황하의 조절, 곧 물을 다스리는 일이 국가의 운명과 관련된 중대사였음을 우리게 알려준다. 중국인들이 스스로를 용의 후예로 자처할 만큼 용의 전설이 풍부한 것도 이와 상관된다. 용은 물을 관리하는 신성한 동물이기 때문이다. 오리엔탈리즘[4]의 혐의가 없지는 않으나 근대의 한 서양 학자는 심지어 고대 중국을 '수력국가'[5]로 규정하기도 하였다.

---

4 **오리엔탈리즘**orientalism 탈식민주의 학자 에드워드 사이드Edward Said가 그의 저서 《오리엔탈리즘》에서 사용한 용어. 서양의 동양을 지배하려는 욕망과 방식에서 비롯된 동양에 대한 우월감, 편견, 왜곡, 환상 등을 말한다.

5 **수력국가론**水力國家論 카를 비트포겔Karl Wittfogel이 그의 저서 《동양적 전제주의》에서 구사한 용어로 동양 사회는 대규모 수리 관개 시설을 필요로 하고 이를 효율적으로 관리하기 위해 전제적인 국가제도가 성립될 필요가 있었다는 것. 마르크스의 '아시아적 생산 양식' 가설을 뒷받침하는 이론으로 동양 사회의 정체성, 후진성, 비민주성 등을 설명하는 근거가 되기도 한다. 서양인의 동양에 대한 편견, 이른바 오리엔탈리즘적 사고의 표본이다.

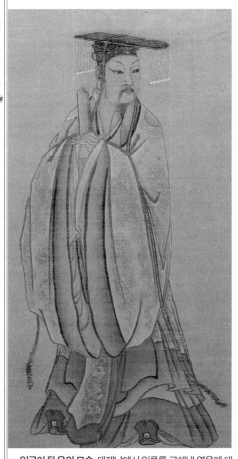

임금이 된 우의 모습 대재난에서 인류를 구해낸 영웅에 대한 후세인들의 존경과 숭배의 마음이 더해져 한껏 성스럽고 위대한 모습으로 그려져 있다. 남송南宋 마린馬麟의 〈하우왕상夏禹王像〉.

　　마지막으로 곤과 우의 치수 신화는 고대 중국이 그 시점에서 부자 상속의 가부장 사회로 진입한 듯한 느낌을 우리에게 준다. 우가 곤에게서 사업을 넘겨받는 내용도 그러하지만 우가 아내와 결별하게 되면서도 아들을 요구하고 있기 때문이다. 아울러 우가 하나라를 세우고 아들인 계에게 왕위를 물려줌으로써 과거에 요·순·우로 이어지던 선양이라는 합의 추대에 의한 왕권 계승 방식이 사라지고 개인 혈통의 왕조국가가 최초로 출현한 점도 그 증거이다.

24

7년 가뭄에 자신을 제물로 바친
임금이 살해되었다?

폭군 걸과 성군 탕 이야기

술로 채운 연못에 배를 띄운 걸

영웅은 신화적 속성을 지녔으면서도 반쯤은 역사성을 지니기
도 한다. 그래서 그들은 역사적으로는 한 국가나 한 도시의 건설
자인 경우가 많다. 가령 그리스 로마 신화에서 영웅 테세우스는
아테네의, 카드모스는 테베의 건설과 상관된 인물로 여겨지고 있
다. 동양 신화에서도 이러한 반쯤은 신화적이고 반쯤은 역사적인
존재들은 대부분 특정한 왕조를 세운 건국 영웅들이다.

우리는 홍수를 막아 백성들의 재난을 없앴던 우를 기억한다.
그는 그러한 공로로 순임금의 뒤를 이어서 천하를 다스리게 된
다. 그러나 우부터는 왕위를 요순 시대처럼 덕 있는 사람에게 물
려주지 않고 자식에게 물려주는 왕조 시대가 시작된다. 이렇게
해서 성립된 것이 하 왕조이다.

하 왕조는 고고학적으로는 아직 그 실체가 완전히 드러나지

않은, 베일에 가려진 왕조이다. 그러나 신화의 세계에서는 확실히 존재했던 나라이다. 하 왕조를 신화적으로 존재케 한 유명한 이야기는 폭군 걸桀과 그를 내쫓고 새로운 나라를 건설한 탕湯에 관한 신화이다.

성군 우가 세운 하나라는 자손들에 의해 계승되어 수백 년을 안정되게 지속했다. 그러나 마지막에 폭군 걸이 출현하여 마침내는 종언을 고하게 된다.

하 왕조의 마지막 왕으로 그 이름 앞에 항상 폭군이라는 수식어가 따라다니는 걸, 그는 어떤 인물이었을까. 신화 속에는 악의 화신 같은 인물도 있다. 상상을 넘어서는 온갖 잔인하고 끔찍한 행각들을 저지르며 악행으로 이름을 날리는 이들이다. 그 대표적인 인물이 바로 폭군 걸이다. 남을 잔혹하게 짓밟으며 쾌감을 즐기는 악마 같은 성격의 소유자이자 극단적인 사디스트의 원조라고나 할까.

폭군 걸 왼쪽 곁에 있는 여인은 왕비 말희인 듯하다. 산동성의 무량사 화상석에서.

걸은 엄청난 거구에다가 힘도 셌고 용감한 기질의 소유자였다고 한다. 맨손으로 호랑이·늑대 등의 맹수와 싸워 이길 정도였다고 하니 그 힘과 용맹함이 비범한 인물임에는 틀림없었다. 사실 폭군들의 특징은 본래 그렇게 만만한 인물이 아니라는 점에 있다. 은의 주왕紂王도 총명하고 씩씩한 대장부였으며, 백제의 의자왕도 한때는 해동海東의 증자曾子라는 소리를 들을 만큼 행실이 훌륭한 데다가 단숨에 신라의 40여 개의 성을 빼앗을 만큼 유능한 인물이었다. 그러나 이들은 결국 그 기백을 백성들을 괴롭히는 데에 발휘함으로써 폭군이 되고 만 것이다.

걸이 폭군이 되어가는 과정은 비교적 상세히 전해진다. 걸은 우선 백성들의 고혈을 짜내어 요대瑤臺라는 화려한 궁전을 지었다. 그리고 걸은 이 궁전을 중심으로 상상을 초월하는 수많은 엽기적인 행각을 펼친다.

걸은 궁전의 내부를 천하의 온갖 진기한 물건과 미녀들로 채운 다음 정사는 돌보지 않고 날이면 날마다 향락에 탐닉했다. 광대

주지에 엎드려 술을 마시는 사람들 술꾼들의 낙원이라 할까? 퇴폐와 향락의 극치를 보여준다. 《열녀전》 삽화에서. ✒

를 불러와 요상한 짓거리를 하게 하고 미희를 시켜 음란한 춤을 추게 했다.

대궐 안에는 큰 연못을 파고 그곳을 술로 채웠는데 이것이 그 유명한 주지육림酒池肉林이라는 고사성어에 나오는 바로 그 주지酒池, 즉 술로 채운 연못이다. 걸은 주지 위에 배를 띄워 다니게 하는 등 온갖 이상한 놀이를 즐겼다. 한번은 수천 명의 사람들을 대궐로 불러들인 다음 주지 옆에 세워놓고 다음과 같은 놀이를 벌인 적도 있었다.

우선 걸이 북을 한 번 치면 그곳에 모인 수천 명의 사람들은 일제히 연못가에 엎드려서 술을 마셔야만 했다. 그러다가 그만 취해서 빠져 죽는 사람이 생기면 걸은 그 광경을 보고 박수를 치며 좋아라 하고 웃어댔다.

걸의 기괴하고 황당한 취미는 이것 말고도 또 있었다. 그는 시장 한가운데에 갑자기 호랑이를 풀어놓아 사람들이 잡아먹히거나 놀라 도망가고 당황하는 모습을 종종 즐겼다. 폭군 네로가 로

마시에 불을 질러놓고 그 참상을 감상한 것과 스케일은 다르지만 심리적으로는 비슷한 점이 있다. 아마 폭군들끼리는 뭔가 통하는 점이 있는 모양이다.

폭군에게는 언제나 그의 악행을 부추기는 남성 파트너인 간신과 여성 파트너인 애첩이 있게 마련인데 여성 파트너가 사실상 나라 망치는 일에서 가장 중요한 배역을 담당한다. 걸에게도 그에 걸맞은 여성 파트너가 있었으니 바로 왕비 말희妹喜였다. 걸은 모든 향락에 말희를 동반해서 즐겼는데 말희도 왕에게 뒤질세라 나름대로 기발한 취미를 발휘했다.

말희는 특이하게도 비단 찢어지는 소리를 무척 좋아했다. 오늘날로 말하면 한 벌에 수백만 원 하는 명품 옷을 찢으면서 그 소리를 감상하는 것이 취미였던 셈이다. 그래서 걸은 그녀를 즐겁게 하기 위해 국고에 있는 비싼 비단을 꺼내어 그녀 앞에서 하나하나 찢어 보였다 하니 그녀를 위한 걸의 행동을 치기로 보아야 할지 지극한 애정 공세로 보아야 할지 선뜻 분간하기 어렵다. 두 말해서 무슨 소용이랴. 어쨌든 한심하기 짝이 없는 두 남녀였다.

그런데 그 주제에 걸은 천자로서의 자부심만큼은 대단해서 자신을 자주 태양에 비겼다. 프랑스의 절대군주 루이 14세'도 태양왕으로 불렸는데 그때는 프랑스의 전성기였기에 그럴 법도 하지만 걸은 도무지 어울리지 않는 위세를 부린 것이다. 그래서 당시 걸의 폭정에 시달린 백성들은 해를 보면 이렇게 저주했다고 한다.

"이놈의 해야, 언제 없어질래? 너랑 나랑 같이 죽어버리자꾸나."

백성들의 원성이 이처럼 극도에 달하고 민심이 걸과 하나라를

---

1 **루이 14세**(재위 1643~1715) 프랑스 부르봉 왕조의 군주. 그의 치세는 프랑스 최고의 전성기였으며 화려하고 광대한 베르사유 궁전이 이 시기에 완성되었다. 군주의 권력이 절정에 달하여 루이 14세는 태양왕으로 불렸고 스스로 "짐이 곧 국가이다"라고 선포하였다.

떠나자 뜻이 있는 사람들은 그 무렵 인자한 정치로 민심을 얻고 있던 제후국 은나라의 왕 탕에게로 귀순하였다. 걸의 밑에서 벼슬하고 있던 이윤伊尹과 비창費昌 같은 뛰어난 신하들마저 은으로 달아나서 훗날 탕이 걸을 칠 때에 큰 도움을 주었다.

은 왕조를 연 탕왕 인자하면서도 과단성 있는 모습이다. 명 왕기의 《삼재도회》에서.

폭군을 내쫓고 은 왕조를 열다

그렇다면 폭군 걸을 타도하고 은이라는 새로운 왕조를 연 탕은 어떠한 인물인가?

탕은 9척尺(약 2.7미터)의 거구에 용모가 뛰어나 한눈에도 비범해 보이는 인물이었다. 게다가 그는 마음이 인자했다. 탕의 인자함을 단적으로 말해주는 증거로는 다음과 같은 일화가 전해진다.

언젠가 하루는 탕이 들에 나갔는데 한 사내가 새 잡는 그물을 치고 다음과 같이 기원하는 소리가 들렸다.

"하늘에서 내려오든 땅에서 솟아나든, 사방에서 오는 것들은 모두 다 내 그물에 걸려라."

탕은 이 소리를 듣고 욕심 많은 그 사내에게 이렇게 말했다.

"아니, 그 소리는 살아 있는 것들은 다 잡아 죽이겠다는 얘기가 아닌가? 그런 일은 걸이나 하는 짓이네."

그러고는 사내를 타일러 그물의 세 면을 풀고 한 면으로만 새를 잡게 하였다. 우리는 이 일화에서 탕이 이처럼 동물에까지 자비심이 많은 것으로 미루어 백성들에게는 어떠했을지를 능히 짐작할 수 있다.

탕이 새 그물을 열어놓는 광경 탕이 수레에서 내려 훈계하고 있고 새 사냥꾼들이 엎드려 듣고 있다. 《제감도설》에서.

탕은 걸이 폭정을 하는 사이에 민심을 얻어 세력을 조금씩 키워나갔다. 작은 나라들은 하나라를 버리고 점차 은나라를 섬기기 시작했다. 그런데 한번은 탕도 걸에게 억울하게 죽임을 당한 사람들을 조문했다가 걸의 미움을 사서 감옥에 갇힌 위기 상황도 있었다. 걸에게 갇힌 탕은 이미 죽을 위기에 처하였는데 다행히 탕의 나라에서 보낸 뇌물에 욕심이 난 걸이 그를 감옥에서 석방하였다. 이후 탕은 더욱 국력을 길러 음란하고 포악한 걸이 지배하는 하나라를 타도할 결심을 굳혔다.

마침내 걸이 지배하는 하나라에 더 이상 희망이 없음을 깨달은 이윤과 비창 등 걸의 유능한 신하들이 잇달아 탕에게 귀순하였다. 또 걸이 변방 소국인 민산岷山에서 바친 두 명의 미녀에게 빠져 왕비 말희를 홀대하는 등 하나라 왕실 안에서도 내분이 생겨났다. 일설에 따르면 자신을 홀대하는 걸에게 화가 난 말희가 하나라의 중요한 국가 기밀들을 상세하게 은나라에 알려주었다

고도 한다. 이리하여 탕은 마침내 하나라를 정벌하기 위해 군사
를 일으켰다.

탕의 진격에 당황한 걸은 장수를 보내 막아보려 했지만 이미
사기가 떨어진 하의 군대는 연전연패할 수밖에 없었다.

은의 군대는 벌써 도성 가까이에 이르렀다. 그러나 걸은 성문
을 걸어 잠근 채 싸우려 하지 않았고 도성은 단단하여 함락되지
않았다. 이때 승리의 징조가 나타났다. 탕 앞에 불의 신 축융이
나타난 것이다. 축융은 탕에게 이렇게 말하고 사라졌다.

"하나라는 이제 덕이 다했으니 가서 공격해라. 내가 도와줄 것
이다. 천제께서 나를 시켜 도성의 서북쪽에
불을 일으키도록 명령하셨다."

신이 사라지자 과연 하의 도성 한 모퉁이
에서 불이 일어났다. 성안의 걸의 군대가 당
황해서 혼란에 빠지자 탕은 이 틈을 타서 일
제히 공격하여 도성을 함락시켰다.

걸은 제대로 싸워보지도 못하고 왕비 말희
와 애첩들을 데리고 도망쳤다. 그들은 배를 타
고 정신없이 도망쳐 결국은 남소南巢라는 먼
곳에까지 이르렀다. 여기서 걸은 이미 노쇠한
데다가 울분이 겹쳐 마침내 최후를 마쳤다.

탕은 걸을 내쫓고 천자의 자리에 올라 은
왕조를 열었다. 이제 백성들은 성군의 다스
림 속에서 행복을 누리는 듯했다.

그런데 이 무슨 변괴인가? 가뭄이 7년 동

폭군 걸을 공격하는 탕 탕이 칼을 빼 들고 말희를 껴안
은 걸을 공격하고 있다. 탕의 옆에 서 있는 사람은 그의
재상 이윤으로 보인다. 《천문도》에서.

안이나 계속되는 것이 아닌가? 성군의 정치에도 불구하고 천하는 다시 어려움 속에 빠졌고 백성들은 심한 고통을 겪어야만 했다. 탕은 하늘에 비를 청하는 기우제를 지냈건만 도무지 반응이 없었다. 답답한 나머지 탕은 도대체 어떻게 해야 비가 내릴 수 있는지 사관史官으로 하여금 점을 쳐보게 하였다.

사관이 점을 치자 '사람을 제물로 바쳐야 한다'는 점괘가 나왔다.

"사람을 제물로 바치다니, 도대체 어느 무고한 백성의 목숨을 끊을 수 있겠는가?"

인자한 탕은 무고한 백성을 죽일 수 없다고 생각하였다.

그리하여 마침내 스스로를 희생하기로 결정하였다.

"기우제를 지내는 것은 모두 백성을 위한 일인데 만약 꼭 사람을 희생해야 한다면 내가 그 제물이 되겠다."

마침내 제사를 드리는 날이 되자 탕은 거친 베옷을 입고 흰 띠풀을 몸에 둘렀다. 그리고 백마가 끄는 흰색 수레를 타고 신성한 제단이 있는 뽕나무 숲 상림桑林으로 갔다. 탕은 머리카락과 손톱을 깎아 몸을 정결히 하고 땔나무 위에 앉았다. 이제 불을 붙일 시간이 되었다. 좌우의 제관들이 막 제단에 불을 붙이려 할 때였다.

갑자기 천둥과 번개가 치면서 먹구름이 몰려와 순식간에 큰비가 쏟아지지 않는가? 탕의 정성에 감동한 천제가 단비를 내려 7년 가뭄을 종식시킨 것이다. 이렇게 해서 탕은 건국 초기의 난관을 극복하고 은 왕조의 기틀을 튼튼하게 세울 수 있었다.

폭군 걸과 성군 탕, 이 두 인물의 이야기는 서로 뚜렷한 대조

탕이 비를 기원하는 모습
탕이 스스로 희생물이 되어
단비가 내리기를 빌고 있다.
《제감도설》에서. 🐛

를 이루면서 '한 쌍'이 되어 망국과 건국의 신화를 구성한다. 앞
서 요와 순과 우의 신화에서 살펴보았듯이 덕 있는 사람에게 천
하를 양보하는 내용의 이야기 패턴을 '선양' 유형이라 한다면, 이
처럼 폭군이 덕을 상실해서 다른 덕 있는 사람이 내쫓고 왕이 되
는 경우는 '방벌放伐' 유형이라 할 수 있다.

결국 방벌로 왕조가 바뀐 결과 탕의 이야기는 이 시대가 바야
흐로 요순 시절과 같은 태평성대가 아니라 약육강식의 투쟁 상
황으로 진입했음을 의미한다. 이는 탕에 이르러 중국에 본격적인
정복국가가 출현했음을 의미하기도 한다.

그리고 폭군 걸 이야기는 사실 승리자인 탕의 입장에서 찬탈
과 정복을 합리화하기 위한 설화적 장치일 가능성도 크다. 걸에
게는 그가 폭군이 될 몇 가지 자질(?)이 의도적으로 부여되어 있
다. 요사스러운 애첩과 참소를 일삼는 간신, 잔인하고 향락적인
성격 등이 그것인데 이 자질들은 정형화되어 이후 망국의 군주

를 묘사하는 필수적인 이야기 성분이 된다.

충신을 멀리하고 삼천 궁녀와 놀아나다 나라를 망쳤다는 백제의 의자왕 이야기야말로 이의 대표적 사례이다. 실제로 백제에는 삼천 명이나 되는 궁녀도 없었고 의자왕이 그렇게 엉터리 임금도 아니었다는 것이 정설이다.

마찬가지로 우리는 탕의 건국 영웅 이미지도 앞서의 폭군 이미지처럼 정형화되었다는 점을 확인하게 된다. 인자한 천성, 백성을 위한 헌신, 폭군에 의한 수난 등의 이야기 성분은 이후 대부분의 건국 영웅 신화에 빠짐없이 등장한다.

우리는 완벽하게 꾸며진 성군 이야기의 이면에 감추어진 고대 국가의 폭력적인 현실에도 눈을 돌려야 할 것이다.

문학비평가 르네 지라르[2]는 고대의 훌륭한 임금들은 대부분 위기 상황이 닥쳤을 때 대중들의 희생양이 되었고 대중들은 죄의식 때문에 그들을 신성한 존재로 미화했다는 가설을 제시한 바 있다.

7년 가뭄을 극복하기 위한 탕의 헌신은 무엇을 의미하는가? 결론적으로 탕은 살해된 것이다. 일찍이 인류학자 프레이저[3]가 증언한 바 있듯이 고대의 왕들은 재난이 닥칠 경우 제의적인 방식으로 희생되었다. 왕은 우주의 기운을 상징하기 때문에 재난이 생길 경우 이는 왕의 기운이 쇠퇴한 것으로 여겨졌다. 이때 노쇠한 왕을 빨리 제거하고 젊고 신선한 기운을 지닌 새로운 인물로 교체해야 나라의 재난이 사라진다는 것이 고대인의 일반적인 관

---

2 **르네 지라르**Rene Girard(1923~2015) 프랑스의 문학비평가이자 인류학자. 인간 욕망의 구조를 밝혀내는 데에 몰두했으며 희생양의 이론으로 이름이 높다. 주요 저서로 《낭만적 거짓과 소설적 진실》·《폭력과 성스러움》·《희생양》 등이 있다.

3 **프레이저**J. G. Frazer(1854~1941) 영국의 인류학자. 진화론적 입장에서 인간의 사고가 주술에서 종교, 종교에서 과학으로 발전해간다고 주장했다. 세계 각지의 자료를 바탕으로 논증한 '살해된 왕'의 개념은 종교학·민속학·문학 등 각 방면에 큰 영향을 미쳤다. 저서로는 풍부한 내용과 문학적 가치로 이름 높은 《황금 가지》가 있다.

넘이었다. 즉, 천재지변으로 국가적인 재난이 일어나면 왕은 희생 제물이 되어 죽임을 당하는 경우가 종종 있었다고 한다.

우리는 부여夫餘에서 흉년이 들 경우 왕을 죽였다는《위지》〈동이전〉[4]의 기록을 이러한 맥락에서 읽어볼 수 있다. 탕이 세운 은과 부여는 같은 동이계 종족의 나라들이다. 부여는 은나라 달력을 쓰고 말발굽이 갈라지는 것으로 점을 치는 등(은에서는 거북의 등 껍질이 갈라지는 것으로 점을 쳤다) 은과 비슷한 풍속이 많았다.

다시 말해서 부여에서 흉년에 왕을 죽였다는 역사서의 기록은 성군 탕이 7년 가뭄 때 살해되었으리라는 우리의 추측을 지지하는 유력한 방증인 것이다.

이렇듯 신화 읽기의 또 한 가지 매력은 역사적 사실과의 대조를 통하여 신화적 사건의 이면에 놓인 진정한 현실의 맥락을 짚어보게 되는 즐거움에 있다.

---

4 《위지魏志》〈동이전東夷傳〉 서진의 역사가 진수陳壽가 편찬한 《삼국지》의 일부. 《삼국지》는 통속 소설 《삼국연의》의 바탕이 된 정통 역사서이다. 이 중의 《위지》〈동이전〉은 동이계 나라들의 역사·풍속·생활 등을 수록하고 있는데 한국 고대사와 관련된 내용이 많다.

25

술로 채운 연못과 고기 열매 매단 숲에서 향락에 빠지다

폭군 주와 성군 주문왕 이야기

잔인한 사디즘의 화신, 폭군 주와 달기

성군 탕이 하나라의 폭군 걸왕을 타도하고 세운 은 왕조는 이후 수백 년 동안 태평성대를 누렸다. 물론 개중에는 못난 임금도 더러 있어 국운이 쇠퇴한 적도 있었으나 다시 영특한 임금과 어진 신하들이 나와 국운을 회복하는 등의 과정을 거쳐 은 왕조는 참으로 오랫동안 중국을 지배할 수 있었다.

그러나 열흘 내내 피어 있는 꽃이 없고花無十日紅 달도 차면 기운다고 했듯이 강성하던 은나라도 주왕이라는 난폭한 임금의 대에 이르러 마침내는 망국의 길로 접어들고야 만다.

폭군 주는 본래 인물로만 따지면 결코 평범한 사람이 아니었다. 그는 거구에다 기운이 장사여서 폭군 걸과 마찬가지로 맹수와 격투를 할 정도였다고 한다. 게다가 그는 총명하고 말재간까지 있었다 하니 어떻게 보면 문무文武를 겸비한 뛰어난 인재였다.

그러나 재능이 많아도 마음이 바르지 못하면 그 재능이 도리어 자신에게 해가 되는 법. 자신의 재능만 믿고 교만한 데다 임금의 자리에 앉아 있다보니 그 안하무인의 행동은 더욱 심해질 수밖에 없었다.

주는 스스로를 하느님에 비겨 천왕天王이라 칭하였는데 이것은 하의 걸왕이 스스로를 태양에 비겼던 것과 비슷하다. 그는 자신의 뛰어난 능력을 백성들을 위해서가 아니라 개인의 쾌락을 위해 발휘하였다. 또한 총명한 머리만 믿고 신하의 충언을 무시했을 뿐만 아니라 스스로의 잘못을 은폐하는 궤변을 늘어놓아서 충신들이 직언을 하면 요리조리 피하는 말재간을 부리기도 했다. 그 결과 자신뿐만 아니라 나라까지도 망치게 되었다.

대개 폭군들이 나라를 망치고자 벌이는 사업(?) 중에서 으뜸가는 일은 화려하고 사치스러운 궁궐을 건축하는 일이다. 주도 예외는 아니었다. 그는 자신을 천왕이라고 부르게 했던 만큼 그 이름에 어울리는 화려함과 웅장함으로 자신을 치장하기를 원했다. 왕의 이런 사치스러운 마음이 바닥을 모르고 깊어지자 백성들의 고충은 날이 갈수록 심해질 수밖에 없었다.

한나라 때의 학자 가의가 쓴 《신서》라는 책에 묘사된 주의 궁궐 모습은 폭군의 허영과 사치스러운 정도를 단적으로 보여준다. 주는 녹대鹿臺라는 궁궐을 7년간의 세월을 들여 지었는데 건물 길이가 3리(1300미터)에다 높이가 1000척(300미터)을 넘어 구름이 내려다보일 정도였다는 것이다.

주는 이 외에도 경실瓊室과 요대瑤臺라는, 아름다운 옥으로 치장한 궁궐을 더 지었고 사구沙丘라는 넓은 정원을 조성하여 그곳에

온갖 진기한 짐승들을 수집해 풀어놓았다.

주가 이러한 궁궐과 정원 속에서 어떻게 생활을 했는지에 대해서는《사기》〈은본기殷本紀〉에 자세한 기록이 있다.

주는 사연師涓이라는 악사를 시켜 '미미지악靡靡之樂'이라는 아주 음탕한 노래를 작곡하게 하였고 또한 그것에 걸맞은 '북리지무北里之舞'라는 음란한 춤을 만들었다. 그러고는 자신의 정원인 사구에 술로 채운 연못과 고기를 열매처럼 매단 숲, 곧 걸왕의 주지酒池에 육림肉林을 더하여 그야말로 주지육림'을 만들었다.

이 환락의 장소인 주지육림에서는 날이면 날마다 벌거벗은 남

---

1 **주지육림**酒池肉林 폭군의 향락적인 생활을 묘사할 때 빠짐없이 등장하는 단어이다. 시초는 하夏의 걸왕과 은殷의 주왕, 이 두 명의 유명한 폭군의 생활에서 비롯하였다. 걸왕은 궁중에 술로 채운 큰 연못, 곧 주지를 만들었고 주왕은 주지와 아울러 고기가 매달린 나무 숲, 곧 육림을 조성하여 온갖 향락을 다하였다. 일설에는 주왕의 행위가 일종의 오르기orgy를 수반하는 은 민족 고유의 제의적 행사였는데(은은 샤머니즘의 국가였다) 후일 주周 민족이 은을 정복한 후 이를 퇴폐적인 향락으로 폄하했다고도 한다.

고대 중국 귀족의 밤 연회
폭군 주의 연회는 이보다 훨씬 사치스럽고 음란했을 것이다. 오대五代 고굉중顧閎中의 〈한희재야연도韓熙載夜宴圖〉.

녀들이 음란한 짓거리를 하며 광란의 파티를 벌였다. 벌거벗고 음란한 음악에 맞추어 춤을 추는 것은 일상적인 일이었고 부끄러움을 모르는 남녀가 한데 어울려 주지의 술을 마시고 육림의 고기를 씹으며 환락에 빠져 뒹굴었다. 특히 백성들의 딸 중에서 미녀들을 강제로 데려다가 궁녀로 삼고 벌거벗은 채 주지육림에서 살게 하는 등 자신의 눈과 귀를 즐겁게 하는 쾌락을 위해서 백성들을 몹시 괴롭혔다.

앞의 걸왕의 경우에서도 보았듯이 폭군의 퇴폐적인 향락에는 꼭 그것을 조장하는 여성 파트너, 즉 악녀가 있게 마련이다. 일찍이 걸에게 말희가 있었다면 주에게는 달기妲己가 있었다. 달기는 원래 유소씨有蘇氏라는 제후의 딸이었는데 은나라의 공격을 받은

고기 숲 육림 기록에 의하면 육림은 숲속의 나무에 고기를 매달아놓은 것이라고 한다. 지금의 그림은 마치 푸줏간에 고기를 걸어놓은 것 같아 본래의 이미지와는 다소 거리가 있다. 《열녀전》 삽화에서.

유소씨가 주의 환심을 사기 위해 그녀를 후궁으로 바친 것이라 한다.

그런데 명나라 때 지어진 《봉신연의》라는 소설에서는 달기를 구미호가 둔갑한 것이라고 이야기한다.

언젠가 주가 사냥을 갔다 오는 길에 여신 여와의 사당을 참배하게 되었다. 이때 주는 사당 안에서 여와의 아름다운 모습을 그린 초상을 보고는 속으로 음탕한 생각을 품었다. 감히 인간이 여신의 알몸을 상상했을 뿐만 아니라 마음속일지언정 여신을 품고 농락하는 음란한 생각을 한 것이다.

천상에서는 여신 여와가 이것을 알고 분노하여 무엄한 주에게 가혹한 징벌을 내리기로 결심하였다. 그리하여 구미호를 보내 마침 주의 후궁이 되기 위해 수도로 향하던 유소씨의 딸 달기를 잡아먹고 대신 그 모습으로 둔갑하도록 했다. 달기로 변신한 구미호는 주에게로 가 그의 애첩이 되어 온갖 간교한 짓을 다함으로써 마침내 은나라를 망하게 했다.

인간 남성이 주제넘게 여신에게 음심淫心을 품었다가 파멸을 당한 경우는 그리스 로마 신화에도 있다. 탄탈로스가 여신 헤라를 어떻게 해보려다가 천길 지옥으로 떨어진 것이나 본의는 아니었지만 우연찮게 처녀

사슴으로 변하여 자신의 사냥개에게 물려 죽는 악타이온 티치아노의 〈악타이온의 죽음〉(1560년경).

신 아르테미스의 벗은 몸을 보았다가 사냥개의 밥이 된 악타이온 등의 경우가 그것이다.

어쨌든 달기는 주의 퇴폐적인 행위에 동참했을 뿐만 아니라 주보다 더 잔인한 행위를 즐기는 악취미도 있었다.

달기는 주에게 충고를 하는 신하나 불만을 품은 백성들을 벌 주고자 포락鍛烙이라는 잔인한 형벌을 고안해냈다. 이 형벌은 죄인으로 하여금 숯불 위에 가로놓인 기름칠한 구리기둥 위를 걷게 하는 것이다. 구리기둥 위를 걷는 죄인은 숯불 위로 떨어지지 않기 위해 안간힘을 써보지만, 불에 달구어진 구리기둥의 뜨거움과 미끄러움을 견디지 못해 결국에는 숯불 위에 떨어져 자신의 살이 타는 냄새를 맡으며 서서히 비참하게 죽을 수밖에 없었다.

왕을 원망하거나 충언을 하는 신하가 있으면 주는 이런 식으로 그 '잘난 척하던 모습'을 비웃고 조롱하며 죽였다. 달기는 왕과 함께 이러한 죄인들의 모습을 보면서 깔깔대며 즐거워했다.

포락의 형벌을 즐기는 폭군 주왕과 달기 잔인한 광경을 보며 입을 가리고 웃는 달기의 모습이 인상적이다. 《제감도설》에서.

포락이라는 형벌은 잔인한 사디즘의 악마적 상상력이 고안해낸 고도의 심리적인 효과를 지닌 형벌이었다. 근엄하게 충언을 하던 신하가 살기 위해서 미끄러운 구리기둥에 매달려 발버둥치도록 함으로써 마침내 구차하고 치욕스럽게 목숨을 구걸하다 죽게 하는 장치였으니 말이다.

달기는 또 당시 비간比干이라는 왕족이 자꾸 주에게 충고를 드리자 주를 이렇게 부추겼다.

"듣건대 비간은 성인이라 하는데 성인의 심장은 구멍이 일곱 개가 있다 합니다. 한번 확인해보시옵소서."

호기심이 동한 주는 마침내 비간을 잔인하게 죽여 심장을 꺼내 직접 눈으로 보고야 말았다. 그랬더니 아니나 다를까 비간의 심장에는 과연 구멍이 일곱 개가 있었다 한다.

그러나 말희와 달기 등 폭군의 여성 파트너들이 지닌 향락성이나 잔인성에 대한 설화는 과장되었을 뿐만 아니라 의도적으로 지어졌을 가능성이 크다. 즉, 이 설화들 속에는 망국의 책임을 여성에게 전가함으로써 여성의 정치 참여를 금지하고 여성의 역할을 가정 내적인 일에만 고착시키려는 가부장적 관념의 의도가 숨어 있다고 볼 수도 있는 것이다.

자식의 고기를 씹으며 폭군 정벌을 다짐한 주문왕, 중화주의 씨 뿌리다

한편 주가 이렇게 달기와 더불어 폭정을 거듭함으로써 민심을 잃어가고 있을 때 황하의 상류 서쪽 변경 지대에서는 이 어지러운 세상을 구원할 성인이 출현하고 있었다.

그가 곧 후일의 주문왕周文王이다. 주문왕은 성은 희姬이고 이름은 창昌으로 당시 은의 주요 제후국이었던 주周의 임금이었다. 그는 서쪽 지역 제후들의 우두머리였기 때문에 서백西伯이라고도 불렸다.

주문왕은 모든 성군이 그러하듯 천성이 인자하고 백성을 사랑하기를 내 몸같이 하였다. 그래서 폭군 주에게 실망한 선비들이나 폭정 때문에 살기 힘들어진 백성들이 주문왕이 다스리는 주나라로 구름같이 모여들었다. 이러한 주문왕의 인기를 폭군 곁의 간신들이 곱게 보았을 리가 없었다. 마침내 주문왕은 참소를 받아 유리羑里라는 성에 감금되어 언제 풀려날지 모르는 신세가 되었다.

이때 주는 다시 한번 우리에게 잔혹한 폭군의 모습을 인상 깊게 보여준다. 주는 인질로 도성에 와 있던 주문왕의 아들 백읍고伯邑考를 끓는 물에 넣어 삶아 죽인 뒤 그 고기로 장조림을 만들어 주문왕에게 보냈다. 주문왕이 정녕 성인이라면 그것이 자식의 살인 것을 알고 안 먹을 것이니 죽여버리고, 만일 모른 채 먹는다면 평범한 인간이니까 두려워할 것이 없다는 생각이었다.

또 한편으로는 주문왕에게 자식의 고기를 먹임으로써 그의 성인 됨이 거짓임을 폭로하는 술책이기도 했다. 아들의 고기를 먹지 않으면 목숨을 빼앗고 먹는다면 그 명성에 먹칠을 하게 만드는 교묘한 시험이었던 것이다.

"흥, 제가 정말 잘난 성인이라면 자식을 죽여 만든 고기 따위는 먹지 않겠지."

유리 성에 갇힌 주문왕 감옥도 때론 연구실이 된다. 주문왕은 이때 《주역》을 연구하였다고 한다. 《봉신연의封神演義》 삽화.

주는 신하들 앞에서 주문왕을 질시하고 조롱하며 그가 어찌하
는지 지켜보았다. 마침내 주문왕이 고기를 먹자, 주는 안도의 한
숨을 내쉬면서 말했다.

"제 아들을 잡아먹는 성인도 있다더냐. 도대체 어떤 놈이 희창
을 성인이라고 했더란 말이냐. 하하."

주는 통쾌해하며 주문왕의 명성을 무너뜨린 데 만족해서 그를
풀어주었다. 성인 주문왕은 고기가 자식의 살인 것을 알면서도
후일을 기약하기 위해 눈물을 삼키며 먹었던 것이다. 이러한 주
문왕의 행동은 훗날 오히려 그의 비범함과 명성을 더욱 두드러
지게 했다.

유리에서 풀려난 주문왕은 처절했던 당시의 상황을 되씹으며
국력을 키워 은나라를 정벌할 결심을 굳혔다. 그는 정치와 군사
일을 잘 맡아서 주나라를 강국으로 만들 인재를 널리 찾았고 마
침내 위수渭水의 지류인 반계磻溪라는 시냇물에서 낚시를 하고 있
던 강태공姜太公을 만나 재상으로 삼았다.

강태공을 등용한 후 주나라는 날로 발전하여 강국이 되었다.
그러나 주문왕은 노쇠하여 뜻을 이루지 못한 채 얼마 후 세상을
떠나고, 주문왕의 숙원이었던 은나라 정벌의 과업은 아들인 주무
왕周武王 희발姬發에게로 넘어가게 되었다.

주무왕은 아버지 주문왕의 피맺힌 한을 한시바삐 풀어드리고
자 상喪도 마치지 않은 채 은나라에 대한 정벌의 군대를 일으켰
다. 그런데 주무왕이 막 대군을 이끌고 출발하려 할 때 두 노인이
나타나 주무왕이 탄 말의 고삐를 잡으며 정벌을 만류하였다.

이들은 본래 고죽국孤竹國이라는 작은 나라의 왕자 백이伯夷와

수양산 속의 백이와 숙제 곁에 고사리를 캐어 담는 바구니가 보인다. 남송南宋 이당李唐의 〈채미도採薇圖〉.

숙제叔齊 형제로 도덕을 생명처럼 소중히 여기는 사람들이었다. 그들은 주무왕에게 이같이 간하였다.

"대왕이시여, 주왕은 비록 폭군이나 모든 제후의 임금입니다. 신하로서 임금을 치는 일은 옳지 못합니다. 게다가 폭력은 또 다른 폭력을 불러올 따름이옵니다. 정벌을 멈추시고 도덕의 정치를 펼치시옵소서."

그러나 폭군 주왕에 대한 적개심으로 불타고 있는 주무왕에게 이들의 도덕적인 훈계는 한가하기 이를 데 없는 노인네의 잔소리에 불과했다. 백이·숙제 형제는 즉시 추방되었다. 나중에 주무왕이 은나라를 멸망시킨 후 그들은 타락한 세상을 비관하여 수양산首陽山이라는 산으로 들어가 고사리를 캐어 먹다가 일생을 마쳤다. 그들이 고사리를 먹고 산 것은 무도한 주나라의 곡식을 먹지 않겠다는 결심에서였다고 하니, 우리는 그들이 지나친 이상주의자이긴 하지만 얼마나 고결한 선비였는지를 알 수 있다.

어쨌든 백이·숙제 형제의 만류에도 불구하고 주무왕의 대군은 출동하였다. 용맹무쌍한 주나라의 군대는 은나라의 성들을 파죽지세로 함락시켰고 마침내 수도로 가는 길목인 맹진孟津이라는 황하의 나루터에 이르렀다. 그런데 아뿔싸, 마침 이곳으로는 세찬 눈보라와 비바람이 몰아쳐서 주무왕의 가열찬 행군을 방해하였다. 이때 홀연히 사해四海의 해신海神들과 황하의 신인 하백 등이 사람으로 변신해서 나타나 하늘의 뜻이 주나라에 있음을 말하고는 도와줄 것을 약속하였다. 주무왕은 이에 용기백배했고 신들이 떠나자마자 날이 개고 물결이 잔잔해져서 대군은 무사히 황하를 건널 수 있었다.

그러나 폭군 주도 가만히 앉아서 당할 사람이 아니었다. 주무왕의 군대가 수도인 조가朝歌 근처에 이르자 주도 마침내 대군을 이끌고 나왔고, 양군은 목야牧野라는 들에서 대치하였다. 치열한 공방전이 이 들판에서 벌어졌다. 당시 전투가 어찌나 참혹했던지 피가 강물이 되어 흘렀고 그 위로 병장기가 둥둥 떠다닐 정도였다고 한다.

결국은 이미 민심을 잃은 폭군 주의 군대가 대의명분을 앞세운 주무왕의 군대에 패배하였다. 주는 대세가 기운 것을 알아차리고는 녹대로 도망쳐 와 그곳에서 분신자살을 했다고도 하고 숲에서 목을 매어 죽었다고도 한다. 총애를 받았던 달기 역시 주무왕에 의해 참수를 당했다고 하기도 하고 스스로 목을 매어 죽었다고도 한다. 이리하여 결국 은나라는 멸망하고 주나라가 천하를 차지하게 되었다.

폭군 주와 성군 주문왕의 이야기는 국가의 흥망성쇠를 중국식 또는 유교적으로 설명하는 방식이기도 하다. 이야기는 논리나 이론보다도 훨씬 더 실감나게 사건의 전모를 각인시켜 교육적인 효과를 가져온다. 그러나 우리는 폭군 걸과 성군 탕의 이야기에서처럼 승자의 입장에서 만들어지고 유포된 이러한 이야기들이 얼마만큼 패자의 실상을 반영했는지에 대해서도 한 번쯤 의심해 보아야 할 것이다.

은은 고대 중국에서 동방 세력을 대변하였으며 주는 서방 세력의 대표로서 오늘날 중국 민족의 직접 조상이 된다. 은 문화[2]는 샤머니즘을 바탕으로 종교적, 신비적인 경향이 강했으며 주 문화는 이에 비해 현실적, 이성적인 성향이 짙었다. 따라서 은과 주의 왕조 교체는 단순한 왕조 교체의 의미를 넘어 심각하게 음미될 필요가 있다.

첫째, 정치, 문화적으로 그것은 다원주의에서 중심주의로 변화했음을 의미한다. 주 왕조가 성립된 이후 중국은 점차 중원 민족 중심의 정치와 문화를 추구해나가기 때문이다. 이것이 이른바 중화주의[3]이다.

둘째, 주 왕조의 등장은 중국에서 나름의 인문주의 및 합리주의적인 관념이 대두되었음을 의미한다. 이러한 관념은 결국 인간

---

2 **은殷 문화** 은은 현재까지 역사적으로 그 실체가 입증된 가장 오래된 나라이다. 근대 초기 하남성河南省 안양현安陽縣 일대에서 거북 등껍질이나 소뼈 등에 점괘를 기록한 갑골편甲骨片이 발견되면서 은의 수도가 발굴되고 은 문화의 전모가 드러났던 것이다. 오늘날 밝혀진 바에 따르면 은은 고도의 청동기 문명을 이룩했던 나라로 유목 생활에서 농경 생활로 이행, 정착하는 단계에 있었다. 은 종족은 중국의 동북방에서 황하 유역으로 이동한 것으로 추정되고 샤머니즘이 성행했던 것으로 미루어 우리와 비슷한 알타이어 계통의 종족이 아니었던가 생각된다. 《산해경》은 특히 은 문화의 내용을 많이 담고 있다.

3 **중화주의中華主義** 중국이 세계의 중심에 위치한 최고의 문명국이라는 생각. 이러한 생각은 주나라 때에 싹이 터서 한나라 때에 이르러 확립되었다. 중화주의는 아울러 주변 사방의 민족을 야만인으로 차별하였는데 동서남북의 이민족에 대해 각기 동이·서융·남만·북적이라는 경멸적인 호칭을 사용하였다. 중국은 이러한 관념에 입각하여 유일한 천자국으로서 주변의 나라들을 책봉과 조공의 형식으로 지배하였으나 그 지배는 대분히 명분상이지 실제적인 것은 아니었다. 중화주의는 오늘날 중국이 세계로 발돋움하는 데에 큰 걸림돌이 되고 있으며 한시바삐 청산해야 할 낡은 관념으로 취급되고 있다.

중심의 실천 윤리인 유교를 성립시키게 된다.

그렇다면 주에 의해 억압된 은의 무속적이고 반인문주의적인 문화는 어떻게 되었을까? 그것은 암암리에 《산해경》과 같은 신화 책을 통해 계승되어 훗날 도교로 되살아나서 동양적 상상력과 잠재의식의 주요 내용을 구성하게 된다. 이상과 같은 측면에서 볼 때 폭군 주와 성군 주문왕의 이야기는 중국 고대 역사상 가장 무겁게 보아야 할 중요한 변혁의 의미를 내포하고 있는 것이다.

26

퉁방울눈의 누에치기가 세운 나라

촉을 세운 잠총과 두우 그리고 별령 이야기

누에 치는 왕과 슬픈 두견새, 그리고 홍수를 다스린 자라의 넋

중원의 성군들 이야기에 이어 변방인 촉나라의 건국 영웅들 이야기는 어떻게 전개될까. 그들에 대한 이야기도 흥미롭기 그지없다.

고대의 촉나라는 지금의 사천성에 해당하는 지역으로 사방이 산악으로 둘러싸인 큰 분지이다. 따라서 중원 지역과는 교통이 여의치 않아 고립된 지세에 의지하여 독자적인 문화를 발전시켜왔다.

촉나라의 '촉蜀'이라는 글자는 누에의 모습에서 유래하였다. 여기에서 짐작할 수 있는 것은 촉나라의 성립이 잠업蠶業과 밀접한 관련이 있으리라는 사실이다.

아닌 게 아니라 촉나라를 처음 세운 영웅은 누에를 잘 치는 잠총蠶叢이라는 사람이었다. 그는 촉나라 백성들에게 누에 치는 법을 가르쳐주었고 황금빛의 좋은 누에를 수천 마리나 길러 매해

촉 땅의 산과 강 험준한 산 사이사이 위태롭게 걸린 가느다란 길이 보인다. 청淸 방훈芳薰의 〈촉강산수이단蜀江山水二段〉.

정월에 집집마다 한 마리씩 나눠주었는데 그것을 기르면 반드시 크게 번식하였다고 한다.

잠총은 이러한 공로를 인정받아 처음으로 촉나라의 왕으로 추대되었고 나중에는 신으로 추앙되었다. 그는 툭 불거진 눈을 지닌 기이한 사람이었는데 누에 치는 법을 가르치러 시골을 돌아다닐 때면 항상 푸른 옷을 입었기 때문에 후세 사람들에게 '푸른 옷을 입은 신', 즉 청의신靑衣神이라고도 불렸다.

잠총 다음으로는 백관柏灌이라는 사람이 임금이 되었고 그 다음은 어부魚鳧라는 사람이 임금이 되었는데, 이 두 사람의 행적에 대해서는 자세히 알려진 바가 없다. 다만 잠총·백관·어부 이 세

한자 '촉蜀'의 변천 과정 글자가 누에와 비슷한 모습에서 출발했음을 알 수 있다.

갑골문甲骨文	금문金文	소전小篆	해서楷書
			蜀

명의 임금은 각각 수백 살을 살았고 나중에는 신이 되어 죽지 않았다 한다. 이런 점으로 미루어보건대 이들 촉나라의 초기 임금들 역시 요나 순처럼 어질고 신성한 자질을 지닌 존재들이었음을 알 수 있다. 이들이 왕위를 자식에게 물려주지 않고 덕 있는 사람에게 양보했던 것도 요·순과 같은 중원의 초기 임금들과 비슷한 점이다.

세 명의 성군 다음에 촉나라의 임금이 된 이는 두우杜宇라는 사람이다. 두우가 세상에 출현하는 장면은 신기하고 극적이다. 그는 어느 날 하늘로부터 내려왔는데 두우가 하늘에서 뚝 떨어지는 바로 그 순간 동시에 강가의 우물에서 리利라고 하는 여인이 솟아올랐다. 그리고 둘은 그날로 부부가 되

누에치기의 신 잠총 청의신으로도 불린다. 그러나 신화와는 달리 그림에서는 불거진 눈을 하고 있지 않다. 《중국고대민간복우도설》에서.

었다. 하늘에서 뚝 떨어지고 땅속에서 불쑥 솟아오른 두 사람이 천생연분으로 부부가 된 것이니 이 두 사람의 부모는 애초에 이 세상에는 존재하지 않았던 셈이다.

백성들은 두우를 촉나라의 네 번째 임금으로 맞이하였으니 그가 곧 망제望帝이다. 망제가 다스린 지 100여 년쯤 되었을 때였다. 촉나라 동남쪽의 형荊이라는 땅에서 별령鼈靈이라는 사람이 물에 빠져 죽었는데 그 시체를 찾을 수가 없었다. 시체는 강물을 거슬러 촉나라까지 흘러와서는 갑자기 다시 살아났다. 이를 신기하게 여긴 망제는 그의 비상한 재주를 알아보고 재상으로 삼았다.

그런데 마침 이때 옥산玉山이라는 산이 물길을 막아 천지 사방에 큰 홍수가 났다. 그것은 마치 요임금 때 중원 전체를 휩쓸었던 대홍수와 같은 재난이었다. 100여 년 동안 잘 다스려왔던 망제도 이러한 사태 앞에서는 속수무책이었다. 그는 곧 별령이 물에 빠

져 죽었다가 다시 살아난 사람임을 생각해내고 별령으로 하여금 옥산을 뚫어 물길을 터놓도록 하였다.

그런데 여기서 '별령'이라는 이름을 곰곰이 생각해보면 그 의미가 '자라의 넋'이라는 뜻 아닌가? 물에 빠져 죽었다가 다시 살아났다는 이야기는 종종 자라가 물에 빠진 사람을 구해내는 전설을 떠올리게 한다. 즉, 별령이란 이름은 그가 물에 빠져 죽은 뒤 자라의 넋으로 부활했다는 의미일 수도 있을 것이다.

별령은 망제의 명을 받고 곧 홍수를 다스리러 떠났다. 그런데 별령에게는 아름다운 아내가 있었다. 별령이 떠난 후 망제 두우는 평소 마음에 두었던 별령의 아내를 유혹하였고 둘은 마침내 그렇고 그런 사이가 되고 말았다.

망제가 신하에게 위험한 일을 맡기고 신하의 부인을 가로챈 이야기는 성경에서 다윗 왕이 부하 장수인 우리아를 전쟁터로 보내고 그의 아내 밧세바를 유혹하여 뺏은 것과 비슷하다.

한편 별령은 숱한 고난 끝에 옥산의 물길을 뚫어 홍수를 진정시켰다. 백성들의 환호성 속에 별령은 개선장군처럼 당당하게 수도로 귀환하였다. 별령의 위풍당당한 모습을 본 망제는 자신이 한 짓을 생각하자 스스로 부끄럽기 짝이 없었다.

별령은 백성들을 위해 저토록 큰 일을 했는데 자신은 신하의 아내와 밀통密通이나 하고 있었다니!

부끄러움과 회한悔恨 끝에 망제는 큰 공을 세운 별령에게 왕위를 물려주기로 결심하였다. 그러고 나서 그는 서산西山에 들어가 평생을 숨어 살았다. 그러나 숨어 산다고 해서 스스로의 부끄러운 행동에 대한 그의 자책이 덜해지지 않았다.

그러던 어느 날 갑자기 그의 몸이 두견새로 변해버렸다. 날이면 날마다 부끄러움에 스스로를 책망하다 보니 그만 새로 변해 훨훨 날아서라도 부끄러움에서 벗어나고 싶었던 것일까? 그 후 봄에 나타나는 두견새는 이런 사연을 담은 채 망제의 회한을 대변하듯 사람들을 향해 아주 구슬프게 울어댔다.

촉나라의 백성들은 두견새의 울음소리를 들을 때마다 그래도 한때는 좋은 임금님이었으나 한 번의 실수로 모든 것을 잃고 만 망제의 신세를 생각하고는 잠깐씩 깊은 슬픔에 잠겼다고 한다.

망제의 뒤를 이어 임금이 된 별령은 이후 개명제開明帝라고 불렸고 그의 후손이 대를 이어 12대까지 촉나라를 다스렸다.

촉나라의 건국 신화는 나름의 특색이 있으면서도 구조적으로는 중원의 성군 신화와 많이 닮아 있다. 우선 선양이라는 양보의 방식에 의해 왕위를 계승하는 것이 그러하고 홍수를 평정한 영웅으로부터 부자 상속의 왕위 계승이 이루어지는 점도 그러하다. 이러한 의미에서 망제 두우는 순임금과 닮아 있고 별령은 우임금과 비슷하다. 특히 망제와 순은 그 최후가 비극성을 띠고 있다는 점에서도 일치한다.

수많은 고대의 문학 작품에서 피를 토하듯 통한痛恨의 울음을 우는 봄새로 출현하는 두견새의 신화적 기원은 이처럼 망제 두우에게 있다. 두견새는 이 밖에도 두우조杜宇鳥·자규子規·불여귀不如歸 등으로 불리기도 한다.

두견새 망제 두우의 넋이 서린 새이다. 《청궁조보淸宮鳥譜》에서.

황금 똥을 누는 돌소와 오정역사

성군들의 시대 이후 촉나라는 어떻게 되었을까. 촉나라에서 개명제의 12대손이 왕 노릇을 하고 있을 무렵, 이웃에는 강국 진나라가 있어서 호시탐탐 침략의 기회를 노리고 있었다.

그러나 촉 땅이 험준하여 쉽게 침범하기 어려움을 깨달은 진의 혜왕惠王은 기가 막힌 계략을 쓰기로 하였다. 그는 돌로 소 다섯 마리를 만들게 하고 아침마다 돌소의 뒤꽁무니에 황금을 쏟아놓고 "돌소가 황금 똥을 눈다"는 소문을 퍼뜨렸다. 드디어 촉나라 왕의 귀에도 이 소문이 들어갔다. 촉나라 왕은 그 소문의 소가 신기하기도 하고 탐나기도 해서 진나라에 사신을 보내 그 신기한 돌소를 한번 구경할 수 있겠느냐고 청하였다.

진혜왕의 허락이 떨어지자마자 촉나라 왕은 돌소를 맞이할 채비를 하였다. 우선 당시 다섯 명의 유명한 장사인 오정역사五丁力士를 시켜 길을 닦고 다섯 마리의 돌소를 운반해 오게 했다. 원래 촉나라는 험한 산으로 둘러싸여 있어 바로 이웃인 진나라에서도 쉽게 갈 수가 없었다. 그러나 돌로 만든 이 황소를 운반하려면 길이 필요했기 때문에 촉나라 왕은 스스로 적에게 길을 닦아주고 만 것이다. 마침내 돌소가 촉나라의 궁궐까지 왔으나 당연히 돌소는 황금 똥을 누지 않았고 자신이 속은 것을 깨달은 촉나라 왕은 크게 노하여 그것들을 도로 진나라에 돌려보냈다.

이러한 과정을 통해 진혜왕은 촉나라로 가는 길을 손쉽게 확보할 수 있었다. 그러나 바로 침략하기에는 촉나라의 세력이 아직 만만치 않았다. 그래서 이번에도 진혜왕은 다시 계략을 꾸몄다. 촉나라 왕이 여색을 밝히는 것을 안 진혜왕은 지난번의 일에

대한 사과의 표시로 그에게 다섯 명의 미녀를 보내주겠다고 제
안하였다. 탐욕스러운 촉나라 왕은 기뻐하며 오정역사를 시켜 그
녀들을 데려오게 했다.

오정역사와 다섯 명의 미녀 일행이 재동梓潼이라는 곳에 이르
렀을 때였다. 큰 뱀 한 마리가 동굴 속으로 막 들어가려 하는 것
이 아닌가? 한 장사가 자신의 힘을 뽐내려고 뱀의 꼬리를 잡아당
겼으나 힘이 못 미쳐 동굴로 딸려 들어갔다. 그러자 다섯 명이 전
부 소리를 지르며 함께 뱀을 잡아당기는 순간 갑자기 산이 무너
져 내렸다. 순식간에 오정역사와 다섯 명의 미녀는 모두 깔려 죽
고 말았다. 그리고 산이 무너진 곳에는 신기하게도 오정역사의
죽음을 기리기 위한 것인지 다섯 개의 언덕이 생겨났다.

비보를 듣고 촉나라 왕은 오정역사의 죽음은 조금도 슬퍼하지
않고 진혜왕이 보낸 미녀들이 죽은 것만 안타까워하며 그곳을
오부총五婦塚이라고 이름 지었다. 그러나 백성들은 이 어리석은
임금과는 달리 미녀들보다 아깝게 죽은 오정역사를 기념하여 그
곳을 오정총五丁塚이라고 불렀다.

오정역사가 죽자 진혜왕은 이제 촉나라로 쳐들어가더라도 무
서울 것이 없다고 생각하였다. 그로부터 얼마 후 진혜왕은 앞서
돌소들이 지나갔던 길을 통해 험준한 산을 넘어 촉나라를 침공
하였다. 촉나라 왕은 뒤늦게 결사적으로 대항하였으나 애초에 아
무 준비도 없던 싸움에서 이길 턱이 없었다. 결국 촉나라 왕은 싸
움에 패하여 무양武陽 땅까지 도망갔다가 추격해 온 진나라 군사
에게 잡혀 살해됨으로써 개명제가 세운 나라는 망하고 말았다.

일찍이 이태백[1]은 촉나라 가는 길의 험난함을 이와 같이 노래

한 적이 있다.

아아,

험하고 드높아라.

촉나라 가는 길, 하늘에 오르기보다 어렵다네.

잠총과 어부가 나라를 세운 것은,

까마득한 옛날의 일.

그 후 4만 8000년이나 지나서야,

비로소 진나라와 통하는 길이 생겼지.

서쪽으로 태백산太白山이 가로막아,

새들이나 아미산峨眉山을 넘어갈 수 있었는데,

산이 무너지고 장사들이 죽은 후,

사다리와 외나무다리로 길을 놓게 되었다네.

위에는 여섯 마리 용이 태양의 수레를 돌리는 곳이 있고,

아래에는 거센 파도를 일으키며 휘도는 강이 있지.

황학도 날아서 지나가지 못하고,

원숭이도 타고 넘어가기 어려운 곳.

〈촉도난蜀道難〉이라는 이 시에서 이태백은 촉나라의 신화를 인용하여 하늘에 오르기보다 더 어렵다는 험난한 길이 생기게 된 유래를 말하고 있다.

'촉견폐일蜀犬吠日'이라는 고사성어 역시 촉나라의 지세가 고립

---

1 **이태백李太白(701~762)** 본명은 백白. 자字는 태백. 당나라의 천재 시인으로 낭만적이고 호탕한 개성을 표현한 시를 잘 지었다. 풍류를 좋아하고 도교에 심취하여 시선詩仙이라는 별명이 있었다. 현종 때 궁정시인으로서 화려한 생활을 하였으나 안사安史의 난 이후 몰락하여 쓸쓸한 만년을 보냈다. 두보杜甫와 더불어 쌍벽을 이루는 중국의 대표적 시인이다. 주요 작품으로 〈장진주將進酒〉·〈촉도난〉 등의 시와 〈춘야연도리원서春夜宴桃李園序〉 등의 산문이 전한다.

고래를 타고 있는 이태백
이태백이 물에 비친 달을 잡으려고 뛰어들었다가 고래를 잡아타고 하늘로 올라가 신선이 되었다는 전설이 있다. 명明 서량徐良의 〈태백기경도太白騎鯨圖〉.

되고 험준함을 표현한 것이다. 촉나라는 첩첩이 산으로 둘러싸여 있어서 해를 좀처럼 볼 수가 없다. 그래서 모처럼 해가 제 모습을 드러내면 그것이 신기해서 개들이 일제히 짖어댄다는 이야기이다. 이 고사성어는 보고 들은 것이 적어서 편협한 견해를 지닌 사람을 비유할 때에도 쓰인다.

그러나 한번 들어가면 나오기 어렵고 천혜의 방어 여건을 갖춘 촉 땅은 중원에서 패배한 영웅들이 휴식하면서 재기의 힘을 기르는 지역으로 자주 활용된다. 한고조 유방은 항우에게 일시 패한 후 촉 땅으로 통하는 외나무다리를 불태우고 들어가 역전의 기회를 노렸고, 촉한의 유비[2]는 제갈량[3]의 건의에 따라 이곳에서 무너진 한나라를 재건할 꿈을 키웠다.

자연환경이 수려한 촉 땅은 상상력과 감성이 뛰어난 시인들도

2 **유비劉備** 삼국시대 촉한을 세운 임금. 선주先主라고도 한다. 위나라에 망한 한나라를 일으키기 위해 노력하였으나 꿈을 이루지 못하고 오나라의 손권孫權에게 패하여 백제성白帝城에서 병들어 죽었다. 어질고 인재를 사랑하기로 유명하다.
3 **제갈량諸葛亮** 유비의 군사軍師. 후일 유비가 촉한의 임금이 되자 승상이 되었다. 병법과 지략이 뛰어나 적벽대전赤壁大戰 등 많은 전투를 승리로 이끌었다. 충직하고 지혜로운 성품을 지녔으며 위나라와의 전쟁을 앞두고 유비에 대한 충성이 넘치는 〈출사표出師表〉라는 명문을 남겼다.

통방울눈의 청동상 촉나라 시조 잠총의 모습을 연상시킨다. 사천성 광한의 삼성퇴에서 발굴된 유물. 🐛

많이 배출하였다. 한나라의 사마상여,[4] 당나라의 이태백과 두보,[5] 송나라의 소동파 등 굴지의 시인들이 이곳 출신이거나 이곳에 머물러 불후의 작품을 창작하였다.

중원과 고립되어 나름의 독특한 문화를 이룩해 온 촉 땅은 1980년대 이후 집중적으로 발굴된 삼성퇴三星堆 지역의 유물들을 통하여 그 존재를 입증한 바 있다. 삼성퇴 유적은 사천성 광한시廣漢市 교외에 위치한 고대 촉나라의 유적지로 1980년 초부터 1990년대에 걸쳐 집중적으로 발굴이 이루어졌다. 발굴물로는 금·옥·구리·상아·돌 등의 재료로 만들어진 대량의 물건들이 있는데 돌출한 눈을 한 청동 신상神像과 물고기 표시가 있는 황금 지팡이 등은 촉 신화 중의 잠총·어부 등의 제왕과 밀접한 관계가 있는 것으로 판단되고 있다.

발굴물은 은나라의 청동기 문명의 바탕 위에 현지의 지역적 특색을 충분히 표현하고 있으며 시기적으로는 초기의 촉 문명에 해당된다. 아울러 제사갱祭祀坑에서 발굴된 유물들로 미루어 조상·자연신·정령 등에 대한 숭배가 성행했음을 알 수 있다. 이 유적은 근래에 이루어진 중국의 중요한 고고학적 발견들 중의 하나로 손꼽힌다. 특히 종목인면상縱目人面像이라는 통방울눈의 신상은 건국 영웅 잠총의 모습과 그대로 일치하고 있어 신화의 내용을 입증해주는 흥미로운 유물이다.

---

4 **사마상여**司馬相如 한무제 때의 시인. 부賦의 최고 경지를 이룩한 시인이라는 의미에서 부성賦聖으로 불렸다. 초나라의 민간 가요에 기원을 둔 부를 제국을 찬미하는 노래로 크게 발전시켰다. 정치적 수완도 있어서 서남이西南夷를 복속시키는 데에 공이 컸다. 주요 작품으로 〈자허부子虛賦〉·〈상림부上林賦〉 등이 전한다.

5 **두보**杜甫 중국의 대표적 시인. 당나라 때 이태백과 같은 시기에 활동했다. 사실주의적인 기법으로 현실을 잘 반영한 시를 많이 썼다. 과거에 낙방하고 곤궁한 생활을 면치 못하였으나 그의 작품은 후세에 시의 모범이 되어 가장 널리 읽혔다. 성실한 인품을 지닌 시인으로서 많은 사람들의 사랑과 존경을 받아 시성詩聖으로 추앙된다. 주요 작품으로 〈춘망春望〉·〈곡강曲江〉·〈추흥팔수秋興八首〉 등이 전한다.

27

빈 낚싯대로 세상을 낚다

건국 영웅의 조력자들,
이윤과 강태공 이야기

위대한 숨은 영웅, 이인자의 세계

흔히 영웅 이야기에는 주인공을 돕는 훌륭한 조력자가 있게 마련이다. 영웅은 이들의 도움 덕분에 난관을 돌파하고 마침내는 과업을 성취하고 만다. 영웅의 옆에서 그의 큰 뜻을 깊이 헤아리는 이런 인물들이야말로 영웅의 이야기를 인상 깊게 만드는 가장 중요한 요소라고 할 수 있다.

그런데 이런 조력자에도 여러 종류가 있다. 가령 신이 나타나서 앞일을 말해주거나 주술적 힘이 있는 칼·거울 등의 도구를 주기도 하고 용이나 봉황새와 같은 상서로운 짐승이 나타나서 사악한 기운을 물리쳐주기도 한다. 이런 경우를 우리는 초자연적 조력자라 부를 수 있을 것이다.

유능한 인물이 보좌하여 영웅에게 조언을 해주거나 어려운 일

탕왕의 재상 이윤 명 왕기의 《삼재도회》에서. 🐚

을 대신 해준다면 이는 인격적 조력자에 해당한다. 동물적 조력자도 있다. 충직한 개가 앞길을 인도해준다든가 천리마가 출현하여 영웅의 여행길을 가볍게 해준다면 이들은 이에 해당한다.

나라를 세운 건국 영웅에게는 대부분 인격적 조력자인 어진 신하, 곧 현신賢臣이 있다. 영웅에게 이들 조력자와의 만남은 물고기가 비로소 물을 만난 것 같아 상황을 반전시키는 결정적인 계기로 작용한다. 그런 까닭에 동양의 건국 신화에는 영웅 못지않게 이들 이인자에 대한 이야기도 중요한 몫을 차지한다.

먼저 탕왕 시절에 임금을 도와 하나라의 폭군 걸을 정벌하고 은나라를 세우는 데에 가장 공로가 컸던 이윤伊尹에 대한 이야기를 살펴보기로 하자. 이윤의 탄생에 대해서는 다음과 같은 신기한 이야기가 전해 내려오고 있다.

이수 강가 뽕나무에서 태어난 아이

오랜 옛날에 유신씨有莘氏가 다스리던 나라가 있었다. 그 나라 안 이수伊水의 강가에 한 여인이 살고 있었다.

마침 그녀는 임신 중이었는데 어느 날 꿈속에서 신이 나타나 이렇게 말하는 것이었다.

"절구에서 물이 솟아 나오면 동쪽으로 달아나거라. 그러나 결코 뒤를 돌아다보아서는 아니 된다."

기이한 꿈에 고개를 갸웃거리며 일어난 여인이 이튿날 절구를 보았더니 아니나 다를까 거기에서는 과연 물이 솟아 나오고 있었다. 그녀는 이웃 사람들에게 꿈속에서 신이 했던 말을 알려주고 자신도 서둘러 동쪽으로 10리쯤 도망을 갔다.

한참을 달아나던 그녀는 '마을이 어떻게 되었을까?' 자꾸 궁금한 생각이 들었다. 결국 호기심을 견디지 못한 여인은 고개를 돌려 마을을 잠깐 바라보았다. 마을은 벌써 온통 물에 잠겨 있었다. 물에 잠긴 마을을 바라보고 깜짝 놀라는 바로 그 순간 갑자기 그녀의 몸은 속이 빈 뽕나무로 변해버렸다.

얼마 후 다른 여인이 그곳을 지나가다 문득 이 뽕나무를 발견하고는 뽕잎을 따러 가까이 다가갔다. 그런데 그녀가 다가가자 뽕나무 안에서 아이의 울음소리가 점점 크게 들리는 것 아닌가. 그녀가 뽕나무 안을 들여다보니 빈 뽕나무 안에는 큰 소리로 울고 있는 갓난아기가 있었다. 뽕나무로 변해버린 여인의 배 속에 있던 아기가 태어난 것이다.

그녀는 이 신기하게 태어난 아기를 임금님께 바쳤고 임금은 대궐 주방의 요리사로 하여금 그 아기를 기르게 하였다. 아기의 이름은 아기를 발견한 곳이 이수 근처였기 때문에 이윤이라고 지어졌다.

대궐 요리사에 의해 길러진 이윤은 요리 기술도 훌륭하지만 학문이 뛰어난 훌륭한 젊은이로 성장했다. 그러나 그는 소국인 유신씨의 나라에서 일하기에는 너무 재주가 뛰어난 청년이었다. 이윤은 은의 탕왕이 어질다는 소문을 듣고는 탕왕이 있는 은나라에 가고 싶었지만 막상 그럴 만한 구실이 없었다.

그런데 때마침 유신씨의 딸이 탕왕의 비妃로 간택되었다. 이윤은 이때 공주를 수행하는 요리사를 자청하여 마침내 은나라로 가게 되었다. 은나라의 궁정에서 맛있는 요리로 주목을 끌게 된 이윤은 마침내 탕왕의 눈에 띄었다. 요리에 대해 물어보자 그는 거침없이 대답할 뿐만 아니라 나중에는 요리의 이치로서 정치의 도리까지 설명하니 탕왕은 그만 이윤의 인물 됨에 감탄하고 말았다.

하지만 어쩐 일인지 이윤은 이때 탕왕에 의해 즉각 중용되지는 않았다. 《한비자》·《사기》 등의 기록에 의하면 탕왕은 그의 정견을 그다지 신뢰하지 않았다고 한다. 아마 탕왕은 요리사로서의 재능은 높이 샀지만 정치가로서는 아직 전폭적인 신뢰를 보내지 않았던 듯하다. 이에 실망한 이윤은 탕왕을 떠나 하의 걸왕에게 가서 한동안 벼슬을 살기도 하였다.

그러나 걸왕의 폭정을 목격한 이윤은 역시 천하에서 자신이 의지할 만한 임금은 탕왕밖에 없다는 생각을 하고 다시 은나라로 돌아왔다. 그 후 이윤은 마침내 실력을 인정받아 재상으로 등용되어 탕왕이 걸왕을 정벌하는 데에 결정적인 기여를 하게 된다.

이윤 탄생 신화에는 세계 각지에서 공통으로 발견되는 두 가지의 이야기 모티프가 있다. 한 가지는 홍수 신화 모티프이다. 이윤 탄생 신화는 홍수에 의해 인간이 멸망 상태에 이르고 남매 혹은 한 가족만이 살아남아 인류의 명맥을 잇는다는 홍수남매혼 신화 혹은 노아의 방주형 신화의 변형된 모습이라고 할 수 있다.

또 한 가지는 금기 모티프로서 '~하지 말라'는 금기를 어길 경우 파멸을 맞는다는 모티프 역시 동서양의 이야기에서 자주 찾아볼 수 있다. 예를 들면 '소돔과 고모라' 이야기에서 롯이 죄악의 도시 소돔으로부터 달아나다가 도시가 어떻게 되었나 궁금해서 뒤를 돌아보고 소금 기둥으로 변해버린 이야기라든가, 오르페우스가 사랑하는 아내 에우리디케를 저승에서 데리고 나오다 뒤를 돌아보자 그녀가 영원히 죽음의 나락으로 떨어지고 만 이야기 등이 그렇다. 설화학說話學에서는 이러한 이야기 유형을 '소돔과 고모라 유형'[1]이라고 부른다.

오르페우스와 에우리디케 오르페우스가 뒤를 돌아본 순간 다시 저승으로 떨어져 내려가는 에우리디케. 19세기 석판화에서. 🐟

이윤 탄생 신화처럼 이 두 가지 모티프를 함께 갖춘 유사한 이야기는 우리나라에도 전해 내려오고 있다. '장자못 전설'이라고 알려진 이야기가 그것이다.

장자못 전설

옛날 어떤 마을에 큰 부자가 살았다. 그는 욕심이 많고 인색하기 짝이 없었다. 더욱이 몹시 고약하기까지 하였다.

어느 날 그 부잣집에 스님이 와서 동냥을 하였다. 부자는 시주를 하기는커녕 쪽박을 깨고 바랑에 똥까지 퍼 담아 그 스님을 멀리 내쫓았다.

인색한 부자의 못된 짓을 차마 보다 못한 그 집의 며느리가 몰래 스님을 쫓아가 쌀을 주었더니 스님은 이렇게 말하였다.

"며칠 후 앞산 돌미륵의 눈에서 피눈물이 날 것이오. 그러거

---

1 **소돔과 고모라 유형** 금지를 어겼다가 실패하는 이야기의 유형을 말한다. 소돔과 고모라는 《구약》〈창세기〉에 나오는 요르단 골짜기에 있던 도시들로서 한때 크게 번영하였다. 그러나 도덕적 타락이 극에 달하여 그 벌로서 하나님이 내린 유황 불비로 멸망하였다고 한다. 이때 하나님은 소돔의 외곽에 살던 롯의 가족들에게는 미리 피하라고 알려주었는데 다만 뒤를 돌아보지 말라는 당부를 하였다. 그런데 롯의 아내가 뒤를 돌아보았다가 소금 기둥이 되었다고 한다.

든 무조건 산으로 도망가시오. 결코 뒤를 돌아다 보아서는 아니 되오."

며느리는 돌아와서 이 사실을 마을 사람들에게 말해주었다. 하지만 사람들은 그녀를 비웃기만 할 뿐 아무도 믿으려 하질 않았다. 그러나 며칠 후 과연 스님이 말한 것처럼 앞산 돌미륵의 눈에서 피눈물이 흐르기 시작했다. 그것을 보자마자 며느리는 그 스님의 말대로 황급히 산으로 피신하였다.

한참을 정신없이 도망치던 며느리는 시간이 지나자 점점 '집이 어떻게 되었나' 궁금해서 견딜 수가 없었다. 도저히 궁금증을 참을 수 없었던 며느리는 '이만큼 도망쳐 왔으면 괜찮겠지. 설마 무슨 일이야 있으려고' 하고는 슬쩍 뒤를 돌아다보았다. 그녀가 뒤를 돌아보니 마을은 엄청난 물이 밀어닥쳐 이미 커다란 못으로 변해가고 있었다. 그 순간 갑자기 그녀의 몸이 발밑에서부터 굳어지더니 고개를 뒤로 돌린 모습 그대로 그만 돌로 변해버리고 말았다.

부자가 살던 그 마을은 큰 못으로 변하여 이후 '장자못'이라고 부르게 되었다. 이 같은 장자못 전설 계열의 이야기들은 우리나라 전역에 분포되어 있다. 이윤 탄생 신화와 마찬가지로 이들 모두는 홍수 신화의 변이형變異型으로 추정된다.

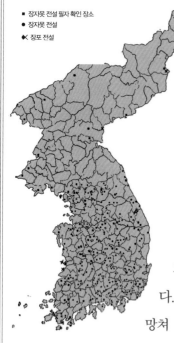

■ 장자못 전설 필자 확인 장소
● 장자못 전설
★ 장포 전설

장자못 전설 분포도 남한 지역에 특히 집중되어 있음을 알 수 있다. 최래옥의 《한국구비전설의 연구》 (1981)에서.

여든 살에 등용된 강태공, 은 정벌하고 제나라 임금이 되어

다음으로 이야기할 사람은 우리에게도 익히 알려진 강태공이다. 그는 주문왕에게 발탁되어 재상이 된 후 주무왕을 도와 은이

주왕을 정벌하는 데에 큰 공을 세운 인물이다.

강태공은 그의 조상이 우임금 때 치수에 공이 있어 여呂 땅에 봉해졌기 때문에 여상呂尙 또는 여망呂望이라고 불리기도 한다.

강태공은 젊었을 때부터 노년에 이르기까지 학문에 정진하였으나 알아주는 사람이 없어 몹시 불우한 삶을 보내고 있었다. 그의 아내는 품팔이를 해서 밥벌이에는 관심이 없고 그저 글공부만 하는 무능한 강태공을 힘겹게 먹여 살렸다.

강태공의 나이가 여든 가까이 된 어느 날 아내가 일을 나가면서 이렇게 당부했다.

"오늘은 어째 하늘이 찌뿌드드한 것이 비가 올 것 같으니 혹시 비가 오거든 저기 멍석에 널어놓은 보리가 젖지 않게 좀 들여놓으시구려."

강태공은 방 안에서 글을 읽으면서 건성으로 그러겠다고 대답했다.

그런데 아나나 다를까, 대낮에 소나기가 한차례 지나갔다. 저녁 무렵 강태공의 아내가 일을 마치고 돌아와보니 멍석에 널어놓은 보리는 물에 흠뻑 젖었거나 떠내려갔고 강태공은 그것도 모른 채 여전히 방 안에서 글만 읽고 있었다.

"이놈의 영감탱이! 더 이상 당신같이 무능하고 저만 아는 남자하고는 같이 못 살겠소. 혼자서 잘 먹고 잘 살아보구려."

부아가 치민 아내는 그 길로 강태공에게 이혼을 선언하고 방문을 박차며 나가버렸다.

강태공은 그때 이렇게 말했다고 한다.

"어허, 조금만 참으면 될 것을. 이제 팔십이 되면 운이 트이는

강태공의 초상 명 왕기의 《삼재도회》에서.

데 그걸 못 참고 떠나가다니."

혼자가 된 강태공은 위수渭水의 강가로 집을 옮겨 반계磻溪라는 곳에서 매일 낚시를 하며 앉아 있었다. 이때 그는 미끼를 끼우지도 않은 채 곧은 낚싯바늘을 물에 드리웠다. 미끼도 없는 곧은 낚싯바늘에 물고기가 걸려들 리 없었다. 하지만 그에게는 상관없는 일이었다. 그의 목적은 물고기를 잡는 데에 있었던 것이 아니라 훌륭한 임금을 찾아 등용되는 데에 있었기 때문이다.

마침 이 무렵 은을 정벌하기로 마음먹은 주문왕은 천제가 나타나 현인을 보내줄 것을 약속하는 꿈을 꾸고 사방으로 현인을 찾고 있던 중이었다. 그러나 생각처럼 쉽게 현인이 찾아지지 않자 주문왕은 태사[2]로 하여금 점을 치게 하였다. 그러자 위수 근처로 사냥을 나가면 반드시 현인을 찾을 것이라는 점괘가 나왔다.

주문왕은 점괘대로 위수로 사냥을 떠났고 마침내 반계에 이르러 강태공을 만나게 되었다. 주문왕이 반계에 이르자 과연 꿈속에서 천제가 일러준 그런 범상치 않은 인물과 똑같이 생긴 노인이 낚시를 하고 있는 것이 아닌가. 더구나 그 낚시꾼은 고기를 잡는 데는 관심이 없다는 듯 미끼도 없는 빈 낚싯대를 물에 드리우고 있었다.

강태공에게 다가간 주문왕은 천하의 정세에 대해 몇 마디의 대화를 나누었다. 그러고는 곧 그의 비상함에 감탄하여 그 노인을 자신의 수레에 태운 뒤 대궐로 돌아왔다. 이때 강태공의 나이가 꼭 여든 살이었다고 한다.

---

2 태사太史 고대 중국의 사관. 역사를 기록하는 일뿐만 아니라 점을 치는 일까지 맡았다.

자신의 포부를 마음껏 펼 수 있게 된 강태공은
주문왕의 스승인 국사國師 겸 재상이 되어 주의 내
실을 굳건히 다졌다. 그리고 주문왕이 죽고 아들
주무왕이 즉위하자 지체하지 않고 폭군 주왕을 정
벌하기 위한 군사를 일으켰다.

명나라 때에 쓰인 소설《봉신연의》에서 은과 주
의 전쟁은 인간들 간의 전쟁이기도 했지만 마치 트
로이 전쟁처럼 은을 지지하는 신들과 주를 지지하
는 신들 사이의 전쟁으로 묘사된다. 이 전쟁에서
강태공은 신통한 도술로 은의 장군과 신들을 굴복
시켜 마침내 주나라를 승리로 이끈다.

강태공과 주문왕의 만남 강태공은 짐짓 낚시
질에 몰두하는 듯한 표정을 짓고 있다. 《봉신연
의》 삽화.

강태공은 은을 멸망시키는 데에 가장 큰 공을 세
워 드디어 제후국인 제나라의 임금에 봉해진다.

여기에 덧붙여진 한 가지 슬픈 에피소드는 강태공의 전처에
대한 이야기이다.

강태공을 버리고 떠난 뒤 막노동꾼과 재혼해서 어렵게 살고
있던 전처는 강태공이 재상이 되었다는 소문을 듣고 그를 찾아
가 잘못을 뉘우치며 다시 합치기를 간청했다.

그때 강태공은 그릇의 물을 땅에 쏟아버린 다음 그녀에게 다
시 주워 담으라고 했다. 그녀는 애가 타서 손이 터지도록 물을 긁
어 모았으나 이미 엎질러진 물을 주워 담을 수는 없었다. 강태공
은 그런 그녀를 바라보며 조용히 이렇게 말했다.

"이미 엎질러진 물, 우리 사이도 이처럼 다시 합쳐지기는 어렵소."

옛 남편의 이런 냉정한 태도에 강태공의 전처는 후회와 수치

신격화된 강태공의 모습 강태공은 민간에서 신통한 도술사로 숭배되었다. 청나라 때의 목판화. 🐦

심을 참지 못하고 그날 밤 목을 매어 자살하고 말았다.

"한번 엎질러진 물은 다시 주워 담을 수 없다覆水不返"라는 유명한 속담은 이 이야기에서 유래되었다. 강태공이 냉정하게 전처를 버린 이 이야기는 이후 널리 유행하여 여러 아류의 이야기들을 낳았다. 그러한 유형의 이야기들을 기부형棄婦型 설화라고 부른다. 기부형 설화는 아마도 봉건 시대의 중국에서 여성들의 재혼을 금지하고 정절 관념을 고취하려는 의도에서 더욱 권장되었을 가능성이 크다.

명나라 이후 소설《봉신연의》 덕분에 강태공은 대중적으로 인기 있는 인물이 되었다. 그는 지혜롭고 도술이 뛰어난 인물의 전형으로 중국 민중들의 마음속에 깊이 각인되었다.

한국에서도 강태공에 대한 이와 같은 인식은 상당히 널리 퍼져 있다. 이능화[3]의《조선도교사》[4]를 보면 입춘 날에 집집마다 대문에 "강태공재차姜太公在此(강태공이 여기에 있다)"라는 글귀를 써 붙여 귀신이나 사악한 기운을 쫓아내려는 풍습이 있었다고 한다. 강태공은 도술이 뛰어나 불행을 막아줄 것이라는 믿음 때문이었다.

이윤과 강태공 등 건국 영웅의 조력자들에 대한 신화는 나름대로 하나의 이야기 유형을 형성하여 후세에 계승되었다. 이른바

---

3 **이능화**李能和(1869~1943) 조선 말기의 학자. 한학과 외국어에 능통하였으며 한국 문화 각 방면의 자료를 수집하여 정리, 연구하였다. 저서로는《조선불교통사朝鮮佛敎通史》·《조선도교사朝鮮道敎史》·《조선무속고朝鮮巫俗考》 등이 있다.
4 **《조선도교사》** 이능화가 지은 한국 도교의 역사에 대한 책. 한문으로 쓰여 있다. 전해 내려오는 여러 도교 관계 자료를 바탕으로 고대부터 조선 시대에 이르기까지 한국 문화 속의 도교 현상을 기술하였다. 중국 도교의 전파설을 부정하고 한국 도교의 독자 발생론을 주장하고 있다.

임금을 보좌한 유능한 책사策士들에 대한 이야기가 그것으로 한
고조 유방의 장량, 유비의 제갈량 이야기 등이 이윤·강태공 신
화의 맥락을 잇고 있는 것이다. 아울러 적극적으로 왕조의 건
설에 참여한 이들 현신의 반대편에는 소극적인 처세관을 지니고
숨어 사는 은자隱者들이 있다. 가령 요임금 때에는 왕위를 계승
받기를 거절했던 허유·소보 등이 있었는가 하면, 탕왕 때에
는 왕위 계승 제의를 받고 모욕감에 투신자살한 무광務光
이 있었고, 주무왕 때에는 주의 은 정벌을 무도한 짓이
라고 규탄한 후 수양산에서 굶어 죽은 백이와 숙제 형
제가 있었다. 표면상 이들은 건국 영웅의 적대자인 듯
싶지만 역설적으로 성군의 시대를 더할 나위 없이 완
벽하게 미화한다는 측면에서 사실상 조력자
역할을 한다고 볼 수 있다. 즉, 현신과 은자
는 건국 영웅의 치세를 정당화하고 미화하
는 이야기 구성의 중요한 두 가지 요소이다.

한고조 유방의 책사 장량 나중에 벼슬을
버리고 신선술을 닦으러 산속으로 들어
갔다.

결국 망국의 군주가 요녀妖女와 짝을 이루
듯이 건국의 영웅은 현명하고 충직한 신하
와 짝을 이루는 일정한 이야기 유형이 성립
됨을 알 수 있다. 그러나 나라를 망친 요녀
인 말희·달기 신화가 승리자의 입장에서 날
조된 측면이 있다면 이윤·강태공 신화도 당
시의 신흥 왕조를 정당화하려는 목적에서
얼마간 의도적으로 꾸며지고 미화된 이야
기임을 부인하기 어렵지 않을까?

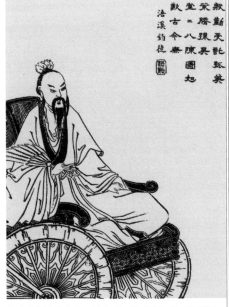

유비의 충신 제갈량 소설 속의 표현처럼 손에는 흰 깃 부
채인 백우선白羽扇을 들고 수레를 탄 모습이다. 《도상삼
국지》에서.

9
부

—

먼 곳의 이상한 나라, 괴상한 사람들

동양 신화를 가만히 살펴보면 그야말로 만화경 같은 세상이다. 온통 신기한 사람과
기이한 습속을 지닌 이방인들이 중국 바깥의 세상 여기저기에 널려 있다.

28

태양과 달리기 시합을 한 거인

먼 곳의 이상한 나라, 괴상한 사람들 1
과보족 · 용백국 · 방풍씨 등

목에 뱀을 건 거인족 사람들

중국 대륙은 워낙 광대하고 수많은 종족들이 살고 있기 때문에 변방의 여러 지역과 그 주민들에 대한 상상은 신화에서 이상한 나라의 괴상한 사람들로 표현된다. 특히 우임금이 홍수를 다스리고 온 땅을 평정한 다음, 한 걸음 한 걸음 답사해서 각지의 풍물을 기록했다는 《산해경》을 비롯하여 《열자》[1] · 《회남자》 등과 같은 도가 계통의 서적, 《신이경》 · 《박물지》[2] 등의 고대 소설에는 이런 기이한 인간들에 대한 묘사가 풍부하다.

동양 신화에 등장하는 기이한 인간들은 형태적인 측면에서 크게 세 가지 부류로 나눠볼 수 있다. 첫째는 이목구비나 손발 등 신체적으로 유별난 모습을 한 인간들이고, 둘째는 사람과 짐승의

---

1 **《열자列子》** 전국시대 혹은 위진魏晉 시대에 성립된 도가道家 계통의 책. 열어구列禦寇가 지었다고 전한다. 노자의 도가 사상을 계승하였으며 신화와 관련된 내용이 많다.
2 **《박물지博物志》** 서진西晉의 문인 장화張華가 지은 소설. 세상의 온갖 기이한 사물과 사실에 대한 이야기들을 수록하였다. 처음에 100권을 지어 황제에게 바쳤으나 너무 황당한 내용이 많아 거부감을 일으켜 다시 10권으로 줄여서 바쳤다고 한다.

복합적인 모습을 한 인간들이며, 셋째는 정상적인 모습을 하고 있으나 생태나 습속이 괴상한 인간들이다.

그러면 먼저 유별난 모습을 하고 있는 첫째 부류부터 살펴보기로 하자. 평범한 인간의 모습을 벗어난 존재로서 가장 우리의 눈길을 끄는 존재는 거인이다. 대부분의 신화나 민담에서 거인은 단골로 등장한다. 가령 세상이 창조될 당시 지구에는 엄청난 거인이 있었고 세상은 이 거인의 죽음으로부터 비롯된다. 중국의 반고, 인도의 푸루샤, 바빌로니아의 티아마트, 북유럽의 이미르 등이 그러한 거인들이다.

그러나 창조의 시기 이후에도 이들의 뒤를 이은 거인들이 등장한다. 그리스 로마 신화에서 신들이 지배하기 이전에 세계는 거인들의 천지였으며 《구약》〈창세기〉에서도 인간들의 시대 이전에 거인인 네피림의 시대를 이야기한다.

동양 신화에서 유명한 거인족은 과보夸父이다. 과보라는 말 자체가 거인을 의미한다. '과夸'는 크다는 뜻이며 '보父'는 이때 '아비 부父'가 아니라 '남자 보甫'의 뜻으로 읽히기 때문이다.

과보족은 염제의 후손으로 알려져 있다. 염제로부터 땅 및 지하 세계의 신인 후토가 나왔는데 과보는 이 후토의 손자뻘쯤 된다. 먼저 과보족의 생김새를 보자.

그들은 물론 엄청난 거인이다. 게다가 누런 뱀을 한 마리씩 양쪽 귀에 걸고 또 양쪽 손에 쥐고 다녔다. 몸에 뱀을 지닌 것은 그들이 땅꾼이기 때문이 아니다. 허물을 벗고 몸을 바꾸는 뱀은 고대인에게 변화무쌍한 능력을 지닌 신성한 동물로 여겨졌다. 따라서 뱀은 거인 과보족의 신통력을 표현하는 액세서리 같은 것이다.

절대적 권위에의 반항아, 과보

과보족은 태양과 경주를 한 것으로 유명하다. 과보족 중의 한 거인이 해가 뜨고 지는 것을 보면서 하루는 이런 생각을 하게 되었다.

'매일 아침에 떠서 하루 종일 달려 저녁때 저쪽 언덕까지 갈 정도면 별로 빠른 것도 아니잖아. 한번 시합을 해볼까? 누가 빠른가.'

마침내 이 거인은 태양과 달리기를 시작하였다. 그는 큰 걸음으로 산과 들을 성큼성큼 건너 해를 쫓아갔다. 해가 서쪽으로 질 무렵이 되었다. 그러나 그는 아직 해를 따라잡지 못하였다. 그런데 거인은 목이 너무나 말랐다.

그는 좌우를 둘러보았다. 옆으로 황하와 위수가 도랑물처럼(적어도 거인의 눈에는) 흐르고 있었다. 그는 벌컥벌컥 두 강물을 단숨에 마셔버렸다. 그러나 두 강물로도 거인의 갈증을 채우기에는 모자랐다.

거인은 머나먼 북쪽에 대택大澤이라는 큰 호수가 있었던 것이 생각났다. 북방의 그 호수는 세상의 모든 새가 깃털을 갈고 쉬는 곳으로 전해졌다. 일설에 의하면 오늘날 시베리아 지역에 있는 세계 최대의 민물호수 바이칼호를 가리킨 것이라고도 한다. 그는 북

달려가는 과보 태양과 경주를 하고 있다.
명 장응호의 《산해경회도》에서.

쪽으로 발길을 옮겼다. 그러나 그곳으로 가는 길은 너무나 멀었다. 마침내 그는 대택에 이르기 전에 중도에서 갈증을 못 이겨 그만 죽고 말았다. 그는 쓰러지면서 들고 다니던 지팡이를 땅에다 떨어뜨렸는데 그 지팡이는 홀연 거대한 복숭아나무 숲으로 변하였다.

거인은 죽어가면서 자신의 혼을 지팡이에 담아 큰 숲으로 변신한 것이었다. 그리하여 그는 원하던 물을 수많은 뿌리로 실컷 빨아 마실 수 있게 되었다. 이처럼 신화적 존재에게 종말이란 없다. 그들은 설령 겉으로는 죽었다 할지라도 결국은 스스로 몸을 바꾸어 삶의 의지를 영원히 지속하는 것이다.

과보의 태양과의 경주 신화는 여러 가지 의미로 읽힐 수 있다. 중국의 마르크스주의 신화학자들은 이 신화가 인간의 자연에 대한 투쟁과 정복의 의지를 잘 표현하고 있다고 힘주어 말한다. 물론 그런 의미로 읽을 수도 있겠으나 이처럼 신화를 너무 현실적인 측면에서만 보면 신화 속에 함축된 많은 암시적인 뜻을 놓칠 염려가 없지 않다.

태양과의 무모한 경주를 단행한 과보는 희망 없는 노력의 화신처럼 보인다. 이런 의미에서 과보는 으뜸 신 황제와 싸우다 목이 잘리자 젖가슴을 눈으로 삼고 배꼽을 입으로 삼아 도끼와 방패를 들고 다시 대들었던 형천의 이미지와 많이 닮아 있다. 우리는 이 신화를 자연의 위력이든 신의 능력이든 절대적인 권위에 대한 지칠 줄 모르는 도전 의식을 표현한 것으로 읽어도 좋을 것이다.

실제로 과보족은 훗날 황제와 치우의 전쟁에서 치우 편에 가담한다. 그들은 치우와 마찬가지로 염제 계통의 신이기 때문이

고구려 무덤의 역사 1 몸에 뱀을 휘감고 달려가는 자세를 취하고 있다. 집안의 삼실총 벽화에서.

다. 그러나 치우가 황제군의 맹장 응룡에게 잡혀 죽자 과보족도 대부분 전사하고 만다.

과보족은 염제에 근원을 둔 지하 세계의 신인 후토의 자손이기 때문에 훗날 동이계 종족에 의해 저승 세계를 지키는 신으로 숭배된다. 고구려의 삼실총三室塚 고분 벽화와 경북 영주군榮州郡 읍내리邑內里 고분 벽화에는 뱀을 손에 쥐고 달려가는 듯한 자세를 취하고 있는 거인 역사力士의 모습이 있는데 아마 과보일 것으로 추정된다.

역사의 뒤편으로 사라진 거인들의 슬픈 그림자

《산해경》에는 과보 이외에 대인大人이라는 거인족이 등장한다. 그들은 동방의 거친 변방에 있는 파곡산波谷山이라는 산 근처에서 저자를 이루고 살았다. 그들은 특이하게도 임신한 지 36년 만에 출산되었는데 날 때부터 머리가 희었고 조금 자라면 구름을 타고 다닐 줄 알았으나 오히려 걸을 줄을 몰랐다고 한다. 그래서 사람들은 그들을 용의 일종으로 생각했다.

《열자》에서는 또 용백국龍伯國이라는 거인들의 나라에 대해 묘사하고 있다.

용백국은 곤륜산에서 북쪽으로 9만 리나 떨어진 곳에 있었다. 하루는 이곳의 한 거인이 몇 발짝 떼지도 않았는데 벌써 동해 바닷가에 이르게 되었다. 거인

고구려 무덤의 역사 2 양손에 뱀을 쥐고 달려가는 자세를 취하고 있다. 영주군 읍내리 고분 벽화의 모사도模寫圖.

은 그곳에서 낚시질을 해서 큰 자라를 여섯 마리나 잡았다. 거인은 그것들을 짊어지고 집으로 돌아와서 등딱지를 벗겨 점을 치는 데에 사용했다.

고대에는 짐승의 뼈나 자라의 등딱지를 부젓가락으로 지져 그 갈라지는 모습을 보고 길흉을 점치는 습속이 있었다. 그런데 문제는 그 자라들이 보통 자라가 아닌 데에 있었다. 동해에는 불사의 존재인 신선들이 사는 다섯 개의 섬이 있었는데 그 자라들은 이 섬들을 등으로 떠받쳐 안정시키는 역할을 하고 있었던 것이다. 자라들이 없어지자 섬들은 표류하기 시작했고 그중 대여岱輿·원교員嶠 두 섬은 북쪽 끝까지 흘러갔다가 마침내 대양에서 침몰하고 말았다. 그래서 원래 신선이 살았던 다섯 개의 섬은 셋으로 줄어서 봉래蓬萊·방장方丈·영주瀛洲의 삼신산三神山이 되었다.

이 과정에서 신선들이 피난을 하고 천제께 진정을 올리는 등 난리가 났다. 마침내 이것이 용백국 거인의 짓이라는 것을 알게 된 천제는 크게 노하여 용백국의 국토를 축소시키고 거인들의 몸도 줄여버렸다. 그렇게 몸이 작아지는 수난을 겪었음에도 불구하고, 복희·염제 시대 무렵 용백국 거인들을 목격했다는 설에 따르면 그들은 키가 수십 장丈, 즉 100미터 이상이나 되었다고 하니 본래 얼마나 큰 거인이었는지 상상할 수 있다.

문헌에 기록된 거인으로 또 하나의 유명한 존재는 방풍씨防風氏이다. 방풍씨의 나라는 지금의 절강성浙江省 지역에 있었던 것으로 추정된다. 우임금이 홍수를 다스리다가 물의 신인 공공과 다투게 되었다. 우임금이 웅

대인국 사람 대인은 덩치만 큰 것이 아니라 도량이 넓다는 의미도 있다. 청 왕불의 《산해경존》에서.

거인 방풍씨 옥 도끼, 곧 옥월玉鉞에 새겨진 방풍씨 종족 의 표지. 절강성 여항餘杭의 양저 문화 유물. 🐟

룡 등을 시켜 자꾸 물길을 파기도 하고 막기도 하니 수신 공공이 화가 나지 않을 수 없었던 것이다.

공공과의 일전一戰이 불가피하게 되자 우임금은 회계산會稽山에서 모든 신을 소집하였다. 긴박한 상황이라 시간을 엄수해야만 했다. 그런데 다른 신들이 모두 모여 있는데 한참을 기다려도 가장 가까운 지역에 있는 방풍씨가 나타나지 않았다. 늦게서야 겨우 도착한 방풍씨를 보고 화가 머리끝까지 치민 우임금은 당장 무사를 시켜 참수형을 명하였다. 전쟁 상황에서 우임금은 일벌백계 一罰百戒로 군기를 세워야 하겠다고 결심한 것이리라.

그런데 사형을 집행하는 마당에서도 한바탕 소란이 벌어졌다. 방풍씨의 키가 3장, 그러니까 9미터 정도 되기 때문에 망나니의 칼이 미치지를 않는 것이었다. 그래서 부랴부랴 높은 축대를 쌓고 그 위에 망나니가 올라가서 목을 베었다고 한다.

그러나 이야기는 여기에서 끝나지 않는다. 그로부터 수천 년 후 춘추시대[3]에 오吳나라의 왕 부차[4]가 월越나라의 왕 구천[5]을 칠 때 월나라군을 회계산에 몰아넣고 포위를 하였는데 그때 오나라 군사가 산속에서 큰 뼈 무더기를 발견하였다. 놀라운 것은 발견된 뼈마디 하나가 수레 하나에 가득 찰 정도로 컸다는 점이다. 훗

---

3 **춘추시대** 주 왕조의 봉건 제도가 무너지기 시작하여 제후들이 패권을 다투던 시기. 기원전 770년부터 기원전 403년까지의 시기이다.
4 **부차**夫差 춘추시대에 중국의 패권을 잡았던 다섯 임금, 곧 춘추오패春秋五覇 중의 한 명. 오나라의 군주로 명장 오자서伍子胥를 등용하여 월왕越王 구천을 제압하고 강국을 이루었으나 방심하여 다시 구천에게 나라를 빼앗겼다.
5 **구천**句踐 춘추시대에 중국의 패권을 잡았던 다섯 임금, 곧 춘추오패 중의 한 명. 월나라의 군주로 명신 범려范蠡를 등용하여 오왕吳王 합려闔閭와 부차를 차례로 제압하고 최후의 승자가 되었다.

날 오나라 사신이 노魯나라에 왔다가 공자를 만나 그 뼈의 정체에 대해 물었더니 공자는 우임금에 의해 처형된 방풍씨의 뼈일 것이라고 설명하였다 한다.

대부분의 신화에서 거인은 처음에 큰 세력을 지니고 등장하지만 점차 뒤에 일어난 신들과 인간들에 의해 밀려나 역사의 뒤안길로 사라지고 마는 슬픈 운명의 존재이다. 그리스 로마 신화에서 초창기의 거인 티탄족은 제우스 등 젊은 신들에 의해 축출되며 동양 신화에서도 거인들의 운명은 예외 없이 조락凋落의 길을 걷고 있다. 그들은 천덕꾸러기이고 아둔하며, 그 때문에 패배하거나 처형되고 쇠퇴한다.

중국의 저명한 신화학자 위안커[6]는 그들 대부분이 염제의 후손임에 주목하여 혹시 황제계와의 갈등의 희생양은 아닌지 의혹을 표명하였다. 물론 그런 측면도 있을 것이다. 그러나 중국 신화에서만 거인의 비극적인 면모가 보이는 것이 아닐진대 우리는 그 이유를 좀 더 일반적인 의미에서 찾아야 할 것이다. 혹시 거인은 원시인류에게 크게만 비쳤던 위대한 자연의 화신이 아니었을까? 그렇다면 거인의 몰락은 이 세계가 점차 인간 중심으로 옮겨가면서 뒷전으로 밀려났던 위대한 자연의 쓸쓸한 퇴장을 의미하는 것은 아닐까?

6 **위안커**袁珂(1916~2000) 현대 중국의 대표적 신화학자. 사천성 성도 출신. 중국 신화의 자료를 수집, 정리하고 중국 신화의 체계적 연구에 힘을 기울였다. 중국 신화의 개념과 자료의 범위를 확장한 '광의신화론廣義神話論'을 제창하였다. 저서로는 《산해경교주山海經校註》·《중국의 신화와 전설中國神話傳說》·《중국 신화사中國神話史》 등이 있다.

29

난쟁이, 긴 팔, 긴 다리 사람들이 사는 나라

먼 곳의 이상한 나라, 괴상한 사람들 2
소인국·장비국·관흉국 등

난쟁이의 나라

신화 속에 잠시 등장하였다가 사라져간 거인들 이야기 다음으로 소인들의 이야기가 있다. 거인이 있다면 당연히 또 있어야 할 존재가 소인이다. 스위프트의 《걸리버 여행기》[1]에서 거인국과 소인국이 서로 짝을 이루듯이 말이다.

《산해경》을 보면 동쪽의 가장 먼 변방 지역에 있다는 거인의 나라 대인국大人國으로부터 멀지 않은 곳에 난쟁이들이 사는 소인국小人國이 있는데 이들의 키는 아홉 치, 즉 30센티미터쯤이었다고 한다.

난쟁이는 여러 지역에서 살았던 것 같다. 역시《산해경》을 보면 남쪽 변방 지역에도 주요국周饒國 혹은 초요국焦僥國이라는 소인국이 소개되고 있다. 고대 중국에서는 난쟁이를 주유侏儒라고

---

1 **《걸리버 여행기》** 조너선 스위프트의 풍자소설. 주인공 걸리버가 항해를 하다가 풍랑을 만나 대인국·소인국 등 이상한 나라에 도착하여 겪은 괴이한 일들을 기록한 형식의 소설로 당시 영국 사회에 대한 풍자의 뜻을 담고 있다.

불렀는데 앞서의 주요·초요
등은 모두 같은 발음을 다르게
표현한 것으로 보인다.

남방의 난쟁이들은 대개 키
가 석 자, 즉 90센티미터 정도
되었으며 갓을 쓰고 옷을 잘

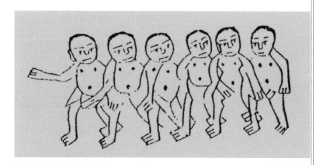

동방의 소인국 사람들 청淸 오임신吳任臣의 《증보회상산해경광주增補繪像山海經廣注》에서. 🌿

갖춰 입은 것이 일반 중국 사
람이나 다를 바 없었다. 그들은 동굴 속에서 살았고 손재주가 뛰
어나 여러 가지 도구를 곧잘 만들어냈다. 그들은 요임금 때에 중
국으로 사신을 보내 몰우沒羽라는 좋은 화살을 바친 적도 있었다.

우리는 갓을 쓰고 부지런히 일하는 그들의 모습에서 디즈니의
애니메이션 〈백설 공주〉에 나오는 난쟁이들을 연상하게 된다. 그
러나 중국의 변방 한구석에서 평화롭게 살아가는 그들에게도 천
적이 있었다. 그들이 밭에서 일을 하고 있을 때면 그들보다 덩치
큰 학이 날아와 이들을 쪼아 먹는 것이었다. 마치 《걸
리버 여행기》의 거인국에서 주인공이 쥐에게 생명의
위협을 받았던 상황과 비슷하다.

다행히 그들의 북쪽 가까운 곳에 대진국大秦國이라
는 키가 보통인 사람들의 나라가 있어서 그 사람들이
학을 쫓아주곤 했다. 여기서 흥미로운 것은 동양 신화
에서의 변방 사람들에 대한 묘사가 혹시 실제의 지리
적 현실을 반영하고 있는 것은 아닐까 하는 생각을 낳
기도 한다는 점이다.

대진국은 고대 중국에서 서양의 로마 제국을 지칭

대인국에 간 걸리버 꼼짝없이 소인국 사
람 신세가 되어 대인국 사람에게 애완동
물 취급을 받고 있다. 《걸리버 여행기》의
삽화. 🌿

했던 말이다. 초요국의 초요焦僥는 초요焦燎와 발음이 비슷해 뜨거운 지역을 의미한다. 초焦와 요燎는 모두 타는 불과 관련된 단어들이기 때문이다. 뜨거운 지역에 사는 난쟁이라면 아프리카의 피그미족이 유명하다. 아프리카는 로마 제국이 있는 지중해의 남쪽에 위치해 있으니 그럭저럭 신화적 정황과 일치한다.

중국의 일부 학자들은 이러한 추리에 근거해서《산해경》이 고대의 실제 세계 여행 기록이라는 주장을 펴기도 한다. 그러나 이같은 주장은 황당한 비약이다.《산해경》은 일부 내용이 실제 지리와 일치하는 경우도 있지만 대부분은 환상의 산물이기 때문이다. 변방의 경우는 특히 그러하다.

다시 소인국 이야기로 돌아가자. 신화 시대의 난쟁이는 역사 시대로 들어가면 종족적 차별을 받게 되고 심지어 약용 동물로 여겨지기까지 한다. 동진 시대의 갈홍[2]이라는 유명한 도인이 지은《포박자》는 한마디로 불로장생의 신선이 되기 위한 온갖 방법을 소개한 책이다.

이 책에서 저자는 다음과 같이 말하고 있다.

"산속을 다니다 보면 키가 일곱 치나 여덟 치쯤 되는 난쟁이가 수레를 타고 가는 것을 발견할 때가 있다. 이때 즉각 붙들어서 잡아먹으면 신선이 될 수 있다."

신화에서의 소인국에 대한 재미있는 환상이 끔찍한 식인의 욕망으로 바뀌어 있음을 알 수 있다.

명나라 때의 환상소설《서유기》를 보면 손오공 일행이 천축국天竺國으로 가는 길에 어떤 도인이 기르는 나무에 열린 인삼과人蔘果

---

2 **갈홍**葛洪(283?~343?) 동진東晉의 문인이자 도교학자. 신선 사상을 깊이 탐구하였으며 나중에는 광동廣東의 나부산羅浮山에 은거하여 신선이 되었다고 한다. 저서로 불사약, 곧 단약丹藥의 제조에 관한 비법을 다룬《포박자》가 전한다.

라는 열매를 따 먹었다가 도인에게 경을 치는 대목이
나온다. 이 인삼과는 꼭 어린아이처럼 생겼는데 따 먹
으면 불로장생을 할 수 있다고 한다. 아마 인삼과에
대한 상상력은 거슬러 올라가면 멀리 신화에서의 소
인국 이야기에 뿌리를 두고 있을 것이다. 소인국에 대
한 상상이 불로장생하기 위한 식인 욕망으로, 그다음
에는 인삼과라는 사람 열매의 이야기로 변형되었을
가능성이 크다.

경을 치는 손오공 일행 신선 진원자鎭元子
의 인삼과 나무를 훼손한 손오공 일행이 도
망치다 붙들린 모습. 《서유기》 삽화.

뛰어난 테크놀로지를 지닌 기형 인간

동양 신화에는 소인국 이외에도 신체상으로 기형적
인 존재들이 사는 변방의 나라들이 많이 등장한다. 우
선 신체의 이상 중 가장 많은 양을 차지하는 것은 팔
다리의 기형이다. 중국의 남쪽 바다 바깥 지역에는 양
팔이 엄청 긴 사람들이 살고 있는 장비국長臂國이라는
나라가 있었다. 이 사람들은 주로 물고기를 잡아먹고
살았는데 물속에 선 채로 그대로 긴 팔을 물에다 뻗어
고기를 잡을 정도였다.

그런데 이들이 좀 더 깊은 바다로 가서 고기를 잡아
야 할 때는 근처에 사는 장고국長股國 사람들과 협동을
해야 했다. 이 나라 사람들은 문자 그대로 다리가 길어

긴 팔의 장비국 사람 명 장응호의 《산해경
회도》에서.

3장, 즉 9미터가 넘었다는데 이들은 장비국 사람들을
등에 업고 깊은 바다까지 나아가 고기를 잡게 했다. 그렇게 해서
잡은 고기를 두 종족은 사이좋게 나누어 가졌다고 한다. 마치 개미

와 진딧물 사이와 같은 아름다운 공생 관계가 아니고 무엇인가?

그런데 장비국 종족은 우리나라 근처에도 살았던 모양이다.《산해경》에 주를 달았던 곽박[3]이라는 학자가 들었던 옛날이야기에 의하면 조조가 통치했던 위나라가 고구려를 침략했을 때 현도玄菟 태수 왕기王頎가 동천왕東川王을 추격하여 지금의 함경도 해안인 옥저국沃沮國에 이르렀다고 한다. 왕기는 더 갈 데도 없는 땅끝까지 온 것 같아 그곳의 노인에게 바다 동쪽에도 사람이 살고 있는지를 물었더니 이렇게 대답하였다고 한다.

"언젠가 바닷속에서 한 벌의 베옷을 건졌는데 몸 크기는 보통 사람만 하나 두 소매 길이가 3장이나 되었습니다." 곽박은 그것이 바로 장비국 사람의 옷일 것으로 추측했다.

그러나 고구려 고분 벽화를 보면 소매가 긴 옷을 입고 춤을 추는 인물들이 있는데 혹시 춤출 때 입던 긴 소매의 옷을 발견하고 이런 상상을 했던 것은 아닐까?

팔이 기형인 종족으로는 장비국 사람 이외에 외팔이인 일비국一臂國 사람들이 있다. 서쪽 바다 바깥에 살았던 그들은 외팔과 외눈에 콧구멍이 하나인 괴상한 생김새였다. 이곳에는 호랑이 무늬의 누런 말이 있는데 사람을 닮았는지 그것들도 외눈에 앞발이 하나였다. 근처에는 또 다른 외팔이들이 사는 기굉국奇肱國이라는 나라가 있었다. 그들은 외팔이지만 눈이 셋에다 특이한 것은 남녀의 생식기를 한 몸에 지닌 자웅동체, 즉 어지자지였다.

긴 다리의 장고국 사람 명 장응호의 《산해경회도》에서.

외팔이인 일비국 사람 청 왕불의 《산해경존》에서.

---

3 **곽박郭璞**(276~324) 동진의 문인이자 도교학자. 시를 잘 지었으며 점술과 풍수 등 잡술에도 뛰어났다. 나라가 어지러워졌을 때 반란군에게 피살당했다. 작품으로 〈유선시游仙詩〉가 있고 《산해경》에 주를 달았다.

그들은 신기한 말을 타고 다녔다. 길량吉量이라고 부르는 그 말은 황금색 눈빛에 아름다운 무늬가 있었는데 이것을 타고 다니면 천 살까지 살 수 있었다고 한다. 기굉국 사람들은 늘상 이 말을 타고 다녔으니 아마 퍽 오래 살았을 것이다. 그들 곁에는 또 적황색 몸빛에 머리가 둘 달린 이상한 새가 항상 따라다녔다고 한다.

《산해경》의 해설자인 곽박은 어디서 들었는지 이 괴상한 사람들에 대해 다음과 같은 설명을 덧붙인다. 기굉국 사람들은 도구를 잘 만들어 그것으로 온갖 짐승을 잡곤 했는데 그들이 정말 뛰어난 손재주를 보여준 것은 비거飛車라는 신통한 탈것에서였다. 그들은 비거를 타고 바람을 이용해 멀리까지 갈 수 있었다고 한다. 아마 오늘날의 기구나 행글라이더 같은 것이 아니었나 싶다.

솜씨 좋은 기굉국 사람
청 왕불의 《산해경존》에서. 🐚

중국의 탕임금 때에 예주豫州 지역에서 그것을 발견한 적이 있었다. 그러나 임금은 그것을 곧 부수게 하고 백성들에게 보여주지 않았다. 왜 그랬을까? 백성들이 그것을 타고 돌아다니면 다스리기가 어려워질 것이라고 생각해서였을까? 한 10년쯤 후 서풍이 불어왔을 때 탕임금은 다시 그것을 조립해서 기굉국에 돌려보냈다고 한다.

여기서 한 가지 생각해보아야 할 것은 고대 중국인들이 초요국이나 기굉국 사람 등 기형적 존재에게 기술적 재능을 부여하고 있다는 점이다. 이는 그들이 신체적 결함을

타고 다니면 오래 살게 된다는 길량 명 장응호의 《산해경회도》에서. 🐚

보충하기 위하여 도구를 만드는 등 기술 방면으로 노력을 했기 때문일 것이라는 논리적 설명으로 이해할 수도 있지만 더 근원적으로는 고대 중국인들이 지녔던 테크놀로지에 대한 불신감과 상관이 있다고 할 것이다. 테크놀로지 자체를 불완전한 것으로 보는 관념을 지니고 있었기 때문에 기형 종족이 테크놀로지의 능력을 지니고 있다는 상상이 출현한 것이다. 그들이 테크놀로지를 신뢰하지 않았음은 탕임금이 비거를 처리한 이야기에서도 명백히 표현된다.

이러한 관념은 고대 그리스의 경우에도 비슷하지 않았나 싶다. 그리스 로마 신화에서도 손재주가 좋은 대장장이 신 헤파이스토스는 절름발이이다. 오늘날의 공상과학소설에서는 외계인이 뛰어난 기술을 소유한 반면 문어 머리에 팔이 여덟 개쯤 되거나 E.T.처럼 주름 많고 기괴한 모습으로 그려지는 것이 전형적인 도식인데 이러한 상상력도 신화에 뿌리를 두고 있음을 알 수 있다.

장고국 이외에 다리가 기형인 다른 종족들도 적지 않았다. 가령 남쪽 바다 바깥 지역에 사는 교경국交脛國 사람들은 다리가 휘어서 엑스x 자로 엇갈린 형태를 하고 있었다 하니 걷는 모습이 가관이었을 것이다.

북쪽 바다 바깥의 유리국柔利國 사람들은 더욱 기괴한 다리 모습을 하고 있었다. 그들은 외팔과 외다리인데 그 외다리조차도 무릎이 반대쪽으로 휘어 있었고 발도 굽어 있었다. 게다가 그들은 이름에서 알 수 있듯이 뼈가 없는 흐물흐물한 몸을 하고 있었다. 일

대장장이 신 헤파이스토스 자신의 작업장인 대장간에 들렀다. 벨라스케스의 그림.

설에 의하면 그들은 발이 아예 반대쪽으로 꺾여 있었다고도 한다. 아마 그들이 하얗게 쌓인 눈 위를 걸었다면 우리가 신발을 거꾸로 신고 걸은 것처럼 발자국이 반대쪽으로 향해 있을 것이다.

이 지역에는 두 발이 모두 갈라진 모습을 한 기종국踆踵國 사람들도 있었다. 그들은 걸어 다닐 때도 까치발이어서 발뒤꿈치

외계인 E.T. 기형적이고 우스꽝스러운 모습으로 아이들의 흥미를 끈 바 있다. 영화 〈E.T.〉의 한 장면. ✑

가 땅에 닿지 않았다. 이들이 사는 곳보다 더 거친 북방의 황야에는 정령국釘靈國이라는 나라가 있는데 이 나라 사람들은 무릎 아래에 털이 나 있고 발은 말발굽이어서 마치 말처럼 달릴 수 있었다. 진수의 《삼국지》[4] 〈오환선비동이전烏桓鮮卑東夷傳〉에는 오손족烏孫族의 늙은이가 북방의 마경국馬脛國 사람들에 대해 설명한 구절이 나온다. 이 설명에 따르면 마경국 사람들은 목소리가 기러

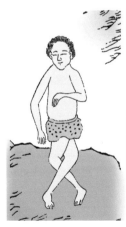

양다리가 엑스 자인 교경국 사람 명 장응호의 《산해경회도》에서. ✑

발이 뒤쪽으로 향한 유리국 사람 명 장응호의 《산해경회도》에서. ✑

까치발의 기종국 사람 청 왕불의 《산해경존》에서. ✑

말발굽을 한 정령국 사람 명 장응호의 《산해경회도》에서. ✑

켄타우로스 그리스인이 상상한 말 인간. 페이디아스의 작품(기원전 430년경).

기나 오리 울음소리 같은데 무릎 위쪽은 사람이지만 무릎 아래는 말의 정강이와 발굽을 지니고 있어서 말처럼 달릴 수 있다고 하였다. 이들은 사실 정령국 사람들일 것이다. 아마 이러한 이야기는 말을 잘 타는 중국 북방 유목민족의 모습을 신화적으로 묘사한 것이리라. 고대 그리스인들도 말 등에 바짝 붙어 달려오는 스키타이인[5]을 보고 위는 사람이고 아래는 말인 신화적 존재 켄타우로스를 상상해냈다는 설이 있다.

팔과 다리 이외에도 몸통 혹은 다른 부위가 기형적인 모습을 한 종족들도 많다. 가령 머리나 몸통이 복수인 종족들로는 남쪽 바다 바깥에 사는 머리가 셋인 삼수국三首國, 서쪽 바다 바깥에 사는 몸통이 셋인 삼신국三身國 사람들이 있다. 북쪽 변방의 대황산大荒山에 사는 삼면인三面人은 하나의 머리에 얼굴이 셋이고 팔이 하나인데 큰 신 전욱의 후손으로 불사의 존재라고 한다.

우리나라 근처에도 이와 비슷한 인종이 살았다는 이야기가 있다. 앞에서처럼 옥저의 노인이 왕기에게 들려주었다고 한다. 즉, 부서진 배 한 척이 바닷가에 밀려왔는데 그 안에 이마 한가운데에 또 하나의 얼굴이 있는 사람, 곧 양면인兩面人이 타고 있었다. 그런데 말이 통하지 않아 그 양면인은 결국 굶어 죽었다고 한다.

이들과는 달리 눈이 하나인 일목국一目國 사람들도 있다. 북쪽 바다 바깥에 사는 그들은 외눈이 얼굴 한복판에 있는 것이 영락

---

4 《삼국지三國志》 서진西晉의 역사가 진수陳壽가 편찬한 위魏·촉蜀·오吳 삼국시대(220~280)의 역사서. 우리가 흔히 읽고 있는 역사 소설은 원제가 《삼국지》가 아니라 《삼국연의三國演義》이다. 《삼국지》는 《삼국연의》의 근본이 된 정통 역사서이다. 이 중의 《위지》 〈동이전〉은 동이계 나라들의 역사·풍속·생활 등을 수록하고 있는데 한국 고대사와 관련된 내용이 많다.

5 스키타이인 기원전 6세기경에서 기원전 3세기경까지 남부 러시아의 초원 지대에서 활약했던 최초의 기마 유목민족. 종족은 이란계 유럽 인종에 속하며 단검, 화살촉, 흑색 토기, 동물 문양 등에서 독특한 문화적 특징을 표현하였다. 스키타이 문화는 전국시대의 중국 문화에 영향을 미쳤으며 한국과 일본에까지 파급되었다.

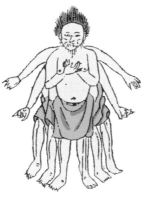

머리가 셋인 삼수국 사람 명 장응호의 《산해경회도)에서. 🦎

몸뚱이가 셋인 삼신국 사람 청 학의행의 《산해경전소》에서. 🦎

얼굴이 셋인 삼면인 청 왕불의 《산해경존)에서. 🦎

외눈박이 일목국 사람 명 장응호의 《산해경회도)에서. 🦎

없이 그리스 로마 신화의 외눈박이 거인 키클롭스를 닮았다. 그러나 그들은 키클롭스처럼 포악하지는 않았던 듯하다. 그저 변방에서 평범하게 살아가는 사람들이었다.

이 지역에는 눈이 움푹 들어간 심목국深目國 사람들도 살고 있었다. 심목이라는 표현은 훗날 중국에서 서양 사람들의 눈을 묘사할 때에도 사용된다. 당나라의 낭만적인 천재 시인 이태백에게는 페르시아계 혈통이 섞여 있었다고 한다. 당시 그의 얼굴을 묘사한 기록에 '심목'이라는 표현이 나온다. 그는 눈이 움푹 들어간 서양 사람처럼 생겼던 모양이다.

귀가 너무 길어서 걸을 때 두 손으로 받치고 다녀야 하는 섭이국聶耳國 혹은 담이국 儋耳國·대이국大耳國 사람들도 이 지역 출신이었다. 그들은 잘 때에 한쪽 귀를 깔개로

현대 영화 속의 키클롭스 영화 〈신드바드의 7번째 모험〉 중의 한 장면. 🦎

늘어진 귀의 섭이국 사람 명 장응호의 《산해경회도》에서. 🌿

하고 다른 한쪽 귀는 이불로 삼았다고 하니 긴 귀가 유리한 점도 있었다. 그들은 바다 한가운데의 외딴섬에 살았는데 무늬가 아름다운 호랑이 두 마리를 항상 곁에 두고 부렸다. 관상학적으로 귀가 큰 사람은 성격이 모질지 않고 인자하다고 한다. 소설《삼국연의》에서 백성을 사랑하는 어진 군주로 나오는 유비의 귀가 그렇게 컸다고 한다. 그의 귀는 어깨까지 내려올 정도였다고 하는데 그의 정적들은 그를 '귀가 큰 아이(大耳兒)'라고 놀리기도 하였다.

남쪽 바다 바깥에는 가슴 한가운데가 뻥 뚫린 사람들이 사는 관흉국貫胸國 혹은 천흉국穿胸國이라는 나라가 있었다. 아마 이곳은 무언가 가슴 아픈 사람들만이 모여 살던 나라는 아니었을까? 아닌 게 아니라 그들이 이런 몸을 갖게 된 데에는 슬픈 사연이 있었다. 서진 시대에 쓰인《박물지》라는 책을 보면 관흉국에 대한 다음과 같은 이야기가 있다.

옛날 우임금이 천하를 평정하자 하늘에서 이를 축하하기 위해 두 마리의 용을 내려보냈다. 우는 그 용에 사신을 태워 변방의 나라들을 한 바퀴 돌아보고 오게 했다. 천자로서 자신의 위세를 과시하려는 의도에서였으리라. 용이 거인 방풍씨의 나라에 이르렀을 때였다. 방풍씨의 충성스러운 두 신하가 용에 탄 우의 사신을 보았다. 그들의 주군 방풍씨는 얼마 전에 제후들의 모임에 지각을 했다고 우에 의해 처형당한 바 있었다. 억울하게 죽은 주군의 일을 슬퍼하고 있던 그들은 즉시 사신을 향해 활을 쏘아댔다. 그러자 엄청난 벼락이 치고 큰비가 쏟아지더니 용은 사신을 태우고 하늘로 치솟아 사라졌다. 이 일에 두 신하는 크게 겁을 먹었다. 신령스러운 용과 우의 사신을 잘못 건드렸으니 큰 벌을 받을 것이 분명했다. 고민 끝에 그들은 칼을 빼어 가슴을 찔러 자결하고 말았다. 우임금은 나중에 비극적인 소식을 듣고 그들의 주군을 위한 충성심에 감동했다. 그리하여 사람을 보내 그들의 가슴에 박힌 칼을 뽑아내고 불사초不死草를 먹여 다시 살려냈다. 그들은 다시 살아났으나 가슴의 칼로 뚫렸던 자국은 그대로 남아 그 후손들은 가슴이 뻥 뚫린 종족이 되었던 것이다.

이 사람들은 상하 질서가 분명한 종족이었다. 가령 신분이 높은 사람은 그냥 걸어 다니지 않았다. 옷을 벗고 아랫것들로 하여금 대나무로 가슴의 구멍을 꿰어 들고 다니게 했다. 이를테면 가마를 탄 셈이다. 하지만 생각해보라. 얼마나 우스운 광경인가. 뚫린 가슴에 막대기를 넣어 꼬챙이로 고기를 꿰듯이 해서 들고 다니는 것이 높은 신분에 대한 대접이라니 참으로 어처구니없는 일이 아닐 수 없다. 그러나 우습기는 하지만 우리는 이 신화에도 이미 역사시대의 차별적인 계급관념이 스며들어 있음을 엿볼 수 있다.

가슴에 구멍 뚫린 관흉국 사람 청 왕불의 《산해경존》에서.

30

날개 달린 사람, 인어, 여자들만 사는 나라

먼 곳의 이상한 나라, 괴상한 사람들 3
우민국·저인국·여자국 등

날개가 있어도 날지 못하는 사람들

대륙의 먼 변방에 사는 사람들 중에는 팔다리 등이 기형적인 인종도 있지만 더욱 심한 경우는 아예 반은 사람이고 반은 짐승의 몸을 한 인종도 여럿 있었다. 적어도 고대 중국인들은 그렇게 상상했다. 지금 우리의 시각으로 보기에는 '믿거나 말거나' 하고 지어낸 이야기처럼 들리지만 말이다.

가령 남쪽 바다 바깥에 살고 있다는 우민국羽民國 사람들을 보자. 이들은 새처럼 알에서 태어났고 생김새는 길쭉한 머리에 두 어깨에는 날개가 달려 있는데 날개가 있다는 점에서는 서양의 천사를 연상하게 하지만 그리 예쁘장한 모습은 아니었다. 그리고 날개도 힘이 없어서 새처럼 멀리 날지도 못하였다.

또 근처에는 이들과 비슷한 인종인 환두국讙頭國 사람들이 있

날개 달린 우민국 사람
청 오임신의 《증보회상
신해경광주》에서.

었다. 이들 역시 날개가 달렸는데 입
은 새의 부리 모양이었다. 이들은 날
개로 나는 것이 아니라 그것을 지팡
이 삼아 땅을 짚고 걸어 다녔으며 물
고기를 잡아먹고 살았다.

날개 달린 환두국 사람 명 장응호의 《산해경회도》에서.

일설에 의하면 요임금 때에 환두라
는 신하가 큰 잘못을 저지르고 스스
로 남쪽 바다에 뛰어들어 죽었다 한다. 요임금이 그를 딱하게 여
겨 그의 아들로 하여금 남쪽 바닷가에 가서 살게 하고 그의 제사
를 받들게 하였는데 훗날 그의 자손들이 이런 모습으로 변했다
는 것이다.

또 다른 일설에 의하면 환두는 사실 요임금의 맏아들 단주丹朱
인데 성질이 아주 고약했다고 한다. 결국 그는 왕위에 오르지도
못하고 쫓겨나서 남방에 가서 살았는데 거기서 불만을 품고 야
만인들과 결탁하여 반란을 일으켰다가 패해서 죽었다. 환두국 사
람들이 바로 그 단주의 후손이라는 것이다.

그러나 실상 이들은 새를 토템으로 숭배하던 변방 민족이었을
것으로 추정된다. 이들의 기괴한 모습은 제사 의식이나 일상적인
관혼상제 때 그들이 숭배하던 새를 흉내낸 복장을 하거나 가면
을 썼기 때문에 그렇게 묘사되었을 가능성이 높다. 새와 동일시
된 이들의 모습은 후세에 하늘을 나는 인간으로 상상되었던 신
선神仙의 원시적인 형태이다. 다시 말해 고대의 새를 숭배하는 관
념에서 하늘을 날 수 있는 완전한 인간인 신선에 대한 상상이 생
겨난 것이다.

새를 숭배하는 관념은 동이계 종족에게는 일반화된 경향이었다. 우민국과 환두국 사람들은 신화에서도 암시되어 있듯이 동방에서 남방으로 이주한 사람들일 것이다. 그래서 프랑스의 중국학자 칼텐마르크Max Kaltenmark는 고대 한국을 포함한 동이계 종족의 신화가 후세의 신선 이야기로 변천해갔다고 주장하기도 하였다. 아닌 게 아니라 우리의 고구려 고분 벽화에는 공중을 날아다니는 수많은 남녀 신선들이 그려져 있다.

붉은 치마를 입고 쪽을 찐 서해 바다 인어

남쪽 바다 안쪽에는 반은 사람이고 반은 물고기인 인어 같은 사람들이 살았다고 한다. 다름 아닌 저인국이라는 나라의 사람들인데 얼굴과 상체는 사람이고 하체는 물고기인 것이 안데르센 동화에 나오는 인어 공주와 꼭 닮았다.

바다에 사는 반은 인간이고 반은 물고기인 사람, 특히 아름다운 인어 아가씨에 대한 이야기는 세계 어느 지역에나 넓게 퍼져 있다. 그들이 아름다운 외모와 노래로 뱃사람을 유혹한다는 모티프는 공통적인데, 뱃사람의 대부분이 남성인 것을 생각해보면 그럴 만하다는 생각이 든다. 즉, 오랜 항해에 지친 남성들은 바다 한가운데에서 여성에 대한 갈망이 지극했을 것이다. 심지어 환각 현상까지 일어나지 않았을까 싶다. 남성보다는 아름다운 여성이 인어로 상상된 이야기가 훨씬 많이 전해져 오는 것은 이런

인어 아저씨 저인국 사람 명 장응호의 《산해경회도》에서.

까닭 때문이리라.

서양의 인어 전설이 아름다운 여인 그리고 그것의 신비감과 위험성에 대한 경고라는 낭만적인 모티프를 많이 간직하고 있다면 중국에서 전해 내려오는 인어 이야기는 특정한 개체로서의 인어가 아니라 '인어 종족'에 관한 이야기라는 점이 가장 큰 차이이다. 《박물지》처럼 고대 세계 곳곳의 신비한 인종에 대한 이야기를 적어놓은 《산해경》에

사람의 얼굴을 한 새 세이렌 돛대에 묶인 오디세우스를 아름다운 노래로 유혹하고 있다. 세이렌을 인어의 일종으로 보는 시각도 있다. 아티카 양식의 꽃병 그림(기원전 470년경).

서의 기록은 그 대표적인 경우이다. 인어 공주처럼 낭만적인 상상이나 로맨스에 대한 환상을 자극하는 아름다운 여성이 아니라 그야말로 '반인반어' 인종의 이야기를 적어놓고 있는 것이다. 그래서 인간과 인어 사이의 로맨스가 생략된 채 기이한 종족에 대한 기록만을 전하는 것이 중국 인어 이야기의 특징이다. 그 증거로 중국의 인어 그림을 보라. 그것은 로맨틱한 여성이 아니라 무뚝뚝한 남성으로 그려져 있다. 그들은 인어족의 대표로 한 인간(Man)을 그려놓은 것이다.

물론 중국에도 지역마다 다른, 여러 종류의 인어에 대한 이야기가 전해진다. 서양의 경우처럼 중국에도 어떤 지방의 인어는 무척 예뻐서 눈·코·입·손과 발이 아름다운 여인네와 같았고 피부는 비늘이 없이 백옥처럼 희었는데 술을 조금 마시면 복사꽃처럼 발그레하게 달아올랐다고 한다. 이런 아름다운 자태에 어울리게 머리 또한 치렁치렁 늘어뜨리고 키도 훤칠했다. 그래서 바닷가에 혼자 사는 홀아비나 과부들이 이들을 잡아다가 연못에

가두고 아내나 남편으로 삼기도 했다고 한다. 이런 이야기는 조금 자세하게 상상을 가미한다면 인간과 인어 사이의 로맨스를 충분히 그려낼 수도 있겠지만 실제로 그 이상의 자세한 이야기는 전해 내려오지 않는다.

그런가 하면 남쪽 바다에는 교인鮫人이라고 부르는 인어들이 살았는데 그들은 베 짜기를 잘하였다. 동진 시대의 소설《수신기》에 의하면 그들은 주로 물속에서 베를 짜는데 잠시도 일손을 놓는 법이 없었다고 한다. 특이한 것은 이들이 눈물을 흘리면 진주가 되어 떨어졌다는 내용이다.

그들은 가끔 물에서 나와 인가에 머물면서 여러 날 동안 옷감을 팔기도 했는데 바다로 돌아갈 즈음이 되면 여관집 주인에게 "이제 돌아갈 때가 된 것 같으니, 접시나 하나 가져다주시오" 하고

머리를 빗고 있는 인어 곁에 진주가 담긴 큰 조개 그릇이 있다. 중국 인어인 교인도 진주를 만들어낸다. 흥미로운 일치이다. 워터하우스의 〈인어〉(1900).

말했다고 한다. 돈을 내라는데 웬 접시? 하지만 교인들에게는 접시야말로 돈을 지불하기 위해서는 꼭 필요한 도구가 아닐 수 없었다.

교인들은 주인이 접시를 가져오면 눈물을 쥐어짜며 억지로 울어댔는데 흘린 눈물이 진주가 되어 곧 접시 위에 가득 찼다. 그들이 이 진주를 숙박비로 대신 주면 주인은 그것을 내다 팔아 돈으로 바꾸었다. 교인은 이른바 황금 알을 낳는 거위 같은 존재로 상상되었던 것이다.

때로는 중국의 사신이 우리나라로 오는 서해 바다의 뱃길에서 인어가 발견되기도 하였다. 송나라 때에 사도查道라는 사람이 고려에 사신으로 오는 길에 저녁

무렵 한 섬에 정박하였는데 멀리 모래밭 위에 한 여인이 앉아 있
는 것을 보았다. 그녀는 붉은 치마를 걸쳤고 머리엔 단정히 쪽을
쪘는데 팔에 붉은 지느러미 같은 것이 있었다고 한다.

인어 이야기는 근엄한 역사책에도 실려 있다. 사마천의《사기》
에는 인어에 대한 흥미로운 기록이 있다. 진시황이 죽자 그의 신
하들은 수십만 명의 백성들을 동원하여 거대한 능을 만들었다.
진시황의 시신이 안치된 곳, 즉 현실에는 외부인이 침입하면 즉
각 사방에서 화살이 날아들도록 기관이 설치되어 있고 영원히
꺼지지 않는 촛불이 안을 밝히고 있는데 그것은 인어의 기름으
로 만든 초라고 한다. 공사가 끝나자 동원되었던 수십만 명의 인
부들을 몰살하였기 때문에 그 후 아무도 현실의 정확한 위치를
알 수 없었다. 그런데 최근 중국에서 현대적 장비로 지하에 있는
현실의 소재를 탐지하였다고 한다. 우스운 가정이지만 만일 발굴
이 진행되면 우리는 과연 인어의 촛불이 아직도 무덤 안을 밝히
고 있는지 확인할 수 있을까?

인어에 관한 여러 이야기들, 특히 인어를 미인으로 생각하거나
신비한 능력을 지닌 존재로 여긴 것은 동서양 모두 비슷한 상상
력을 보여준 부분이다. 그러나 인어가 베를 짜거나 장사를 하러
다닌다는 이야기는 중국의 경우 인어가 세상과 동떨어진 존재
가 아니라 좀 더 일상생활에 밀접한 존재로서 인간과 함께 생활
하던 인종으로 여겨지고 있음을 알 수 있는 대목이다. 저 멀리 암
초 위에서 노래를 부르거나 뱃사공을 유혹하는 것이 아니라 베
를 짜고, 장사하고, 술을 마시고 하는 모습들로부터 우리는 이들
이 중국인에게는 초자연적인 존재라기보다 인간과 마찬가지로

생업에 종사하는 변방의 종족으로 인식되었음을 알 수 있다.

사람 말을 하는 성성이와 개 머리 인간

날짐승이나 물고기 이외에 길짐승의 모습을 한 인종도 있다.

남쪽 바다 안쪽에는 효양국梟陽國이라는 나라가 있는데 이곳 사람들의 생김새는 사람의 얼굴에 입술이 길게 나왔고 몸에 털이 나 있으며 발뒤꿈치가 앞으로 향하였다. 이들은 길을 가다가 사람을 만나면 공연히 씩 웃었다고 한다. 그러면 긴 입술이 말려 올라가 얼굴을 가려버렸다. 이들을 두려워한 사

원숭이 인간 효양국 사람 무엇이 좋은지 하늘을 바라보며 웃고 있다. 명 장응호의 《산해경회도》에서. 🦎

람들은 그때를 틈타 도망칠 수 있었다고 한다. 생김새로 보아 효양국 사람들은 원숭이 종류와 무척 닮았던 것 같다.

효양국 사람들이 원숭이와 비슷한 모습을 한 사람들로 취급된 반면 고대 중국인들은 사람은 아니지만 사람처럼 영리한 동물인 '성성이猩猩'에 대한 이야기도 전하고 있다. 그들은 원숭이의 일종인 성성이가 말을 할 줄 알고 사람의 이름을 알아내는 지혜를 지녔다고 생각했다. 중국의 서남쪽 변방에는 성성이에 관한 다음과 같은 재미있는 일화가 전한다.

이 지역 골짜기에는 성성이가 많이 사는데 다니는 길이 일정치 않고 수백 마리가 떼를 지어 다녔다.

원주민들은 술이나 술지게미 같은 것을 길에다 놓고 성성이를 유혹한다. 이때 성성이가 짚신에 관심이 많기 때문에 풀로 짚신을 만들어 함께 놓는다. 짚신들은 줄로 길게 연결해서 묶어놓는데 나중에 성성이들이 짚신을 신고 도망을 칠 때 서로 발이 연결되어서 멀리 도망가지 못하게 하기 위한 것이다.

성성이는 산골짜기에 있다가 내려와 사람들이 놓고 간 술과 짚신을 발견하면 덫을 놓은 사람과 그의 조상의 이름을 그 자리에서 즉시 알아낸다. 그러고는 "이놈 누구의 아들 아무개야, 네놈이 나를 잡으려고 하다니! 이 나쁜 놈아!" 하고는 그 이름을 크게 부르며 한바탕 욕을 한 후 술과 짚신은 다시 쳐다보지도 않고 그냥 가버린다.

그러나 잠시 후 그 일을 금방 잊어버렸는지 다시 동료들을 불러 돌아와서는 함께 술맛을 보고 또 이번에는 짚신도 신어본다. 이러다가 술을 두세 되 정도 마시게 되면 결국은 크게 취하고 만다.

이때 사람들이 뛰어나와 성성이들을 붙잡는데 놀란 성성이가

성성이 아빠와 아들 명 장응호의 《산해경회도》에서.

성성이 떼 북송北宋 역원길敫元吉의 〈취원도衆猿圖〉에서.

달아나려고 하여도 이미 신고 있는 짚신이 서로 연결되어 도망 가지도 못하고 그대로 잡혀서 모두 우리에 넣어진다.

나중에 성성이를 우리에서 끌어낼 때 성성이를 사로잡은 사람이 우리 앞에 서서 이렇게 말한다.

"이놈 성성아, 너희 스스로 살찐 놈을 한 마리 밖으로 밀어내는 것이 좋겠는데 너희 생각은 어떠냐."

그러면 성성이들은 그저 서로 마주 보면서 울기만 했다고 한다.

가엾은 성성이! 영리하긴 하지만 성성이는 역시 짐승이었던 것이다. 그래서 일찍이 《예기》[1]에는 "성성이는 말을 할 줄 알지만 짐승을 벗어나지 못한다"라는 기록이 보인다.

다시 북쪽 바다 안쪽에는 견봉국犬封國 혹은 견융국犬戎國이라고 부르는 나라가 있는데 이곳 사람들은 머리는 개인데 몸은 사람이었다. 그 모습만 본다면 영락없는 늑대 인간인 셈이다.

일설에 의하면 이들은 최고신인 황제의 후손 농명弄明이 낳은 한 쌍의 흰 개가 퍼뜨린 자손이라고도 하고 또 다른 전설에 따르면 고신씨高辛氏의 충견 반호盤瓠의 후손이라고도 한다. 반호가 공을 세워 공주와 결혼해 먼 변방으로 가서 살았다는 이야기는 앞에서 이미 하였다. 이들의 후손은 남자는 개 머리 인간이고 여자는 미녀였는데 아내가 남편 섬기기를 임금 모시듯이 했다고 한다. 그래서 식사 때에는 깨끗

개 머리 인간 견용국 사람 미녀 아내가 개 머리 남편에게 음식을 바치고 있다. 명 장응호의 《산해경회도》에서.

---

1 《예기禮記》 오경五經의 하나. 전한前漢의 학자 대성戴聖이 편찬한 것으로 추정된다. 모두 49편으로 예의 개념, 이론 및 실천에 대해 논하고 있다. 《주례周禮》·《의례儀禮》와 더불어 삼례三禮라고도 한다.

한 옷으로 갈아입고 무릎을 꿇고 개 머리 남편에게 음식
을 바쳤다고 한다. 이 나라에는 또한 희한한 말이 있었다.
외팔이인 기굉국 사람들이 타고 다니는 길량이 그것이다.
이 말은 무늬가 아름답고 타고 다니면 천 살까지 살 수 있
다고 알려졌는데 바로 견융국의 특산물이었다.

남쪽 바다 바깥에는 또한 염화국厭火國이라는 불을 뿜는
인종이 사는 나라도 있었다. 이들은 짐승의 몸에 검은 털
빛의 모습이었고 입에서 불을 뿜어댔다. 이들은 이글거리
는 숯불을 집어삼키는 재주도 있었다.

입에서 불을 뿜는 염화국 사람 일본
의 《괴기조수도권》에서. 🐛

우물을 들여다보기만 해도 아이가 생기는 여자들

변방의 기이한 사람들 중에서 마지막으로 살펴보아야 할 것은
정상적인 사람의 모습을 하고 있지만 생활이나 풍습이 특이한
인종들이다. 먼저 결혼 풍습이 남다른 경우를 보기로 하자.

동쪽의 먼 황야에 위치한 사유국司幽國 사람들은 결혼을 하지
않고도 종족을 번식시켰다. 큰 신 제준의 손자 사유司幽에게는 사
사思士라는 아들과 사녀思女라는 딸이 있었는데 이들은 각기 장가
를 들지도 시집을 가지도 않았다. 사유국은 이들의 후손이었다.

그렇다면 어떻게 해서 후손이 생겼을까? 이 나라 사람들은 남
녀가 서로 좋아하면 짝을 짓지 않아도 느낌만으로 기운이 통하
여 아이를 낳았다고 한다. 그야말로 플라토닉 러브만으로도 아이
를 낳을 수 있었던 기이한 종족인데 이런 상상은 성적 결합에 대
한 금기와 종족 번식의 욕망이 결합하여 빚어진 것이 아닌가 생
각된다. 이들은 기장밥을 먹고 짐승을 잡아먹으며 호랑이와 곰

등의 짐승을 부릴 줄 알았다고 한다.

서쪽 바다 바깥에는 온통 남자들만 사는 장부국丈夫國이라는 나라도 있었다. 이곳에는 의관을 단정히 갖추고 칼을 찬 남자들만 득시글득시글했다. 이렇듯 기묘한 나라가 생기게 된 연유는 이렇다.

은나라의 왕 태무太戊가 왕맹王孟이라는 신하를 시켜 불사약을 구해 오게 하였는데 왕맹은 서왕모를 찾아 헤매다가 이곳에 이르게 되었다. 그는 양식이 떨어져서 나무 열매를 먹고 나무껍질로 옷을 해 입으며 혼자 살다가 마침내 늙어서 죽을 때가 되었다. 그러자 홀연 겨드랑이로 두 아들을 낳았고 두 아들이 나오자마자 왕맹은 죽고 말았다. 왕맹의 아들들이 이곳에서 살다가 다시 똑같은 방식으로 후손을 퍼뜨려 마침내는 남자들만이 사는 장부국을 이룩한 것이다.

남자들만 사는 장부국 사람 명 장응호의 《산해경회도》에서.

남자들만 사는 나라가 있다면 당연히 여자들만 사는 나라도 있을 것이다. 아닌 게 아니라 장부국 근처에는 여자국女子國이 있었다. 이곳에는 황지黃池라는 연못이 있는데 여인들이 들어가 목욕을 하고 나오면 바로 임신을 하였다. 물론 이곳 여인들도 아들을 낳기는 하였지만 이상하게도 사내아이는 세 살이 되면 저절로 죽어서 결국 여자만 남게 된다고 한다. 동방의 아마조네스[2], 여자국은 이렇게 탄생한 것이다.

여자들만 사는 여자국 사람 임신하기 위해 연못에서 목욕을 하고 있다. 명 장응호의 《산해경회도》에서.

2 **아마조네스**Amazones 아마존Amazon의 복수형. 아마존은 그리스 로마 신화에 나오는 여성 전사戰士. 이들은 자기들만의 나라를 이루고 살았다. 사내애를 낳으면 죽이거나 버리고 딸만을 기르는데 성인이 되면 활 쏘는 데 지장이 있다고 오른쪽 유방을 제거하였다고 한다. 무척 호전적이어서 용감한 여성 전사를 많이 배출하였다.

우리나라가 동쪽 끝에 위치해 있어서인지 고대 중국인들은 우리나라 근처에 기이한 종족들이 많이 살고 있다고 상상했던 것 같다.《위지》〈동이전〉은 동해 바다의 한 섬에 온통 여자만 사는 나라가 있다는 옥저沃沮의 한 노인의 증언을 기록하고 있다.

펜테실레이아 아킬레우스가 아마조네스의 여왕 펜테실레이아를 죽이는 장면. 그리스의 도자기 그림(기원전 540년경). 🐟

그 나라에는 신비한 우물이 있어서 여인들이 그저 들여다보기만 해도 애를 낳았다고 한다. 남자 없이도 여자만의 나라를 이룩할 수 있었다는 이야기이다. 여기에서 연못·우물 등의 이미지는 무척 중요하다. 신화에서 물은 생식력을 상징하기 때문에 여자국의 여인들은 남성의 도움 없이 물의 힘만으로도 임신할 수 있었던 것이다. 지금도 여전히 우물이나 연못은 여성의 다산성이나 모성적인 능력을 나타내는 상징으로 인식되고 있다.

남성의 영향으로부터 벗어난 여성들, 우리는 장부국과는 다른 문맥에서 여자국의 특별한 존재 의미를 생각해볼 필요가 있다. 그것은 고대사회에서 억압된 여성들의 일탈하고픈 소망의 간절한 표현은 아니었을까? 아니면 가부장적인 사회 이전에 존재했던 모계사회에 대한 동경과 그리움을 상상적으로 드러낸 것은 아닐까?

31

털북숭이, 그림자 없는 사람,
군자들이 사는 나라

먼 곳의 이상한 나라, 괴상한 사람들 4
모민국·수마국·군자국 등

중국 주변의 기이한 종족들

동양 신화를 가만히 살펴보면 당시의 세상은 그야말로 만화경이 아닐 수 없다. 온통 신기한 사람과 기이한 습속을 지닌 이방인들이 중국 바깥의 세상 여기저기에 널려 있지 않은가. 어쩌면 고대 인류가 하나의 문화로 통합되지 않은 상태에서 제각각의 풍습을 유지하고 살던 모습을 조금 과장하면 이런 모습이 될 수 있을지도 모르겠다.

중국의 대표적인 신화집인 《산해경》의 기록은 '먼 곳'에 대한 환상을 부추기는, 신화적 상상력의 총결산이라고 말할 수 있다. 가령 이 책에서의, 동쪽으로 몇 리를 가면 무엇무엇이 있다거나 또 거기서 몇 리를 더 가면 무슨무슨 종족이 산다는 식의 방향과 거리 표시는 그야말로 '환상을 위한 지도'로밖에 보이지 않는 것이다. 이 책의 머나먼 이상한 나라들에 대한 기록은 믿을 수 없도

록 기괴한 상상력이 만들어낸 '판타지 소설'과
도 같은 기이한 세계를 정말 열심히 소개하고
있다. 마치 '믿거나 말거나 신화 여행사'에서 만
든 안내 팸플릿이라고 하면 제격일 것처럼 말
이다.

하지만 어차피 이 신화 여행에 동참했으니,
독자들이여, 조금 지루하더라도 이 낯선 여행
을 여기서 중단하지 말고 좀 더 계속하기로 하
자. 이 여행의 종착지가 어디가 될지는 모르지
만 말이다.

믿거나 말거나 신화 여행의 다음 목적지는 동
쪽 바다 바깥에 있는 큰 섬나라인 모민국毛民國
이다.

이곳의 사람들은 키가 작고 온몸에 돼지털
이나 곰털 같은 털이 나 있었다. 이들은 굴속에
거주하며 옷을 입지 않았다. 모민, 즉 털이 많은
사람들을 하필이면 돼지나 곰에 비교하는 것은
중국 신화에서 자주 사용하는 먼 곳의 사람들
에 대한 고정화된 서술 방법이다. 이런 서술은
이들이 사람이기는 하되 짐승과 친연 관계가
있는 종족이라는 암시이기도 하다.

학자들 중에는 이들이 일본의 북해도北海道에
살고 있는 아이누족[1]이 아니었을까 추측하는

털북숭이 모민국 사람 청 오임신의 《증보회상산해
경광주》에서. 🦋

아이누족 사실상 일본의 원주민으로 원래 일본 본
토에서 살다가 북해도로 쫓겨 갔다. 🦋

---

1 **아이누족**Ainu族 일본의 홋카이도, 곧 북해도에 살고 있는 소수민족. 키가 작고 몸에 긴 털이 나 있으며 근대까지 원시적인 수렵, 어로
생활을 해왔다. 곰을 숭배하는 습속이 있다.

물여우를 사냥하는 역민국 사람 청 왕불의 《신해경존》에서.

사람도 있다. 아마 털이 많고 동북쪽 바다 밖의 큰 섬에 산다는 점 등이 아이누족을 연상시키기 때문인 듯하다.

남쪽 변방의 거친 땅에는 역민국蜮民國이라는 나라가 있는데 이들의 생활 또한 평범치 않았다. 이들은 성이 상씨桑氏이며 주식은 기장이었다. 그러나 이들에게는 또 하나의 중요한 먹을거리가 있었으니 그것은 역蜮이 라고 부르는 이상한 동물이었다.

역은 단호短狐라고도 하는데 우리말로는 물여우로 서 장강 이남의 계곡에 살았다. 이 동물은 자라 같은 생김새에 크기가 세 치, 곧 10센티미터밖에 안 되나 특이하게도 주둥이가 활 모양을 하고 있어서 모래를 입에 물었다가 화살처럼 쏘아댈 수가 있었다. 이 모래에 사람이 맞으면 시름시름 앓다가 죽었다. 일설에는 사람의 그림자를 향해 모래를 발사해도 병을 일으킬 수 있었다고 하니 매우 위험한 동물이었음을 알 수 있다. 그런데 이 동물의 천적이 역민국 사람들이었다. 그들은 물여우를 두려워하기는커녕 오히려 활로 쏘아 잡아먹는 것을 즐겼다.

변방의 종족들 중에는 신성한 능력을 지닌 사람들도 있었다. 가령 서쪽 바다 바깥에 있는 무함국巫咸國 사람들이 그러하였다. 무함은 황제 혹은 요임금 때의 용한 무당으로 무당의 원조 격인 사람이었다. 무함국은 바로 이 무함의 뒤를 이은 무당들이 이룩 한 나라였다.

이 나라의 한가운데에는 등보산登葆山이라는 신성한 산이 있 는데 무당들은 오른손에는 푸른 뱀을, 왼손에는 붉은 뱀을 쥐고 이 산을 통해 하늘을 오르락내리락하였다. 말하자면 이 산은 하늘과 땅을 잇는 통로인 셈이다. 이러한 산을 천제天梯, 곧 하늘 사다리라고 부르는데 무당이 하늘의 뜻을 받들어 지상의 사람들에게 알리거나 그들의 소망을 하늘에 전하는 상하 소통의 장소였던 것이다.

아득한 옛날에는 누구나 하늘 사다리를 통해 하늘을 왕래할 수 있었는데 황제의 뒤를 이어 최고신이 된 전욱이 신하인 중重과 여黎를 시켜서 그것을 금지시켰다고 한다. 이후로는 하늘에 올라갈 수 있는 일은 신선이나 영적 능력을 지닌 존재들만 가능하게 되었다. 즉, 무함국 사람들은 무당이었기 때문에 하늘 사다리를 통해 하늘에 올라갈 수 있는 능력을 지녔던 것이다.

무함국의 무당들 청 왕불의 《산해경존》에서.

고대 동북아시아에서의 산악 숭배 관념은 이처럼 산을 천상과 지상의 매개체로 여겼던 샤머니즘과 관련이 깊다. 높은 곳에 있으므로 그만큼 하늘에 가깝고 또 인간이 오르기 어렵다는 점에서 험한 산은 신선이나 영적 능력을 지닌 존재가 하늘을 오가며 거처하는 지상의 하늘나라, 즉 인간과 신의 경계 지점이자 신성한 땅으로 숭배되었던 것이다. 하긴 이러한 관념은 세계적으로 보편적이다. 가령 유대 민족의 선지자 모세는 시나이산 정상에서 타오르는 불로 현신한 하나님으로부터 돌에 새겨진 십계명을 받아 가지고 내려온다.

북쪽과 남쪽을 둘러보았으니 이번에는 서쪽으로 한번 눈길을 돌려보기로 하자.

서쪽 변방에 수마국壽麻國이라는 나라가 있는데 이곳 사람들도 기이한 자질을 타고났다. 예로부터 이 고장은 너무나 뜨거워서 보통 사람들은 타 죽을 정도였다고 한다. 그래서 아무도 살지 않지만 수마국 사람들만은 아무렇지도 않게 그곳에서 살았다. 이상하게도 이곳 사람들이 작열하는 태양 아래 서 있으면 그림자가 생기지 않았고 크게 외쳐도 아무 소리가 들리지 않았다고 한다.

한낮에도 그림자가 없다는 말, 곧 '백일무영白日無影'이라는 표현은 후세에 불사의 존재인 신선의 비범함을 말할 때 자주 사용된다. 신선은 수련에 의해 몸이 보통 사람과 같지 않아 한낮에도 그림자가 없고 물에 들어가도 젖지 않으며 불에 들어가도 타지 않는다고 하는데 수마국 사람들은 아마 이러한 조건들을 구비한 특이한 인종이었던 듯싶다.

그림자가 없는 수마국 사람 청 왕불의 《산해경존》에서.

그러나 수마국에 대한 현실주의적인 해석에 따르면 그곳이 중국보다 훨씬 남쪽, 적도에 가까운 지역이라는 것이다. 심지어 어떤 학자는 '수마'의 발음에 착안하여 수마국이 오늘날 인도네시아의 수마트라섬일 것이라고 추정하기도 한다. 이것 역시 '믿거나 말거나'이다.

동양 신화 속의 우리나라, 군자국

마지막으로 동양 신화에서 고대의 우리나라를 어떻게 인식했는지 살펴보기로 하자. 드디어 '믿거나 말거나' 박물지에 소개된 우리나라의 황당한 풍물 이야기를 들어볼 수 있게 된 것이다.

사양하고 다투지 않는 군자국 사람 청 왕불의 《산해경존》에서.

우리나라는 중국의 동방에 위치해 있고 종족적으로는 농이계에 속하기 때문에 대개 이 두 가지 요소를 바탕으로 한 신화 자료에서 우리나라와 상관된 언급을 찾아볼 수 있다. 동방과 동이,

이것이 동양 신화에 등장하는 우리 민족의 가장 근원적인 표지이다.

먼저 동이에 대한 설명을 보자. 후한後漢 시기에 이루어진 오래된 자전字典인 《설문해자》를 보면 동이, 곧 동방에 사는 인종은 '대인大人'이라는 표현이 나온다. 여기서의 대인은 체구가 비교적 크다는 의미뿐만 아니라 성품이 호탕하고 관대하다는 뜻도 함축한다.

《설문해자》에서는 계속해서 이 동이 종족의 풍속이 어질고, 어진 사람은 오래 살기 때문에 이 지역에 군자君子들이 사는 죽지 않는 나라가 있다고 말하고 있다. 바로 이 군자들의 나라, 곧 군자국君子國

산신도 산신령 곁에는 항상 호랑이가 있는 것이 특징이다. 호랑이는 산신령의 사자이기 때문이다. 🐟

은 신화에 의하면 동쪽 바다 바깥에 있는 나라이다. 이 나라 사람들은 옷을 단정히 입고 칼을 찼으며 짐승을 잡아먹고 살았는데 무늬가 아름다운 호랑이 두 마리를 곁에 두고 부렸다고 한다. 아울러 그들은 모든 일에 사양하기를 좋아하여 좀처럼 다투는 일이 없었다. 또 이 나라에는 무궁화꽃이 지천으로 피어 사람들은 그것을 먹기도 하였다고 한다.

우리 선인들은 이 이야기를 태고의 우리나라를 묘사한 것으로 여겼다. 우리나라를 동방예의지국東方禮義之國이나 근역槿域, 곧 무궁화의 땅 등으로 불렀던 일들은 모두 《산해경》〈해외동경海外東經〉에 실린 군자국에 관한 이 짤막한 이야기에 오래된 근거를 두고 있다.

이렇게 보면 우리의 국화國花가 무궁화인 것도 이 신화 내용과 무관하지 않다. 최남선[2] 같은 학자는 호랑이를 곁에 두고 부린다는 표현이 산신령 곁에 호랑이가 있는 산신도山神圖의 정경과 흡사한 것으로 미루어 군자국 이야기가 고대 한국의 민속이나 종교를 반영한 것이라고 생각했다.

군자국 다음으로 우리의 눈길을 끄는 것은 고대에 우리 민족의 활동 무대인 만주 지역에 세워졌던 나라들에 대한 이야기이다.

북쪽의 먼 변방에는 숙신국肅愼國이라는 나라가 있는데 여기에는 웅상雄常이라는 기이한 나무가 있었다고 한다. 웅상나무에 대해 고대 중국의 학자 곽박은 다음과 같이 풀이하고 있다.

변방의 이 나무는 신통하게도 먼 중국 땅에서 성인이 출현하여 황제로 즉위하면 천과 같은 껍질이 솟아 나왔다고 한다. 그래서 평소 옷도 없이 지내던 숙신국 사람들이 이때에야 비로소 그것으로 옷을 해 입을 수 있었다고 한다. 중국 황제의 덕이 얼마나 위대한지 이 나무가 입증했던 셈이다.

그러나 이러한 해석에는 이미 중화주의의 이데올로기가 스며들어 있음을 알 수 있다. 중국에서 성인이 출현하는데 왜 엉뚱한 다른 민족이 하필 그때만 옷을 해 입을 수 있단 말인가. 즉, 곽박은 그러한 얼토당토않은 이야기를 통해서 먼 변방의 숙신국이 오래 전부터 중국에 속해 있던 나라라는 주장을 하려 했던 것이다.[3]

개 썰매를 타고 있는 혁철족 사람들 고대 숙신국 사람들의 후예로 추정된다. 《황청직공도皇淸職貢圖》에서.

---

2 **최남선**崔南善(1890~1957) 근현대의 문인·국학자. 호는 육당六堂. 최초의 신체시 〈해에게서 소년에게〉를 발표하였으며 〈독립선언문〉을 작성하기도 하였다. 고대 한국의 문화에 대해 깊고 넓은 연구를 하였으며 이와 관련된 논문으로 〈불함문화론不咸文化論〉이 있다. 저서로는 《삼국유사해제》·《조선독립운동사》 등이 있다.

과거 숙신국의 영역으로 추정되는 송화강松花江 하류 지역에는 지금도 혁철족[4]이라는 소수민족이 살고 있는데 이 지역에는 자작나무가 많아서 옷·그릇·배 등 거의 모든 생활 도구를 자작나무 껍질로 만들어 사용하고 있다. 자작나무 껍질은 요즘 인기 있는 자일리톨 껌의 원료이기도 하다. 숙신국의 웅상나무 신화는 아마 이

시베리아의 자작나무 숲 북방 민족에게 자작나무는 생활 자원일 뿐만 아니라 숭배의 대상이기도 하다.

지역의 고대 자작나무 문화를 반영하고 있는 것인지도 모른다.

숙신국 부근에는 불함산不咸山이라는 높은 산이 있고 이 산에는 날개가 넷 달린 비질蜚蛭과 짐승의 머리에 뱀의 몸을 한 금충琴蟲이라는 이상한 동물들이 살았다. 불함산은 곧 우리의 백두산이자 중국의 장백산長白山이다. 그러나 비질과 금충이라는 동물들의 정체에 대해서는 지금 알 길이 없다. 최근에도 가끔 백두산 천지 근처에 이상한 동물이 나타난다고 하는 소문이 중국 측으로부터 흘러나오곤 한다. 백두산은 여전히 우리에게 신비한 이미지의 산으로 남아 있다.

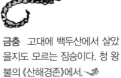

금충 고대에 백두산에서 살았을지도 모르는 짐승이다. 청 왕불의 《산해경존》에서.

북쪽의 먼 변방에 숙신국과 가까이 있는 나라로 호불여국胡不與國이 있다. 이 나라 사람들은 염제의 먼 후예로 기장을 먹고 살았다고 한다. 정인보[5]·최남선 등의 학자들은 이 나라가 부여夫餘일 것으로 추정한 바 있다. '불여'와 '부여'의 발음이 비슷

---

3 **숙신국** 《산해경》 내의 숙신국을 비롯한 고대 한국 관련 주석에서의 중화주의에 대한 상세한 검토 및 비판은 필자의 글 〈산해경 다시 읽기의 전략〉, 《동양적인 것의 슬픔》(서울: 살림출판사, 1996)을 참고.

4 **혁철족**赫哲族 송화강 하류에 사는 소수민족. 자작나무 껍질로 도구를 만들어 쓰며 근대까지 원시적인 수렵, 어로 생활을 해왔다. 고대의 숙신·읍루 같은 민족의 후예일 것으로 추정된다.

하기 때문이다. 아닌 게 아니라 부여를 계승한 고구려의 고분 벽화에는 사람의 몸에 소의 머리를 한 염제가 그려져 있기도 하다. 《산해경》〈해내경海內經〉에는 이들 나라 이외에 확실히 고대 한국을 지칭하는 '조선朝鮮'에 대한 언급이 있다. 다음과 같은 내용이 그것이다.

> 동해의 안쪽, 북해의 모퉁이에 조선이라는 나라가 있다. 하늘이 그 나라 사람들을 길러냈는데 그들은 물가에 살며 남을 아끼고 사랑한다.

이 글은 아마 고조선에 대한 가장 오래된 기록일 것이다. 고대 중국인의 눈에 비친 우리 한국인은 마음이 어질고 양보심이 많을 뿐 아니라 서로 아끼고 사랑하며 살아가는 민족이었던 것이다. 우리는 지금 과연 그러한가? 오늘날 우리의 조급하고 다투기 좋아하는 성품을 생각하면 부끄럽기 짝이 없다. 우리는 어쩌다가 이 지경에 이르렀을까? 그러나 신화에서 표현된 원형은 그렇지 않으니 희망을 갖고 본래의 마음을 회복하도록 노력해야 하겠다.

중화주의, 정상과 비정상의 잣대

이제까지 우리는 중국 신화에 표현된, 중국의 변방에 사는 이상한 인종들에 대해 살펴보았다. 신화에서는 그들 하나하나를 모두 독립된 나라로 말하고 있지만 사실 씨족이나 부족 단위의 크고 작은 부락을 의미할 것이다.

---

5 정인보鄭寅普(1893~1950) 근현대의 문인·국학자. 호는 위당爲堂·담원薝園 등. 한학에 정통하였고 고대 한국의 문화에 대해 깊고 넓은 연구를 하였으며 저서로 《조선사연구》·《양명학연론陽明學演論》 등이 있다.

우선 그들 대부분의 비정상적인 체형이나 기이한 행태는 문명국을 자부하는 중국의 시각에서 그려진, 주변부 종족에 대한 희화戱畫라는 점을 염두에 두어야 한다. 기호학자 움베르토 에코[6]는 서구인의 여행기나 박물지, 백과사전 등에 묘사된 기괴한 이방인들은 실제로 그런 사람들이 있어서가 아니라 정상적인 서구인을 위해 주변에 마땅히 존재해야 할 비정상적인 인종으로서 상상된 것일 뿐이라고 말한 바 있다.

우리는 중국의 전통적인 중화주의가 주변을 타자화하는 과정에서 그러한 심리가 작동되었을 것으로 생각한다. 주변부 인종에 대한 폄하는 그들 기형적인 존재의 선조가 대개 중국 중심부에서 추방된 사람, 반역자, 죄인 등이거나 짐승으로 설정되어 있는 점에서도 드러난다. 사실 진정한 신화의 세계에서는 인간과 짐승, 정상인과 비정상인의 차별이 없다. 그곳은 모두가 조화롭게 공존하는 세계이다.

그러나 이 조화로운 신화의 세계도 지배 이데올로기가 침투하면 중심과 주변이 갈등하는 장소로 변모한다. 우리는 이들 기형적 존재들을 별종난 인종으로 간주할 것이 아니라 인간 삶의 다양한 모습으로 긍정하는 포용적인 관점을 지녀야 한다.

한편 종족적 편견이 개입되어 있음에도 불구하고 중국 신화에서의 수많은 변방 인종들에 대한 묘사는 우리로 하여금 상상력의 자유로움과 기발함을 만끽하게 한다. 정말 인간의 상상은 어디까지 가능할까? 중국의 먼 변방에 관한 신화는 이 물음에 충실히 답변해준다.

---

6 **움베르토 에코**Umberto Eco(1932~2016) 이탈리아의 작가·학자. 기호학·철학·역사학·미학 등 다방면에서 많은 업적을 냈을 뿐만 아니라 작가로서도 명성이 높다. 저서로는 《기호학 이론》, 소설로는 《장미의 이름》 등이 있다.

10
부

—

신기하고 별난 사물들의 세계

중국 신화에 등장하는 신비로운 사물들은 불가해한 세계에 대한 원시인류의
이해를 표현한 것으로 사실에 좀 더 많은 상상적인 요소가 첨가되어 만들어진 것이다.

32

새, 고대인의 특효약이거나 길흉화복을 암시하거나

신기하고 별난 사물들의 세계 1

다채로운 환상 속의 새

구미호가 둔갑해서 은나라를 멸망시킨 달기가 되었다는 이야기처럼 고대 신화의 세계 속에는 선과 악 어느 한쪽에 속하는 기이한 동물들이 자주 등장한다. 신출귀몰하는 용이라든가, 상서로운 새인 봉황처럼 인간이 상상해낸 괴상한 동물들은 신화 속에 등장해 인간의 삶에 중요한 영향을 미치는 단골 메뉴이다.

그럼, 도대체 사람들은 어째서 이렇게 많은 괴상한 사물들이 세상에 존재한다고 생각한 것일까? 아마도 이것은 기후나 풍토의 차이에 따라 지역마다 다른 낯선 사물들이 서식한다는 사실을 일찍부터 깨달은 결과일 것이다. 또 자연계의 사물에 어떤 신성한 능력이나 특별한 재주가 있다는 생각은 인간이 자연에 대해 품고 있는 두려움 때문이기도 하고 다른 한편으로는 모든 사물에 혼이 깃들어 있다는 물활론'적인 사고의 결과이기도 하다.

갖가지 새들의 모습 오대五代 황전黃筌의 〈사생진금도寫生珍禽圖〉. 🐦

　먼 지역의 기이한 인종들과 더불어 이처럼 신화의 환상적인 세계를 더욱 다채롭게 해주는 것은 중국과 그 주변의 모든 지역에 존재했다고 상상되었던 괴상한 사물들이다. 이 괴상한 사물들은 원시인류가 대자연 속에서 살아가면서 함께 호흡하고 밀접한 관계를 맺었던 동물·식물·광물 등의 다양한 모습이다. 원시인류는 사물을 밖에서 관찰하는 객관적인 입장이 아니라 사물과 동등한 입장에서 자연 속의 일부가 되어 살았다. 이처럼 과학적인 시선이 아니라 주관적인 감정에 의해서 파악된 자연은 언제나 인간과 교감하고 영향을 미칠 수 있는 살아 있는 존재로 다가온다.

　원시인류의 이러한 삶의 원리를 철학자 레비브륄은 '참여의 법칙'[2]이라고 불렀다. 괴상한 사물들이란 원시인류 특유의 감성적인 눈에 의해 파악된 자연의 다양한 모습들이다. 감성적인 눈이

---

1 **물활론**物活論 만물에는 혼이 깃들어 있어 생명체와 다름없다는 생각. 탈레스·아낙시메네스·헤라클레이토스 등 고대 그리스의 자연철학자들에 의해 주장되었다. 탈레스는 "만물은 신들로 가득 차 있다"라고 언급한 바 있다.
2 **참여의 법칙**The Law of Participation 프랑스의 철학자 레비브륄Lévy-Bruhl의 용어이다. 원시인류는 자연과 분리되지 않고 식물·동물 등 모든 사물과 일체감을 느끼며 상호 교감하는 현실 속에 있었다는 이론. 철학자 카시러는 이러한 상태의 정서를 '생명의 연대성The Solidarity of Life'이라고 부른 바 있다. 원시시대에 인류는 결코 자연의 밖에서 관찰하는 주체적인 입장에 있지 않고 스스로를 자연의 일부로서 느끼며 그 속에 몰입되어 있었던 것으로 여겨진다. 신화에서 해·달·별 등의 의인화, 인간과 동물의 복합적인 형상, 식물·동물·광물로의 변형 혹은 동일시 등의 현상은 모두 이러한 관념에 기반을 두고 있다.

란 무엇인가? 그것은 풀과 나무와 느낌을 교환하고 동물과 대화를 나눌 수 있었던 원시인류의 독특한 인식 능력을 의미한다. 즉, 그들은 자연계의 모든 사물과 마음으로 대화를 나눔으로써 특유한 상상 세계를 만들었던 것이다.

그렇다면 중국 신화에 등장하는 괴상한 사물들의 세계는 어떠할까? 우리는 편의상 그 세계를 네 가지 범주로 나눠볼 수 있다. 그 범주들이란 먼저 인간에게 이로운 것과 해로운 것 그리고 그러한 이해관계를 초월한 '신성한 것', 마지막으로 앞서의 어떤 범주에도 속하지 않는 그냥 그 자신의 특성만으로 존재하는 것 등이다.

이제 원시인류의 눈에 비친 동물 중에서 날짐승인 괴상한 조류의 세계에 대해 알아보기로 하자. 먼저 이로움을 주는 측면에서 살펴보면 현실적으로 조류는 인간의 질병을 치료하는 기능을 많이 지니고 있는 동물로 생각되었다. 가령 북쪽의 북효산北囂山이라는 곳에는 생김새가 까마귀 같고 사람의 얼굴을 한 반모鷾鴠라는 새가 있는데 이 새는 밤에는 날아다니고 낮이면 숨어 있었다. 아마 박쥐 종류의 새가 아닌가 싶다. 이 새를 잡아먹으면 더위 먹은 것을 낫게 할 수 있었다.

반모 더위 먹은 것을 낫게 해주는 새. 청 필원의 《산해경》에서. 🐾

다시 이 근처의 양거산梁渠山에는 날개가 넷이고 외눈에 개 꼬리를 했으며 까치 울음소리를 내는 효囂라는 새가 있는데 이것을 잡아먹으면 복통을 낫게 하고 설사를 멈추게 할 수 있었다.

효 복통을 낫게 해주는 새. 청 필원의 《산해경》에서. 🐾

서쪽 익망산翼望山의 기여鵸鵌라는 새도 신통한 약효가 있였다. 이 새는 생김새가 까마귀 같은데 세 개의 머리와 여섯 개의 꼬리를 가졌고 잘 웃었다고 한다. 잘 웃었다니? 새가 어떻게 웃었는지 정말 궁금할 따름이다. 이러한 언급에서도 우리는 고대인들이 새를 인간과 동일시하고 있음을 알 수 있다. 고대인들은 새도 인간처럼 울고 웃을 권리가 있다고 느꼈던 것이리라. 이 잘 웃는 새의 깃털을 차고 있으면 밤에 잘 때 가위에 눌리지 않았다고 한다. 그럴 것이다. 명랑한 새의 기운 때문에 기분 좋은 잠을 잘 수 있었을 것이다.

기여 가위에 눌리지 않게 해주는 새. 일본의《괴기조수도권》에서. 🦃

역시 서쪽인 고도산皐塗山에는 생김새는 솔개 같고 사람과 같은 다리를 가진 수사數斯라는 새가 있는데 이것을 잡아먹으면 목에 생긴 혹을 낫게 할 수 있었다.

이 밖에도 여러 기이한 모습을 한 새들이 중풍·부인병·눈병·치질 등을 치료하는 약효를 지니고 있는 것으로 상상되었다. 이러한 이야기들을 통하여 알 수 있는 또 한 가지 사실은 고대인들도 질병에 대해 상당히 세밀한 인식을 지녔다는 점이다.

수사 목에 난 혹을 낫게 해주는 새. 일본의《괴기조수도권》에서. 🦃

가령 북쪽 상신산上申山에 사는 당호當扈라는 새는 생김새가 꿩 같고 묘하게도 턱 밑의 수염 털로 날아다니는데 이 새를 잡아먹으면 눈을 자주 깜빡거리는 습관을 고칠 수 있었다고 하니 당시 사람들은 요즘 사람

당호 눈을 깜빡거리지 않게 해주는 새. 명 장응호의《산해경회도》에서. 🦃

에게서도 많이 볼 수 있는 '틱tic'과 같은 신경성 증세까지도 주목한 것이다.

또 조류는 질병 치료 이외에도 인간에게 좋지 않은 일들을 방

비하거나 제거해주는 유익한 기능을 지니고 있는 것으로 상상되었다. 가령 남쪽의 청구산青丘山에는 생김새가 비둘기 같고 마치 누구를 꾸짖는 것 같은 소리를 내는 관관灌灌이라는 새가 사는데 이 새의 깃털을 차고 있으면 이상한 것에 홀리지 않았다. 꾸짖는 것 같은 소리에 금방 정신을 차리게 된다고 생각했던 것일까? 아무튼 그렇다고 한다.

서쪽 소화산小華山의 붉은 털빛을 한 꿩과 부우산符禺山의 물총새와 유사한데 부리가 붉은 민鴖이라는 새는 잡아다가 집에서 잘 기르고 있으면 화재를 예방할 수 있었다. 사람들은 붉은빛이 오히려 불을 막을 수 있다고 생각했던 모양이다.

역시 서쪽인 유차산㺄次山에 있는 탁비橐蜚라는 새는 올빼미 같은 생김새에 사람의 얼굴과 외다리를 했는데 겨울에는 돌아다니지만 여름에는 숨어 살았다. 아마 이것은 여름잠에 대한 표현일 것이다. 이 새의 깃털을 차고 다니면 천둥이 쳐도 두려움을 느끼지 않았다고 한다. 왜인지 이유는 모른다.

관관 홀리지 않게 해주는 새. 청 《고금도서집성》 〈금충전〉에서.

민 화재를 예방하게 해주는 새. 명 장응호의 《산해경회도》에서.

탁비 천둥을 두려워하지 않게 해주는 새. 명 호문환의 《산해경도》에서.

사람을 살리거나 사람을 잡아먹거나

사랑하는 연인들이 꼭 잡아먹어야 할 새도 있었다. 북쪽 헌원산軒轅山에 사는 황조黃鳥라는 새는 올빼미같이 생겼고 머리는 흰빛인데 제 이름 소리를 내며 울고 다녔다. 이 새를 잡아먹으면 불같은 질투심이 돌연 사라졌다. 황조는 오늘날 꾀꼬리라고 부르는 새이다. 그러나 모습에는 차이가 있다. 꾀꼬리는 노란 털빛에 결코 올빼미같이 생기

지 않았기 때문이다. 왜 이런 차이가 생겼는지 이유는
알 수 없다.

황조에 얽힌 이야기는 우리나라에도 전해 내려온
다. 고구려 유리왕琉璃王이 지었다는 〈황조가黃鳥歌〉의
배경 설화가 바로 그것이다. 유리왕에게는 귀족 출신
의 화희禾姬와 중국 상인의 딸인 치희雉姬라는 두 후궁
이 있었는데 둘은 임금의 사랑을 놓고 서로 자주 다투

황조 꾀꼬리라고도 하며 질투심을 없애
주는 새이다. 남송南宋 시대 작자 미상의
〈유지황조도榴枝黃鳥圖〉.

었다. 어느 날인가 화희가 치희의 신분이 미천하다고 깔보는 말
을 하였다. 화희의 이런 텃세에 치희는 너무나 화가 나서 그만
친정으로 돌아가버렸다. 나중에 이 사실을 안 왕이 급히 그녀를
쫓아가 달랬으나 이미 마음이 싸늘해진 그녀는 왕의 말을 듣지
않았다.

낙심하여 혼자 돌아오는 길에 왕이 두 마리의 황조가 나뭇가
지 위에서 정답게 노니는 것을 보고는 마음이 아파 노래를 지어
불렀다는데 그 노래가 〈황조가〉이다.

> 펄펄 나는 저 황조여, 암수 서로 정답구나.
> 오, 외로운 이 내 몸은, 뉘와 함께 돌아갈꼬.

질투 때문에 달아난 사랑스러운 후궁을 그리워하는
유리왕의 마음속에는 잡아먹으면 질투하지 않게 된다
는 신화적 새인 황조에 대한 갈망이 담겨 있었는지도
모른다.

중원의 휘제산輝諸山에 사는 할조鶡鳥라는 새는 색다

할조 투지를 북돋워주는 새. 청 《고금도서
집성》 〈금충전〉에서.

른 방식으로 인간에게 도움을 주었다. 이 새는 꿩 같은데 몸집이 더 크고 온몸이 푸른빛을 띠었으며 털이 난 뿔이 있었다. 이 새는 한번 싸우면 죽어서야 그만둘 정도로 용맹하였다. 그래서 싸움터에 나가는 군인들은 이 새의 깃털을 투구에 꽂아 투지를 북돋웠다고 한다.

그러나 조류는 이처럼 인간에게 유익한 존재로만 상상되지는 않았다. 흉하고 불길한 일을 유발하거나 그 징조가 되는 흉조凶鳥도 적지 않았다.

가령 남쪽의 거산柜山에는 주鴸라는 새가 살았는데 이 새는 올빼미처럼 생겼고 사람과 같은 손을 갖고 있었다. 이 새는 마치 암메추리와 같은 울음소리로 제 이름을 불러댔다. 그런데 이 새가 나타나면 그 고을에는 귀양을 가는 선비들이 많아졌다.

주 귀양살이를 예고하는 새. 청 오임신의 《증보회상산해경광주》에서.

평론가 김현[3]은 그의 저서 《분석과 해석》의 부제를 '주鴸와 비蜚의 세계에서'라고 이름 붙였다. 비는 그것이 지나간 곳은 모두 말라버린다는 불길한 짐승이다. 군사 독재 시절에 나온 그의 평론집은 많은 사람들이 죄 없이 끌려가고 인권이 유린됐던 그 암울한 시절을 불길한 동물인 주와 비가 활개를 치는 시대로 표현했던 것이다.

옹 가뭄을 예고하는 새. 명 호문환의 《산해경도》에서.

거산 근처인 영구산令丘山에 사는 옹顒이라는 새 역시 올빼미같이 생겼는데 사람의 얼굴을 하고 네 개의 눈에 귀까지 달려 있는 요상한 모습이었다. 이 새가 나타나면 온 세상에 가뭄이 들었다.

---

3 **김현**(1942~1990) 본명은 김광남. 불문학자·문학평론가. 서구의 문학 이론을 국내에 소개, 적용하고 한국 현대문학의 비평과 이론을 정립하는 데에 큰 영향을 미쳤다. 저서로는 《분석과 해석》·《젊은 시인들의 상상세계》·《말들의 풍경》 등이 있다.

서쪽 녹대산鹿臺山에 사는 부혜鳧徯라는 새도 큰일을 낼 새였다. 이 새는 수탉같이 생긴 데다 사람의 얼굴을 하고 있는데 한번 모습을 나타냈다 하면 꼭 전쟁이 일어났으니 말이다. 고대인들은 닭싸움, 곧 투계鬪鷄를 무척 즐겼다. 싸움닭으로서의 수탉의 이미지 때문일까? 수탉같이 생긴 새가 전쟁을 암시하거나 예언하는 징조로 생각되었던 것은 투계의 전통과 관련이 있는지도 모를 일이다.

서쪽 장아산章莪山의 필방畢方이라는 새도 경계해야만 했다. 이 새는 학같이 생기고 외다리에 붉은 무늬, 푸른 몸 바탕에 흰 부리를 하였는데 나타났다 하면 그 고을에 원인 모를 불이 일어나기 때문이다. 사람들은 앞서의 붉은 털빛을 한 꿩 및 부리가 붉은 새 민이 불을 예방했던 것과는 달리 이번에는 필방의 붉은 무늬가 불을 유발한다고 생각했던 모양이다. 왜 똑같은 붉은색이 이렇게 정반대의 결과를 가져오는지에 대해서는 알 수 없다.

재앙 중에는 물난리, 곧 홍수가 빠질 수 없다. 역시 서쪽인 숭오산崇吾山에 사는 만만蠻蠻이라고 하는 새는 물오리같이 생겼는데 날개와 눈이 하나뿐이어서 다른 한 놈과 몸을 합쳐야만 날아갈 수 있었다. 그런데 이 새가 나타나면 온 세상이 물바다가 되었다. 두 마리의 물오리 같은 모습이 물의 과잉을 상징했던 것일까?

만만은 비익조比翼鳥라고도 부르며 이 새의 이미지

부혜 전쟁을 예고하는 새. 일본의 《괴기조수도권》에서.

필방 화재를 예고하는 새. 일본의 《괴기조수도권》에서.

만만 물난리를 예고하는 새이자 넘치는 애정의 상징. 일본의 《괴기조수도권》에서.

양귀비 온천에서 목욕을 끝내고 나오는 양귀비. 그녀는 풍만한 육체 미인의 전형이었다. 청淸 강도康濤의 〈화청출욕도華淸出浴圖〉.

연리수 잎이 무성한 두 개의 큰 가지가 하나로 얽혀 있다. 왼쪽의 연리수 아래에서 선인이 봉황새에게 열매를 먹이고 있다. 산동성 임기臨沂의 화상석에서.

는 후세에는 좋게 바뀐다. 즉, 이 새는 두 마리가 꼭 붙어 있어야 날아갈 수 있기 때문에 후세의 문학 작품에서 변치 않는 남녀 간의 사랑을 표현할 때에 빈번히 인용되었다.

당나라 때의 시인 백거이[4]는 〈장한가〉[5]라는 시에서 양귀비[6]와 현종[7] 황제 간의 사랑을 이렇게 노래한다.

칠월 칠석날 장생전에서,
한밤중에 둘이 몰래 약속했지.
바라건대 하늘에서는 비익조가 되고,
땅에서는 연리지가 되자고.

장생전長生殿은 둘이 머물러 사랑을 속삭였던 궁전이고 연리지連理枝 혹은 연리수連理樹는 두 개의 서로 다른 나무인데 양쪽에서 나온 가지가 한 몸처럼 얽힌 모습의 나무로 역시 헤어질 수 없는 열렬한 사랑의 상징이다.

양귀비와 현종 두 연인은 견우와 직녀가 1년에 단 한 번 만난다는 칠월 칠석날 밤에 이처럼 결코 떨어지지 않는 사이가 되고자 맹세했다는 것이다.

4 **백거이**白居易(772~846) 당나라의 시인·정치가. 호는 낙천樂天. 정치를 개혁하려 노력했고 백성들의 고통을 반영하는 시를 쓸 것을 주장했다. 만년에는 불교와 도교 사상에 심취하였다. 작품으로는 《신악부新樂府》·《장한가》 등이 전한다.
5 **〈장한가長恨歌〉** 백거이의 시. 현종과 양귀비의 연애, 양귀비의 죽음 이후 현종이 그리워하는 심정 등을 읊었다.
6 **양귀비**楊貴妃 당나라 때의 이름난 미인. 현종의 사랑을 받아 마음껏 권세를 부리고 부귀영화를 누렸으나 안녹산安祿山이 반란을 일으키자 현종의 피란길에 나라를 망친 주범으로 지목되어 처형되었다.
7 **현종**玄宗(재위 712~756) 당나라의 황제. 처음에는 정치를 잘하였으나 양귀비와의 향락에 빠져 정치를 돌보지 않았다. 안녹산의 반란이 일어나 촉 땅으로 피신하고 황제의 자리를 아들에게 물려주었다. 반란이 평정된 후 궁궐로 돌아와 쓸쓸한 만년을 보냈다.

다시 동쪽의 진산碙山에도 결구絜鉤라는 불길한 새가 살고 있었다. 이 새는 물오리같이 생겼고 쥐의 꼬리가 있으며 나무를 잘 탔는데 나타나게 되면 그 나라에 돌림병이 자주 일어났다.

서쪽의 내산萊山으로 여행하는 나그네는 반드시 몸조심을 해야 했다. 이 산에 사는 라라羅羅라고 하는 새가 사람을 잡아먹기 때문이다. 그러나 이 새가 어떤 모습인지 관련된 정보는 없다. 아마 이름으로 보아 '라라'라는 소리를 내는 새일 것으로 짐작될 뿐이다.

전쟁·가뭄·물난리·돌림병·식인 등 지금까지 열거한 온갖 재앙보다 더 끔찍한 일을 유발하는 악조惡鳥는 어떤 새일까? 서쪽 바다 바깥에는 올빼미 같은 생김새에 사람의 얼굴을 한 차조鵁鳥와 첨조鶼鳥라는 새가 살고 있는데 불행히도 이 새들이 한번 지나간 나라는 그냥 망해버리고 말았다 하니 엄청 무서운 새들이 아닐 수 없다. 서쪽 먼 변방의 현단산玄丹山이라는 곳에도 이와 비슷한 새들이 있었다. 청문靑鳭과 황오黃鰲라고 부르는 이 새들은 오색 빛깔이고 사람의 얼굴에 머리털까지 나 있는데 어느 나라든지 이 새들이 모여들기만 하면 꼭 망하였다.

그런데 지금까지 말한 여러 종류의 흉조들을 보면 대부분 사람의 얼굴을 지녔다는 공통점이 있다. 그리스 로마 신화에서도 사람의 얼굴을 한 새, 곧 인면조人面鳥가 출현하는데 그들의 이미지도 좋은 편은 아니다. 나그네에게 수수께끼를 내어 풀지 못하면 죽여버리는 스핑크스, 아름다운 노랫소리로 뱃사람을 홀려 물에 빠져 죽게 하는 세이렌 등이 그것이다.

결구 돌림병을 예고하는 새. 일본의 《괴기조수도권》에서.

그러나 동양의 경우 인면조의 이러한 흉조의 이미지는 후세에 가서 반대로 사악한 것을 물리치는 길조吉鳥의 그것으로 바뀌기도 한다. 고구려 덕흥리 고분 벽화에는 만세萬歲라는 이름의 인면조가 출현하는데 이 새의 역할은 무덤의 나쁜 기운을 쫓아내고 죽은 자를 영원한 안식의 세계로 인도하는 데에 있었다.

모든 복을 갖춘 길조, 봉황

다음으로 살펴볼 것은 인간에 대한 이해관계를 초월한 신성한 새이다. 조류 중에서 가장 신성시되어 온 것은 봉황鳳凰이다. 엄밀히 말하면 봉황새 무리의 수컷을 봉이라 하고 암컷을 황이라 한다. 봉황의 고향은 어디인가? 그곳은 중국의 남쪽 혹은 동쪽에 있다는 단혈산丹穴山이라는 곳으로 상상되었다. 《산해경》에 의하면 단혈산은 금과 옥이 풍부하게 나는 산으로 단수丹水라는 강이 흘러나와 남쪽으로 발해渤海에 흘러든다고 했으니 혹시 우리 민족과 관련된 땅이었는지도 모르겠다. 발해의 북쪽이면 요령遼寧 지역으로 고조선의 영역이었기 때문이다.

이곳에 사는 봉황은 학 같은 생김새에 오색 빛깔을 한 아름다운 새였는데 재미있는 것은 머리의 무늬는 '덕德', 날개의 무늬는 '의義', 등의 무늬는 '예禮', 가슴의 무늬는 '인仁',

사람의 얼굴에 새의 몸을 한 스핑크스 오이디푸스가 스핑크스가 낸 수수께끼에 대답하고 있다. 귀스타브 모로의 〈오이디푸스와 스핑크스〉.

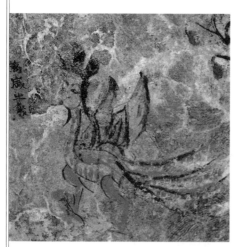

만세 죽은 자를 영원한 안식의 세계로 인도하는 새. 덕흥리 고분 벽화에서.

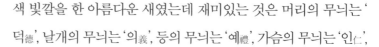

배의 무늬는 '신信'이라는 글자와 비슷하였다고 한다. 다시 말해서 봉황은 덕성과 정의로움, 예의 바름, 인자함, 믿음성 등의 바람직한 성품들을 모두 갖춘 새였던 것이다.

봉황에 대한 이러한 미화된 인식은 아마 후세에 유학자들에 의해 덧붙여진 것이 아닌가 한다. 그러한 성품들은 주로 유교에서 추구하는 가치들이기 때문이다. 어쨌든 봉황은 완벽한 새였던 것 같다. 이 새는 흥이 나면 저 혼자 노래하고 춤추곤 했는데 이 새가 나타나면 천하가 태평해졌다고 한다. 또는 꼭 태평성대에 출현해서 훌륭한 임금이 다스리고 있는 시대라는 것을 입증했다고도 한다.

봉황 새 중의 왕으로 태평성대에 나타난다. 섬서성 서안西安 비림碑林의 당나라 대지선사비大智禪師碑 측면 그림. 🐦

봉황과 비슷한 상서로운 새로 서쪽 여상산女牀山에 사는 난조鸞鳥도 있다. 이 새는 꿩 같으며 오색 무늬가 있는데 이 새 역시 나타나면 천하가 편안해졌다고 한다. 이렇게 보면 이 신성한 새들도 결국 인간에게 유익한 길조인 셈이다.

마지막으로 앞서의 세 가지 부류에 속하지 않는 자기만의 특징을 지닌 새에 대해 알아보자. 북쪽의 발구산發鳩山이라는 곳에는 까마귀같이 생기고 부리가 희며 발이 붉은 정위精衛라는 새가 살았는데, 이 새에게는 슬픈 사연이 있었다.

난조 봉황의 일종. 일본의 《괴기조수도권》에서. 🐦

옛날 어질기로 이름난 농업의 신 염제의 막내딸 여와女娃(이 여와는 창조의 여신 여와女媧와는 한자가 다르다)가 동해 바다로 물놀이를 갔다. 바닷가에서 모래 장난에 싫증이 난 그녀는 고운 물빛에 반해 한 발 한 발 물속으로 발을 내디뎠다. 그녀가 싱그러운 물 내음에 취해 있는 순간 갑자기 심술궂은 파도가 그녀를 덮쳐 깊은 물 속으로 끌고 갔다. 그녀는 물 밖으로 나오려 애썼지만 소용이 없었다. 허우적대던 그녀가 체념한 듯 축 늘어진 순간 그녀의 가녀린 몸이 홀연 한 마리 작은 새로 변하여 날아올랐다.

이 새는 "정위! 정위!" 하고 울어댔기에 사람들은 정위새라고 불렀다. 그런데 정위새는 다른 새들과 하는 짓이 달랐다. 이 새는 바다 반대편의 서쪽 산으로 날아가서 작은 돌과 나뭇조각 같은 것을 물어다가 동해 바다에 던져 넣는 일을 하루에도 수없이 되풀이하였다. 염제의 어린 딸의 화신인 이 새는 자신을 죽음에 이르게 한 동해 바다를 메워 한을 풀려는 것일까?

상상해보라. 작은 새가 바다를 메우기 위해 끊임없이 돌과 나뭇조각을 물어다 던지는 그 가망 없고 애절한 날갯짓을. 그러나 신화가 이야기하고자 하는 것은 정위새가 불가능하고 쓸데없는 일을 한다는 사실이 아니다. 신화는 오히려 인간 의지의 무한한 가능성에 대해 말하고 있는 것이다. 즉, 신화의 세계에서 염제의 막내딸 여와는 결코 죽은 것이 아니다. 그녀의 동해 바다를 건너겠다는 의지는 정위새라는 변형된 몸을 통하여 끊임없이 실천되고 있는 것이다.

오늘의 시인 황지우[8]는 〈산경山經〉에서 정위새의 오래된 이미지를 이렇게 훌륭히 되살려낸다.

---

8 **황지우**黃芝雨(1952~) 시인. 한국예술종합학교 총장 역임. 1980년 〈대답 없는 날들을 위하여〉로 〈문학과 지성〉을 통해 등단한 이후 형식 면에서는 모더니즘·해체시, 관념상으로는 비관론·낭만주의 등의 다양한 유형에 의해 주목받아왔다. 네 번째 시집 《게 눈 속의 연꽃》(1991)에서는 다분히 동양적 사유에 의한 길찾기를 시도함으로써 역동적인 시 정신의 궤적을 보여주고 있다. 시 〈산경〉은 동양 신화의 고전 《산해경》에 대한 패러디로 《게 눈 속의 연꽃》에 수록되어 있다. 시집으로는 이 외에도 《새들도 세상을 뜨는구나》(1983)·《겨울 — 나무로부터 봄 — 나무에로》(1985)·《나는 너다》(1987) 등이 있다.

다시 서쪽으로 5백 리 가면 장길산張吉山이라는 곳이 나온다. …
… 이곳의 어떤 새는 몸 빛깔이 상복을 입은 듯 희고, 부리와 발이
붉기가 불꽃 같다. 이름은 설희雪羲라 한다. 한 어머니가 있었는데,
어린 아들이 임진수臨津水를 건너다 물에 빠져 돌아오지 못했다.
45년을 기다리다가 어머니도 죽고, 그녀가 설희가 되어 예나 지금
이나 장길산의 나무와 돌을 물어다가 임진수를 메우는 것이다.

정위새는 현대 한국의 시에서 분단의 비극의 화신인 설희새가
되어 다시 나타난다. 이 새는 그 옛날 정위새가 동해 바다를 메우
려 했듯이 남과 북 사이를 흐르는 임진수(강)를 메우기 위해 나무
와 돌을 물어 나른다. 우리는 고대 동양의 한 신화적 새의 슬픈
이미지가 이처럼 시공을 초월하여 오늘의 생생한 비극을 절실히
형상화하고 있음에 놀라게 된다. 동양 신화의 힘은 이렇게 우리
에게 다가온다.

33

아무리 베어 먹어도
다시 자라는 소의 엉덩이 살

신기하고 별난 사물들의 세계 2

고대인들의 고통을 덜어준 동물들

원시인류에게 당시의 자연은 도저히 자신들의 지식과 이해력 만으로는 모두 다 알 수 없는 신비한 대상이었다. 일종의 박물지 인 《산해경》은 원시인류가 파악한 사실적인 지식을 전달하기보 다는 그들의 눈에 비친 세계 곳곳의 낯선 사물과 지리에 대한 상 상을 반영하고 있다고 말할 수 있다. 즉, 중국 신화에 등장하는 신비로운 사물들은 불가해한 세계에 대한 원시인류의 이해를 표 현한 것으로서 그들이 바라본 사실에 좀 더 많은 상상적인 요소 가 첨가되어 만들어진 것이다.

그럼, 이번에는 앞에서 살펴본 날짐승들에 이어 원시인류를 둘 러쌌던 괴상한 길짐승들의 세계에 대해 알아보기로 하자.

우선 인간에게 이로움을 주는 측면에서 살펴보면 이 부류로는 역시 날짐승들의 경우처럼 질병을 치료하거나 흉한 일을 막아주는 주술적인 힘을 지닌 것들이 대부분이다.

가령 서쪽의 전래산錢來山이라는 곳에는 생김새가 양 같고 말의 꼬리가 있는 암양羬羊이라는 짐승이 있는데 그 기름으로 피부가 튼 것을 낫게 할 수 있었다. 이 짐승은 사실상 고대 중국의 서쪽 중앙아시아 지역에 존재했던 대월지국[1]의 특산인 큰 양을 가리켰던 듯하다. 이런 종류의 이야기는 비교적 사실에 가까운 내용을 기록한 것이다.

암양 피부가 튼 것을 낫게 해주는 짐승. 명 호문환의 《산해경도》에서.

또 서쪽 중원에는 곤오산崑吾山이라는 곳이 있는데, 이 산은 불꽃같이 붉은 질 좋은 구리가 나서 그것으로 명검을 제작했던 유명한 곳이다. 이곳에는 생김새가 돼지 같은데 뿔이 난 농지䃥蚳라는 짐승이 있었다. 농지는 울음소리가 마치 사람의 통곡하는 소리와 흡사했는데 이 짐승을 잡아먹으면 가위에 눌리지 않았다고 한다.

농지 악몽을 꾸지 않게 해주는 짐승. 청 왕불의 《산해경존》에서.

가위에 눌린다는 것은 곧 악몽을 꾸는 것인데 이런 현상은 대부분 불안감이나 욕망의 결핍으로 인한 심리적 부조화 때문에 나타난다. 장자는 일찍이 최고의 완성된 경지에 도달한 인간, 곧 진인眞人은 잠을 자도 꿈을 꾸지 않는다고 말한 바 있다. 이것은 의식과 무의식이 완전히 통합되어 조금도 심리적 갈등이 없는 상태를 의미한다. 그러나 고대인 역시 진인이 아닌 이상 심리적 갈등이 없지 않았을 것이다.

---

1 **대월지국**大月氏國 기원전 5세기경 중앙아시아의 일리강 유역에 튀르키예계 민족이 세웠던 나라. 한무제가 흉노를 치기 위해 장건張騫을 이 나라에 파견하여 동맹을 맺고자 하였으나 실패하였다. 대신 중앙아시아 지역과의 교통이 이로부터 활발해졌다.

영호 미친 병을 낫게 해주는 짐승. 청 왕불의 《산해경존》에서. 🐚

그렇다면 그 심리적 갈등의 주된 내용은 무엇일까? 놓쳐버린 사냥감에 대한 안타까움이었을까? 아니면 다른 힘센 부족의 위협에 대한 두려움이었을까? 어쨌든 고대인의 불안감은 대부분 죽느냐 사느냐를 좌우하는 긴박한 생존을 위한 활동에서 생긴 긴장과 스트레스로 인한 것이 대부분이었다고 할 수 있다. 이렇게 보면 고대인도 나름대로의 심리적 갈등이 있었고 이런 현상의 극단에는 '미치는 일'도 있었을 것이다.

북쪽의 양산陽山이라는 곳에는 생김새가 소 같으며 꼬리가 붉고 목에 난 혹살 모양이 술을 푸는 국자같이 생긴 짐승이 있었다. 이름을 영호頜胡라고 하는데 그 울음소리가 자신의 이름을 부르는 것처럼 들렸다. 이 짐승을 잡아먹으면 '미친 병', 즉 정신병을 낫게 할 수 있었다고 한다.

또 배가 나와 고민하는 사람은 북쪽 단훈산丹熏山의 이서耳鼠라는 짐승을 잡아먹으면 고민을 해결할 수가 있을 것이다. 이 짐승은 쥐같이 생겼는데 토끼 머리에 고라니 몸을 하고 소리는 개 짖는 것 같으며 꼬리로 날아다녔다. 이것을 잡아먹으면 배가 나오지 않을 뿐만 아니라 온갖 독을 물리칠 수도 있었다. 이 짐승이야말로 오늘날 다이어트를 해야 하는 사람들에게는 정말로 먹고 싶은 짐승이 아닐 수 없을 것이다. 그러나 고대인들에게 비만증은 흔한 현상이 아니었다. 따라서 현대인들과 달리 고대인들에게 배가 나오는 증상은 단순한 비만이 아니라 심각한 질병이었다. 즉, 배가 나온다는 것은 배에 복수가 차거나 소화기 계통에 질병이 생겼음을 의미한다. 그러므로 여기서의 배가 나오지 않게 된다는 말은 부종浮腫 등에 의해 병적으로 커진 배를 치료하고 낫게 한다는 의미일 것이다.

이서 배가 나오지 않게 해주는 짐승. 일본의 《괴기조수도권》에서.

풍요와 다산의 상징, 구미호

질병 치료 다음으로 흉한 일을 막아주는 길짐승들이 있다. 남쪽의 청구산이라는 곳에는 여우처럼 생기고 꼬리가 아홉 개 달린 짐승이 있는데 어린애 같은 울음소리를 내고 사람을 잘 잡아먹었다. 그런데 도리어 이것을 잡아먹으면 요사스러운 기운에 빠지지 않았다. 이 짐승이 바로 구미호九尾狐이다.

여성들 사이에서는 요즘에도 "구미호 같다"고 말하면 굉장히 불쾌해할 정도로 구미호를 나쁘게 생각하지만 처음부터 그런 것은 아니었다. 사람을 잡아먹는 것만 빼고 원래 구미호의 이미지는 좋은 편이었다. 요

구미호 요사스러운 기운을 막아주는 짐승. 일본의 《괴기조수도권》에서.

사스러운 기운을 막아줄 뿐만 아니라 무엇보다도 아홉 개나 되는 많은 꼬리는 풍요와 다산多産을 상징했으니 말이다.

예를 들면, 홍수를 다스리느라 가정을 꾸리지 못했던 노총각 우禹는 길에서 구미호를 보자 바로 아름다운 처녀 도산씨塗山氏를

만나 결혼하게 된다. 그러나 나중에 사람들은 구미호가 어린애 소리를 내서 사람을 홀려놓고 잡아먹는다는 나쁜 측면으로만 이미지를 떠올렸던 것 같다. 아마 꼬리가 아홉 개나 달렸으니 영리하기로 유명한 여우 중에서도 그야말로 요물에 가까운 것이라는 느낌이 들었기 때문이었을 것이다. 거기다가 사람을 잘 잡아먹는다고 하니 '여우가 간을 빼먹고 사람이 된다'는 식의 소름 끼치는 상상이야 얼마든지 가능한 것이 아니겠는가?

명나라 때의 소설 《봉신연의》에서 은나라의 폭군 주왕이 나라를 망치는 데에 적극 협조한 애첩 달기는 구미호의 화신으로 등장한다. 그녀는 주왕을 홀려 무고한 사람들을 죽게 하고 밤이면 여우로 돌아가 그 시체를 파먹는다.

우리나라 민담에도 구미호가 아들만 있는 집의 막내딸로 변신해서 일가족을 다 잡아먹었는데 도술을 배워 귀가한 한 오빠에게 퇴치된다는 이야기가 있다.

캐릭터 나인테일 애니메이션 〈포켓몬〉에서.

조선 시대에는 임금의 사랑을 받지 못한 어떤 왕비가 무당의 말을 듣고 여우 꼬리를 잘라 사람을 홀리는 미약媚藥을 만들어 총애를 구하였다는 항간의 속설도 있었다. 어쨌든 이 모든 이야기는 구미호의 신화 이미지에서 비롯된 것이다. 심지어 요즘 아동들에게 인기 있는 애니메이션 〈포켓몬〉[2]의 캐릭터 '나인테일'의 원형도 이 구미호이다.

박 무기의 피해를 막아주는 짐승. 일본의 《괴기조수도권》에서.

한편 서쪽의 중곡산中曲山이라는 곳에는 생김새는 말과 같은데 몸빛이 희고 꼬리가 검으며 외뿔에 호랑

---

2 〈포켓몬〉 일본에서 1995년 게임으로 먼저 출시된 뒤 만화, 애니메이션, 캐릭터 상품으로 최고의 인기를 모은 작품. 다양한 특성을 가진 150여 개의 캐릭터들이 어린이들의 기호에 맞아 폭발적인 인기를 끌었다.

이의 이빨과 발톱을 한 박駁이라는 짐승이 살고 있었다. 이 짐승은 울음소리가 마치 북소리 같았고 호랑이와 표범을 잡아먹을 정도로 용맹했다. 이 짐승을 기르고 있으면 칼과 창 등 무기에 의한 피해를 입지 않았다고 한다.

잡아먹어야만 효과가 있는 것이 아니라 길러서 이로운 짐승들도 여럿 있었다. 평소 근심이 많은 사람은 굴굴胐胐이라는 짐승을 기르면 효과를 볼 수 있었다. 중원의 곽산霍山에 사는 이 짐승은 너구리같이 생겼고 흰 꼬리에 말갈기가 있는데 기르면 어느 순간에 근심이 없어졌다고 한다.

굴굴 근심을 없애주는 짐승. 명 장응호의 《산해경회도》에서.

북쪽의 대산帶山이라는 곳에는 말같이 생기고 갈라진 외뿔이 있는 환소讙疏라는 짐승이 있는데 이것을 기르면 화재를 피할 수 있었다.

질투심이 많은 연인에게는 유類라는 짐승을 잡아먹을 것을 권해도 좋을 듯하다. 남쪽의 단원산亶爰山이라는 곳에 사는 이 짐승은 너구리같이 생겼고 암수한몸인데 이것을 잡아먹으면 신기하게도 질투심이 사라졌다고 한다. 암수가 한 몸이니 특별히 암컷이나 수컷에 대해 흥미를 느낄 필요가 없어서였을까? 어쨌든 질투심에 대한 특효약은 날짐승인 '황조'뿐만 아니라 길짐승인 '유'까지 포함해서 결국 두 가지나 되는 셈이다.

환소 화재를 예방하게 해주는 짐승. 일본의 《괴기조수도권》에서.

흉한 일을 막아주는 차원이 아니라 적극적으로 인간에게 복을 가져다주는 길짐승들도 있었다. 가령 남

유 질투심을 없애주는 짐승. 일본의 《괴기조수도권》에서.

녹촉 자식이 많이 생기게 해주는 짐승. 명 장응호의 《산해경회도》에서. 🦌

현대의 시육 캐릭터 아무리 베어내도 다 시 생겨나는 살을 가진 짐승. 동아시테크 의 《한국 신화의 원형》에서. 🦌

당강 풍년을 예고하는 짐승. 일본의 《괴기 조수도권》에서. 🦌

쪽의 유양산杻陽山이라는 곳에는 말같이 생기고 흰 머리와 호랑이 무늬에 붉은 꼬리를 한 녹촉鹿蜀이라는 짐승이 있었다. 이 짐승은 재미있게도 울음소리가 마치 노랫소리 같았다. 이 짐승의 가죽이나 털을 차고 다니면 자식이 많이 생겼다고 한다. 아마 노랫소리가 즐거운 일, 경사 날 일을 불러온다고 생각했기 때문은 아니었을까?

그러나 남쪽 바다 바깥의 적산狄山이라는 곳에 사는 소처럼 유익한 짐승도 없을 것이다. 시육視肉이라는 이 소는 고기를 베어내도 금방 다시 생겨나서 종전과 마찬가지가 되는 신통한 소였다. 한나라 때에 중국인들이 서쪽 멀리에 있는 대월지국에 갔을 때 그 지역에도 이와 비슷한 소가 있었다는 전설이 있다. 그 소는 이름을 일반日反(날마다 돌아온다는 뜻)이라고 하였는데 오늘 고기 서너 근을 베어내도 내일이면 고기가 다시 생기고 상처도 나아 있었다고 한다. 이 소 한 마리만 있으면 고기 걱정은 안 해도 될 것이다. 시육은 적산뿐만 아니라 유명한 산이나 훌륭한 임금의 무덤이 있는 곳에는 빠지지 않고 살았다. 《산해경》에는 시육이 살고 있다는 지역이 열 번도 더 나온다.

뭐니뭐니 해도 고대인들의 가장 큰 소망은 풍요로운 수확일 것이다. 그 징조를 고대인들은 동쪽의 흠산欽山이라는 곳에 사는 당강當康이라는 짐승으로부터 읽었다. 이 짐승은 돼지같이 생겼고 어금니가 있는데 나타났다 하면 그해에는 천하에 큰 풍년이 들었다. 돼지가 풍요로움을 상징하는 것은 예나 지금이나 마찬가지였던 모양이다.

어린애 울음소리로 홀리는 식인 동물

이제 우리는 흉한 일을 초래하거나 예고하는 불길한 길짐승들에 대해서도 알아보아야 하겠다. 흉한 일 중에서도 사람을 잡아먹는 식인 행위야말로 가장 끔찍한 일이 아닐 수 없을 것이다. 그런데 길짐승 중에는 특히 식인 동물이 많았다. 그것들은 사방 곳곳에 도사리고 있어서 고대인에게는 언제나 심각한 위험 요인이 되었다.

위에서 이야기한 구미호도 사람을 잘 잡아먹었지만 식인 동물 중의 압권은 양의 몸에 사람의 얼굴을 하고 눈은 겨드랑이 아래에 붙어 있으며 호랑이 이빨에 사람의 손톱을 한 포효狍鴞라는 짐승이다. 포효는 북쪽 구오산鉤吳山이라는 곳에 산다고 알려져 있다. 이 녀석 역시 구미호와 마찬가지로 가증스럽게도 어린애 울음소리를 내어 사람을 방심하게 하고 홀려서 잡아먹었다. 그런데 성질이 탐욕스럽고 포악하여 사람을 잡아먹고도 만족치 못하면 제 몸까지 물어뜯었다고 하니 그야말로 괴물 중의 괴물이었다. 그 탐욕스러움은 그리스 로마 신화의 에리직톤에 비교할 만하다. 신에 대한 불경죄로 기아饑餓의 여신에게 들씌운 에리직톤은 식욕의 화신이 되어 모든 것을 먹어 치우고도 모자라 나중에는 제 몸까지 뜯어 먹었기 때문이다. 그치지 않는 식욕을 제어하지 못해 결국은 자신의 몸을 삼키는 것, 이것이야말로 지나

포효 탐욕의 화신. 청 필원의 《산해경》에서.

친 탐욕이 스스로를 망침을 보여주는 가장 적절한 비유가 아니고 무엇인가.

사람을 잡아먹는 짐승으로는 뱀을 빼놓을 수 없다. 남쪽 바다 안쪽에는 알록달록한 빛깔의 파사巴蛇라는 큰 뱀이 살고 있는데 이 뱀은 코끼리를 집어삼키고 3년이 되어야 그 뼈를 내놓을 정도로 거대했다. 그런데 그 뼈는 가슴앓이나 속병에 특효약이었다고 한다. 파사는 하늘에 태양이 열 개나 떠서 온 세상이 난리가 났을 때 동정호 호숫가에 나타났다. 그리하여 가뜩이나 가뭄으로 고통받는 백성들을 놀라게 하고 잡아먹는 등 나쁜 짓을 저질렀다가 영웅 예에 의해 처치된다. 대부분의 신화에서는 인류 초창기에 있었던 뱀과의 투쟁을 이야기한다. 가령 그리스 로마 신화에서도 영웅 카드모스는 사람 잡아먹는 큰 뱀을 죽인 후 그 땅에 테베시를 건설한다.

이 밖에도 갖가지 재앙을 일으키는 길짐승들이 있다. 남쪽의 장우산長右山이라는 곳에 사는 장우長右라는 짐승은 그 모습을 나타내는 순간 큰 물난리가 일어났다. 장우의 생김새는 긴꼬리원숭이같이 생겼는데 귀가 넷이었다.

서쪽의 태화산太華山이라는 곳에 사는, 여섯 개의 발과 네 개의 날개를 갖고 있는 비유肥蠢라는 뱀은 그 모습이 나타나면 천하가 크게 가물었다. 이 뱀은 실제로 화려한 전력이 있었다. 은나라를 세운 탕왕 때에 이 뱀이 나타난 후 7년 동안 긴 가뭄이 들었기 때

장우 물난리를 예고하는 짐승. 청 필원의 《산해경》에서.

비유 가뭄을 예고하는 짐승. 명 호문환의 《산해경도》에서.

문이다. 결국 탕왕이 기우제에서 자신을 제물로 바치려 하자 하늘이 감동하여 큰비를 내려주었다.

재앙 중에는 전쟁과 돌림병을 빼놓을 수 없다. 서쪽의 소차산小次山이라는 곳에 사는, 원숭이같이 생기고 흰 머리에 다리가 붉은 주염朱厭이라는 짐승이 나타나면 언제나 큰 전쟁이 일어났다.

재앙을 불러오는 길짐승 중에도 특히 동쪽의 태산太山이라는 곳에 사는 비蜚라는 놈은 정말 두려워할 만했다. 이 짐승은 소같이 생겼는데 흰 머리와 외눈에 뱀의 꼬리를 하고 있었다. 이것이 물 위를 지나가면 물이 말라버리고 풀밭 위를 지나가면 풀이 죽어버렸다. 그뿐만 아니라 이 짐승이 나타나면 천하에 큰 돌림병이 생기기까지 했다.

주염 전쟁을 예고하는 짐승. 명 장응호의 《산해경회도》에서.

끝으로 길흉과 관계없이 신기한 짐승들이 있다. 북쪽 바다 안쪽의 임씨국林氏國이라는 나라에는 크기가 호랑이만 한데 오색 빛깔이고 꼬리가 몸보다도 긴 추우騶虞라는 짐승이 있었다. 이 짐승은 성품이 어질어서 산 것을 먹지 않으며 이것을 타면 하루에 천 리를 갈 수 있었다고 한다. 성군 주문왕이 폭군 주왕에 의해 외로운 성에 감금되었을 때 신하들이 임씨국에 가서 이 짐승을 구해다가 뇌물로 바치니 주왕이 기뻐하여 풀어주었다는 이야기도 있다.

추우 하루에 천 리를 가는 짐승. 일본의 《괴기조수도권》에서.

북쪽 바다 바깥에는 말같이 생겼고 몸빛이 흰 공공거허蛩蛩距虛라는 짐승과 앞은 쥐, 뒤는 토끼같이 생긴 궐蟨이라는 짐승이 있었는데 이 둘은 사이가 무척 좋

았다. 궐은 체형이 앞뒤가 달라서 걸으면 항상 넘어졌지만 공공
거허가 좋아하는 감초를 구해다 주므로 공공거허는 그 대가로
궐에게 위험한 일이 생기면 반드시 업고 달아났다고 한다. 둘은
상부상조하는 공생 관계였던 셈이다. 이 두 짐승은 더불어 함께
살아가는 생태적 삶의 가장 훌륭한 예로 들 만하다.

34

머리 하나에 몸이 열 개이거나
개처럼 짖는 물고기

신기하고 별난 사물들의 세계 3

먹을거리로서의 기능을 넘어선 물고기

흔히 원시사회는 주술적 사고가 지배하던 시대라고 인식되어
있다. 그만큼 원시인류에게 주술은 세계와 사물을 이해하는 중요
한 방식이었다.

주술적인 사고의 기본 원리는 '유사성'과 '인접성'이다. 즉, 비
슷한 것들은 그만큼 서로 동질의 속성을 지닌 것으로 인식되었
으며 또 가깝게 붙어 있는 것들끼리는 서로 교환이나 대체가 가
능한 것으로 여겨졌던 것이다. 예를 들어 눈병이 났을 경우 다른
짐승의 눈을 먹으면 낫는다든지 눈썹을 뽑아서 돌멩이 밑에 감
추어놓고 다른 사람이 지나가다가 그 돌멩이를 걷어차면 눈병이
그 사람에게 옮아간다고 생각하는 방식 등이 그것이다. 원시인류
는 어류에 대해서도 이런 식으로 그들만이 지닌 독특한 관점에
따라 상상력을 발휘했다. 모든 사물이 서로 연결되어 있다는 생

각을 바탕으로 어류도 인간의 신체와 삶에 직접적인 영향을 미치며 길흉을 충실히 반영한다고 상상한 것이다.

그들이 생각하기에 평범하지 않게 생긴 물고기는 단순한 먹을거리의 기능을 넘어 그 모양과 특성에 따라 여러 가지 다른 효능을 지니고 있었다. 다양한 속성과 기능들 중에서도 가장 현실적이고 중요하게 인식된 것은 역시 질병을 치료하는 효능이다.

남쪽의 저산祗山 계곡에는 소같이 생기고 뱀 꼬리에 날개가 있으며 소 울음소리를 내는 육鯥이라는 물고기가 있었다. 이것은 높은 언덕에 살았으며 겨울이면 죽었다가 여름에 되살아나는 물고기였는데 잡아먹으면 몸에 생겼던 종기가 없어졌다. 아마 이 물고기가 겨울에 죽는다는 것은 실제로는 동면을 의미할 것이다. 그러나 신화적인 상징의 측면에서 보면 계절의 순환은 좀 더 깊은 의미를 함축한다. 겨울에 죽었다가 봄과 여름이 되면 살아나는 것이야말로 '삶과 죽음'을 연속적인 것으로 생각하는 재생 모티프의 가장 전형적인 양상이다.

육 종기를 낫게 해주는 물고기. 명 호문환의 《산해경도》에서.

북쪽의 초명산譙明山에서 흘러나오는 초수譙水라는 강에는 머리가 하나에 몸이 열 개이며 개 짖는 소리를 내는 하라어何羅魚라는 물고기가 있는데 이것을 잡아먹으면 등창이 나았다.

머리가 하나에 몸이 열 개라! 과연 이 물고기가 제대로 헤엄을 칠 수 있었는지 궁금하다. 더구나 물고기가 개 짖는 소리를 내다니! 물고기가 물속에서 개 소리를 낸다는 건 그야말로 황당한 말이 아닐 수 없다.

하라어 등창을 낫게 해주는 물고기. 명 장응호의 《산해경회도》에서.

등창은 등에 나는 악성 종기로 심하면 목숨을 잃기도 하는, 항생제가 없던 고대에는 다스리기 어려운 병이었다. 주로 영웅 호걸들이 뜻한 바를 이루지 못할 때 그 울분과 원한이 등창을 나게 한다고 생각되기도 했는데 《삼국연의》에서 주유周瑜가 제갈량과의 지혜 겨루기에서 번번이 당한 끝에 등창이 나서 죽었고 우리나라에서는 견훤甄萱이 불초한 아들들 때문에 나라를 잃고 등창이 나서 죽은 것으로 유명하다.

남쪽의 도과산禱過山에서 흘러나오는 은수浪水라는 강에는 뱀의 꼬리가 있고 원앙새의 울음소리를 내는 호교虎蛟라는 물고기가 살았는데 이것을 잡아먹으면 종기에 효과가 있을 뿐만 아니라 치질도 나았다고 한다. 이번에는 뱀 꼬리에 새소리를 내는 물고기라니, 고대인의 상상이란 정말 종잡을 수가 없을 지경이다. 마치 유전자 조작을 통해서 돌연변이라도 만들고 있는 듯한 착각이 들 정도가 아닌가.

호교라는 물고기가 치질에 좋다는 말은 고대에도 치질에 대한 인식이 있었다는 점을 알려주어서 무척 흥미롭다. 하기야 치질이라는 병이 꼭 현대에만 있으라는 법은 없지

제갈량이 꾀로써 주유를 격분시키는 장면 흥분한 주유가 가운데 서 있고 왼쪽에 노숙魯肅이, 오른쪽에 제갈량이 앉아 있다. 《도상삼국지》에서.

금산사 견훤이 아들 신검에 의해 왕위를 빼앗기고 유폐되었던 곳이다.

호교 치질을 낫게 해주는 물고기. 명 장응호의 《산해경회도》에서. 🐟

활어 혹을 낫게 해주는 물고기. 청 《고금도서집성》 《금충전》에서. 🐟

적유 옴에 걸리지 않게 해주는 물고기. 명 장응호의 《산해경회도》에서. 🐟

만 '치질' 하면 고대인에게는 병처럼 여겨지지 않았을 듯한 생각이 드는 것은 왜일까. 하지만 이런 선입견과는 달리 치질은 고대인에게도 일상적인 질병이었던 듯싶다. 사실 치질은 직립보행을 하는 인류 특유의 질병이라고 한다. 중력의 힘이 온통 아래로 향하기 때문에 장기臟器에 지속적인 압력이 가해져 생겨난 것이 이 질병이라고 하지 않는가. 결국 치질이라는 질병을 얻은 대신에 인류는 자연 속에 살면서도 동물과는 다른 자신의 길을 걸어갈 수 있었던 것이다.

북쪽의 구여산求如山에서 흘러나오는 활수滑水라는 강에는 드렁허리같이 생기고 등이 붉으며 사람이 말다툼하는 것과 같은 소리를 내는 활어滑魚라는 물고기가 있는데 이것을 잡아먹으면 혹을 낫게 할 수 있었다.

또 남쪽의 청구산에서 흘러나오는 영수英水라는 강에는 사람의 얼굴을 하고 원앙새의 울음소리를 내는 적유赤鱬라는 물고기가 있는데 이것을 잡아먹으면 옴에 걸리지 않았다. 도대체 사람의 얼굴을 하고 있는 물고기를 어떻게 잡아먹을 수 있을까. 그리고 원앙새의 울음소리는 왜 물고기들이 그렇게 잘 흉내를 내는 것일까. 앞서의 호교라는 물고기도 그렇고 이 적유라는 물고기도 원앙새의 울음소리를 내는 특별한 까닭이라도 있는 건지, 알 수 없는 일이다.

중원의 탁산橐山에서 흘러나오는 탁수橐水라는 강에

사는 수벽어脩鱓魚라는 물고기도 피부병에 효험이 있
었다. 이것은 맹꽁이같이 생기고 주둥이가 희며 솔개
같은 소리를 내는데 잡아먹으면 흰 버짐을 낫게 할 수
있었다.

수벽어 흰 버짐을 낫게 해주는 물고기. 청
《고금도서집성》〈금충전〉에서.

전설의 주인공, 야광주를 품은 거북

고대에는 돌림병만큼 무서운 것도 없었다. 동쪽의
갈산葛山에서 흘러나오는 예수澧水라는 강에는 마치
허파 모양같이 생겼는데 눈이 넷이고 발이 여섯인 주
별어珠鱉魚라는 물고기가 있었다. 이것은 신기하게도
몸속에 구슬을 품고 있었고 고기 맛이 시고 달았는데
잡아먹으면 돌림병에 걸리지 않았다고 한다. 고대인
들은 어류나 양서류 혹은 파충류에 속하는 동물들이
구슬을 지니고 있다는 생각을 많이 하였다. 자라나 거
북, 구렁이 등이 구슬을 몸에 품고 있다는 이야기 모
티프는 전설과 민담에서 흔하게 찾아볼 수 있다.

주별어 돌림병에 걸리지 않게 해주는 물고
기. 명 장응호의 《산해경회도》에서.

조선 선조 때의 문인 정지승은 도인이기도 하였는
데 평시에 큰 거북이를 타고 다녔다고 한다. 그런데
어느 날 거북이가 몹시 울면서 사라지더니 며칠 후 정지승은 세
상을 떠났다. 거북이는 강을 타고 내려가다가 어느 고을의 현령
에게 붙들렸다. 현령은 이 거북이가 보통 짐승이 아닌 것을 알고
놓아주려 하였으나 거북이가 몸에 품고 있다는 야광주夜光珠를
탐낸 현령의 첩이 반대하였다. 야광주란 밤에도 빛을 내는 신기
한 구슬이다. 결국 현령의 첩은 거북이를 죽여 야광주를 얻었는

데 그 대가는 엄청났다. 신령스러운 거북이를 죽인 후 현령 일가
는 하룻밤 사이에 모두 급사하고 만 것이다.

주별어는 바로 이러한 전설이나 민담에서 나오는, 야광주를
품은 거북이의 원형이 아닌가 한다.

또 정신 질환에 치료 효과가 있는 물고기도 있었다. 가령 북쪽
의 북악산北嶽山에서 흘러나오는 제회수諸懷水라는 강에는 개의
머리에 어린아이의 울음소리를 내는 지어鮨魚라는 물고기가 있
는데 이것을 잡아먹으면 미친 병을 낫게 할 수 있었다.

중원의 소실산少室山에서 흘러나오는 휴수休水라는 강에는 큰
원숭이같이 생기고 긴 닭 발톱에 발이 희며 발꿈치가 마주 보고
있는 제어鯑魚라는 물고기가 있는데 이것을 잡아먹으면 쓸데없는
의심증이 사라졌다. 아마 요즘 식으로 말해 의처증이나 의부증
이 있는 사람들은 한번 복용해볼 일이다.

지어 미친 병을 낫게 해주는 물고기. 청
필원의 《산해경》에서.

북쪽의 용후산龍侯山에서 흘러나오는 결결수決決水라는
강에는 앞서의 제어같이 생겼으나 네 개의 발이 있
고 어린아이의 울음소리를 내는 인어가 있는데 이것
을 잡아먹으면 어리석음증이 없어졌다고 하니 덜떨
어진 사람들에게는 복음인 셈이다.

인어 어리석지 않게 해주는 물고기. 명 호문환의 《산해경
도》에서.

여기서의 인어는 우리가 앞서 살펴본 물
고기의 몸을 한 저인국 사람이나 서양 동화
속의 미녀 인어와는 종류가 다르긴 하지만
어쨌든 고대 중국인들은 인어라도 요리해
서 먹지 못할 이유가 없다고 생각한 듯하다.

고대인에게는 머리가 모자라고 어리석은

것만이 질병은 아니었다. 똑똑하다고 잘난 척하는 것도 역시 치
유해야 할 질병으로 여겨졌다. 북쪽의 현옹산縣雍山에서 흘러나
오는 진수潯水라는 강에는 피라미같이 생기고 붉은 비늘이 있으
며 꾸짖는 듯한 소리를 내는 제어鮆魚라는 물고기
가 있는데 이것을 잡아먹으면 뻐기던 마음이 일
시에 사라졌다. 꾸짖는 듯한 소리가 거만한 마음에
일침을 가한 탓일까? 왕자병과 공주병의 질환을 앓고 있는
사람들은 심각하게 복용을 고려해보아야 할 물고기인 셈이다.

제어 뻐기는 마음을 없애
주는 물고기. 청 왕불의 《산
해경존》에서.

고대인들도 살아가면서 근심이 많았던 듯하다. 오죽하면 한나
라 때의 옛 시에서 "인생은 백 년도 못 되는데 언제나 천 년의 근
심을 안고 살아가네(生年不滿百, 常懷千歲憂)"라고 한탄했을
까? 그러나 이 역시 특효약이 있었다. 북쪽의 대산帶山
에서 흘러나오는 팽수彭水라는 강에는 닭같이 생기고
털이 붉으며 세 개의 꼬리, 여섯 개의 발, 네 개의 눈이
있고 까치 울음소리를 내는 숙어儵魚라는 물고기가 있
는데 이것을 잡아먹으면 근심을 없앨 수 있었다.

숙어 근심을 없애주는 물고기. 명 장응호
의 《산해경회도》에서.

우리의 나라 새가 까치인 것은 까치가 좋은 소식을 전하는 길
조라는 생각이 우리의 마음속에 깔려 있기 때문일 것이다. 그런
데 윗글을 보면 까치에 대한 이러한 좋은 인식이 상당히 오래전
부터 있었음을 알 수 있다.

근심이 있음에도 고대인들에게는 불면증보다는 잠이
잘 오는 것이 문제였던 것 같다. 중원의 반석산半石山에서
흘러나오는 내수수來需水라는 강에는 붕어처럼 생기고 검은 무
늬가 있는 윤어䱇魚라는 물고기가 있는데 이것을 먹으면 졸음

윤어 졸음을 막아주는 물고
기. 청 《고금도서집성》 〈금충
전〉에서.

이 오지 않았다고 한다. 1분이라도 잠을 덜 자야 할 입시생들에게는 몸에 해로운 각성제보다 이 윤어 요리를 권하고 싶다.

고대인들은 오늘날 우리가 생각하기에 우습다 싶을 정도로 사소한 일에 집착했던 것 같다. 동쪽의 동시산東始山에서 흘러나오는 자수泚水라는 강에는 붕어처럼 생기고 머리가 하나에 몸이 열이며 궁궁이풀 같은 향내를 내는 자어泚魚라는 물고기가 사는데 이것을 잡아먹으면 방귀를 뀌지 않게 되었다고 한다. 향내가 고약한 방귀 냄새를 제거해준다고 생각했던 것일까?

자어 방귀를 뀌지 않게 해주는 물고기. 청 왕불의 《산해경존》에서.

어류는 질병 치료의 효능이 있었을 뿐만 아니라 나쁜 일을 물리쳤고 좋은 일의 징조가 되기도 하였다. 북쪽의 탁광산涿光山에서 흘러나오는 효수嚻水라는 강에는 까치같이 생기고 열 개의 날개가 있으며 비늘이 모두 날개 끝에 있고 까치 울음소리를 내는 습습어鰼鰼魚라는 물고기가 있는데 이것을 집에서 기르면 화재가 일어나지 않았다. 그리고 잡아먹으면 황달병에도 특효가 있었다고 하니 여러모로 유익한 물고기인 셈이다. 이 물고기의 유익함 또한 까치 울음소리와 상관있지 않을까?

습습어 화재를 예방해주는 물고기. 명 장응호의 《산해경회도》에서.

또 중원의 괴산槐山에서 흘러나오는 정회수正回水라는 강에는 돼지같이 생기고 붉은 무늬에 날개가 달린 비어飛魚라는 물고기가 있는데 이것을 잡아먹으면 천둥을 무서워하지 않고 창·칼 등 무기에 의한 피해를 입지 않을 수 있었다.

서쪽의 영제산英鞮山에서 흘러나오는 완수浣水라는

비어 천둥을 무서워하지 않게 해주는 물고기. 명 호문환의 《산해경도》에서.

강에는 뱀의 머리에 발이 여섯이며 눈이 말의 귀처럼 생긴 염유어冉遺魚라는 물고기가 있는데 이것을 잡아먹으면 잠잘 때 가위에 눌리지 않고 흉한 일을 물리칠 수 있었다.

염유어 가위에 눌리지 않게 해주는 물고기 명 호문환의 《산해경도》에서.

고구려의 고분 벽화에는 비어 혹은 염유어와 비슷한 물고기가 등장하고 있다. 무덤에 묻힌 사람이 평안히 잠자고 사악한 귀신에게 시달리지 말라는 바람에서 이런 물고기를 그려 넣은 것으로 추측된다. 죽음 역시 영원한 잠이니 죽음의 잠 속에서 가위에 눌린다면 그것처럼 고통스러운 일도 없을 것이다. 왜냐하면 깨어나지 못하니 고스란히 악몽을 현실처럼 겪어야 하기 때문이다.

고구려 고분의 비어 혹은 염유어 황해도의 안악安岳 1호분 벽화에서.

그러나 고대인들은 무엇보다도 문요어文鰩魚라는 물고기가 나타났을 때 가장 기뻐했으리라고 생각된다. 서쪽의 태기산泰器山에서 흘러나오는 관수觀水라는 강에 사는 문요어는 잉어같이 생기고 새의 날개가 있으며 푸른 무늬와 흰 머리에 붉은 주둥이를 하고 있었다. 이것은 늘 서해로 다니다가 동해에서 놀았는데 밤에만 날아다녔고 봉황새의

문요어 풍년을 예고하는 물고기. 명 장응호의 《산해경회도》에서.

울음소리를 내었다. 그런데 이것이 나타나면 천하에 큰 풍년이 들었다. 아마 날치 종류의 물고기가 아니었을까? 문요어는 또한 맛이 시고 달아 이것을 먹으면 미친 병이 나았다고도 한다.

소어 전쟁을 예고하는 물고기. 명 장응호의 《산해경회도》에서. 🐟

조용 가뭄을 예고하는 물고기. 명 장응호의 《산해경회도》에서. 🐟

여비어 구슬을 낳는 물고기. 청 필원의 《산해경》에서. 🐟

전쟁이 날 것인가, 가뭄이 들 것인가

그러나 모든 물고기가 이처럼 인류에게 이로운 것으로 여겨진 것만은 아니었다. 북쪽의 소함산少咸山에서 흘러나오는 돈수敦水라는 강에 사는 패패어鮡鮡魚와 북쪽의 요산饒山에서 흘러나오는 역괵수歷虢水라는 강에 사는 사어師魚라는 정체불명의 물고기들은 몹시 유독하여 사람이 먹으면 목숨을 잃었다고 한다. 아마 이것들은 실제의 사실과 경험에 기초한 이야기로 추측된다. 복어 종류의 물고기가 아니었을까?

또한 어떤 물고기는 재앙의 징조가 되기도 하였다. 서쪽의 조서동혈산鳥鼠同穴山에서 흘러나오는 위수渭水에는 드렁허리같이 생긴 소어鰠魚라는 물고기가 있는데 이것들이 갑자기 분주하게 움직이기 시작하면 그 고을에는 큰 전쟁이 일어났다.

동쪽의 독산獨山에서 흘러나오는 말도수末塗水라는 강에 사는 조용鯈蛹이라는 물고기도 불길했다. 누런 뱀같이 생기고 지느러미가 있으며 물속을 드나들 때에 빛을 발하는 이것이 나타나면 그 고을에는 큰 가뭄이 들었기 때문이다.

그리고 동쪽의 여증산女烝山에서 흘러나오

는 석고수石膏水라는 강에 사는 박어薄魚, 자동산子桐山에서 흘러나오는 자동수子桐水라는 강에 사는 활어鮯魚라는 물고기도 가뭄의 징조가 되는 불길한 물고기였다.

마지막으로 길흉을 떠나 그 자체로 신비하고 성스러운 물고기가 있다. 서쪽의 조서동혈산에서 흘러나오는 위수에는 전쟁의 징조가 되는 소어가 있었지만 또 다른 쪽으로 흘러 나간 함수灠水라는 강에는 신비한 여비어絮魮魚라는 물고기도 있었다. 그것은 냄비를 엎어놓은 것같이 생기고 새의 머리를 하였는데 울음소리가 경쇠 소리처럼 맑았고 알 대신 구슬을 낳았다. 눈물을 흘리면 구슬이 되어 떨어졌던 교인처럼 이것도 잡으면 횡재를 할 물고기였다.

서쪽 바다 바깥에 사는 용어龍魚야말로 어류 중에서 가장 신성할 것이다. 그것은 잉어

잉어를 탄 금고 신선 금고가 제자들과 작별한 후 잉어를 타고 떠나는 광경. 명明 이재李在의 〈금고승리도琴高乘鯉圖〉.

같이 생겼는데 신이나 성인만이 잡아타고 천하를 다닐 수 있었다. 후세에 금고琴高라는 신선이 잉어를 타고 강을 다녔다는데 아마 용어의 후예가 아닌가 싶다. 잉어는 오래 묵으면 용이 된다고도 하기 때문에 거의 용처럼 신성시되었던 것이다.

35

근심을 없애주는 과일과 하늘 사다리 나무, 그리고 영혼을 지켜주는 돌

신기하고 별난 사물들의 세계 4

풀 한 포기에도 고대인들의 소망이

새와 물고기 그리고 짐승들 이외에 풀이나 돌에 대한 고대인의 생각도 현대인과는 많이 달랐다. 이것 역시 주술적인 사고와 실질적인 효용이 결합되어 독특한 상상적 세계를 구성하고 있었다. 그럼 지금부터 괴상한 식물과 광물의 세계에 대해 알아보기로 하자.

고대인들의 식물에 대한 인식은 실제적인 용도와 신비적인 효능에 치중되어 있다. 실제적인 용도에서 가령 대나무는 화살을 만드는 데에, 옻나무는 옻칠을 하는 데에, 망초莽草의 독은 물고기를 잡는 데에, 궤목杋木은 노인용 지팡이를 만드는 데에 쓸모가 있었다.

질병 치료의 효과가 차지하는 비중 역시 컸다. 가령 서쪽의 죽산竹山이라는 곳에는 가죽나무같이 생겼고 잎은 삼잎 같으며 흰 꽃에 붉은 열매를 맺는 황관黃雚이라는 나무가 있었다. 그 열매는 마치 황토흙 같은데 그것을 탄 물로 목욕을 하면 옴이 낫고 종기도 낮게 할 수 있었다. 요즘 인기가 높은 황토 요법은 이처럼 오랜 연원이 있었던 것이다. 지장수地漿水, 황토 목욕, 황토 찜질뿐만 아니라 바다에 병이 드는 적조赤潮 현상에 대해서도 황토를 뿌려 방지하듯이 황토의 효용은 다양하다. 풀에 대한 기록은 한편으로는 상상적인 측면 못지않게 사실적인 기록의 측면도 많다고 여겨진다. 예를 들면 황관과 같은 약초는 실제의 경험에 근거한 이야기일 가능성이 높다고 하겠다.《산해경》이 지닌 박물지로서의 사실적인 측면은 아마 이런 점에서 찾을 수 있지 않을까 생각된다.

식물의 치료 효능은 옴이나 종기, 치질 같은 소소한 질병으로부터 아주 큰 병에까지 이른다. 가령 중원의 고등산鼓鐙山이라는 곳에는 잎이 버들과 같고 밑동이 달걀 같은 영초榮草라는 풀이 있는데 이것을 먹으면 중풍을 낫게 할 수 있었다.

그러나 이러한 식물들보다도 우리의 눈길을 끄는 것은 신비적인 효능을 지닌 풀과 나무이다. 가령 남쪽의 소요산招搖山이라는 곳에는 닥나무같이 생기고 나뭇결이 검으며 그 빛이 사방을 비추는 미곡迷穀이라는 나무가 있는데 이것을 몸에 차면 길을 잃지 않는다고 했다.

또 서쪽 끝 해가 지는 곳이라고 알려진 엄자산崦嵫山 꼭대기에서 자라는 단목丹木은 아주 용한 효과가 있는 나무이다. 이 나무는 잎이 닥나무 같고 열매는 크기가 오이만 하며 붉은 꽃받침에 결이 검은데 이 열매를 먹으면 황달병이 나을 뿐만 아니라 집안의 화재도 예방할 수 있었다.

망초 풀을 짓이겨서 물에다 넣으면 그 독으로 물고기가 죽어서 떠오른다. 🌿

원추리 근심을 없애주는 풀.

근심을 없애주는 과일도 있었는데 서쪽의 부주산不周山에서 자라는, 열매는 복숭아 같고 잎은 대추나무 잎 같으며 노란 꽃에 붉은 꽃받침이 있는 맛 좋은 과일나무가 그것이다. 부주산은 아득한 옛날 염제의 후손인 공공이라는 신이 큰 신 전욱과의 싸움에서 패하자 홧김에 머리로 들이받아 무너졌던 산이다. 비록 상처받은 산이지만 그 신령스러움은 여전히 남아 있었던 모양이다. 이 산에서 자라는 과일나무의 열매를 따 먹으면 모든 근심이 사라져버렸다.

근심을 없애준다는 식물은 굳이 부주산까지 가지 않아도 우리 주변에서 흔히 볼 수 있다. 다름 아닌 원추리가 그것이다. 노란 꽃을 피우는 원추리, 곧 훤초萱草는 집안의 근심을 없애준다 하여 무우초無憂草라고도 불리었고 예로부터 울안의 뜰에 많이 심었다.

고대인들은 기상 현상 중 벼락을 가장 무서워했던 것 같다. 그리스 로마 신화와 동양 신화의 최고신인 제우스와 황제가 모두 벼락의 화신인 것도 그러한 공포감과 무관하지 않을 것이다. 다수의 동물에 이어 식물에서도 벼락에 대한 두려움을 없애준다는 풀이 등장하는 것은 거꾸로 그것에 대한 공포심이 얼마나 큰 것인지를 보여준다.

중원의 반석산半石山이라는 곳에는 키가 1장, 곧 3미터 남짓하며 잎과 꽃이 붉고 꽃은 피지만 열매를 맺지 않는 가영嘉榮이라는 풀이 있는데 이것을 먹으면 벼락을 두려워하지 않게 되었다고 한다.

고대인들은 인간에게 유익하거나 해로운, 보이지 않는 힘의 작용을 믿었고 특정한 사물 속에는 그것을 조절할 수 있는 능력이 있다고 믿었다. 중원의 부희산浮戲山이라는 곳에는 가죽나무 같이 생기고 열매가 붉은 항목兀木이라는 나무가 있는데 그 열매를 먹으면 요사스러운 기운을 피할 수 있다고 하였다.

물질 조건이 열악하고 유아 사망률이 높았던 고대에 삶에 대한 간절한 소망은 신비한 약초의 존재로 표현되었다. 역시 중원의 대괴산大騩山이라는 곳에 삥대쑥같이 생기고 털이 나 있으며 푸른 꽃에 흰 열매를 맺는 낭蒗이라는 풀이 있는데 그 열매를 먹으면 배 속의 병을 고칠 수 있을 뿐만 아니라 요절하는 일이 없어졌다.

인류에게 도움을 주는 유익한 식물들에 이어 신성한 나무에 대해 알아보기로 하자. 남쪽의 먼 변방에는 운우산이라는 신비한 산이 있었다. 이 산은 큰 신 염제의 딸 요희가 일찍 죽어 여신이 되어 사는 곳으로 그녀가 아침에는 산봉우리에 걸린 구름이 되었다가 저녁이면 골짜기로 비가 되어 내리기 때문에 운우산이라는 이름이 붙여진 것이다.

이 산은 무산 또는 영산靈山이라고도 불리었는데 이 산의 붉은 돌에서 누런 줄기에 붉은 가지, 푸른 잎을 한 난虋이라는 나무가 자랐다. 그 꽃과 열매가 모두 만병통치의 약효를 지니고 있어서 고대의 여러 임금들이 이 나무에서 약을 얻어 갔다고 한다.

동쪽 먼 변방의 얼요군저산孼搖頵羝山이라는 곳에는 잎이 겨자나무 잎 같고 높이가 300리나 되는 부목扶木이라는 거목이 있는데 이것이 바로 부상扶桑으로 아침 해가 떠오르는 곳이다. 고대인들은 열 개의 태양이 이 거목의 가지에서 교대로 떠올라 하루의 운행을 시작한다고 상상했다.

바다 안쪽에도 신성한 거목이 있었다. 푸른 잎에 자줏빛 줄기,

검은 꽃에 누런 열매를 맺는 건목_{建木}이라는 나무가 그것이다. 이 나무는 키가 백 길(약 3000미터)에 가지가 없으며 위는 아홉 갈래로 꼬불꼬불 구부러져 있고 아래는 아홉 차례 뒤얽혀 서려 있으며 삼씨 같은 열매에 팥배나무 같은 잎 모양새를 하고 있었다. 일찍이 큰 신 복희가 이 나무를 통해 하늘을 오르내렸고 황제도 이 나무를 소중히 여겨 보호하였다.

이그드라실 게르만 신화에서의 세계수인 이그드라실의 상상도. 이그드라실의 뿌리 맨 아래가 죽은 자들의 세계이고 그 위로 미드가르드, 곧 중간 세계가 있으며 다시 그 위로 아스가르드, 곧 상층 세계가 있다. 즉, 게르만 신화 세계는 이그드라실의 아래에 3층으로 구성되어 있다.

즉, 이 건목은 '하늘 사다리'이다. 신선이나 영적인 능력을 지닌 인간들이 하늘을 오가는 데 사용하는 것이 이 건목이었다.

이러한 언급으로 미루어 우리는 건목이 세계의 중심에 위치하여 천계와 지상을 소통시켜주는 신성한 나무, 곧 세계수世界樹 또는 우주목宇宙木임을 알 수 있다.

게르만 신화에서는 세계수가 이그드라실이라는 거대한 물푸레나무의 모습으로 나타난다. 샤머니즘에서 무당은 세계수를 상징하는 큰 나무를 통해 하늘과 땅을 왕래하는 것으로 상상되었다. 지금도

고구려의 세계수 큰 나무를 중심으로 사냥, 들놀이 등의 활동이 펼쳐지고 있다. 큰 나무는 아마 고구려인들 사이에서 숭배되었던 신령스러운 나무일 것이다. 집안의 장천 1호분 벽화에서.

시베리아의 무당들은 자작나무를 기어오르는 의례를 거행하여 천계와의 왕래를 상징적으로 재현한다. 우리의 고구려 고분 벽화에도 세계수의 성격을 띤 나무가 등장하여 건목과의 상관성을 생각해보게 한다.

황제를 급사시킨 불사약

이제 식물 다음으로 고대인들의 돌과 쇠붙이에 대한 인식을 살펴볼 차례이다. 《산해경》을 읽어보면 당시에 알려진 거의 모든 산에서 금과 옥이 나는 것을 알 수 있다. 완전한 금속인 금에 대

종琮 신의 모습이 새겨져 있는 옥 조각품. 장강 하류 양저 문화의 산물(기원전 31세기~기원전 22세기).

결玦 자신의 꼬리를 물고 있는 뱀 형태의 옥 조각품. 서양 연금술에서 중시하는 상상 동물인 우로보로스와 비슷하다. 요령성遼寧省 홍산 문화의 산물(기원전 30세기).

신라의 곡옥 잘 살펴보면 홍산 문화의 유물과 비슷하게 생겼음을 알 수 있다.

한 강조는 별로 이상할 것이 없지만 보석이 아닌 옥을 더욱 중요시한 점에 대해서 라우퍼[1] 같은 서구의 학자들은 이를 동양 특유의 광물 관념이라고 주목했다.

실제로 고대 동양에서 옥은 종교적이거나 제의적인 측면에서 특히 중요시되었다. 옥은 사악한 기운을 물리치는 데에 효과가 있다고 믿어졌으며 신성한 존재와의 소통을 가능하게 하는 매개물로 여겨졌다. 근래에 발굴된 요령 지역의 홍산 문화[2]나 장강 하류의 양저 문화 등 신석기 시대의 유물에 정교한 옥 제품이 포함되어 있는 것은 고대인들이 일찍부터 옥의 이러한 기능을 중시했다는 증거이다.

고대에 옥은 단순한 액세서리가 아니라 나쁜 기운으로부터 몸을 보호해주는 호신부護身符 같은 것이었으며 신과 소통하기 위해 바치는 제물이었다. 또한 세계의 기운을 조화롭게 다스려 세상을 평화롭고 안정되게 만들어야 하는 왕권을 상징하는 신물神物이기도 했다. 고대 중국에서 왕이란 단순히 전제적 군주가 아니라 세상에 질서를 부여하고 혼란을 다스리는 성군, 즉 정치적, 도덕적 원리의 중심으로 여겨졌기 때문이다.

고대의 무덤에서 옥 제품이 많이 출토되는 것은 옥의 강력한 기운으로 죽은 자의 시신이 썩지 않거나 그 영혼이 사악한 기운으로부터 침해받지 않기를 바랐던

---

1 **라우퍼**Berthold Laufer 미국의 독일계 동양학자·인류학자. 중국·사할린 등을 현지 조사하였으며 동아시아 문화의 자료 수집에도 힘썼다. 중국어를 비롯해 티베트어·몽골어·만주어 등에 능통하였다. 저서로는 《고옥고古玉考》·《중국토우고中國土偶考》 등이 있다.

2 **홍산**紅山 **문화** 요하遼河 유역에 성립되었던 신석기 문화. 대략 기원전 4000년경으로 추산된다. 전기에는 세석기細石器가 발달하였고 후기에는 마제석기磨製石器가 증가하였다. 특히 '동방의 비너스'라고 부르는 여신상의 발굴은 여신 숭배와 모계사회의 존재를 알려주는 증거라고 할 수 있다.

고대인의 배려에서였다. 잘 알려져 있듯이 신라의 고분에서도 곡옥曲玉을 비롯한 많은 옥 제품이 출토되고 있다. 죽은 뒤에 가위에 눌리지 말라고 비어 혹은 염유어를 벽에 그려 넣은 것처럼 고대인들은 죽은 자의 편안한 잠이 방해받지 않도록 옥을 비롯한 여러 가지 주술적인 효능을 지닌 물건들을 함께 묻어주었던 것이다.

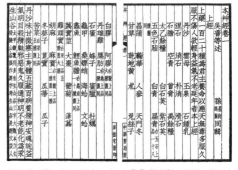

단사에 대한 기록 단사丹沙는 수은을 함유한 모래로 광물성 약재 중에서 으뜸으로 여겨졌다. 《신농본초경》에서. 🦋

옥과 아울러 고대 동양에서 주목했던 것은 수은·유황·비소 등 오늘날 중금속 오염의 주범으로 위험시되고 있는 맹독성의 광물들이다. 《산해경》에는 단확丹艧·청확靑艧·단속丹粟 등 수은의 화합물과 웅황雄黃 등 유황과 비소의 화합물이 산출되는 수많은 산들에 대한 언급이 있다. 이들은 일단 실용적으로는 물감의 재료 등으로 쓰이기도 했겠지만 그것을 넘어서 좀 더 중요한 효용을 지닌 것으로 여겨졌다. 다름 아닌 불사약의 제조에 이러한 중금속이 중요한 재료로 사용되었던 것이다.

고대인들은 수은의 가변성과 환원성에 주목했는데 그들은 이러한 광물들이 평범한 인간을 완전한 신체로 변화시키는 데에 효과가 있을 것이라고 상상했다.[3] 즉, 가변성과 환원성이 강한 수은을 먹으면 유사성과 인접성의 주술 원리에 따라 인간의 신체 또한 태어날 당시의 완전한 몸으로 되돌아갈 수 있다고 믿었

---

3 **도교의 연단술鍊丹術** 도교에서 불로장생의 신체, 곧 신선의 몸을 만드는 술법으로 다시 외단법外丹法과 내단법內丹法으로 나뉜다. 외단법에서는 수은·납·유황 등의 광물을 조합하여 우선 일반 금속을 금으로 변환시킬 수 있는 단약을 만들어낸다. 이 단약을 먹음으로써 인간의 신체가 불사신으로 바뀐다고 믿었다. 서구의 연금술과 비슷한 점이 많다. 내단법에서는 호흡법과 명상 등 정신 수련을 통해 신체 내부에서 다시 완전한 자아를 만들어내고자 한다. 대체로 당나라 시기까지는 외단법이 우세하였으나 송나라 이후 선종禪宗 불교, 성리학 등의 영향으로 내단법이 주류를 이루게 된다.

기 때문이었다. 아이러니하게도 불사약에 대한 발상은 도리어 이들 맹독성의 광물로부터 비롯된 것이다.

신화에서의 수은계 광물에 대한 이러한 믿음이 현실화된 것이 후세 도교에서의 외단법이다. 도교에서는 수은을 주 재료로 하고 납·유황·비소 등이 다량 함유된 여러 광물들을 합성하여 얻어진 액체로 평범한 금속을 금으로 만들 수 있으며 그것을 복용하면 불사의 존재, 곧 신선이 될 수 있다고 생각하였다. 이 외단법은 당나라 때까지 크게 유행하였으나 도사들이 제조한 단약丹藥, 곧 불사약을 먹고 여러 명의 황제가 급사하는 사태가 벌어지는 등 부작용이 속출하자 송나라 이후 점차 쇠퇴하게 되었다.

자연과 일치된 고대인들의 삶

이제 괴상한 사물들의 세계에 대해 전체적으로 정리를 해보자. 우선 어류의 경우 앞에서 살펴보았던 날짐승이나 들짐승에 비해 해로운 경우보다 유익한 경우가 많은 것이 한 특징이다. 원시인류의 어류에 대한 양호한 인식을 엿볼 수 있다.

아울러 질병 치료에서는 종기나 혹, 피부병 등에 효험이 집중되어 있는데 이것은 원시인류가 늘상 시달리던 당시의 흔한 질병의 종류와 무관하지 않을 것이다. 재앙의 징조로서는 가뭄이 현저하게 많았다. 물고기이므로 물의 결핍에 가장 민감할 것이라는 발상에서였을까? 마찬가지로 홍수의 징조와 관련된 예가 거의 없는 것은 물고기 자체가 물에 살고 있기 때문일 것이다. 이렇듯 어떤 사건에 대한 암시와 특정한 징조를 드러내는 방식도 유사성과 인접성의 주술적 원리를 따르고 있는 것이다.

다시 동물과 비교해볼 때 신화적 식물의 경우 인간에게 유해하거나 흉조를 예시하는 기능이 거의 없는 것이 한 특징이다. 또한 질병 치료와 관련된 식물에 대한 인식은 후세에 본초학[4]으로 발전하여 한의학의 기초가 된다.

이들 다양한 사물들에 대한 원시인류의 신화적 인식을 살펴보면서 우리는 그들의 상상력이 비교적 일관된 한 가지 관념에 근거하고 있음을 발견하게 된다. 그것은 앞에서 누차 말한 바 있듯이, 유사 과학이라고 부르기도 하는 주술적 사고로서 비슷한 것끼리는 서로 통하기 때문에 비슷한 원인이 비슷한 결과를 낳으리라고 예측하는 관념 체계이다. 가령 노을이 붉게 물드는 서쪽 엄자산에서 자라는 단목이 황달병에 특효가 있거나 화재를 예방할 수 있을 것이라는 생각이 그 한 예이다. 그러나 우리가 기억해야 할 것은 이러한 주술적 사고가 오늘날 논리와 과학의 세계에서는 비합리적인 것으로 배척되고 있지만 상상력과 예술의 세계에서는 여전히 큰 힘을 발휘하고 있다는 사실이다.

지금까지 살펴본, 동물·식물·광물 등의 자연물에 의해 빚어진다고 상상되었던 온갖 현상들은 사실 원시인류의 삶의 모습 그 자체가 아닐 수 없다. 왜냐하면 그들은 자연과 분리된 것이 아니라 일체가 된 삶을 살고 있었기 때문이다. 자연은 곧 그들의 모습을 그대로 비추는 거울이었다. 우리는 신화를 통해 자연에 대한 감수성을 회복할 수 있고 그 결과 자연 속 원시인류의 삶을 쉽게 이해할 수 있을 것이다. 그것은 다름 아닌 우리의 잃었던 원형을 되찾아보는 일이 된다.

본초학本草學 한의학에서의 약물학. 모든 약재는 상약·중약·하약의 3등급으로 구분이 되어 있으며 약재가 되는 식물·동물·광물의 빛깔·외형 등의 특성과 효용 등을 규정해놓았다. 특성과 효용 간의 작용 원리는 음양오행설에 근거하고 있다.

11
부

—

낙원과 지하 세계

고대인은 낙원이 현실과 동떨어진 특별한 공간에 존재한다고 상상했다.
신화 시대야말로 인류가 신의 섭리 혹은 자연의 질서에 가장 가깝게 살았던 때이기 때문이다.

36

서방의 낙원 곤륜산과
동방의 낙원 삼신산

인류의 영원한 꿈, 상상 속의 낙원

인류는 옛날부터 지금에 이르기까지 결코 낙관적이지 않은 현실을 살아오면서도 언제나 완전한 세상을 꿈꾸어왔다. 완전한 세상이란 우선 물질적으로 풍요롭고 천재지변·전쟁·질병 등 온갖 위협과 갈등이 존재하지 않는 조화로운 세상, 모두가 마냥 행복을 만끽하는 그런 세상일 것이다. 이렇게 보면 인공적인 낙원인 도시의 삶 속에서 현대인이 꿈꾸는 행복 역시 본질적으로는 신화 시대의 원시인류가 상상했던 낙원과 그다지 멀리 있지 않다.

고대인들은 이러한 낙원이 현실과 동떨어진 특별한 공간에 존재한다고 상상했다. 그곳을 유토피아Utopia·파라다이스Paradise·이상향理想鄕 등으로 부른다.

신화 속에는 낙원에 대한 묘사가 많다. 왜냐하면 신화 시대야말로 인류가 신의 섭리 혹은 자연의 질서에 가장 가깝게 살았던 때이기 때문이다. 자연의 질서에 가깝다는 것은 그만큼 '조화로운 세상'을 상상하기 쉽다는 것을 의미한다.

가령 그리스 로마 신화에서의 올림포스산은 신들이 거주하는 낙원이고 《구약》〈창세기〉에서의 에덴동산은 인류의 조상인 아담과 이브가 잠시 머물렀던 낙원으로 유명하다. 중국 신화에서의 낙원 이야기는 크게 두 가지 계통이 있다. 하나는 곤륜산을 중심으로 한 서방의 낙원 신화 계통이고, 또 하나는 삼신산을 중심으로 한 동방의 낙원 신화 계통이다.

올림포스산 구름에 휩싸인 정상이 신비감을 자아낸다. 예나 지금이나 그리스의 명산이다.

황제를 비롯한 신들의 거처, 곤륜산

먼저 서방의 곤륜산 신화에 대해 알아보기로 하자. 곤륜산이 중국 신화에서 차지하는 비중은 그 어떤 지역보다도 크다. 곤륜산은 대지의 기둥이자 머리이며 천지의 중심으로 일컬어진다. 곤륜산은 또한 온갖 신들의 거처라는 점에서 중국의 올림포스산이라 할 만하다.

그러나 곤륜산은 특히 신 중의 신인 황제와 여신 중의 큰 신인 서왕모가 지배하는 산이다. 즉, 곤륜산은 천상에 있는 황제의 하계 도읍지이기도 하고 서왕모가 상주하고 있는 땅이기도 하다.

이러한 곤륜산이 아무나 갈 수 있는 평범한 산이 아님은 물론이다. 곤륜산은 사방이 800리이고 높이가 만 길(약 30만 미터)이라 하였다. 그리고 그 모습은 아홉 개의 성을 층층이 쌓아놓은 것 같았다고 한다.

이 높디높은 곤륜산의 주위에는 약수弱水라는 강이 흐르고 있

곤륜산 정상이 만년설로 뒤덮여 있다. 그러나 현재 의 곤륜산은 신화 속의 곤 륜산으로 추정되는 지역에 이름을 가져다 붙인 것일 뿐 꼭 일치한다고 볼 수는 없다.

는데 이 강은 가벼운 새털조차도 가라앉을 정도여서 그 누구도 쉽게 건널 수 없었다. 그뿐인가? 약수의 바깥은 다시 불꽃이 이 글거리는 염화산炎火山이라는 산이 둘러싸고 있었다. 이 염화산 의 불길에는 무엇이든 닿기만 하면 완전히 다 타버렸다.

신기한 것은 이 모진 불길 속에서도 무게가 천 근이나 나가는 큰 쥐가 살고 있었다는 점이다. 사람들은 이 쥐로부터 화완포火浣布라 는 희한한 옷감을 얻었다. 이 쥐는 온몸이 붉고 명주실같이 가늘 고 긴 털이 나 있는데 불 밖으로 나올 때에 물을 뿌리면 곧 죽었다 고 한다. 사람들은 그놈의 털로 짜서 옷을 해 입었다. 그런데 그 옷 은 더러워지면 물에 빠는 것이 아니라 불에 태워야 깨끗해졌다고 한다. 불에서 사는 짐승의 털로 만들었으므로 빨래도 불에 태우는 것으로 대신했다니 참으로 재미있는 상상이 아닐 수 없다.

염화산과 약수라는 장애물을 통과하여 곤륜산 안으로 들어가 면 마지막 관문이 기다리고 있었다. 그것은 개명수開明獸라는 무

시무시한 문지기이다. 개명수는 몸체는 호랑이같이
생겼는데 사람의 얼굴을 한 머리가 아홉 개나 달려 있
는 괴수이다. 이 괴수가 곤륜산 정상에서 동쪽을 향해
버티고 서서 출입자를 감시했다.

개명수는 머리가 아홉 개나 달려 있어서 그 누구도
열여덟 개나 되는 눈을 피해 성문을 통과할 수는 없었
다. 동쪽을 향해 버티고 선 이런 개명수의 모습은 마
치 피라미드를 지키고자 얼굴을 정면으로 향한 스핑
크스를 연상시킨다.

하지만 독자 여러분이 일단 개명수의 허락을 받아
성안으로 들어갔다 가정하고 이제 곤륜산의 내부에
대해 둘러보기로 하자. 곤륜산은 우선 아홉 방향마다
옥 난간을 두른 우물과 문이 있고 그 안쪽에 다섯 개
의 성과 열두 개의 누각이 있었다. 이 장엄한 건물들
은 바로 최고신 황제의 궁궐이었다.

최고신이 천상에서 내려올 때 묵는 이 궁궐의 관리
자는 육오陸吾라는 신이었다. 이 신은 사람의 얼굴을
하였으나 호랑이의 몸에 아홉 개의 꼬리가 있는 괴이
한 모습을 지니고 있었다. 그는 본래 천상의 아홉 구
역 간의 경계를 맡아보았던 신으로 곤륜산에서는 궁
궐과 더불어 황제의 정원도 관리하였다. 그리고 붉은
봉황새 한 마리가 그를 도와 궁궐의 온갖 물건과 황제
의 의복 일을 맡아보았다.

곤륜산에는 그러나 황제만이 살았던 것은 아니었

개명수 곤륜산의 문지기. 명 장응호의 《산
해경회도》에서.

스핑크스 피라미드의 문지기로서 개명수
의 역할과 닮았다.

육오 황제의 궁궐과 정원을 관리하였다.
청 왕불의 《산해경존》에서.

다. 황제처럼 천상과 곤륜산을 왕래하는 신도 있었고 속세와 곤
륜산을 왕래하는 신도 있었으며 아주 곤륜산에 자리 잡고 사는
신도 있었다. 그들은 궁궐이 아니라 여덟 방향의 바위굴에 각각
흩어져서 살았다. 곤륜산은 이처럼 신들이 지상을 오고 가거나
거처하는 하계의 거점이었던 것이다.

신성한 공간인 곤륜산에 존재하는 사물들 역시 범상치 않았다.
그 꼭대기에는 목화木禾라고 하는 길이가 다섯 길(약 150미터), 크
기가 다섯 아름이나 되는 거대한 벼가 자랐다. 아마 이 벼로 인해
곤륜산에서는 흉년을 몰랐을 것이다.

그리고 그곳에는 주수珠樹·문옥수文玉樹·낭간수琅玕樹·벽수碧樹
등 옥을 열매로 맺는 나무들이 무성하게 자라고 있었다. 특히 황
제는 낭간수에서 열리는 옥을 가장 아껴서 그 곁의 복상수服常樹
라는 나무에 이주離朱라는 눈 밝은 신하를 상주시켜 누가 훔쳐 가
지 못하도록 감시하게 하였다. 이주는 머리가 셋이어
서 교대로 잠을 자면서 낭간수를 지켰다.

그는 마치 그리스 로마 신화에서의 백 개의 눈을 가
진 거인 아르고스를 생각나게 한다. 헤라의 명을 받들
어 아르고스는 암소로 변신한 제우스의 연인 이오를
감시하는 임무를 맡았는데 제우스는 이오의 처지를
불쌍히 여겨 아들인 헤르메스를 시켜 아르고스를 처
치하고 이오를 구해주도록 했다. 헤르메스는 아름다
운 노래와 이야기로 아르고스를 잠재운 뒤 그의 목을
잘라 죽여버렸다.

곤륜산에는 또한 사람을 영원히 죽지 않게 하는 열

아르고스 온몸에 눈이 달린 아르고스가
헤르메스에게 속아 죽임을 당하고 있다.
고대 그리스 항아리의 그림.

요지연도 서왕모(가운데)가 주목왕(왼쪽)을 맞아 화려한 잔치를 벌이고 있다. 조선 시대(19세기)에 그려졌다. 경기도 박물관 소장. 🍃

매를 맺는 불사수不死樹라는 나무도 자라고 있었다. 그리고 사당목沙棠木이라는 나무도 있는데 그 열매를 먹으면 물에 빠져도 몸이 둥둥 떴다고 한다.

곤륜산은 사실 하나의 산봉우리가 아니라 부근의 여러 산을 한데 모아 부르는 이름이다. 곤륜산에 속하는 지역 중에서 옥산은 글자 그대로 옥이 많이 나는 산으로 서왕모의 거처가 있는 곳이었다.

서왕모 역시 황제처럼 훌륭한 궁궐에 살았다. 궁궐 옆에는 요지라는 아름다운 호수가 있었는데 서왕모는 이곳에서 신들을 위한 잔치를 자주 베풀었다. 특히 매년 3월 3일 서왕모의 생신 때

요지에서 여는 잔치, 곧 요지연瑤池宴에는 천상의 지체 높은 신들과 지상의 도력 높은 신선들만이 초대받아 올 수 있었다. 이 잔치에는 요지 곁의 복숭아밭인 반도원에서 갓 딴 선도 복숭아가 특별 메뉴로 제공되어 손님들을 기쁘게 했다. 이로 인해 요지의 잔치는 반도회蟠桃會로 불리기도 한다. 3000년 만에 꽃을 피우고 다시 3000년 만에 열매를 맺는다는 이 복숭아는 말썽꾼 손오공에 의해 몽땅 털려버린 적이 있고 한무제의 익살꾼 동방삭에게 몇 차례 도둑맞은 적도 있다. 어쨌든 서왕모가 벌이는 이 요지의 파티가 얼마나 화려하고 멋진 것이었던지 요지경瑤池鏡이라는 말이 여기서 나왔다. 후세의 화가들은 온갖 신들과 신선들이 유유히 노니는 요지의 잔치를 주제로 그림 그리기를 즐겼다. 이 그림은 동양화에서 요지연도瑤池宴圖라는 고유한 주제로 양식화되어 있다. 그것은 제왕과 귀족들의 부귀영화로운 생활을 유감없이 표현하는 것이기도 했다.

역시 곤륜산에 속하는 괴강산槐江山이라는 곳에는 황제의 꽃밭이자 옥이 지천으로 굴러다닌다는 현포玄圃가 있었다. 이곳에서는 옥처럼 맑기 그지없는 요수瑤水가 흘러나와 옥산의 요지로 흘러들었다. 이 지역을 관리하는 신은 이름을 영소英招라고 하는데 말의 몸에 사람의 얼굴을 하고 호랑이 무늬에 새의 날개를 한 기괴한 모습으로 사방을 돌아다녔다. 그의 형상은 마치 그리스 로마 신화에서의 마인馬人 켄타우로스와 흡사했다.

남북조 시대의 대시인 도연명은 낙원 곤륜산의 풍경을 이렇게 상상하며 읊었다.

괴강산의 신 영소 청 필원의 《산해경》에서.

아득하도다. 괴강의 고개,

이를 일러 현포의 언덕이라 하네.

서남쪽으로 곤륜의 터전을 바라보니,

광채와 기운이 으뜸일세.

번쩍번쩍 낭간수는 빛나고,

졸졸 맑은 요수 흘러라.

주목왕의 수레를 얻어 타고,

한번 놀러 오지 못한 것이 한스럽네.

낙원을 찾으려는 열망이 실크 로드를 개척하다

곤륜산은 특정한 좌표를 지니지 않은 신화적 산임에도 불구하고 고대 중국에서는 이 대표적 낙원인 곤륜산이 서쪽 어딘가에 있다고 믿어졌다.

서방 낙원에 대한 이러한 열망은 후세의 한무제 때에 중앙아시아에 대한 탐색을 자극하였다. 한무제가 북방의 흉노족을 견제하기 위해 사신 장건¹을 서쪽 먼 나라로 보낸 결과 동서 간의 교역을 가능하게 한 실크 로드가 개척된 것은 유명한 역사적 사건이다.

그런데 이 사건의 배후에는 그러한 현실적 목적 이외에 다른 낭만적 동기도 있었다고 전해진다. 한무제는 장건에게 황하의 근원을 찾아보라는 또 하나의 지시를 내렸다는데 장건은 한무제의 이런 지시가 무엇을 의미하는지 잘 알고 있었다. 아마 장건은 이렇게 생각했을 것이다.

'황제의 명은 곧 곤륜산을 찾아보라는 것이야. 서왕모와 여러

---

1 **장건**張騫(?~기원전 114) 한무제 때의 외교 관료. 그는 무제의 명에 의해 흉노를 협공하기 위해 대월지국과 동맹을 맺으러 갔으나 실패하였다. 그러나 돌아오면서 중앙아시아의 실정과 교통로를 상세히 파악하게 되었고 그 후 이를 토대로 중국과 중앙아시아의 무역 및 문화 교류가 활발하게 일어났다.

신들이 산다는 낙원을 찾아서 불사약을 구해 오라는 것이겠지.
참으로 난감한 일이군.'

장건이 이처럼 생각한 이유는 황하의 근원에 곤륜산이 있다고
알려져왔기 때문이다. 그러나 상상 속의 산인 곤륜산이 장건에게
발견될 리는 없었다. 장건은 서방 곳곳을 헤맸지만 결코 황하의
근원, 즉 곤륜산을 찾지는 못하였다. 물론 실크 로드는 정치적 목
적을 수행하는 과정에서 우연찮게 개척된 것이지만 당시 중국의
서방에 대한 환상이 한몫했을 가능성도 배제할 수 없다.

신화적 상상과 역사는 이처럼 뜻하지 않게 서로 관계를 주고
받기도 한다. 예컨대 슐리만은 호메로스의 《오디세이》 신화 이야
기에서 힌트를 얻어 트로이를 발굴하였고
마르코 폴로는 비단의 나라 카세이(중국)와
황금의 나라 지팡구(재팬: 일본)에 매료되어 머
나먼 동방 여행을 단행하지 않았던가? 상상
을 좇는 일이 비록 무지개를 잡는 것처럼 허
황된 일일 수도 있지만 그러한 행위는 때로
인간으로 하여금 역사의 주인공이 되도록
이끄는 원동력이 되기도 한다.

불교가 중국에 전래된 이후로는 과거의
곤륜산 신화가 서방 정토淨土에 대한 신앙과
결합하여 중국인들의 서방 낙원에 대한 동
경이 더욱 강해졌다. 이러한 동경은 마침내
서방을 향한 모험적 여행담인 《서유기》와
같은 환상 문학의 걸작을 낳게 되었다. 곤륜

돌아온 손오공 일행 천축에서 불경을 얻어 중국으로 귀환
한 손오공 일행을 당태종과 신하들이 맞이하고 있다. 《서
유기》의 삽화.

산에 가서 불사약을 얻어 갖고 오는 일이 천축국에 가서 만고의 진리인 불경을 얻어 오는 일로 바뀌었을 뿐 서방 낙원에 대한 동경이라는 근본적인 취지에는 변화가 없는 것이다.

닿을 수 없는 신비로운 섬, 삼신산

이제 서방의 낙원에 이어 동방의 낙원에 대해 알아보기로 하자. 곤륜산이 서방의 낙원을 대표한다면 삼신산은 동방의 가장 저명한 낙원이다. 고대 중국인들은 서쪽으로는 고비 사막 너머 멀리에 축복받은 산이 있다고 생각하는 한편 동쪽으로는 바다 멀리 어딘가의 섬에 이상향이 존재한다고 상상했다.

대륙의 동쪽, 정확히 말하면 동북쪽에 발해 바다가 있다. 이 발해의 동쪽으로 몇억만 리인지 모를 먼 곳에 거대한 물의 계곡이 있는데 그 이름을 귀허歸墟라고 하였다.

귀허는 바닥이 없는 바다의 심연으로 지상의 온갖 강물과 심지어 천상의 은하수까지 흘러드는 곳이지만 수심에 조금도 변화가 없었다고 하니 이곳이 얼마나 엄청난 물의 저장소인지 알 수 있다. 실로 이곳은 세상의 모든 물이 흘러드는 물의 고향과도 같은 곳이었다.

그런데 이 귀허의 바다에는 다섯 개의 아름다운 섬이 떠 있었다. 그 섬들은 각기 대여岱輿·원교員嶠·방호方壺·영주瀛洲·봉래蓬萊로 불리었다. 각 섬은 높이와 주위가 3만 리나 되었고 꼭대기의 평지가 9000리였으며 섬과 섬 사이는 마치 이웃집처럼 보였지만 그 거리는 자그마치 7만 리나 되었다.

모든 섬에는 금과 옥으로 지은 찬란한 궁궐과 누대가 있었고

대여 잃어버린 낙원. 명明 오빈吳彬의 〈대여도岱輿圖〉. ❧

봉래 공중에는 학이 날고 호수에는 연꽃이 떠 있는 여름 풍경. 청나라 때의 그림 〈봉래선경蓬萊仙境〉. ❧

그곳에 사는 짐승들은 모두 순백색이었다. 그곳에는 또한 아름다운 옥을 열매로 맺는 나무들이 무더기로 자라고 있었다. 그 열매는 매우 맛있을 뿐만 아니라 먹으면 늙지 않고 오래 살 수 있었다.

이 섬들의 주민은 보통 인간이 아니었다. 그들은 모두 신선의 자질을 지닌 사람들로 낮이든 밤이든 훨훨 날아서 돌아다녔다. 그러나 이 아름다운 섬의 초인적인 능력을 지닌 주민들에게도 한 가지 큰 고민이 있었다. 그것은 섬이 파도에 따라 이리저리 흔들려서 잠시도 안정을 찾을 수 없다는 점이었다.

고민하다 못해 그들은 이 일을 천제께 호소하였다. 천제는 섬들이 서쪽 끝으로 떠내려가 신선들이 거처를 잃을까 염려하였다. 그리하여 바다의 신 우강에게 명을 내려 열다섯 마리의 거대한 자라들로 하여금 등으로 섬을 떠받치게 하였다. 자라들은 3교대로 이 일을 수행하였는데 한 번 교대하는 기간은 6만 년이었다.

다섯 개의 섬은 이렇게 해서 비로소 안정을 찾을 수 있었다. 아마 이 안정이 지속되었다면 오늘날 우리는 이 섬들을 삼신산이 아니라 오신산이라고 부르게 되었을 것이다.

안정이 깨진 것은 용백국龍伯國이라는 거인국 사람들 때문이었다. 어느 날 갑자기 덩치가 엄청나게 큰 이 거인들이 나타나 섬들을 떠받치고 있던 자라 여섯 마리를 낚시로 잡아가는 바람에 대여와 원교 두 섬이

북쪽 끝으로 떠내려가 마침내 바다에 침몰
하였다는 이야기는 이미 앞에서 하였다. 이
사건으로 오신산은 그만 봉래·방호·영주의
삼신산이 되고 말았다. 이 중 방호는 방장
산方丈山으로 더욱 잘 알려져 있다.

동쪽의 발해 바다 어딘가에 신선들이 사
는 삼신산이 있다는 소문이 퍼진 것은 전국
시대 무렵(기원전 3, 4세기)이었다. 그곳에 황금
과 은으로 지은 궁궐이 있고 불사약이 있다

삼신산 망망대해의 구름 속에 떠 있는 삼신산. 위태로운
절벽 위에 지어진 누각에 신선들이 산다. 청淸 원강袁江의
〈해상삼산도海上三山圖〉.

는 소문이 발해만 지역의 주민들로부터 흘러나온 것이다.

호기심이 많은 사람들은 실제로 배를 타고 삼신산을 찾아 나
섰다. 그런데 그들이 멀리 구름 속에 잠겨 있는 삼신산을 보고 황
급히 달려가보면 섬들이 홀연 물 밑으로 꺼져버렸고 어찌어찌해
서 다 왔다 싶으면 난데없이 바람이 불고 섬이 사라지는 통에 아
무도 그곳에 가본 사람은 없었다.

동쪽 바닷가에 있던 나라들인 제나라와 연나라의 임금들이 특
히 삼신산에 대해 깊은 관심을 표명하였다. 그들은 무엇보다도
그 낙원에 있는 불사약을 얻고자 하였다. 그리하여 제나라의 위
왕威王과 선왕宣王, 연나라의 소왕昭王 등은 탐험대를 조직하여 삼
신산을 탐색하게 하였으나 모두 실패로 돌아갔다.

이들의 뒤를 이어 가장 적극적으로 삼신산의 탐색에 열을 올
렸던 임금이 그 유명한 진시황이다. 당시 제나라와 연나라 지역
에는 방사方士라는 마술사들이 활약하고 있었는데 진시황은 여
러 차례 이들을 시켜 삼신산을 찾아보게 하였다. 그중 가장 대규

모로 조직되었던 팀은 방사 서불徐巿을 대장으로 하고 순결한 소년 소녀 500명과 다수의 대원으로 이루어진 탐험대였다. 서불은 또한 서복徐福이라고도 부른다. 서불은 대선단을 이끌고 산동 반도를 출항하여 삼신산을 찾아 나섰는데 이들은 끝내 돌아오지 않아 그 귀착지는 영원히 미스터리로 남았다.

제주도 서귀포西歸浦에는 이들이 지나가면서 새겼다는 "서불과지徐巿過之(서불이 이곳을 지나갔다)"라는 글귀가 남아 있었다고 하며 서귀포라는 지명은 서불 일행이 제주도에서 약초를 캐고 서쪽인 중국으로 돌아가고자 했던 포구라는 의미에서 비롯된 것이라고 한다. 이들은 과연 어디로 갔을까?

중국에서는 흥미로운 주장이 제기되고 있다. 서불 일행은 제주도를 거쳐 결국 일본 열도에 도착하였고 그들은 그곳에서 당시 야만 상태에 있던 일본 종족들을 일거에 평정하고 최초의 왕조를 열었으니 서불은 곧 일본인들이 개국의 임금으로 떠받들고 있는 신무천황[2]이라는 것이다. 신무천황 자체가 후대의 일본인에 의해 조작된 인물이라는 설이 유력하니 이러한 주장이 일고의 가치도 없음은 물론이지만 우리는 여기에서 신화가 자민족

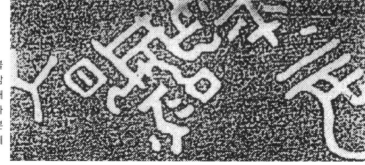

서불 원정대의 흔적 서불 일행이 서귀포 정방폭포 암벽에 이 글, "서불과지"를 새기고 일본 쪽을 향해 떠났다고 한다. 현재 이 글은 탁본으로만 전할 뿐 폭포 암벽에 남아 있지는 않다.

중심의 논리로 얼마든지 악용될 위험이 있음을 알 수 있다.

예술 작품에 투영된 이상 세계에 대한 소망

다시 삼신산 신화로 돌아가서, 동쪽 바다에 신비한 섬이 있다는 상상은 어떻게 해서 가능했던 것일까? 발해만 일대는 가끔 바다에서 신기루 현상이 일어난다고 한다. 바다 저편에 육지의 도시가 비쳐 나타나는 것이다. 아마 이 현상으로 인해 삼신산에 대한 상상이 일어났을 것으로 생각하는 학자도 있다.

물론 현실적으로 그러한 지리적, 기상적인 요인도 작용했을 것이다. 그러나 근본적으로는 발해만 일대에 거주했던 동이계 종족의 동방에 대한 향수와 동경의 심리에서 비롯된 상상으로 볼 수 있다. 동방 낙원인 삼신산과 서방 낙원인 곤륜산, 그것은 고대에 동과 서로 양분되었던 화하계 문화와 동이계 문화의 공존을 상징적으로 보여준다.

전국시대의 제후들과 진시황은 동방 낙원인 삼신산에 대한 직접적인 탐색을 시도했으나 실패하고 만다. 이들의 실패 이후 한무제는 서방 낙원인 곤륜산으로 방향을 돌려 여신인 서왕모를 통해 불사약을 얻고자 노력한다. 물론 한무제의 탐색도 실패로 돌아갔지만 어쨌든 삼신산은 곤륜산과 더불어 동양인의 마음속에 두 개의 큰 낙원으로 자리 잡게 되었다.

삼신산은 이후 수많은 설화와 소설 속에서 등장하였고 회화·조각·건축 등의 미술 자료에서도 자주 표현되었다. 가령 고대인들은 정원을 만들 때 반드시 연못을 파고 한가운데에 섬을 조성

---

2 **신무천황**神武天皇(재위 기원전 660~기원전 585) 일본의 초대 천황으로 전해지는 인물. 기원전 660년에 야마토국을 정복하고 즉위했다 한다. 백제계 사람이라는 설도 있으나 허구의 인물로 보는 견해가 유력하다.

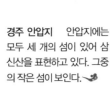
경주 안압지 안압지에는 모두 세 개의 섬이 있어 삼신산을 표현하고 있다. 그중의 작은 섬이 보인다.

하였는데 그것은 곧 낙원인 삼신산을 상징하였다. 그들의 집 안에다 자그마한 낙원을 만들어 이상 세계에 대한 소망을 표현했던 것이다.

삼신산 신화는 우리나라에도 많은 영향을 미쳤다. 중국의 경우처럼 문학 작품과 미술 자료 등에 흔적을 남기고 있음은 물론이다. 대표적인 예로는 백제의 왕실 공방터에서 발굴된 백제금동대향로百濟金銅大香爐, 일명 금동용봉봉래산향로金銅龍鳳峯萊山香爐를 들 수 있다.

삼신산 중의 하나인 봉래산을 소재로 한 이 향로에는 낙원인 봉래산에서 유유히 노니는 신선들과 상서로운 동물들의 모습이 생동적으로 새겨져 있다. 그뿐만 아니라 삼신산이 중국의 바다 동쪽에 있다는 상상은 그것들이 한반도에 있다는 생각으로까지 발전하여 백두산·금강산·지리산·한라산 등의 명산을 삼신산으로 빗대어 말하게끔 되었다. 그리하여 조선 말기의 학자 이능화는 그의 《조선도교사》에서 신선들이 사는 삼신산이 고대 한국에 있었고 이곳에서 발생한 신선 사상이 중국에 흘러 들어가 도교로 발전하게 되었다는 가설을 제시하기도 하였다.

백제금동대향로 삼신산 등 낙원에 대한 상상이 백제 시대에도 활발했음을 보여준다. 국립부여박물관 소장.

37

동양의 대표적 낙원 무릉도원

**그 외의 낙원들:
물질의 낙원과 정신의 낙원**

평범한 사람들이 꿈꾼 소박한 이상향

낙원은 서방의 곤륜산이나 동방의 삼신산과 같이 신성한 존재들이 사는 곳만 있는 것이 아니었다. 사실 평범한 인간들에게는 전지전능한 신들의 낙원인 곤륜산이나 삼신산 같은 곳보다 그저 속세의 시름을 잊고 살아갈 수 있는 인간 세상의 낙원이 더 절실한 이상향이었는지 모른다. 이처럼 고대인이 상상한 낙원은 신들의 초월적인 영역과는 달리 이 세상 어딘가 경치 좋은 곳에 평범한 사람들이 즐겁게 살아가는 그런 장소로 더 자주 그려진다. 그런 장소는 세상 어딘가에 존재한다고 알려져 있긴 하지만 보통 때에는 사람들의 눈에 잘 띄지 않는 신비한 곳으로 묘사되곤 한다.

가령 서남쪽에 있는 흑수黑水라는 강 근처에는 도광야都廣野라는 들이 있는데 이곳은 농업을 일으켰던 후직의 무덤이 있는 곳이었다. 아마 이 영웅의 신비한 위력 때문이었는지 이곳에는 특별히 맛이 좋은 콩·벼·기장 등의 품종이 산출되었고 온갖 곡식이 절로 자랐다. 그리고 기후가 온화하여 겨울과 여름을 가리지 않고 농사를 지을 수 있었으며 풀이 사철 내내 시들지 않았다.

그뿐만이 아니었다. 이곳에는 영수靈壽라고 하는 신기한 나무도 자랐는데 그 꽃과 열매를 먹으면 불로장생할 수 있었다. 모든 것이 풍요로운 이곳에서는 짐승들도 싸우는 일 없이 평화롭게 어울렸다. 그러자 태평성대를 상징하는 난새와 봉황새가 날아와 제멋에 겨워 노래하고 춤을 추었다. 이것은 농업의 영웅인 후직이 인간을 위해 힘쓰다가 들에서 객사한 그 공로를 치하하기 위해서 하늘이 내려준 축복이라고 할 만하다.

북쪽 바다 바깥의 평구平丘와 동쪽 바다 바깥의 차구嵯丘라는 곳도 낙원이라고 불릴 만한 지역이다. 이곳에서는 온갖 종류의 과일이 풍족하게 생산되며 아무리 베어내도 고기가 줄지 않는다는 시육이라는 소가 있어 사람들은 먹을 것을 걱정하지 않았다.

남쪽의 먼 변방에 있는 질민국裁民國이라는 나라는 순임금의 후손이 세운 나라인데 그곳 사람들은 길쌈도 않고 베를 짜지 않아도 옷을 해 입을 수 있으며 파종도 하지 않고 추수를 하지 않아도 온갖 곡식이 쌓여 있어 언제나 밥을 배부르게 먹을 수 있었다. 이곳에도 난새와 봉황새가 날아와 제멋에 겨워 노래하고 춤을 추었다. 질민국 신화는 항상 힘든 노동에 시달리지 않으면 음식과 옷을 얻을 수 없었던 고대인들의 소박한 희망이 반영된 이상향 이야기로 보인다.

서쪽 바다 바깥의 제요야諸夭野라는 들, 서쪽 먼 변방의 옥국沃國이라는 나라도 난새와 봉황새가 노니는 평화로운 곳인데 이들

지역의 사람들은 봉황새의 알을
먹고 단 이슬을 마시고 살며 그
들이 원하기만 하면 모든 일이
절로 이루어졌다고 한다. 봉황
새의 알을 먹고 바라는 것이 모
두 이루어졌다니 이 나라 사람
들은 아마 초인에 가까운 종족
이었던 모양이다. 특히 단 이슬,

질민국 사람 뱀을 사냥하고 있다. 명 장응호의 《산해경회도》에서.

즉 감로甘露를 마시고 살았다는 구절은 이 지역 사람들이 예사롭
지 않은 존재임을 나타낸다.

이번에는 위의 낙원들과 성격이 좀 다른 낙원들에 대해서도
알아보자. 아득한 옛날 중국에서 동쪽으로 수천만 리 떨어진 곳
에 화서씨국華胥氏國이라는 나라가 있었다. 이 나라는 하도 멀어
서 배나 수레로 갈 수 없고 정신으로나 갈 수 있는 곳이었다.

이 나라는 우두머리가 지배하지 않아도 저절로 다스려졌다. 그
백성들은 순박하여 악착같이 삶을 추구하지도 않고 죽음을 두려
워하지도 않으나 오히려 일찍 죽는 일이 없었다. 그뿐만 아니라
그들은 누구를 특별히 사랑하지도 않고 미워하지도 않으니 항상
마음이 평온하였다.

그리하여 그들은 모든 현실의 제약을 받지 않았다. 그들은 물
에 들어가도 젖지 않고 불에 들어가도 뜨거운 줄 모르며 공중을
다니기를 땅 위를 걷듯이 하였다. 구름이나 안개도 그들의 시야
를 가리지 못하고 천둥소리도 그들의 귀를 어지럽히지 못하였다.

큰 신 복희는 이 나라의 소녀가 호숫가에 찍힌 거인의 발자국

을 밟고 이상한 기운을 느낀 뒤 임신하여 낳았다고 전해진다. 이 나라는 실로 모든 것이 자연스러움 속에서 이루어지는, 태고의 환상 속에나 존재하는 나라였다.

거인의 발자국만 밟고도 아이를 갖는다는 이야기는 우물만 들여다봐도 아이를 갖는 여자국 이야기, 서로 좋아하는 마음만 품어도 아이를 갖는 사유국 이야기와 함께 천지의 만물이 기운으로 서로 감응한다는 원시인류의 세계관을 반영한다.

또 우임금이 우연히 찾아들었던 낙원도 있다. 우임금이 홍수를 다스리고자 전국을 돌아다니고 있을 때, 하루는 먼 북방으로 순행을 나섰다가 그만 길을 잃어버리고 말았다. 며칠을 헤매다가 우임금은 우연히 길 하나를 발견했는데 그 길을 따라 한참을 가다보니 마침내 종북국終北國이라는 나라에 들어섰다.

그런데 이 나라는 서리도 비도 내리지 않았고 짐승이 살지도 초목이 자라지도 않아 언뜻 보면 황량한 곳이었지만 기후는 무척 온화했다. 신기하게도 이 나라 사람들은 조금도 굶주리거나 궁핍한 기색이 없었다. 먹을거리라고는 아무것도 나지 않는데 사람들에게 풍족한 기운이 넘치는 것이 신기해서 우임금은 그 나라의 사정을 자세히 살펴보았다. 그랬더니 그럴 만한 이유가 있었다. 그 나라 한가운데에는 호령壺嶺이라는, 호리병처럼 생긴 산이 하나 있는데 산꼭대기의 구멍에서 신비한 물이 흘러나왔다. 이 물은 산 아래 사방으로 흘러 내려가 전 지역을 골고루 적시고 있었다. 신분神濆이라고 부르는 이 샘물은 난초 같은 향기가 나고 단술처럼 맛이 좋았다. 백성들은 모두 물가에 모여 살면서 농사도 짓지 않고 베도 짜지 않았다. 그들은 배고프면 신분을 마셨고 그러면 기력이 샘솟아 올랐다. 간혹 취하도록 마시면 열흘이나 되어서야 겨우 취한 기운에서 깨어났다. 일할 필요도 없이 행복하기만 한 그들은 노래를 좋아하여 하루 종일 서로 손잡고 노래를 불렀다. 그들은 이렇게 아무 병 없이 백 년 이상을 살다가 죽었다.

홍수를 다스리느라 지칠 대로 지친 우임금은 이 낙원에서 떠나고 싶은 생각이 들지 않았다. 하루 이틀 세월을 보내던 우임금은 자신도 그냥 이곳에 살고 싶었지만 고생하는 백성들을 생각해보니 마음이 아파서 도저히 혼자만 편하게 그곳에 머물 수가 없었다. 그리하여 우임금은 굳게 결심을 하고 그 나라를 떠나지 않을 수 없었다.

곤륜산·삼신산 등 신들이 사는 낙원에 비해 도광야·평구·질민국 등 평범한 사람들이 거주하는 낙원은 물질적 풍요로움이 넘치는 곳으로 묘사되어 있는 것이 한 특징이다. 이것은 물질적 조건이 충분치 못했던 고대인들의 현실적 소망을 표현한 것이라고도 볼 수 있다. 온갖 곡식과 과일이 사시사철 생산되고 고기가 줄지 않는 소가 있는 곳이야말로 물질의 낙원이 아닐 수 없다.

이에 비해 화서씨국·종북국 등은 정신의 낙원으로서의 성격이 짙다. 특히 이러한 낙원 신화들은 인간이 문명화되기 이전, 태고의 소박한 정신 생활을 예찬하는 자연 복귀의 사상을 담고 있다. 인간이 자연의 도리를 거스르지 않고 살 때가 가장 행복하다는 이러한 사상은 노자老子가 창시한 도가道家 학파에 의해 적극적으로 주장되었고 그의 계승자인 장자와 열자 등에 의해 널리 선전되었다.

무릉도원 이 그림은 도연명의 〈도화원기〉의 정경을 그대로 묘사한 것이다. 오른쪽 아래에 어부가 타고 온 나룻배가 보이고 산속에 복숭아꽃 핀 마을과 어부를 맞이하는 마을 사람들이 보인다. 명明 주신周臣의 〈도화원도桃花源圖〉.

동양 이상향의 대명사, 무릉도원

신화 시대의 이러한 낙원 이야기들은 후세에도 전해져 또 다른 낙원 이야기들을 낳았다. 하긴 인간이 현실에 부대끼면서 살아가는 동안 한 번도 살기 좋은 세상, 아름다운 세상을 꿈꾸지 않은 적이 있을까? 후세에 생긴 중국의 낙원 이야기 중에서 가장 유명한 것은 모두의 귀에 익은 무릉도원武陵桃源 이야기이다. 비록 신화 시대의 낙원은 아니지만 무릉도원은 사실상 동양 낙원의 대명사로까지 널리 알려져 있다. 이 무릉도원에 얽힌 이야기만큼 동양의 낙원 사상을 함축해서 보여주는 경우도 드물 것이다.

원래 무릉도원은 동진의 전원시인 도연명이 〈도화원기〉라는 산문 작품에서 처음 묘사한 상상 속의 낙원이다. 무릉도원이 어떤 곳인지 느껴보기 위해 직접 작품을 감상해보도록 하자.

진晉나라 태원太元 시기에 무릉武陵 땅의 한 어부가 시냇물을 따라가다가 어디쯤 왔는지 길을 잃고 말았다. 헤매던 그의 눈앞에 갑자기 복숭아꽃이 만발한 숲이 나타났는데, 시냇물 양쪽으로 수백 보의 평지에 다른 나무는 없이 싱그러운 풀들이 자라고, 떨어지는 꽃잎들이 이리저리 흩날렸다. 어부는 무언가 이상한 느낌이 들어 다시 앞으로 나아가 숲의 끝까지 가보고자 하였다. 숲이 시냇물 끝에서 다하자 문득 산이 하나 나타났다. 산에는 작은 굴이 있는데 흡사 빛이 통하는 듯하였다. 그래서 배를 버리고 굴로 들어가니 처음엔 아주 좁아 겨우 한 사람이 지나갈 만하였다. 다시 수십 보를 나아가자 앞이 탁 트이면서 밝아졌는데 널따란 토지에 집들이 우뚝하고 기름진 밭, 아름다운 못이 있는 데다가 뽕나무 · 대나무가 자라고 있었다. 그리고 이리저리 길이 뻗어 있고 닭 울고 개 짖는 소리가 들려왔다. 그 가운데를 돌아다니며 농사일하는 남녀들의 의복을 보니 모두 딴 세상 사람들 같은데, 늙은이나 젊은이나 모두 행복하고 즐거운 표정이었다. 그들은 어부를 보자 깜짝 놀랐다. 그들이 어디에서 왔느냐고 물어 어부가 사실대로 이야기하자, 집으로 데려가 술을 마련하고 닭을 잡아 대접하였다. 마을에 이러저러한 사람이 왔다는 소문이 퍼지자 모두들 와서 궁금한 것을 물었다. 그들은 자신들에 대해 말하기를, 옛날 진秦나라 때 난리를 피해 처자를 거느리고 이 외진 곳에 와서 다시는 나가지 않아 마침내 바깥세상과 두절되었다고 하였다. 그들은 지금이 어느 때인가를 물었는데 한漢나라가 있었던 사실도 모르고 있으니 위나라, 진晋나라는 말할 것도 없었다. 어부가 일일이 그들에게 아는 바대로 대답해주자 모두들 놀라워하였다. 나머지 사람들도 각자 어부를 집으로 데리고 가 술과 음식을 대접하였다. 며칠을 머물다가 떠나가게 되었을 때 그곳 사람들이 당부하기를, 외부 사람들에게 이야기하지 말라고 하였다. 어부는 그곳을 나와 배를 타고 먼젓번에 왔던 길을 따라가면서 곳곳에다 표시를 해두었다. 그가 고을에 도착하여 태수를 뵙고 이 같은 사실을 이야기하니 태수가 곧 사람을 딸려 보내 그와 함께 가보게 했는데, 지난번에 표시해두었던 곳을 찾았으나 모두 없어져서 결국 길을 찾지 못하였다. 남양南陽 땅의 유자기劉子驥란 사람은 고상한 선비였다. 무릉도원에 대한 소문을 듣고 그곳에 몹시 가고 싶어 하였으나 이루지 못하고 얼마 후 병으로 죽었다. 그 후로는 더 이상 그곳으로 가는 길을 묻는 사람이 없었다.

안평대군 꿈속의 무릉도원 꿈속의 정경을 그려내서인지 앞서의 〈도화원도〉에 비해 분위기가 더 몽환적이다. 안견의 〈몽유도원도〉. 그림은 현재 우리나라에 없고 일본 덴리대학天理大學 도서관에 소장되어 있다. 🐚

무릉도원 이야기에서는 중요한 신화적 이미지가 한 가지 발견 된다. 그것은 복숭아나무이다. 우리는 낙원인 곤륜산에 살고 있 는 서왕모의 과수원이 반도원인 것을 이미 알고 있다. 무릉도원 에서는 바로 서왕모의 복숭아 이미지를 빌려 이곳 역시 낙원임 을 암시하고 있는 것이다. 낙원은 한번 갔다 오면 다시 가지 못한 다. 이러한 모티프는 세계의 낙원 이야기에서 보편적이다. 아담 과 이브가 에덴동산에서 쫓겨난 이래 그들의 후예인 우리 인간 은 아직도 과거의 낙원으로 돌아가지 못하고 있지 않은가?

무릉도원은 동양적인 낙원의 모델로서 여기에 담긴 유토피아 사상은 후세 사람들의 의식에 많은 영향을 미쳤다. 세상이 어지 러울 때 사람들은 도피처로서 무릉도원을 마음속에 그렸으며 실 제 현실 속에서 그런 장소를 갈망하기도 하였다. 조선 후기에 함 경도 갑산甲山 깊은 산속에 무릉도원이 있다는 풍문이 돌아 수많 은 사람들이 그곳을 찾아 나섰던 사건이 있을 정도였다. 무릉도원에 대한 상상은 후세의 문학과 예술에도 큰 영향을 주었다. 허균許筠의 소설《홍길동전》에서 홍길동은 조선을 떠나 외딴섬 율도硉島를 차지하여 이상적인 나라를 건설한다. 이 율도국이야말로 이상향 무릉도원의 또 다른 표현이 아닐 수 없다. 회화에서도 수많은 화가들이 무릉도원에 대한 상상을 그림에 옮겨 양식화한다. 조선 초기 안견¹의 〈몽유도원도〉도 그중 하나이다. 안평대군²이 〈도화원기〉를 즐겨 읽다가 어느 날 꿈속에서 무릉도원을 보고 안견에게 그 꿈 이야기를 들려주어 사흘 동안에 걸쳐 그리게 했다는 그림이 바로 〈몽유도원도〉인 것이다.

---

1 **안견**安堅(1400?~1470?) 조선 전기의 화가. 호는 현동자玄洞子. 북송 곽희郭熙의 화풍을 바탕으로 여러 화가의 장점을 절충하였는데, 산수화에 특히 뛰어났다. 안평대군을 가까이 섬겼으며 그의 명에 의해 〈몽유도원도夢遊桃源圖〉를 그렸다.
2 **안평대군**安平大君(1418~1453) 이름은 용瑢, 호는 비해당匪懈堂. 세종의 셋째 아들로 시·서·화·가야금 등에 능하였는데 특히 글씨가 뛰어나 명필로 일컬어진다. 형인 수양대군首陽大君에 의해 반역죄로 몰려 죽었다.

38

지옥 혹은 죽은 자들의 세계

중심에서 밀려난 패배자들: 어둡고
암울한 지하 세계의 주인 후토와 과보

낙원의 이면, 어두운 지하 세계

우리의 정신세계는 항상 균형을 추구하게 되어 있다. 밝고 희망에 찬 낙원에 대한 상상이 존재한다면 그 반대편으로 어둡고 음울한 지옥 같은 세계가 그려지게 마련이다. 그리스 로마 신화를 보아도 엘리시온의 들판처럼 사철 온화한 낙원이 있는가 하면 하데스가 지배하는 지하 세계와 무간지옥이나 다름없는 타르타로스도 있다.

세계의 모든 신화에는 낙원과 지옥이 공존한다. 아울러 낙원과 마찬가지로 지옥의 이미지도 공통점이 있다. 그곳은 대개 어둡고 추우며, 땅 밑에 있거나 북쪽에 위치한다. 무엇보다도 그곳은 죽은 자의 망령이 가는 곳이라는 점에서 이 세상과 확연히 구분되는 공간이다.

동양 신화에서 지하 세계와 원초적으로 관련이 깊은 신은 수

페르세포네의 귀환 저승왕 하데스에게 납치되었던 페르세포네가 헤르메스의 인도를 받아 지하 세계에서 빠져나오고 어머니 데메테르가 지상의 입구에서 맞이하고 있다. 프레더릭 레이턴의 그림.

후토 남신의 모습을 한 후토. 후토의 성별은 이중적이다. 대지의 신으로서 농부에게 호령하고 있다. 《중국고대민간복우도설》에서.

신 공공이다. 그는 결코 선량한 신이 아니라 흉신이다. 그는 큰 신 전욱과의 싸움에서 패하자 홧김에 부주산을 들이받아 천지를 혼란에 빠뜨린 바 있고 그 후에도 자주 홍수를 일으켜 백성들을 괴롭혔던 이단아였다. 바로 이러한 흉신 공공의 아들 후토가 지하 세계의 지배자였다.

후토는 대지의 신으로 원래는 여신이었겠지만 후세에는 수신 공공의 아들로 변모하였다. 그리고 더 후세에는 중앙의 신 황제의 보좌신이 되어 대지의 기운을 다스렸다. 즉, 음침한 혈통과 흙의 기운이 어울려 지하 세계 지배자로서의 이미지를 갖추게 된 것이다. 우리는 이로부터 중국 지하 세계 지배자의 이미지가 상당히 부정적인 느낌으로부터 출발했음을 알 수 있다.

검고 어두운 죽음의 세계, 유도

동양 신화에서는 후토가 다스리는 지하 세계를 유도幽都라고 부른다. 땅 밑의 어두운 세계라는 뜻이다. 이 유도가 지상으로 연결된 곳이 유도산幽都山인데 이곳에는 흑수黑水라는 검은 강물이 흘러나오고 검은 새, 검은 뱀, 검은 표범, 검은 호랑이, 검은 여우 등 온통 몸빛이 검은 동물들만이 살았다.

그렇다면 정작 지하 세계인 유도의 정경은 어떠한가? 대지의 신 후토는 유도를 신하인 토백土伯을 시켜 관리하게 했다. 토백은 특히 남방 지하 세계의 신이었는데 그는 흉악한 몰골을 하고 두 손을 피로 물들인 채 죽은 자들을 쫓아다녔다. 죽은 자들은 이 땅 밑의 세계에 와서 토백에게 잡아먹히지 않으려고 비명을 지르며 이리 쫓기고 저리 쫓기며 도망다녔다. 정녕 유도는 무섭고 끔찍한 세계가 아닐 수 없었다.

후세로 가면서 유도는 모든 땅 밑이 아니라 특정한 산의 지하에 있다고 상상되었다. 고대 중국의 북방에는 사람이 죽으면 그 혼이 산으로 돌아간다는 믿음이 있었는데 이에 따라 산의 땅속 아래에 죽은 자들의 세계가 있으며 그것이 유도라고 생각했다. 일설에 의하면 곤륜산의 북쪽에서 지하로 3600리쯤 되는 곳에 여덟 개의 유도가 있는데 주위가 사방 20만 리나 된다고 한다.

산 밑 땅속의 유도로서 가장 유명한 것은 태산의 지하 세계이다. 고대 중국에서는 동방의 태산, 남방의 형산衡山, 서방의 화산華山, 북방의 항산恒山, 중앙의 숭산嵩山을 오악五岳으로 숭배하였는데 이 중에서도 태산이 가장 중시되었기 때문이다. 이곳은 토백이 아니라 태산의 산신인 태산부군이 다스렸다. 죽은 사람의 혼은 모두 태산 밑 땅속으로 끌려가서 태산부군의 심판과 지배를 받게 되어 있었다.

고대인들은 무덤 속 공간도 생전의 집과 똑같이 여겼으므로 사자의 무덤이 자리 잡은 땅에 대한 권리를 매지권買地卷이라는 계약 문서로 보증하고자 하였다. 매지권은 죽은 자가 자

지옥의 옥졸 일본의 《지옥회권》에서.

지옥 풍경 칼 숲의 지옥에서 죄지은 자들이 옥졸들에게 쫓겨 다니고 있다. 유도의 광경이 아마 이러했을 것이다. 일본의 《육도회六道繪》에서.

태산 산 밑 땅속에 죽은 자들이 가는 지하 세계가 있다고 상상되었다. 명明 성무엽盛武燁의 〈태산송도泰山松圖〉.

신이 매장된 땅을 지하 세계의 주인으로부터 사들였다는 것을 증명하는 문서이다. 요즘 식으로 말하자면 부동산 매매계약서인 셈이다. 그리하여 매지권은 남방 지하 세계의 관리자인 토백이나 북방 지하 세계의 우두머리인 태산부군의 속관屬官으로부터 무덤이 자리 잡은 땅을 사들인다는 내용으로 쓰이게 마련이었다.

그런데 백제 무녕왕武寧王의 능묘陵墓에서 발굴된 매지권에도 토백이 등장하고 있어 흥미롭다. 당시 백제는 중국 남방의 왕조인 양梁나라와 교류가 빈번했으므로 남방의 지하 세계 관념을 공유했을 가능성이 크다. 그러나 좀 더 근원적으로는 초나라역시 샤머니즘을 뿌리로 한 동이문화권東夷文化圈에속해 있었기 때문에 백제에서 별다른 저항 없이 토백을 숭배하게 되었을 것이다. 중국 남방 지하 세계의 신인 토백이 백제 무녕왕의 매지권에서 매매계약의 당사자로 나타나게 된 것은 이 때문이다.

땅 밑을 흐르는 죽음의 냇물, 황천

중국 신화에서 죽은 자들의 세계는 지상의 관료체계를 그대로 모방해서 각각의 기능과 역할이 분리된 관직을 지닌 여러 신들에 의해서 관리되는 것이 중요한 특징이다. 즉, 죽은 자들의 세계 역시 법률과 문서에 따라서 운영되는 관료 기구로 상상되었던 것이다.

죽은 자들이 가는 땅 밑의 세계로는 유도 이외에 황천黃泉이 있다. 황천은 지하 깊숙이 흐르는 물로서 역시 죽어서 가게 되는 땅 밑의 세계이다. 그리스 로마 신화에서 지옥에 스틱스강이 흐르듯이 중국의 지하세계에는 황천이 흐르고 있다. 이 황천에 관한 고대인의 상상과 관련해서 다음과 같은 재미있는 일화가 전해진다.

동악대제 태산부군은 불교가 들어오면서 염라대왕에게 지하 세계 주인으로서의 지위를 빼앗기지만 다시 도교에 의해 동악대제東嶽大帝로 승격되어 태산 최고신의 지위를 회복한다.

춘추시대 정鄭나라의 임금 장공莊公은 모후母后와 사이가 나빴다. 일설에는 모후가 장공을 낳을 때 심한 난산으로 거의 죽을 뻔해서 그를 미워했다고 한다. 훗날 모후는 정말로 장공을 미워한 나머지 작은아들을 부추겨 반란을 일으키게 했다. 그러나 이 반란은 실패하여 장공의 어머니는 결국 외딴 성에 유폐되는 신세가 되고 말았다.

큰아들인 장공은 어머니에 대한 미움과 배신감에 치를 떨면서 이때 너무나 분노한 나머지 해서는 안 될 맹세를 하고 만다.

무녕왕의 매지권 백제의 사마왕斯麻王, 곧 무녕왕이 1만 문文의 돈으로 토백 등으로부터 묘지를 사들인다는 내용이 적혀 있다.

"어머니가 나에게 어떻게 이럴 수 있단 말인가! 내 앞으로 어머니를 황천에서나 만나볼까 다시는 만나지 않을 것이다."

결국 이 말은 살아생전에는 어머니를 다시는 보지 않겠다는 뜻이다. 흔히 하는 말로 자신의 눈에 흙이 들어가기 전에는 어머니와 만나지 않겠다는 독한 결심을 한 것이다.

스틱스강 원래는 그리스 지옥의 강이었으나 중세에 기독교 지옥의 강이 되었다. 단테와 베르길리우스가 나룻배를 타고 강을 건너고 있다. 단테의 《신곡》 〈지옥편〉의 삽화(15세기).

그러나 아무리 미워도 어머니에 대한 정은 어쩔 수 없는 법, 얼마 후 장공은 자신이 그러한 맹세를 한 것을 후회하였지만 한 나라의 임금으로서 스스로 다짐한 맹세를 가볍게 뒤집을 수는 없었다.

이때 임금의 이런 안타까운 심정을 헤아리고 한 영리한 신하가 꾀를 내었다. 그는 땅속 깊숙이 물이 흐르는 곳까지 굴을 파고 장공과 모후를 그곳에서 만나게 하였다. 말하자면 땅속의 물이 흐르는 곳을 찾아냄으로써 그것을 황천으로 간주한 것이다. 편법이었지만 어쨌든 이렇게 해서 장공이 스스로 맹세를 깨지 않고서도 모자간의 화해를 달성하도록 했던 것이다.

영원한 천상의 삶을 동경한 고대인의 사후 세계관

지하 세계와 관련된 상상을 좀 더 잘 이해하려면 고대 중국인의 사후 세계관을 알아볼 필요가 있다. 호남성湖南省 장사長沙 마왕퇴馬王堆에서 발굴된 비단에 그려진 그림은 이와 관련된 아주 중요한 자료이다. 전한前漢 시기 장강 유역 제후 부인의 관 위에 덮여 있던 이 비단 그림은 죽은 자를 사후 세계로 인도하는 안내도와 같은 것이었다.

그림에 의하면 고대인들은 이 세계를 크게 지하와 지상 그리고 천상의 3층으로 구분하고 있었다. 이 그림에서 지상과 지하의 세계는 한 명의 거인이 지상을 떠받치고 있기 때문에 서로 분할되어 있는 것으로 나타난다. 지하로 들어가는 입구를 지키고 있

천상으로 가는 길 비단 위의 그림은 죽은 자에게 천상의 영원한 세계로 가는 길을 가리켜주고 있다. 호남성 장사 마왕퇴의 한나라 백화. 🕊

는 수문장이기도 한 이 거인은 아마 태양과 경주를 하나 죽은 과
보일 가능성이 크다. 과보는 본래 지하 세계의 지배자인 후토의
손자이며 태양과는 적대 관계에 있기 때문이다. 태양과 달리기
시합을 하다가 지쳐서 목이 말라 죽은 것이 바로 과보 아닌가. 집
안의 삼실총 및 경북 영주군 읍내리의 고구려 고분 벽화에서도
과보로 보이는 거인 역사가 수문장으로 출현하고 있다. 죽은 자
들은 이처럼 모두 거인 역사가 지키고 있는 관문을 통과해야만
지하 세계로 들어갈 수 있었다.

　그림의 중간 부분은 무덤에 묻힌 사람이 지상 세계에서 어떻
게 살았는지를 묘사하고 있다. 이 부분에서는 제후 부인이 현세
에서 행복하게 살고 있는 모습을 그리고 있다. 그림의 맨 윗부
분은 천상 세계를 묘사하고 있다. 결국 이 그림은 죽은 부인이
지하 세계에 잠시 머물렀다가 마침내 영원한 복락福樂을 누리는
천상 세계로 갈 것임을 암시함으로써 죽은 영혼이 천상으로 가
는 길을 안내하고 있는 것이다.

　이 그림에서 천상 세계의 입구는 날개 달린 신선들이 지키고
있다. 이들의 안내를 받으며 천상으로 올라가보면 세 발 달린 까
마귀(그림에서는 발이 두 개이다), 즉 삼족오의 화신인 태양과 두꺼비가
된 항아가 살고 있는 달이 떠 있고 신령스러운 용이 날아다니는
영원한 삶의 세계에 도달하게 된다.

　마왕퇴의 비단 그림을 통해 우리는 고대인들이 죽어서 일단
지하 세계로 가지만 궁극적으로는 그곳을 거쳐 신들과 더불어
영원한 사후의 삶을 누리는 천상 세계로 가기를 희망했다는 사
실을 알 수 있다. 이러한 관념은 후세에 정신과 육체의 수련을 통

해 완전한 개체로 거듭나서 직접 천상 세계로 진입할 수 있다는 신선에 관한 상상, 즉 도교적 환상으로 탈바꿈하게 된다.

지하 세계를 통해 고대 중국의 사후 세계관을 살피면서 한 가지 주목해야 할 사실이 있다. 그것은 다름 아니라 불교가 들어오기 전 중국에는 사람이 죽으면 인과응보의 법칙에 따라 다음 세상에 다시 사람이나 동물로 태어난다는 식의 윤회 사상 같은 것이 없었다는 사실이다. 고대 중국인에게 인간의 삶은 일회적인 것이었다. 죽으면 망령이 되어 유도나 태산으로 갈 뿐 그것으로 끝이었던 것이다.

물론 인과응보적인 관념이 전혀 없었던 것은 아니었다. 가령 《주역》[1]에는 일찍이 "착한 일을 많이 한 집안에는 나중에 경사가 나고, 나쁜 일을 많이 한 집안에는 나중에 재앙이 닥친다"라는 언급이 있다. 그러나 이것은 자신의 업보가 집안이나 후손에게 미친다는 말이지 자신의 내세를 결정한다는 의미는 아니었다.

인도는 물론 고대 그리스와 이집트 등지의 사람들은 많건 적건 간에 모두 윤회 사상에 젖어 있었다. 여기에 비하면 고대 중국의 철저하게 일회적인 생사관은 그야말로 독특하다 하지 않을 수 없다.

아울러 우리는 후토·과보 등 지하 세계의 담당자들이 모두 중국 신화에서의 이단아인 공공의 후예라는 점에 대해서도 주목할 필요가 있다. 특히 과보는 태양의 권위에 끝없이 도전한 바 있고 반항아인 치우를 도와 신들의 왕인 황제와 투쟁했던 화려한 전력을 지니고 있다.

---

1 《주역周易》삼경三經 중의 하나. 《역경易經》이라고도 한다. 주나라 때의 점치는 책으로 천지 만물이 끊임없이 변화하는 원리를 음양의 이치로 풀이하였다. 8괘와 64괘 그리고 이에 대한 설명인 괘사卦辭·효사爻辭·십익十翼 등으로 구성되어 있다.

밝고 명랑한 지상 세계의 지배자가 되지 못하고 어둡고 음울한 지하 세계의 주인이 된 이들, 그들은 어쩌면 중심의 논리에 의해 밀려난 주변부 민족의 신들이었는지 모른다. 과보가 고구려 고분 벽화에서 무덤의 수호신으로 등장하는 것을 우리는 이러한 맥락에서 이해해야 하지 않을까?

우리 상상력이 제자리
찾을 날을 기다린다

요즘 필자는 상상력이 자유롭다는 생각을 재고해야 한다고 말하고 싶다. 상상력은 결코 자유롭지 않다! 이 땅에도 신화의 귀환이 선언된 지 오래지만 도래하고 있는 것은 그리스 로마 신화와 《반지의 제왕》·《해리 포터》 시리즈 등, 서양의 신화와 마법담이지 동양의 상상력은 적막하기 그지없다.

물론 상상력에는 국경이 없고 서양의 상상력도 소중하니 꼭 알아야 한다. 문제는 편식이다. 왜 우리의 아이들은 상상력을 편식하게 되는가? 과거와는 달리 무차별적 세계화의 시대에 상상력은 결코 자유로울 수 없기 때문이다. 제1세계의 강력한 문화산업은 우리의 상상력마저 획일화시키고 지배할 태세에 있다.

이런 추세가 지속된다면 상상력의 맥도날드 제국이 출현할 날도 머지않을 것이다. 이 책은 이와 같은 우려에서 지금까지 상상력의 획일화된 경향을 지양하고 동양의 상상력에 제자리를 찾아주기 위해 구상되었다.

이 책의 신화 이야기는 철저히 중국 고대 문헌의 원전 자료를 바탕으로 이루어졌다. 그리고 이 책의 목차는 굳이 연대를 의식하지 않고 내용의 흐름에 따라 독자들이 쉽게 읽어나갈 수 있도록 짜였다. 신화적 사건들을 시간순으로 배열한다는 것 자체가 난센스로 여겨졌기 때문이다. 그러나 하나의 장 안에서는 서사의 진행을 위해 시간순이 지켜졌다.

아울러 이 책에서는 이미지 자료를 최대한 활용하고자 노력하였다. 권위 있고 신화 내용을 제대로 구현하고 있는 고전 이미지를 구하기 위해 중국·일본·대만 등지의 박물관·도서관·서점 등을 몇 차례나 왕래하며 관련된 중요 자료들을 거의 망라하였다. 그중에서 고대의 소박한 이미지들은 분위기에 맞게 색감 처리되었음을 밝혀둔다. 독자들은 이 책에서 귀중하고 다채로운 동양의 이미지들을 만끽하게 될 것이다.

이 책의 기본적인 서술 방향은 평소 필자의 신화학적 입장을 토대로 이루어졌다. 필자는 일찍이 중국 신화를 오리엔탈리즘과 중화주의라는 두 가지 편견으로부터 자유로운 제3의 시각에서 볼 것을 제안하였는데 이것은 중국 신화의 상호 텍스트성, 중국 신화의 해체 및 동양 신화적 시각에서 다시 읽기 등의 주장으로 구체화된 바 있다. 이에 따라 이 책에서는 먼저 해당 중국 신화의 의미를 충분히 설명한 뒤, 그리스 로마 신화 등 서양 신화와 비교하여 반드시 그 차이점을 드러냈다. 이는 그리스 로마 신화의 표준으로서의 지위를 해체하고 중국 신화의 정체성을 분명히 하기 위해서이다.

다음에는 해당 신화를 한국 신화와 비교하거나 후대의 중국 문화 및 한국 문화와의 상관관계에 대해 언급하였다. 이는 중국 신화를 중국의 전유물로 보지 않고 동양 신화의 입장에서 조망하는 관점에서 비롯된 것이다.

특히 후반부의 해당 신화에 대한 문화론적 해석은 독자들이 신화를 통해 우리의 문화를 어떻게 읽어낼 수 있는가에 대한 좋은 예시가 되리라고 생각한다.

이 책에서 또 역점을 두었던 것은 과거 신화 책의 남신 중심 서술을 지양하고 여신들에게 본래의 지위를 찾아주고자 한 점이다. 이는 신화야말로 여성 원리가 살아 있는 이야기라는 평소 필자가 견지하던 관점을 반영한 것이다.

이제 《이야기 동양 신화》를 집필하는 작업을 모두 마치고 나니 마치 심판이라도 받는 자리에 선 것과 같은 느낌이 든다. 과연 동양 신화의 참된 모습을 독자들께 올바르게 보여드렸는가 하는 질문을 스스로에게 하게 된다. 풍부하고 독특한 상상력, 동양 문화의 원천으로서의 가치, 한국 문화와의 깊은 상관성, 그리고 그리스 로마 신화와 공통점을 지니면서도 구분되는 신화의 세계 등이 독자들께 감동으로 전달되었을까 하는 조바심이 무엇보다도 크다.

학문적인 작업과는 별도로 필자는 좀 더 쉽고 흥미로운 대중적인 신화 책에 대한 필요성을 오래전부터 느껴왔다. 그것은 1차적으로는 그리스 로마 신화 등 서양 신화의 범람에 대한 우리 상상력의 위기의식 때문이고, 2차적으로는 필자의 학문적 소신에 비추어 볼 때 우리 입장에서 쓰인 읽을 만한 동양 신화 책이 없다는 현실 때문이었다. 이와 같은 문제의식을 극복하고 바람직한 책의 모습을 갖추게 되기까지는 상당한 준비 과정이 필요했다.

2년 전 본격적으로 집필을 시작하기에 앞서 그동안 선보였던 여러 중국 신화 관련 책들을 상세히 검토하였다. 중국에서는 위안커袁珂의《중국 신화 전설 1, 2》(국내 번역본, 원제는 中國神話傳說, 中國民間文藝出版社, 1986)이 대표적인 책이다. 이 책은 중국을 대표하는 신화학자의 필생의 작품으로 중국 신화를 그리스 로마 신화에 필적할 정도로 체계화한 역작이라고 말할 수 있다. 이 책이 이룩해 낸 중국 신화의 이야기성과 풍부한 방계 자료는 충분히 참고할 만한 가치가 있다. 그러나 이 책은 한족漢族 중심의 관점에서 쓰였을 뿐만 아니라 신화의 범위를 무리하게 확장하여 신화집이라기보다 차라리 설화집으로 보아야 할 측면도 있었다. 다음으로 일본의 저명한 신화학자 이토 세이지[伊藤淸司]가 지은《중국의 신화와 전설》(국내 번역본, 원제는 中國の神話傳說, 東方書店, 1996)이 있다. 이 책은 중국의 신화와 전설을 테마별로 상세하게 분류하고 고전 자료를 예로 들어 착실하게 소개하였다. 하지만 이 책 역시 신화·전설·민담까지 아우른 설화집의 성격을 띠고 있고 대중들이 보기에는 설명이 쉽지 않은 편이었다. 끝으로 미국의 여성 신화학자 앤 비렬Anne Birrell이 쓴 *Chinese Mythology* (Baltimore; The Johns Hopkins University Press, 1993)가 있다. 이 책은 인도 유러피안 신화, 곧 서양 신화와의 비교학적 관점에서 테마별로 중국 신화를 소개하였다. 그러나 이 책은 다분히 학술적이어서 일반인들이 읽기에는 무리가 있었다. 무엇보다도 이토 세이지나 앤 비렬 모두 위안커의 중화주의적 신화관을 무비판적으로 수용하고 있다는 것이 큰 약점이었다.

결국 중국은 물론, 일본이나 서구 등 강대국의 동양학에서 한국 등 주변국의 문화적 입장은 항상 소외되기 마련이었다. 어느 누구도 우리를 대변해주지 않았다. 학문의 세계에서도 강대국의 논리는 여전히 작동되고 있었다. 이러한 문제는 우리 스스로 해결할 수밖에 없는, 실로 엄연하고 냉정한 현실이 아닐 수 없었다. 스스로의 입장에서 중국 신화를 다시 쓰는 일, 이 일은 단순한 일이 아니었다. 그것은 사실 중국 고대 문화를 다시 쓰는 일이고 한국 문화를 새롭게 인식하는 일에 다름 아니기 때문이다.

집필은 필자가 그동안 중국 신화를 연구했던 내용들을 중심으로 앞서의 여러 책들에 대한 참고의 토대 위에서 이루어졌다. 무엇보다도 중요한 것은 관점인데 그리스 로마 신화와의 공통점과 차이점, 주변 문화 및 다원주의적 입장에서의 중국 신화, 한국 문화와의 상관성이라는 관점이 시종일관 지켜졌다. 그리하여 1년 전쯤 이 책의 골격과 기본적인 내용 모두가 완성되었다. 이후 이 책이 출간되기까지의 1년은 보다 많은 이들이 쉽게 접근할 수 있도록 문장을 손질하고, 이미지 자료를 보완하는 데에 소요되었다. 특히 이미지 자료는 후일 외국에서의 번역, 출판을 고려하여 신중을 기하였다.

이 책의 내용은 2년 전부터 일간지에 1년간 연재를 한 바 있었다. 연재를 시작한 이후 오늘에 이르기까지 독자들의 반응은 놀라웠다. 무엇보다도 우리 것이면서도 멀리 두었던 동양 신화의 가치를 새로이 깨달았다는 고백이 많았다. 아울러 한국 문화의 뿌리를 새삼 확인하고 즐거웠다는 반응도 이어졌다. 이처럼 연재를 통하여 그동안 잊혔던 동양 신화라는 우리 문화의 자산에 대한 국민적 관심을 일깨운 것이 큰 소득이었다. 이에 따라 많은 출판사가 동양 신화를 다룬 책을 기획하고, 여러 연구자들도 대중적인 신화 책의 출판에 관심을 갖게 된 것도 부수적인 좋은 현상이었다. 대형 서점의 신화 코너에 가 보면 거의 전부가 그리스 로마 신화와 관련된 책으로 채워져 있는 것을 보면서 씁쓸한 심정을 금할 수 없었는데 앞으로는 동양 신화도 한자리를 차지하리라 생각하니 말할 수 없이 기쁘다.

지금까지 길게 필자의 학문적 소신과 《이야기 동양 신화》가 만들어지기까지의 과정을 털어놓았지만 앞서 말했듯이 여전히 심판대에 올라선 것처럼 가슴이 두근거린다. 필자의 학문이 완성된 것이 아니라 지금도 진행 중에 있는 만큼 이 책도 나름대로 부족한 점과 오류가 적지 않을 것이다. 앞으로 그러한 점들에 대해서는 독자 여러분과 학계 동료들의 지적을 받아 더 좋은 책이 되도록 보완하고자 한다.

이 책이 출간되기까지 참으로 많은 분들로부터 도움을 받았다. 먼저 2002년부터 근 1년간 '동양의 신화'라는 제목으로 연재하도록 지면을 할애해준 한국일보사에 심심한 감사를 표한다. 그때의 연재가 이 책의 밑바탕이 되었음은 물론이다. 거친 초고를 미리 보고 과분한 찬사를 보내주신 세계 신화학계의 석학 요시다 아츠히코[吉田敦彦]·예수시앤[葉舒憲] 두 분 교수님께도 정중한 감사를 올린다. 그리고 필자를 도와 관련 자료를 준비, 정리한 이화여대 중문과 신화팀의 이현주 석사, 심정수·장현주 조교의 노고에 깊은 고마움을 느낀다. 아울러 멀리 삼척에서 허목許穆 선생의 〈퇴조비退潮碑〉를 사진 찍어서 보내준 졸업생 김은초 동학에게도 고맙다는 말을 전하고 싶다.

마지막으로 이런 작업을 할 때마다 누구보다도 큰 희생을 감수해야만 했던 가족들에게 무슨 말을 해야 할지 난감하기만 하다. 늦둥이 현이를 보살핌에 여념이 없는 아내 인전, 서양 신화 책에 푹 빠져 있다가 이제는 동양 신화의 지지자가 된 딸 유경, 재롱을 떨 기회도 안 주는 무정한 아빠를 둔 현이에게도 미안, 미안할 뿐이다.

녹음이 한층 깊어가는 이 계절, 독자 여러분의 상상력이 진실로 자유롭고 싱그러워지기를 기원하면서…….

2004년 6월
여름 향기 퍼져가는 이화 교정에서
저자 삼가 씀

부록

∶

● **신들의 계보**

○ 동이계

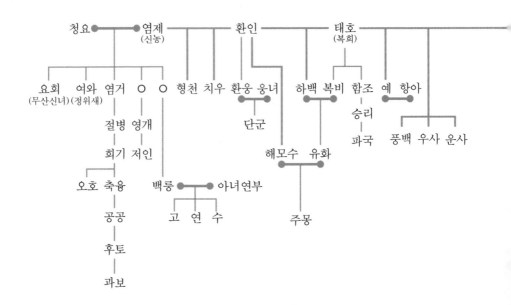

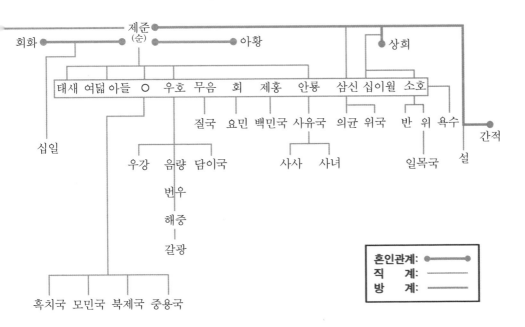

혼인관계: ●━━━━●
직　　계: ━━━━
방　　계: ━━━━

○ 화하계

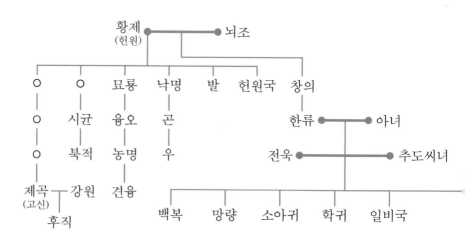

사면인　노동　환두국　여덟아들　○

중　여　묘민국

숙촉국　숙사국　계과국　계유국　중편국

혼인관계:	●———●
직　　계:	———
방　　계:	———

지금 전해지고 있는 신들의 계보는 한나라 이후 황제를 중심으로 짜인 것이기 때문에 실제의 신화 내용에 따라 다시 구성하는 것이 필요하다. 가령 은의 시조인 설은 명백히 동이계에 속해야 하는데 황제의 증손인 제곡의 아들로 설정되어 있어서 동이계의 큰 신 제준의 후손으로 고쳤다. 그 외 반고·여와·서왕모 등의 신들은 두 계열 중 어느 쪽으로도 귀속시키기 어려워 계보에 넣지 않았다. 이 계보도는 대략적인 견지에서 주요 신들을 중심으로 작성된 것임을 밝혀둔다.

●중국 지도

현대 중국의 영토는 고대에 비해 엄청나게 확대되었다고 볼 수 있다. 은殷·주周 시대 사람들의 공간은 황하 유역이 중심이었다. 그러나 은·주 시대보다도 더 오래전인 신화 시대에는 실제적인 활동 무대는 좁았어도 상상의 공간은 오늘날 중국의 영토보다 훨씬 더 넓었다.

●우루무치

신강위글자치구

김

티베트자치구

●라싸

● 신화 지도

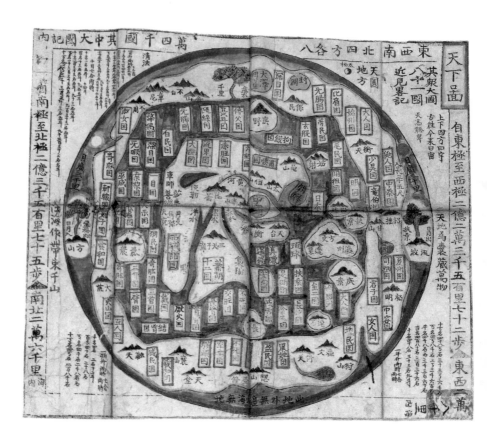

18세기 중엽 조선에서 제작된 천하 지도. 중국·조선·일본 등의 실존하는 나라들 외에 대부분은《산해경》
에 있는 상상의 나라들이다. 중국의 동쪽 변방에 해가 뜨는 부상나무와 성인 군자들만 사는 군자국이, 서
쪽 변방에 하늘의 기둥인 부주산不周山과 외눈박이들이 사는 일목국 등의 나라들이 보인다. 그러나 일부
나라들은 상상 속의 방위와 일치하지 않는다. 실제와 환상이 겹쳐진 지도지만 신화 지도로서의 성격이
강하다. _국립중앙도서관 소장〈천하도天下圖〉

● 찾아보기